18年国家统一法律职业资格考试专题讲座系列

曹新川

讲

商法·经济法

众合奉献
法考元年

曹新川 编著

图书在版编目（CIP）数据

曹新川讲商法经济法/曹新川编著.—北京：人民日报
出版社，2017.10
ISBN978-7-5115-5008-8

Ⅰ.①曹...Ⅱ.①曹...Ⅲ.①商法－中国－资格
考试－自学参考资料 ②经济法－中国－资格考试－
自学参考资料 Ⅳ.①D923.99②D922.29

中国版本图书馆 CIP 数据核字（2017）第 250036 号

书　　　名：曹新川讲商法·经济法
作　　　者：曹新川

出 版 人：董　伟
责任编辑：周海燕
封面设计：飞翔的企鹅

出版发行：人民日报出版社
社　　　址：北京金台西路 2 号
邮政编码：100733
发行热线：（010）65369509　65369527　65369846　65363528
邮购热线：（010）65369530　65363527
编辑热线：（010）65369518
网　　　址：www. peopledailypress. com
经　　　销：新华书店
印　　　刷：北京长阳汇文印刷厂

开　　　本：787mm×1092mm　　　1/16
字　　　数：563 千字
印　　　张：23.5
印　　　次：2017 年 10 月第 1 版　 2017 年 10 月第 1 次印刷

书　　　号：ISBN978-7-5115-5008-8
定　　　价：66.00 元

第十六版序

拥抱国家统一法律职业资格考试[①]

法律职业共同体成员，需要经由统一的入职资格考试而成为一个共同体。此乃一个法治国家不争的司法制度之基。幸运的是，在最近三十多年，我们在此道路上一直朝着正确的方向前进。

第一次国家律师资格考试始于 1986 年，其后每两年举行一次。邓公"南巡"讲话之后，考试主管部门决定在 1992 年之后每年举行一次。这一国家级考试制度的逐步规范化及其常年推行为我国早期建立统一的律师资格奠下制度之基，对保障律师队伍的整体较高法律素养居功甚伟。

但在同时期，法官、检察官的入职考试制度却迟迟未能同步建立。直到九十年代中期才有法、检两家各自组织的内部资格考试，这种自家考自家人的考试，在报名资格、命题组织、批卷以及通过率等环节的规范化、严肃性上都不足以与当时的国家律师资格考试相提并论，也客观上导致法、检两家队伍与律师队伍在整体法律素养上的难言优势甚至是劣势。这一局面与域外法治社会的情形恰形成对照。为此，从九十年代中后期开始，法律界有识之士疾呼建立统一司法考试制度，渐获体制内外的更多响应与回应。最终促成 2001 年 10 月最高人民法院、最高人民检察院、司法部联合颁布《国家司法考试实施办法（试行）》，规定除院长、检察长之外的所有新任法官、检察官以及律师必须参加统一的国家司法考试，取得法律职业资格证书。这是法官、检察官职业化启动的标志性工程。是年，三部门各自终止了初任法官资格、初任检察官资格、律师资格考试，于 2002 年初成功举行了首次国家统一司法资格考试，"三考合一"落地有声，法官、检察官、律师及公证员等四类主要法律职业群体的统一入口制度设

[①] 为节省篇幅，本丛书的第十六版只列本版的序言。前 15 版的序言，题目分别是：《我们工作的全部意义》（2017 年，第十五版）；《法律人的时代担当》（2016 年，第十四版）；《我们为什么学习法律》（2015 年，第十三版）；《常识及其获取的路径》（2014 年，第十二版）；《期待国家统一司法考试的再完善》（2013 年，第十一版）；《众合三年：为法治而努力》（2012 年，第十版）；《众合为什么：我们的法学教育观（下）》（2011 年，第九版）；《众合为什么：我们的法学教育观（上）》（2010，第八版）；《再认真一些》（2009，第七版）；《与读者的愉快聊天》（2008，第六版）；《做法律的传播者》（2007，第五版）；《激情传道法治信仰》（2006，第四版）；《投身法学》（2005，第三版）；《法学教育的责任》（2004，第二版）；《写一本好书》（2003，首版）。有兴趣的读者可以到众合教育官网 www.zhongheedu.com 的图书频道阅读，也可以联系作者的新浪微博索取：民法李建伟，http://weibo.com/u/1924585171。

想获得实现。此举获得了法律界乃至全社会、全世界的一致好评，被普遍视为司法改革迈出了实质性、基础性的一步，也是取得的最大成果之一。[1]

在 2002-2017 年期间的将近 16 年间，[2] 这一举世瞩目、也被视为"中国第一考"的考试制度在组织、命题、报考、通过等多环节上都历经多次制度演变。总的情况看，可以从两方面来历说其制度演变的功过得失。

一方面，国家统一司法考试的权威性获得了更高层次、更大范围的认可。标志性之一，这项考试对于全国范围内法学院的法学教育发挥了极其深刻的潜移默化的影响；标志性之二，全社会参加这项考试的总人数一直保持稳定的增长，"港澳台"地区申请参考的人数也一直保持稳定；标志性之三，多种经验性证据证明，全社会对于司法考试的认知度也在稳定的上升。虽然法律法规并不要求公职律师、企业法律顾问须过司法考试，但绝大多数企业尤其是大中型企业（特别是国企）在招聘以上岗位时，几乎都无例外的要求应聘者的法律职业资格证书，尤其是国家国资委主管的历经多年的企业法律顾问资格考试，干脆取消了事。与国资委的决定类似，公安部关于全国警察执法资格考试的相关管理办法也规定，凡通过司法考试者可以免考。所有这些，既可以视为国家统一司法资格考试的外溢效应，也可以当作司法考试权威性不断受到全社会更高层次的认可的结果。类似的这些成就还有很多，无需一一列举，总之都可以视作司法考试制度在过去 16 年间取得的令人骄傲的成就。

但另一方面，司法考试在某些方面的规则变更与政策执行，也出现了不少令人遗憾或者困惑之处。众所周知，国家统一司法考试的制度设计灵魂在于"统一性"，也即保障法律职业共同体的门槛一统，保持司法人员在法律知识、法律意识、法律思维乃至法律信仰上的同质性。此处的统一性，包括参考人员的考试资格（也即教育背景）统一、考试内容（科目）与方式统一、过关分数统一、考试结果（颁发的法律职业资格证书）统一等各个方面。据我观察，在 2001 年的《国家司法考试实施办法（试行）》当年以及随后的三年（2002、2003、2004 年）的实施中，基本上维持了这种统一性。但在其后的 10 多年间，这项考试统一性的坚守似乎越来越困难，甚至遭受一步步的晡噬。对此，2013 年出版的本书第十一版的序言在当年的背景下曾经做过一一列举与深刻剖析。今天再次温习这篇序言，不仅未显落伍，而是更加的深刻。举其要者：特殊地区的照顾分数一降再降，有些地方的过关标准低的令人诧异；报考者的条件降格的区域面积越来越大，大专法律学历报考者愈来愈多；受"双降"（降低报考条件、降低通过分数）照顾的所谓"特殊地区"范围越来越大；通过率一升再升；[3] 令人遗憾的"小司考"（即给西部等部分地区的现任法官、检察官开设带有明显照顾性质的"司考小灶"，据悉其通过率极高）。这些举措，站在中国特殊国情论的立场看，似乎应该获得更多的理解；但另一方面，也可以说削弱了司法人员职业化的入门标准，某种

① 参见贺卫方：《北大法学教授贺卫方阐述统一司法考试的方法》，载《南方周末》2001 年 7 月 23 日；贺卫方：《统一司法考试的意义》，载《西政青年》2004 年总第 45 期；李建伟：《本科法学教育、司法考试与法律职业共同体：关系架构及其改革命题》，载《中国司法》2007 年第 9 期。

② 首次国家统一司法考试在 2002 年 2 月底举行，末代司考在 2017 年 9 月第三个周末举行，可谓跨度恰好十五年半。

③ 多年来司法考试过关率到底几何，似乎一直是一个秘密，考试组织者未见公开公布。但从司法部部长张军同志 2017 年 9 月 16 日视察中国政法大学考点时的讲话可知，2002-2016 年的 15 次司法考试已有 88.8 万人通过司法考试获得法律职业资格，按照这一期间年均不超过 35 万人的实际参考人数计算，司法考试过关率维持在一个比较高的数字。考虑到前几次司法考试过关率不足两位数的实际，可见后期的通过率可能会更高。

意义上伤害了国家统一司法考试的权威性，也是不争的事实。

要之，实施了 16 年的国家统一司法考试，整体上取得的成绩非常之大，这是首先予以肯定的。但是，与时俱进的重大改革也是势在必行的。2014 年 10 月中国共产党十八届四中全会通过的《关于全面推进依法治国若干重大问题的决定》对建设法治社会的全局作出整体性部署，将依法治国确定为党领导人民治理国家的基本方式，提出要保证公正司法，提高司法公信力，为此的重大制度保障就是加强法治工作队伍建设，包括"加强立法队伍、行政执法队伍、司法队伍建设"，具体的举措包括："推进法治专门队伍正规化、专业化、职业化，提高职业素养和专业水平"，"完善法律职业准入队伍，健全国家统一法律职业资格考试制度，建立法律职业从业人员统一职前培训制度"，还要"加强法律服务队伍建设"，具体包括："构建社会律师、公职律师、公司律师等优势互补、结构合理的律师队伍"，"各级党政机关和人民团体普遍设立公职律师，企业可设立公司律师"，"发展公证员、基层法律服务工作者、人民调解员队伍"等。作为执政党的纲领性文件，《关于全面推进依法治国若干重大问题的决定》不仅为建立取代国家统一司法考试的国家统一法律职业资格考试制度确立了框架，指明了方向，也提出了配套制度举措。

为贯彻执行《关于全面推进依法治国若干重大问题的决定》，中共中央办公厅、国务院办公厅在 2015 年年底印发《关于完善国家统一法律职业资格制度的意见》（以下简称《意见》）。《意见》明确规定建立健全国家统一法律职业资格考试制度，将现行司法考试制度调整为国家统一法律职业资格考试制度，同时改革法律职业资格考试内容，加强法律职业资格考试科学化、标准化、信息化建设。《意见》具体明确了法律职业的范围和取得法律职业资格的条件，一方面，在司法考试制度确定的法官、检察官、律师和公证员四类法律职业人员基础上，将部分涉及对公民、法人权利义务的保护和克减、具有准司法性质的法律从业人员纳入法律职业资格考试的范围，也就是扩大了需要法律职业资格的从业人员范围，另一方面，《意见》还分别从思想政治、专业学历条件和取得法律职业资格等三个方面明确了法律职业的准入条件，总体上看提升了未来有资格参加法律职业资格考试人员的法律专业学历条件。要之，通过"一扩一升"，法律职业资格考试不可仅仅被视为司法考试的升级版或者加强版，而是一个质的飞跃版。当然，至于与司法考试相比，哪些人员将被排斥在报考门外，哪些新法律职业需要持证上岗，还有待于十九大之后考试主管部门颁布的最新法规、政策来揭晓答案，让我们拭目以待。但无论细节如何，国家统一法律职业资格考试的时代已经来临了。

尚未拿到法律职业资格证书的法律学人，应该张开双臂，迎接这个新的时代。

我们期待，要珍惜来之不易的国家统一司法考试制度在促进法治专门队伍正规化、专业化、职业化上的重大贡献，坚定维护作为其正义灵魂的"统一性"，为此，未来的国家统一法律职业资格考试的制度设计成败要点包括：一是根本上杜绝小司考及所有类似"小灶"举措的再发生；二是既要统一本科层次的法学教育背景之报考资格，又要根据国情不可一蹴而就，应当尊重早前已经通过各种渠道取得法律学历文凭的基本期待权益，老人老办法，新人新办法；三是坚决统一过关分数，特殊地区的司法人员队伍的稳定通过其他制度性安排获得解决与保障；如确有必要设置 C 证，建议严格限定于欠发达的少数民族自治区域的少数民族考生；四是科学设计通过率，保持合理的总通过人数的社会保有量；五是下狠力气改革考试内容，依法限定在合理的法律科目，逐步推进考试方式的变革，改变目前过于依赖选择题的单纯笔试局面，突出对法理素养与执业能力的考查比重，等等。

在迎接与拥抱法律职业资格考试的新时期，众合教育的诸位教授同仁该当何为？自古以来，法律无不围绕着利益的分配这一核心问题而展开。之所以要进行利益分配，乃是物质供给的紧张所致，是人类面临的资源、利益稀缺性所致，也即韩非子所说的"人民众而财富寡"。由于半个多世纪前人口政策的严重失误，物质和利益稀缺的事实在当代的中国最为凸显，法律之于利益的定分止争更显紧要。放眼世界，全人类的物质生活的发展背景也是人多物寡、供不应求，这决定了必须以法律的统一性、规范性、利导性来推进物质利益的分配和主体交往的合作。在此背景下，法治不彰，意味着人类物质生活和利益分配的必然失序。这正是法治秩序成为不同民族、国家共同追求的基本缘由，即使在国际社会，建立国家间、国际组织间、私人主体间跨国交往、跨国贸易交往之基本秩序，也必须以国际法、冲突法为基准。① 那么，法律职业资格考试与此话题何干？我想，我们走向富强、公正、民主与法治社会之路的不二路径方向，就是走向开放社会。开放社会的实质是允许人们建立各种的联系，使得社会从星状体走向网体。就是青年学人熊培云提出的，衡量人类社会进步有两个关键词：一是自由，二是合作。② 对此我很赞同。比如我所讲授的专业领域民法的精神，一言以蔽之，就是在讲社会中人与人之间基于独立个体之前提自由地进行财产权、人身权的合作与交换。作为辅导各路法律精英人才顺利通过法律职业资格考试的本丛书作者而言，就如张军部长所言的，为法治建设输送更多的的优秀人才，就会大益于这个时代的法治事业。法治社会能否成功建设，这是关涉到我民族伟大复兴事业能否成功的最艰巨的考验之一。希望我们透过参与法律职业资格考试的尺寸之努力，能够有益于、助力于这项伟大事业的实现。

让本丛书的作者与读者，共同展开怀抱，一起迎接国家统一法律职业资格时代的到来，拥抱即将在 2018 年隆重登场的首次法律职业资格考试！

这一切的启端，从愉快的阅读本丛书开始。

是为序言。

2017 年 10 月 8 日，初稿
10 月 18 日，定稿

① 谢晖：《法律文化，沟通物质文化和精神文化的桥梁》，载《人民法院报》2011 年 12 月 16 日，《法律文化周刊》第 92 期。

② 熊培云：《自由在高处》，新星出版社 2011 年版，第 261 页。

前言

法律职业资格考试中的商经知产法

本前言修订成稿于 2017 年司法考试结束之后我在新加坡旅行度假期间，在短暂的观察中，我深刻感受到了新加坡在社会治理方面取得的伟大成就。新加坡是一个弹丸小国，资源极度的匮乏，在 1965 年独立之初，西方的政治评论家就断言新加坡是没有前途的，但经过了 50 多年的努力，今日的新加坡已经跻身全世界最发达国家之列。可以总结的原因有很多，其中法律严明、执法严厉、执法人员的高素质一定会被大家屡屡提及。这些因素对于中国的法治实践也有很强的借鉴意义。

从 2018 年开始，中国将要建立统一的法律职业资格考试，这将有助于增加法律职业共同体之间的共同性，有助于国家范围内的法律准则的统一。随着报考资格门槛的提高，案例试题的增多，势必会引发考试难度的显著增加，这对考生朋友的复习提出了更高的要求。

本书正式与大家见面的时候大概在一年一度的"双十一"前后，根据过往的经验这又必将是一场全民购物的狂欢，消费市场的火爆似乎制造了一种错觉：这个时代已经没有什么是稀缺的，只要点击，就能购买。但事实上，满盈与稀缺往往互相遮蔽，对于拿到这套书的法考考生，我想约略表达一下对"稀缺"的理解：

法律职业资格考试不确定性明显增加，备考时清晰的方向感是稀缺的，换言之，法考用书需要更精准地把握考试规律，绝对不以其昏昏使人昭昭；移动互联网时代，考生的时间资源和注意力资源是稀缺的，换言之，法考用书要更有效地帮助考生聚焦、突破，绝对不能贪大求全误人子弟。

诚如读者所见，相比于 2017 年的版本，本书内容有较大幅度的修订，编排印制也有很大改观，所有这些努力，都和我们对"稀缺"的理解相契合。而我更想说的是，在全面依法治国战略推进过程中，法治精神和法律人才更凸显其稀缺价值，我们尽绵薄之力编撰此书，就是为了帮助优秀考生们尽快通过这场严格的甄选，并在今后的法律实务中有足够的知识积累。

当大家拿到本套书的时候，意味着 2018 年法律职业资格考试备考的大幕已正式开启，我们将用稀缺的时间资源，向一种稀缺的价值发起进攻。具体到商法、经济法、知识产权法部分，我想说的话可以归结为一句：三部分分值相加占总分约 1/6，内容庞杂但难度不大，性价比高，务必颗粒归仓。

一、商经知产法的学科地位

根据过去三年的统计数据，商经知产法的试题总共约 88 分，其中商法约 52-55 分，经济法约 26-27 分，知识产权法约 7-11 分，具体来讲，2017 年的司法考试商法考查 55 分，经济法考查 26 分，知识产权法考查 7 分，合计 88 分，属于最近几年考查分值较少的年份。在其内部，商经知产法的内容根据考试的重要性分为 3 个层次：

第一个层次是公司法。公司法一般考 35 分左右（包括卷四的案例），特别是 2017 年竟然考了 40 分，占商法分值的七成还多，占整个商经知产法的近 1/2，是重中之重。

第二个层次包括商法中的合伙企业法、破产法、保险法、票据法、证券法和经济法中的劳动法、反不正当竞争法、消费者权益保护法、银行法、税法、土地法、环境法和知识产权法，合计约考 50 分左右，占整个商经知产法的一半以上。

第三个层次是剩下的商法中的个人独资企业法、外商投资企业法、海商法和经济法中的社会保险法、审计法等，考查频率很低，所占比重较小。

二、商经知产法的学科特点

商法、经济法、知识产权法部分的特点是多、杂、散、乱。从涉及的法律法规数量来看，本部分在法考中是最多的；从内容来看，它涵盖社会生活的方方面面，极其繁复庞杂，而且各部门法自成体系，互不相干，缺少一条贯穿始终的主线。概括来看，商法部分理论性较强，考查重点集中在对基本制度的理解方面。经济法部分法条众多，整体难度不大，考查重点集中在对主要制度的记忆方面，特别是在细节方面的考查。不可否认的是每年经济法部分都会有一些很偏的知识点被考查到，考生千万不能因此而丧失对于经济法复习的信心。知识产权法部分理论性、专业性都很强，特别是修改变动的部分是出题的绝对重点。

尤其要注意：每年新出台的法律法规和司法解释都是当年命题的重点。本书在编写的时候把近三年商经知产法部分新增加的法律法规和司法解释尽可能的包括在内，比如新增加的有《公司法解释（四）》《保险法解释（三）》《专利法解释（二）》等；修改变动的有《环境影响评价法》《企业所得税法》等。以上内容本书都已经按照最新内容修订，大家尽可放心使用。

三、本书的编写体系

法律职业资格考试不同于大学的期末考试，法律职业资格考试的教材也不同于大学的教材，一本好的辅导教材，其目的一定是着眼于如何更好地帮助考生朋友以最短的篇幅、在最短的时间内把法律职业资格考试的重要制度体系化，需要做到重点讲解考试要点，总结辨析考试难点和相近知识点，对于考试价值不大的内容尽量摒弃掉，以做到详略得当，重点突出。同时为增加考生的应试能力，还应当链接一些典型题目，以帮助大家在看懂书的基础上还能迅速做对题。另外，在语言上用词尽可能通俗易懂，切忌艰深晦涩。以上标准也是我在写作本书时对自己的要求。

四、复习建议

（一）以法条为核心，辅助以习题和教材

对商经知产法只能是多看法条，通过归纳、总结、对比、联想等方法加强记忆。

同时不能忽视真题，而是要更加重视真题，不仅要通过试题查缺补漏，而且要通过试题了解命题的思路，掌握答题的技巧，综合运用所学到的知识解决实际问题。

我们要学会做题，切忌做过撂过。很多人做完习题以后，简单的对照一下答案，看看自己做得是对是错，给自己打个分，就扔在那里再也不管了。结果是，习题做了不少，水平未见提高，甚至今后遇到同样的问题还会犯同样的错误。建议大家做完习题以后，最好能对照答案重新看一遍题目，体会一下命题的角度和回答的方法，同时巩固对该知识点的记忆。这样，虽然做题的数量可能会减少，但是能够收到事半功倍的效果。

（二）抓重点和难点，切忌全面复习

在商经知产法考试中，80%的章节都会有试题，但是80%的分值都落在20%的知识点上。也就是说，商经知产法的考试重点比较突出。本部分复习的关键是要做到区别对待，即针对不同的法在历年考试中的所占分值大小和难易程度，制定不同的复习策略，做到有重点、有层次、有先后、有取舍，切忌面面俱到。

需要特别提醒朋友们的是，新颁布的或者新修订的法律，第一次纳入考试范围的时候，会受到重点关注，所占分值会明显提高。

（三）重视考题的综合性

从近几年考试命题的趋势上来看，考题的综合性越来越强，不仅在一个部门法内将相关的考点综合考查，有时甚至会出现实体法和程序法综合考查的试题，可以说对考生的能力要求越来越高。为了达到事半功倍的效果，建议考生通过整理、归纳、口诀、图表等方法辅助记忆相关知识和法条，提高自己在实战中应用法条的能力。

（四）重视商经知产法的理论性

近两年商经知产法部分增加了一些考查理论的试题，这其实给了我们一个暗示，对商经知产法的知识点考查已向理论化、案例化进军。由于越来越强调商经知产法的理论功底，建议考生不要临考之前的一个月临时突击，这样效果不明显，最好在五月份就开始准备。

（五）关注社会热点问题

最近几年的考试，都加大了对社会热点问题的考查。所以，在大家紧张复习之余，还应当多关注一下国内发生的有可能成为考查对象的关于商经知产法内容的问题，早做准备，只有这样才能更好的把握出题者的思路，有的放矢。比如2017年卷一68题就很典型，它是结合校园贷来考查银行法中的贷款业务规则。

虽然在写作过程中，我自始至终都将注意力锁定于目标所在，笃行编写宗旨；虽然我始终要求自己以对考生高度负责的专业精神来对待编写工作，但由于能力毕竟有所欠缺，难免有所疏漏，所以请您在使用过程中保有一丝宽容，并将发现的问题及时反馈给我，这也是我最真诚的期待。

最后，衷心祝愿各位考生朋友能够顺利通过2018年法律职业资格考试！

2017 年 09 月 28 日

目　录

知识产权法

商法

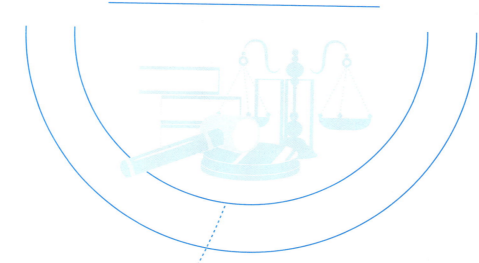

扫码听配套课程

专题一

公司法总论

公司是依照法定的条件与程序设立的、以营利为目的的社团法人。公司是企业的一种，企业还包括合伙企业与个人独资企业。公司法的主旨在于维护股东的意思自治和权利自由。本专题介绍公司的基础性知识，是在将公司"拟人化"处理的基础上分析公司的概念、特征、能力以及分类。

一、公司的概念与特征

（一）概念

公司是依照法定的条件与程序设立的、以营利为目的的社团法人。《公司法》的核心在于公司的设立与公司的治理结构。外商投资的有限责任公司和股份有限公司均适用《公司法》，有关外商投资的法律另有规定的，适用其规定。

《公司法》中出现了大量专业术语，下列用语有其特定含义，读者在学习之始必须首先明确：

1. 高级管理人员，是指公司的经理、副经理、财务负责人、上市公司董事会秘书和公司章程规定的其他人员。

2. 控股股东，是指其出资额占有限责任公司资本总额50%以上或者其持有的股份占股份有限公司股本总额50%上的股东；出资额或者持有股份的比例虽然不足50%，但依其出资额或者持有的股份所享有的表决权已足以对股东会、股东大会的决议产生重大影响的股东也属于控股股东。

3. 实际控制人，是指虽不是公司的股东，但通过投资关系、协议或者其他安排，能够实际支配公司行为的人。

4. 关联关系，是指公司控股股东、实际控制人、董事、监事、高级管理人员与其直接或者间接控制的企业之间的关系，以及可能导致公司利益转移的其他关系。但是，国家控股的企业之间不仅仅因为同受国家控股而具有关联关系。

（二）特征

我国《公司法》上的公司都具有如下特征：

1. 法人资格。法人是与自然人、其他组织并列的一类民商事主体，能够以自己的名义从事民商事活动，并以自己的财产独立承担民事责任。公司法人资格的取得必须满足以下要求：

（1）独立名义。设立公司应当依法向公司登记机关申请设立登记。商业银行、保险公司、证券公司等公司的设立还须经过相关部门的审批程序。由公司登记机关发给公司营业执照。公司营业执照签发日期为公司成立日期。公司成立之后以自己的名义进行各种民事活动以及诉讼等。

顾客在某商城购买一部手机，若是质量有问题，想要控告对方，则被告是谁？买卖合同的相对方是某商城，而不是股东本人，若是质量有问题，顾客想要控告对方，则被告是某商城，而不是股东本人。

（2）独立财产。公司作为一个以营利为目的的法人，必须有可控制、可支配的财产，以从事经营活动。公司的原始财产由股东出资构成，股东一旦履行了出资义务，其出资标的物的所有权即转移至公司，构成公司的财产，公司对其享有"法人财产权"，股东以丧失财产所有权作为代价，对公司享有"股权"，随即享有资产收益、参与重大决策和选择管理者等权利。公司的财产与股东个人的财产相分离，一旦出资就不能抽回。

甲、乙、丙共同出资设立公司，其中丙以专利技术进行出资，丙在出资后，若还想继续使用该专利，丙该如何做？该专利已经属于公司财产，丙要继续使用，需要征得公司的同意，并应支付报酬。

（3）独立责任。独立责任是指公司用其全部法人财产，对公司债务独立承担责任。公司独立承担责任，意味着股东仅仅以其对公司认缴的出资额为限对公司承担有限责任，股东对公司债务不直接承担任何责任，债权人应当向公司请求清偿债务，它降低了投资风险，保护了股东的利益。对股东来说，投资于一个公司的最大风险也就是把投资全部赔光，没有进行投资的其他财产是不会受到任何牵连影响的。正是这一点标志着公司与合伙企业、独资企业的原则区别。

甲、乙、丙共同出资设立公司，其中甲以现金100万元进行出资，2016年10月公司由于经营不善即将破产，若甲是亿万富翁，很有钱，在公司目前的困境下有无义务替公司还债？没有义务。原因是公司是独立的法人，独立承担责任，甲仅以100万元出资为限对公司承担责任，对公司债务没有直接的清偿责任。

2. 社团性。法人依法可分为社团法人和财团法人，公司属于社团法人。公司的社团性表现为它通常由两个或两个以上的股东出资组成，通过产权的多元化实现股东间的利益制衡。

股份有限公司具有完全的社团性，股东为2人以上，没有股东人数的上限要求。有限责任公司同样体现了公司的社团性，但有限责任公司在《公司法》中的例外是一人有限责任公司和国有独资公司，前者是指只有一个自然人股东或者一个法人股东的有限责任公司，后者则由国家授权投资的机构或者国家授权的部门单独投资设立。此外，根据我国《外资企业法》的规定，我国还允许设立外商独资的有限责任公司。除上述三种情况外，我国《公司法》不允许设立其他类型的一人公司。

注意：

虽然有例外存在，但社团性仍然是公司的基本特征之一。因为社团性除了含有社员因素外，还含有团体组织性，即不同于单个的个人的特性，而是一个组织体，就此特性而言，一人有限责任公司和国有独资公司同样体现了公司的社团性。

曹新川讲商法·经济法 2018年国家统一法律职业资格考试专题讲座系列

3. 营利性。公司以营利为目的，设立公司的目的及公司的运作，都是为了谋求经济利益。该特征不仅包括公司自身的盈利，还包括对其成员分配盈利。公司只有以营利为目的，实现公司利益最大化才能实现股东设立公司的目的。

二、公司人格的现代修正

如上所述，典型意义上的公司均具有法人资格，因此拥有独立的责任能力；均具有社团性，因此股东人数在 2 人以上。但是，随着公司法的现代化，我国现行公司法已对这些传统上的公司特征进行了修正，表现在以下两方面：

（一）公司人格否认制度

公司拥有自己独立的财产并能独立地承担责任，但是，公司独立承担责任的原则过于注重对股东利益的保护，而对公司的债权人有失公平；它可能为股东特别是控制公司的股东牟取法外利益创造机会，从而成为侵权的工具和手段。有鉴于此，我国《公司法》引入了公司人格否认制度。

公司人格否认制度，又称"刺破公司的面纱"是指在特定的法律关系中，如果公司股东滥用公司法人独立地位和股东有限责任，逃避债务，严重损害公司债权人利益的，应当对公司债务承担连带责任。

从本质上来说，法人人格否认制度只有当公司法人人格被滥用时才适用，它是有限责任原则的补充。也就是公司股东滥用有限责任或恶意利用有限责任制度而损害到债权人和社会公共利益时，如果公司仍然具有独立地位、股东仍然承担有限责任是对债权人不公平的，所以要否认公司的独立法人人格，否认股东的有限责任，由股东和公司一起对公司债权人承担连带清偿责任。该制度目的是为了协调因股东有限责任制度被滥用而导致公司股东和公司债权人利益的失衡。

> **注意：**
>
> 1. 人格否认制度只在特定法律关系中适用，即具有股东滥用公司法人人格的事实和行为时才进行人格否认，对此需要就事论事，不能类推，股东承担有限责任是一般原理，承担连带责任是例外；
>
> 2. 只针对恶意股东才连带；
>
> 3. 前提是债权人利益受损；
>
> 4. 债权人主张股东连带，由债权人承担举证责任；
>
> 5. 在目前的司法实践中，一般只有当公司财产不足以清偿债务时，才有必要适用"人格否认"。

结合《公司法》运作实践，目前我国滥用公司法人人格的行为主要有以下几种：

1. 注册资金不实，导致公司法人人格自始不完整。

2. 虚设股东，以公司形式获取不法利益。即公司的实质股东仅有一人，其余股东仅为挂名股东，应使实质上的股东对公司债务承担连带责任。一般表现为成立实质上的"一人公司"，或虚构外商投资搞假合资、合作经营，或以亲友、家庭成员作为假股东，设立名为公司而实为独资的企业从事经营活动。又如虽为子公司，但利润全部上缴母公司，而且自行承担全部债务。

3. 非法人以公司名义进行经营活动。自然人、合伙企业等非法人挂靠在公司，以公司名义进行经营。它们一方面，以公司形式和公司名义取信于债权人进行欺诈交易；

另一方面，又享有国家赋予公司的税收、贷款等方面的优惠。当它们不能清偿债务时，却要被挂靠公司承担责任。

4. 利用公司的设立、变更逃避债务。如甲公司经营陷入困境后，即将公司的主要人、财、物与原亏损企业脱钩，另行组成新的乙公司进行独立经营，合同约定甲公司的债务乙公司不承担。

5. 母公司对子公司的无度操纵、干预。母子公司虽然在法律上是两个独立的法律主体，在经济上却是母公司统一控制下的一个经营整体，所以母公司往往为了整个公司集团的利益而滥用其控制权、支配权，人为操纵、干预子公司内部的各种活动，致使子公司实际丧失独立地位，损害债权人的利益。

6. 财产混同、业务混同造成人格混同。股东没有严格区分公司财产与个人财产，公司财产被用于公司以外的事务或股东个人支出而未作适当记录，或者没有保持完整的公司财产记录等，都可视为财产混同。公司业务与股东业务发生混同的主要表现是两者从事同一业务活动，而且公司业务经营常以股东个人名义进行，以致与之进行交易的对方根本无法分清是与公司还是与股东进行交易。此种场合下，极易发生股东利用同种营业，剥夺对公司有利的机会而损害公司利益。

（二）一人公司

我国《公司法》上的一人公司有两种：即只有一个自然人股东或者一个法人股东的有限责任公司；二是国有独资公司，其性质也是一人公司，只不过它由国家单独出资。这种单一投资主体成立的公司并没有从根本上动摇公司的基本属性，因为公司的社团性除了含有社员因素外，还含有团体组织性，即不同于单个的个人特性，而是一个组织体，就此特性而言，上述一人公司同样体现了公司的社团性。这两种一人公司各有如下特点：

1. 一人有限责任公司：

（1）章程与组织机构：①一人有限责任公司章程由股东制定。②一人有限责任公司不设股东会，股东行使《公司法》所列股东会职权时，应当采用书面形式，并由股东签字后置备于公司。至于一人公司是否设立董事会、监事会，则由公司章程规定，可以设立，也可以不设立，法律未规定其必须设立。

（2）对一人有限责任公司的风险防范措施。一人公司，尤其是一个自然人设立的一人公司，由于缺乏股东之间的相互制约，一人股东可以"为所欲为"地将公司的财产与股东本人的财产相混同，将公司的财产变为股东自己的财产。如将公司财产挪作私用，给自己支付巨额报酬，同公司进行自我交易，以公司名义为自己担保或借贷。而公司制度的基本特征就是股东只以其对公司出资承担有限责任，股东对公司的债务不直接承担责任，这就容易使公司债权人的利益受到损害，一人公司的风险之大自不待言。有鉴于此，《公司法》通过一系列的制度措施，防止交易风险，保证交易安全。

①再投资的限制：一个自然人只能投资设立一个一人有限责任公司，该一人有限责任公司不能投资设立新的一人有限责任公司。该规定只针对自然人不针对法人。一个法人可以投资设立两个或两个以上的一人有限责任公司，由一个法人设立的一人有限责任公司可以再投资设立一人有限责任公司，成为一人有限责任公司的股东。

甲公司财大气粗，单独出资设立了一家全资子公司，这家新设立的全资子公司是否可以再设立一家全资子公司？可以。

【总结】一人公司再投资的限制仅适用于自然人，不适用于法人。

②身份公示：一人公司的出资人即股东只有一个。股东可以是自然人，也可以是法人。一人有限责任公司应当在公司登记中注明自然人独资或者法人独资，并在公司营业执照中载明。

注意：
一人公司的此特征也体现其与个人独资企业的区别，后者的投资人只能是自然人，而不包括法人。

③强制审计：一人有限责任公司应当在每一会计年度终了时编制财务会计报告，并经会计师事务所审计。

④推定混同：在发生债务纠纷时，一人公司的股东有责任证明公司的财产与股东自己财产是相互独立的，否则股东即丧失只以其对公司的出资承担有限责任的权利，必须对公司的债务承担无限连带清偿责任。公司的债权人可以将公司和恶意股东作为共同债务人进行追索。

1. 王某有100万资金，打算全部出资设立一家一人公司，这家设立的一人公司可否拿出10万元，参股众合教育？是可以的。这点实力公司还是有的。

2. 如果是一家个人独资企业改换成一家一人公司，可否继续使用原商号"新川面馆"？是可以的。此处法律并没有禁止性的规定。

2. 国有独资公司。国有独资公司是指国家单独出资、由国务院或者地方政府委托本级政府国有资产监督管理机构履行出资人职责的有限责任公司。国有独资公司是有限责任公司的一种，它不是独立于有限责任公司形态的一种新的公司形态。国有独资公司在性质上属于一人公司。

（1）章程。国有独资公司章程由国有资产监督管理机构制定，或者由董事会制定报国有资产监督管理机构批准。

（2）特殊的组织机构。

①股东：国有独资公司不设股东会，由国有资产监督管理机构行使股东会职权。国有资产监督管理机构可以授权公司董事会行使股东会的部分职权，决定公司的重大事项，但公司的合并、分立、解散、增减注册资本和发行公司债券，必须由国有资产监督管理机构决定；其中，重要的国有独资公司合并、分立、解散、申请破产的，应当由国有资产监督管理机构审核后，报本级政府批准。

②董事会、经理：国有独资公司设立董事会。董事每届任期不得超过3年。董事会成员由国有资产监督管理机构委派，董事会成员中应当有公司职工代表，职工代表由公司职工代表大会选举产生。董事会设董事长一人，可以设副董事长。董事长、副董事长由国有资产监督管理机构从董事会成员中指定。国有独资公司设经理，由董事会聘任或者解聘。

国有独资公司的董事长、副董事长、董事、高级管理人员，未经国有资产监督管理机构同意，不得在其他有限责任公司、股份有限公司或者其他经济组织兼职。

③监事会：国有独资公司设立监事会，监事会是公司的监督机构，但同一般的有限责任公司的监事会不同，其成员由国有资产监督管理机构委派。但是，监事会中的职工代表由公司职工代表大会选举产生。监事会主席由国有资产监督管理机构从监事会成员中指定。国有独资公司监事会成员不得少于5人，其中职工代表的比例不得低于1/3，具体比例由公司章程规定。董事、高级管理人员及财务负责人不得兼任监事。

【总结】国有独资公司与一般"一人公司"的区别：

1. 设立人不同。国有独资公司的设立人既非自然人也非法人，而是国家单独出资。一般的一人公司，设立人是自然人或者法人。

2. 组织机构不同：

（1）国有独资公司中董事会、监事会是必设机构。一般"一人公司"是否设立董事会、监事会，则由公司章程规定，可以设立，也可以不设立，法律未规定其必须设立。

（2）国有独资公司不设股东会。但不设股东会并不意味着国有独资公司没有权力机关，其唯一股东就是公司的权力机关，即国有资产监督管理机构以唯一股东的身份行使股东会的职权。

三、公司的能力

公司同自然人一样具有权利能力和行为能力。

（一）公司的权利能力

公司的权利能力是指公司作为法律主体依法享有权利和承担义务的资格。

1. 起始与终止。与自然人不同，公司的权利能力起始于公司营业执照的签发之日，终止于注销登记之日。这种起始终止的标志适用于我国所有企业。

如何看待吊销营业执照？公司被吊销执照并不意味着终止，吊销执照以后还需要进入清算程序，清算以后，经过注销登记，才是权利能力的终止。

2. 限制：

（1）性质上的限制。公司毕竟为法律拟制的人格，所以凡与自然人自身性质相关的权利义务，如专属于自然人的生命权、健康权、婚姻权、继承权、隐私权等，公司均不能享有。

（2）目的范围的限制。公司的经营范围由公司章程规定，并依法登记。公司需要变更其经营范围的，必须依照法定程序修改公司章程，并经公司登记机关变更登记，才可以变更其经营范围。

公司不得超越经营范围进行活动，如果当事人超越经营范围订立合同（即"越权行为"），为了保护善意相对人的利益，法院不因此认定合同无效。但违反国家限制经营、特许经营以及法律、行政法规禁止经营规定的除外。如经营银行业、保险业、证券业，须经银监会、保监会、证监会的批准。

（3）投资能力和担保能力的限制：

①投资能力：公司可以向其他企业投资；但是，除法律另有规定外，不得成为对所投资企业的债务承担连带责任的出资人。因为这样做可能会导致国有资产流失和公

曹新川讲商法·经济法　2018年国家统一法律职业资格考试专题讲座系列

共利益受损。

注意：

　　此处的禁止是相对禁止，这里的但书是指一般公司可以向合伙企业投资，成为普通合伙人，承担连带责任。国有独资公司、上市公司不可以成为普通合伙人，不能承担连带责任。

　　公司向其他企业投资，按照公司章程的规定由董事会或者股东会、股东大会决议；公司章程对投资的总额及单项投资的数额有限额规定的，不得超过规定的限额。

　　②担保能力：

　　a. 对外担保：公司向其他企业投资或者为他人提供担保，按照公司章程的规定由董事会或者股东会、股东大会决议；公司章程对担保的总额及单项担保的数额有限额规定的，不得超过规定的限额。

　　b. 对内担保：公司为公司股东或者实际控制人提供担保的，必须经股东会或者股东大会决议。被担保的股东或者受实际控制人支配的股东，不得参加对该担保事项进行的表决。该项表决由出席会议的其他股东所持表决权的过半数通过。

　　【法理分析】对内担保必须要经过股东会的同意，董事会是无权决定的，原因是董事会是股东会选举产生，因为选举是资本多数决，因此产生的董事会是大股东利益的代表，若此时允许董事会就对内担保通过决议，大股东将会操纵控制董事会，使对内担保决议顺利通过，不利于小股东利益的保护，因此，对内担保需要股东会同意，而不是董事会同意。股东（大）会进行决议则不会发生此种问题，因为被担保的股东或者受实际控制人支配的股东，不得参加对该担保事项进行的表决，由其他股东独立的做出判断，这样才能真正保护小股东的利益。

　　【总结】公司对内担保与对外担保的最大不同就在于前者法律强制规定只有股东（大）会有决定权，董事会是绝对无权的。

　　（二）公司的行为能力

　　1. 含义。公司的行为能力是指公司基于自己的意思表示，以自己的行为独立取得权利和承担义务的能力。它与公司的权利能力同时产生，同时终止，范围和内容也与权利能力相一致。

　　2. 实现方式。公司行为能力的实现方式有以下两个阶段：

　　（1）公司要有意思能力，公司的意思能力通过公司的法人机关来形成和表示，公司的法人机关由股东会（股东大会）、董事会和监事会组成。它们依照《公司法》规定的职权和程序相互配合又相互制衡，进行公司的意思表示。

　　【附图】公司组织机构

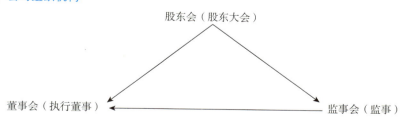

　　（2）公司的行为能力由公司的法定代表人实现。法定代表人和公司是代表关系，是公司的化身，法定代表人所实施的法律行为就是公司的法律行为，法定代表人所享

有的权利和承担的义务就是公司的权利和义务。

公司法定代表人依照公司章程的规定，由董事长、执行董事或者经理担任，并依法登记。公司法定代表人变更，应当办理变更登记。

四、公司的分类

（一）以公司股东的责任范围为标准分类

可将公司分为无限责任公司、两合公司、股份两合公司、有限责任公司和股份有限公司。

1. 无限责任公司。无限责任公司是指由两个以上股东组成，全体股东对公司债务负连带无限责任的公司。

2. 两合公司。两合公司是指由部分无限责任股东和部分有限责任股东共同组成，对公司债务前者负无限连带责任，后者仅以出资额为限承担有限责任的公司。

3. 股份两合公司。股份两合公司是指由部分对公司债务负连带无限责任的股东和部分仅以所持股份对公司债务承担有限责任的股东共同组建的公司。

> **注意：**
> 我国《公司法》未规定上述三种公司。

4. 有限责任公司。有限责任公司是指股东仅以其认缴的出资额为限对公司承担责任，公司以其全部资产对公司债务承担责任的公司。由于规模小、人数少，法律对其规定以自治性为主。

5. 股份有限公司。股份有限公司是指由一定以上人数组成，公司全部资本分为等额股份，股东以其所认购的股份为限对公司承担责任，公司以其全部资产对公司的债务承担责任的公司。由于规模大、人数多，法律对其规定以强制性为主。

6. 有限责任公司与股份有限公司的区别与联系。有限责任公司和股份有限公司之间可以进行变更。公司变更前的债权、债务由变更后的公司承继。这两类公司是我国《公司法》规定的基本类型，二者的关系应重点了解。

（1）相同点。有限责任公司和股份有限公司最主要的相同点就是股东责任均为有限。对于"有限"一词，只是指股东对公司债务以所持股份或出资为限承担责任。股东的这种责任也是对"公司"的责任，而不是直接对公司债权人的责任。至于公司则应以其全部资产为限对公司的债务承担责任，这种责任实际上是无限责任，也就是公司独立责任。

（2）不同点：

①有限责任公司的资本可以分为均等的份额，也可以不分成均等的份额。有限责任公司的资本构成通常称为出资额，即使分为均等的份额也不称为股份。股份有限公司的资本则必须划分成等额的股份，这是两类公司的根本区别。

②有限责任公司股东出资后，由成立后的公司向股东签发证明其已经履行出资义务的法律文件，即出资证明书，其性质为证权证书；相应地，股份有限公司则向股东签发股票，其性质为证权证券。

> **注意：**
> 无论是出资额，还是股份，均可以称为股权。

有限责任公司和股份有限公司，在例外情况下都有可能对公司债务承担连带责任吗？这个说法是对的。

（二）以公司之间的关系为标准分类

可将公司分为总公司与分公司、母公司与子公司。

1. 总公司与分公司。

（1）总公司，又称本公司，是指依法设立并管辖公司全部组织的具有企业法人资格的总机构。总公司通常先于分公司而设立。

（2）分公司，是指在业务、资金与人事等方面受总公司管辖而不具有法人资格的分支机构，其民事责任最终由总公司承担。公司设立分公司的，也应当向分公司所在地的公司登记机关申请登记，领取营业执照。

注意：

分公司具有一定的资金能力，能够以自己的名义从事法律行为，有相应的权利能力和行为能力。

植根农业是北方省份一家从事农产品加工的公司。为拓宽市场，该公司在南方某省分别设立甲分公司与乙分公司。关于分公司的法律地位与责任，判断下列说法的正误？①

（1）植根公司的债权人在植根公司直接管理的财产不能清偿债务时，可主张强制执行各分公司的财产。

（2）甲分公司的债权人在甲分公司直接管理的财产不能清偿债务时，可主张强制执行植根公司的财产。

（3）乙分公司的债权人在乙分公司直接管理的财产不能清偿债务时，不得主张强制执行甲分公司直接管理的财产。

2. 母公司与子公司。

（1）母公司，是指拥有其他公司一定数额的股份或根据协议，能够控制、支配其他公司的人事、财务、业务等事项的公司。

（2）子公司，是指一定数额的股权被另一公司控制或依照协议被另一公司实际控制、支配的公司。假如母公司是一个人，子公司就是母公司的孩子，是独立的人，所以子公司具有企业法人资格，依法独立承担民事责任。依照母公司拥有子公司的股权额的多少，子公司又可以分为：

①全资子公司，就是所谓的一人公司，股权为母公司100%拥有；

②绝对控股子公司，母公司拥有其50%以上不足100%的股权；

③相对控股子公司，母公司拥有的股权低于50%，但其表决权已经足以对子公司的决议产生重大影响，因为其他股权可能比较分散。

---

① （1）（2）说法正确，（3）说法错误。

【特别提示】 子公司是独立法人，这是与分公司的最大区别。

1. 天汇蓝公司是一家从事环保产品贸易的有限责任公司，注册地在北京，请回答下列说法正确与否？①

(1) 在北京市设立分公司，不必申领分公司营业执照？

(2) 在北京市以外设立分公司，须经登记并领取营业执照？

(3) 在北京市以外设立子公司，即使是全资子公司，亦须独立承担民事责任？

2. 夜太黑娱乐公司欲单独出资设立一家子公司，请回答下列说法正确与否？②

(1) 子公司的财产所有权属于甲公司，但由子公司独立使用？

(2) 子公司具有独立法人资格吗？

(3) 子公司进行诉讼活动时以自己的名义进行？

(三) 以公司的信用基础为标准分类

可将公司分为人合公司、资合公司以及人合兼资合公司。

1. 人合公司，是指公司的经营活动以股东个人信用而非公司资本的多寡为基础的公司。无限责任公司是最典型的人合公司。

这种公司是典型的"认人不认钱"，股东间出于信任而结合起来，多为亲朋好友甚至是家族企业，交易方也主要关注股东的个人情况，至于公司自身的财力则不太重要。因为彼此信任的熟人总是有限的，所以人合公司股东人数一般不多，规模较小。

2. 资合公司，是指公司的经营活动以公司的资本规模而非股东个人信用为基础的公司。我国 2013 年修订后的《公司法》取消了法定最低注册资本限制，但也明确规定，法律、行政法规、国务院决定对公司注册资本实缴、注册资本最低限额另有规定的，从其规定。股份有限公司是资合公司，虽然其中的非上市公司具有一定的人合性质，但不能从根本上改变股份有限公司的资合性质。其中的上市公司是最典型的资合公司。

这种公司是典型的"认钱不认人"，股东由于出资而自由的结合起来，彼此往往是陌生的不了解的，交易方也主要关注公司自身的财力，至于股东的个人情况则不太重要。由于凡出资者皆可成为股东，所以资合公司股东人数一般较多、规模较大。

3. 人合兼资合公司，是指公司的设立和经营同时依赖于股东个人信用和公司资本规模，兼有上述两类公司的特点。有限责任公司是人合兼资合公司，人合性为主，资合性为辅；非上市的股份公司也是人资兼合公司，资合性为主，人合性为辅。

【总结】

1. 有限责任公司具有人合性，是为小企业设计的公司类型，所以强调"公司意思自治"，也就是法条中所谓"章程另有规定的，从其规定"，把决定权交给股东。

2. 股份公司是资合公司，是为大企业设计的企业类型，所以强调"监管"，强调公司法的强制性，特别是上市公司，其"信息公开"制度更是为了监管的需要。

曹新川讲商法·经济法　2018 年国家统一法律职业资格考试专题讲座系列

---

① (1) 错误。分公司也需要领取营业执照。(2) 正确。(3) 正确。

② (1) 错误，子公司的财产所有权就属于子公司。(2) 具有。(3) 正确。

关于有限责任公司和股份有限公司，下列哪些表述是正确的？①

（1）有限责任公司体现更多的人合性，股份有限公司体现更多的资合性？

（2）有限责任公司具有更多的强制性规范，股份有限公司通过公司章程享有更多的意思自治？

---

①　（1）正确。（2）错误。有限责任公司具有更多的意思自治，股份有限公司具有更多的强制性规范。

专题二　公司设立

一般情况下，公司设立行为属于多数人的共同行为。其特征是：行为人具有共同的目标；行为人形成共同的意思表示；行为人取得同质的预期效果；行为人承担共同的责任。但公司的设立行为也可能是单独法律行为，例如设立一人公司时，其设立人只能是一个自然人或一个法人。

一、一般规则

（一）概念

公司设立是指公司设立人依照法定的条件和程序，为组建公司并取得法人资格而必须采取和完成的法律行为。公司设立不同于公司的设立登记，也不同于公司成立。公司设立与公司成立主要有以下两点区别：

1. 公司设立是一种法律行为，公司成立则是设立人取得公司法人资格的一种事实状态或公司设立行为的法律后果。

注意：

公司登记是公司设立的最后一个环节，公司设立是个过程，公司成立是一个结果，设立的结果是成立。

2. 公司设立阶段，公司尚不具有法人资格，不能以公司法人名义进行法律行为，设立阶段产生的债权债务由设立人承担；公司成立后则取得法人主体资格，能够以自己的名义进行法律行为，产生的债权债务由公司承担。

（二）方式

公司设立的方式基本为两种，即发起设立和募集设立。

1. 发起设立，是指由发起人认购公司应发行的<u>全部股份</u>而设立公司。

2. 募集设立，是指由发起人认购公司应发行股份的一部分，其余股份向社会公开募集（简称公募）或者向特定对象募集（简称私募）而设立公司。

注意：

有限责任公司只能采取发起设立方式；股份有限公司的设立，既可以采取发起设立的方式，也可以采取募集设立的方式。

（三）条件

公司设立的条件通常认为应当由三个要素构成，即人的要素、物的要素和行为要素。所谓人的要素，主要是针对股东和发起人的人数和资格而言的；所谓物的要素，主要针对公司的资本而言的；所谓行为要素，主要针对发起人协议、制定公司章程以及建立组织机构而言的。根据我国《公司法》的规定，设立公司应当具备以下基本条件：

  1. 股东或发起人符合法定人数：

  （1）有限公司只有上限没有下限：为了保证人合性，防止股东之间产生不信任感，有限责任公司由 50 个以下股东出资设立。

  （2）股份公司只有下限：设立股份有限公司，应当有 2 人以上 200 人以下为发起人，其中须有半数以上的发起人在中国境内有住所。

必须半数以上是中国人吗？不是，须有半数以上在中国境内有住所。

注意：

  此处只是对发起人有此要求。

  2. 股东认缴出资或者发起人认购、募集股本。

  3. 依法制定公司章程：

  （1）有限责任公司的章程由股东共同制定。

  （2）股份有限公司的章程：如果采用发起设立就由发起人制订公司章程；如果采用募集方式设立的，则在发起人制订公司章程后经创立大会通过。

  4. 有公司名称，建立符合公司要求的组织机构：

  （1）名称。公司的名称相当于自然人的姓名，一个公司只能有一个名称。在同一公司登记机关的辖区内，同一行业的公司不允许有相同或类似的名称。有限责任公司，必须在公司名称中标明"有限责任公司"或者"有限公司"字样；股份有限公司，必须在公司名称中标明"股份有限公司"或者"股份公司"字样。

  （2）组织机构。任何公司都必须建立组织机构。根据我国《公司法》规定，有限责任公司一般应当设立股东会、董事会和监事会，但在公司规模较小、股东人数较少的情况下，也可以不设立董事会或者监事会，而只需要设立 1 名执行董事或者 1~2 名监事。一人公司和国有独资公司不设股东会。股份有限公司必须设立股东会、董事会和监事会。

  5. 有公司住所。公司以其主要办事机构所在地为住所。

张某与潘某欲共同设立一家有限责任公司。关于公司的设立，下列哪一说法是错误的？①

  （1）张某、潘某签订公司设立书面协议可代替制定公司章程。

  （2）公司可以张某姓名作为公司名称。

  （3）张某、潘某二人可约定以潘某住所作为公司住所。

（四）登记

公司设立应当向公司登记机关（在我国为工商行政管理机关）提出申请，办理登记。

  1. 登记程序：

  （1）设立有限责任公司，应当由全体股东指定的代表或者共同委托的代理人向公

---

① （1）说法错误，（2）（3）说法正确。

专题二　公司设立

司登记机关申请设立登记。设立国有独资公司，应当由国务院或者地方政府授权的本级政府国有资产监督管理机构作为申请人，申请设立登记。设立股份有限公司应由董事会作为申请人。

（2）股份有限公司的设立方式有发起设立和募集设立两种，不同方式下的设立程序有所不同。

①发起设立方式：发起人认购股份→发起人缴清股款→召开创立大会选举董事会和监事会→董事会申请设立登记→公告成立。

②募集设立方式：

a. 发起人认购股份，发起人认购的股份不得少于公司股份总数的 35%。

b. 公告招股说明书，制作认股书。

c. 签订承销协议和代收股款协议。发起人应当同证券公司签订承销协议，并且同银行签订代收股款协议。

> **注意：**
>
> 此处应是发起人同银行签订代收股款协议。

d. 召开创立大会。认股人缴清股款并验资完毕后，发起人应当在 30 日内主持召开公司创立大会。会议应有代表股份总数过半数的发起人、认股人出席，方可举行。创立大会的职权为：审议发起人关于公司筹办情况的报告；通过公司章程；选举董事会成员；选举监事会成员；对公司的设立费用进行审核；对发起人用于抵作股款的财产的作价进行审核；发生不可抗力或者经营条件发生重大变化直接影响公司设立的，可以作出不设立公司的决议。

创立大会就上述事项作出决议，必须经出席会议的认股人所持表决权过半数通过。

e. 申请设立登记并公告。董事会应于创立大会结束后 30 日内，申请设立登记。

顺昌有限公司等五家公司作为发起人，拟以募集方式设立一家股份有限公司。关于公开募集程序，下列哪些表述是正确的？①

（1）发起人应与依法设立的证券公司签订承销协议，由其承销公开募集的股份。

（2）证券公司应与银行签订协议，由该银行代收所发行股份的股款。

（3）发行股份的股款缴足后，须经依法设立的验资机构验资并出具证明。

二、发起人

根据 2011 年 1 月公布的最高人民法院《关于适用〈中华人民共和国公司法〉若干问题的规定（三）》［以下简称《公司法解释（三）》］，为设立公司而签署公司章程、向公司认购出资或者股份并履行公司设立职责的人，应当认定为公司的发起人。发起人之间在公司成立之前是民事合伙关系。

（一）发起人的人数与资格

1. 人数。有限责任公司的发起人可以是 50 人以下的任何人数；股份有限公司，应当有 2 人以上 200 人以下为发起人，其中须有半数以上的发起人在中国境内有住所。有住所的要求是保证当公司不能设立成功的时候，发起人有能力去承担责任，维护债权

---

① （1）和（3）说法正确，（2）说法错误，应当是发起人与银行签订代收股款的协议。

曹新川讲商法·经济法　2018 年国家统一法律职业资格考试专题讲座系列

人的利益。

　　有限责任公司的发起人可以是 1 个人吗？可以，这样设立的公司就是一人公司。

　　2. 发起人资格：
　　（1）从积极方面来看，自然人、法人、非法人组织以及国家都可以成为发起人。
　　（2）从消极方面来看，以下几类人不宜成为发起人：①无民事行为能力人或限制民事行为能力人；②国家公职人员；③受到竞业禁止的人。
　　（二）发起人在设立中公司的权利和义务
　　发起人以成立公司为目的而形成的前公司组织形态为"设立中公司"。
　　公司设立阶段，公司尚不具有法人资格，不能以公司法人名义进行法律行为；公司成立后则取得法人主体资格，能够以自己的名义进行法律行为，产生的债权债务由公司承担。
　　1. 公司设立成功时：
　　（1）发起人为设立公司以自己名义对外签订合同。按照《公司法》规定，一般情况下由该发起人承担合同责任，但公司成立后对合同予以确认，或者已经实际享有合同权利或者履行合同义务，也允许债权人请求公司承担合同责任。即债权人在此处享有选择权。

　　甲、乙、丙、丁拟设立一家商贸公司，就设立事宜分工负责，其中丙负责租赁公司运营所需仓库。因公司尚未成立，丙为方便签订合同，遂以自己名义与戊签订仓库租赁合同。关于该租金债务及其责任，下列表述是否正确？①
　　（1）无论商贸公司是否成立，戊均可请求丙承担清偿责任？
　　（2）只要商贸公司成立了，戊就可以找公司承担责任？

　　（2）发起人以设立中公司名义对外签订合同。一般情况下公司成立后应由公司承担合同责任。如果公司成立后有证据证明发起人利用设立中公司的名义为自己的利益与相对人签订合同，公司不承担合同责任，但相对人为善意的除外。
　　【总结】
　　（1）以发起人名义签订合同，不管公司是否成立，发起人都要承担责任。
　　（2）以公司名义签订合同，公司成立，公司承担责任；若公司没有成立，则由发起股东承担连带责任。
　　2. 公司设立失败时：
　　（1）合同责任。公司因故未成立，债权人请求全体或者部分发起人对设立公司行为所产生的费用和债务承担连带清偿责任的，法院应予支持。对外承担了清偿责任的发起人，对内取得求偿权，有权向其他发起人追偿。
　　部分发起人依照上述规定承担责任后，请求其他发起人分担的，法院应当判令其他发起人按照约定的责任承担比例分担责任；没有约定责任承担比例的，按照约定的

---

　　①　（1）正确。（2）错误。

出资比例分担责任；没有约定出资比例的，按照均等份额分担责任。

因部分发起人的过错导致公司未成立，其他发起人主张其承担设立行为所产生的费用和债务的，法院应当根据过错情况，确定过错一方的责任范围。

注意：
在公司设立过程中，如果发起人因自己的过失使公司利益受到损害的，应当对公司承担赔偿责任。即便公司成立之后也不会转变为公司的债务由公司承担。

（2）侵权责任。发起人因履行公司设立职责造成他人损害，公司成立后受害人请求公司承担侵权赔偿责任的，法院应予支持；公司未成立，受害人请求全体发起人承担连带赔偿责任的，法院应予支持；公司或者无过错的发起人承担赔偿责任后，可以向有过错的发起人追偿。

（三）股份有限公司发起人的义务与责任

1. 以发起设立方式设立股份有限公司的，发起人应当书面认足公司章程规定其认购的股份。在发起人认购的股份缴足前，不得向他人募集股份。

2. 以募集设立方式设立股份有限公司的，发起人认购的股份不得少于公司股份总数的35%；但是，法律、行政法规另有规定的，从其规定。

3. 股份有限公司成立后，发起人未按照公司章程的规定缴足出资的，应当补缴；其他发起人承担连带责任。股份有限公司成立后，发现作为设立公司出资的非货币财产的实际价额显著低于公司章程所定价额的，应当由交付该出资的发起人补足其差额；其他发起人承担连带责任。

【总结】公司设立中的法律责任：

1. 公司不能成立时，发起人对设立行为所产生的债务和费用负连带责任；

2. 公司不能成立时，发起人对认股人已缴纳的股款，负返还股款并加算银行同期存款利息的连带责任；

3. 在公司设立过程中，由于发起人的过失致使公司利益受到损害的，应当对公司承担赔偿责任。

三、公司章程

（一）概念与特点

设立公司必须依法制定公司章程。章程是公司必备的，规定其名称、宗旨、资本、组织机构等对内对外事务的基本法律文件。

注意：
无论是设立有限责任公司还是设立股份有限公司，都必须由全体股东或发起人订立公司章程。

章程具有法定性、真实性、自治性和公开性。章程的法定性主要强调公司章程的法律地位、主要内容及修改程序、效力都由法律强制规定，任何公司都不得违反。真实性主要强调公司章程记载的内容必须是客观存在的、与实际相符的事实。章程的自治性，指章程由公司依法自行制定，由公司自己来执行。章程的公开性，指对一般社会公众公开，这主要对股份有限公司而言。

（二）订立

公司章程的订立通常有两种方式：

1. 共同订立，是指由全体股东或发起人共同起草、协商制订公司章程，否则，公司章程不得生效。

2. 部分订立，是指由股东或发起人中的部分成员负责起草、制订公司章程，而后再经其他股东或发起人签字同意的制订方式。

注意：

公司章程必须采取书面形式，口头不能订立，并且必须经全体股东或发起人同意并在章程上签名盖章，才能生效。

（三）效力

《公司法》第 11 条规定：公司章程对公司、股东、董事、监事、高级管理人员具有约束力。公司章程作为公司内部规章，效力仅及于公司和相关当事人，而不具有普遍的约束力。

1. 公司章程对公司的效力。公司章程对公司的效力表现在，公司自身的行为要受公司章程的约束。比如公司应当依其章程规定的办法，产生权力机构、业务执行和经营意思决定机构、监督机构等公司组织机构，并按章程规定的权限范围行使职权。

2. 公司章程对股东的效力。公司章程对股东的效力主要表现为股东依章程规定享有权利和承担义务。如股东有权出席股东会、行使表决权、转让出资、查阅有关公开资料、获取股息红利等。同时，负有缴纳所认缴的出资及公司章程上规定的其他义务。

3. 公司章程对董事、监事和高级管理人员的效力。公司章程对董事、监事、高级管理人员的效力表现为，公司的董事、监事、高级管理人员应当遵守公司章程，依照法律和公司章程的规定行使职权。若董事、监事、高级管理人员之行为超出公司章程对其赋予的职权范围，其应就自己的行为对公司负责。

甲公司章程规定：董事长未经股东会授权，不得处置公司资产，也不得以公司名义签订非经营性合同。一日，董事长任某见王某开一辆新款宝马车，遂决定以自己乘坐的公司旧奔驰车与王某调换，并办理了车辆过户手续。任某的换车行为对公司是具有约束力的。公司内部可以对造成的损失向任某追偿。

违反公司章程的后果散见于《公司法》各处，现作一归纳总结：

1. 董事、监事和高级管理人员违反公司章程。董事、监事、高级管理人员执行公司职务时违反法律、行政法规或者公司章程的规定，给公司造成损失的，应当承担赔偿责任。董事、高级管理人员违反法律、行政法规或者公司章程的规定，损害股东利益的，股东可以向法院提起诉讼。此处为股东的直接诉。

2. 公司违反公司章程。股东会或者股东大会、董事会的会议召集程序、表决方式违反法律、行政法规或者公司章程，或者决议内容违反公司章程的，股东可以自决议作出之日起 60 日内，请求法院撤销。此处为可撤销之诉。

3. 股东违反公司章程。股东违反公司章程所规定的义务，公司有权要求其履行，因此给公司造成损失的，应当对公司承担损害赔偿责任。

（四）公司章程的变更

1. 公司章程的变更是指已经生效的公司章程的修改，变更程序如下：

（1）由董事会提出修改公司章程的提议；

（2）将该提议通知其他股东；

（3）由股东会（股东大会）表决通过。

2. 我国《公司法》规定，有限责任公司股东会会议作出修改公司章程的决议必须经代表 2/3 以上表决权的股东通过；股份有限公司股东大会作出修改公司章程的决议，必须经出席会议的股东所持表决权的 2/3 以上通过。

3. 章程变更后，董事会应向工商行政管理机关申请变更登记。

注意：

公司章程的订立或变更并非以工商登记为生效要件，而为对抗要件。

专题三
公司融资与财务

公司筹集资金的活动被称为"公司融资"。公司筹集资金主要依靠两种手段：一是股权融资；二是债权融资。前者是公司向投资者募集股权资本的活动，后者是通过向第三人借款而筹集资本的活动。具体来说，包括公司资本、公司股份和公司债券三部分内容。公司财务制度则包括公积金制度和公司分配制度两个方面。

一、公司资本

（一）含义与形态

公司资本也称为股本，它是指由公司章程确定并载明的全体股东的出资总额。公司资本的具体形态包括：

1. 注册资本，是指公司在设立时筹集的、由章程载明的、经公司登记机关登记注册的资本。可以区分为以下三种情况：

（1）有限责任公司的注册资本为在公司登记机关依法登记的全体股东认缴的出资额；

（2）股份有限公司采取发起设立方式设立的，注册资本为在公司登记机关依法登记的全体发起人认购的股本总额；

（3）股份有限公司采取募集设立方式设立的，注册资本为在公司登记机关依法登记的实收股本总额。

2. 认缴资本（发行资本），是指公司实际上已向股东发行的股本总额。发行资本可能等于注册资本，也可能小于注册资本。

3. 实缴资本（实收资本），是指公司成立时公司实际收到的股东的出资总额。

由于股东认购股份以后，可能一次全部缴清，也可能在一定期限内分期缴纳。故而实缴资本可能等于或小于注册资本。

注意：

我国现行《公司法》的注册资本制度由实缴制改为了认缴制，公司的注册资本等于公司成立时全体股东的认缴资本总额，因而公司成立时的实缴资本可能小于注册资本。

（二）公司资本三原则

有限责任公司和股份有限公司都具有一定的资合性，其信用基础在于资本的真实和稳定，这样才能保障交易安全，维护债权人的利益。我国《公司法》对上述两类公司资本的有关规定体现为以下三项原则：

1. 资本确定原则。资本确定原则又称法定资本制，是指公司设立时应在章程中载明公司资本总额，并由发起人认足或缴足，否则公司不能成立。我国现行《公司法》

除特殊情况外已取消了注册资本实缴制。

2. 资本维持原则。资本维持原则是指公司在其存续过程中，应当经常保持与其资本额相当的财产。这是资本确定原则的延伸。该原则具体体现在下列制度上：

（1）有限责任公司的股东在公司登记成立后不得抽逃出资；股份有限公司的发起人、认股人缴纳股款或者交付抵作股款的出资后，除未按期募足股份、发起人未按期召开创立大会或者创立大会决议不设立公司的情形外，不得抽回其股本。

（2）股票发行价格可以按票面金额，也可以超过票面金额，但不得低于票面金额。

（3）公司不得收购本公司的股票，但是，有下列情形之一的除外：

①减少公司注册资本；

②与持有本公司股份的其他公司合并；

③将股份奖励给本公司职工；

④股东因对股东大会作出的公司合并、分立决议持异议，要求公司收购其股份的。

> **注意：**
> 此处股份回购针对的是股份有限公司。

公司因上述第①～③项的原因收购本公司股份的，应当经股东大会决议。公司依照上述规定收购本公司股份后，属于第①项情形的，应当自收购之日起10日内注销；属于第②项、第④项情形的，应当在6个月内转让或者注销。公司依照上述第③项规定收购的本公司股份，不得超过本公司已发行股份总额的5%；用于收购的资金应当从公司的税后利润中支出；所收购的股份应当在1年内转让给职工。

> **注意：**
> 在考试当中，此处的数字往往是命题的重点，需要熟记。

为防止造成公司回购本公司股票的后果，公司不得接受本公司的股票作为质押权的标的。

3. 资本不变原则。资本不变原则是指公司资本总额一旦确定，非经法定程序，不得任意变动。《公司法》对公司增加注册资本实行股东自治，而对公司减少注册资本则实行严格的限制。公司的法定减资程序请参见后面内容。

> **注意：**
> 《公司法》对公司增加注册资本实行股东自治，而对公司减少注册资本则实行严格的限制。其目的都是为了保护债权人的利益。

但是，需要注意的是，公司的偿债能力其实与公司成立时的注册资本关系并不大，因为公司是以其全部账面资产（而不是注册资本）对外承担债务清偿责任的。

公司成立时注册资本为200万元，现有资产为400万元，公司需以400万元的全部资产承担债务清偿义务；反之，若公司注册资本为400万元，现有资产仅200万元，公司也只能以此200万元承担债务清偿责任。

2013年修改《公司法》时在公司资本制度方面作了重大修订，体现在四个方面：

一是取消了法定最低注册资本制度。有限责任公司和股份有限公司除特殊规定外不再设置法定最低注册资本限制。

曹新川讲商法·经济法 2018年国家统一法律职业资格考试专题讲座系列

现在一元钱可不可以注册一家公司？可以。

二是**实行公司注册资本认缴制**，股东不必实际缴纳全部出资，而可以先成立公司，再分期缴纳出资。新《公司法》也取消了股东实缴出资的比例及期限限制。

注意：

即便法律取消了实缴制及实缴的比例与期限限制，股东也不能狮子大张口，也需要量力而行，因为股东仍须按照公司章程的约定缴纳出资。如果股东未依认缴文件的规定实际缴付注册资本，仍需要按照其认缴的出资额承担有限责任。只不过可以分期缴纳而已。

三是**取消了货币出资比例限制**，取消了旧法中货币出资占 30% 的规定。

可不可以全部用非货币财产出资？可以。

四是有限责任公司股东认缴出资额、公司实收资本不再作为登记事项。公司登记时，**不需要向工商部门提交验资报告和证明文件**。登记事项和登记文件得到了极大的简化。

（三）股东的出资

1. 基本要求：

（1）有限责任公司。有符合公司章程规定的全体股东认缴的出资额。法律、行政法规以及国务院决定对有限责任公司注册资本实缴、注册资本最低限额另有规定的，从其规定。

【再次强调】股东不必实际缴纳全部出资，而可以先成立公司，再分期缴纳出资。2013 年修订的《公司法》删除了"有限责任公司注册资本的最低限额为人民币 3 万元。公司全体股东的首次出资额不得低于注册资本的 20%，也不得低于法定的注册资本最低限额，其余部分由股东自公司成立之日起 2 年内缴足；其中，投资公司可以在 5 年内缴足"等规定，至此有限公司设立时不再有注册资本最低限额和首期出资比例的要求。

（2）股份有限公司。有符合公司章程规定的全体发起人认购的股本总额或者募集的实收股本总额。法律、行政法规以及国务院决定对股份有限公司注册资本实缴、注册资本最低限额另有规定的，从其规定。**募集设立的股份有限公司不允许分期缴纳出资**。

股东以货币出资的，应当将货币出资足额存入公司在银行开设的账户；以非货币财产出资的，应当依法办理其财产权的转移手续。

注意：

《商业银行法》对于商业银行、《证券法》对于证券公司、《保险法》对于保险公司等都有特殊的最低注册资本要求。

2. 出资方式：

（1）合法方式：股东可以用货币出资，也可以用**实物、知识产权、土地使用权**等**可以用货币估价并可以依法转让的非货币财产**作价出资。

此处 2013 年修订的《公司法》删除了"全体股东的货币出资金额不得低于有限责任公司注册资本的 30%"的规定，以后公司的成立不再要求货币出资的比例，这样有利于鼓励创业，降低设立公司的门槛和难度。

今后，即使全部使用非货币出资也将不会受到限制，一些有技术背景的创业人士不再需要缴付现金出资而可全部用技术出资或者其他可以评估的实物出资。

根据《公司债权转股权登记管理办法》（2011 年 11 月 23 日国家工商总局公布），债权可以作为合法有效的出资形式转为股权。该办法所称债权转股权，是指债权人以其依法享有的对在中国境内设立的有限责任公司或者股份有限公司（以下统称公司）的债权，转为公司股权，增加公司注册资本的行为。

（2）非法方式：股东不得以劳务、信用、自然人姓名、商誉、特许经营权或者设定担保的财产等作价出资。

> **注意：**
>
> ①上述六种特殊形式之所以不可以用来作为公司的出资，或者因为难以有效估价，或者在现有条件下难以转移财产所有权。
>
> ②股东出资都转移所有权，但有一个例外，即用土地出资则不需转移所有权，因为土地所有权只能是国家或是集体，公司不能享有所有权。因此土地是使用权出资。其他财产只要满足可估价、可转让都可以用来出资，如股权、债权、探矿权、采矿权等。
>
> ③根据《公司法解释（三）》的规定，出资人以不享有处分权的财产出资，当事人之间对于出资行为效力产生争议的，法院可以参照《物权法》第 106 条善意取得的规定予以认定。即认定公司善意取得该项财产的所有权，原所有权人有权向无处分权人请求赔偿损失。

甲、乙、丙三人拟成立一家小规模商贸有限责任公司，注册资本为 8 万元，甲以一辆面包车出资，乙以货币出资，丙以实用新型专利出资。对此，下列哪一表述是正确的？①

（1）甲出资的面包车无需移转所有权，但须交公司管理和使用。

（2）乙的货币出资不能少于 2 万元。

（3）丙的专利出资作价可达到 4 万元。

（3）货币出资资金来源不合法的后果：出资来源是否合法，公司没有义务进行审查，这种情况下以贪污、受贿、侵占、挪用等违法犯罪所得的货币出资可以取得股权；随后要对违法犯罪行为予以追究、处罚时，应当采取拍卖或者变卖的方式处置其股权，这是一个强制转让。

> **注意：**
>
> 此处并不否认出资人可以取得股权。

（4）股权出资：出资人以其他公司股权出资，符合下列条件的，法院应当认定出

---

① （1）（2）说法错误，（3）说法正确。

资人已履行出资义务：

  ①出资的股权由出资人合法持有并依法可以转让；

  ②出资的股权无权利瑕疵或者权利负担；

  ③出资人已履行关于股权转让的法定手续；

  ④出资的股权已依法进行了价值评估。

【记忆口诀】合法性+无瑕疵+手续全+已评估。

  甲、乙、丙、丁计划设立一家从事技术开发的天地有限责任公司，按照公司设立协议，甲以其持有的日月房地产开发有限公司 20%的股权作为其出资。下列哪些情形会导致甲无法全面履行其出资义务？①

  （1）日月公司章程中对该公司股权是否可用作对其他公司的出资形式没有明确规定。

  （2）甲对日月公司尚未履行完毕其出资义务。

  （3）甲乙将其股权出质给其债权人戊。

（四）股东出资瑕疵责任

1. 有限责任公司股东瑕疵出资的法律责任：

（1）有限责任公司股东应当按期足额缴纳公司章程中规定的各自所认缴的出资额。股东以货币出资的，应当将货币出资足额存入有限责任公司在银行开设的账户；以非货币财产出资的，应当依法办理其财产权的转移手续。

  股东不按照上述规定缴纳出资的，除应当向公司足额缴纳外，还应当向已按期足额缴纳出资的股东承担违约责任。

（2）有限责任公司成立后，发现作为设立公司出资的非货币财产的实际价额显著低于公司章程所定价额的，应当由交付该出资的股东补足其差额；公司设立时的其他股东承担连带责任。

  出资人以非货币财产出资，未依法评估作价，公司、其他股东或者公司债权人请求认定出资人未履行出资义务的，人民法院应当委托具有合法资格的评估机构对该财产评估作价。评估确定的价额显著低于公司章程所定价额的，人民法院应当认定出资人未依法全面履行出资义务。

注意：

  前面两种情况，第一种是违约，针对的是出资不足；第二种是连带，针对非货币评估不实。连带责任针对的是设立时的股东，对于公司成立后新加入公司的股东不适用，因为设立时的老股东是合伙关系，彼此之间负有监督义务，新加入股东没有加入合伙关系，没有监督义务。

【总结】

（1）有限公司出资违约责任是重点，股份公司出资违约责任简单了解。

（2）对有限公司而言，没有区分出资违约是在公司成立前还是公司成立后，均适用统一处理方式："补足+违约"。

---

 ① （1）可以实现出资义务；（2）（3）因有出资瑕疵和权利负担会导致甲无法履行出资义务。

（3）该责任为"股东"和"公司"的关系，不涉及债权人。股东是否对债权人承担"连带责任"，参照前文"公司人格否认（《公司法》第20条第3款）"处理。

注意：

有限责任公司的股东未履行或者未全面履行出资义务即转让股权，受让人对此知道或者应当知道，公司请求该股东履行出资义务、受让人对此承担连带责任的，人民法院应予支持；公司债权人依照《公司法解释（三）》第13条第2款向该股东提起诉讼，同时请求前述受让人对此承担连带责任的，人民法院应予支持。

受让人根据前款规定承担责任后，向该未履行或者未全面履行出资义务的股东追偿的，人民法院应予支持。但是，当事人另有约定的除外。

2. 股份有限公司股东瑕疵出资的法律责任：

（1）股份有限公司发起人的违约责任。以发起设立方式设立股份有限公司的，发起人应当书面认足公司章程规定其认购的股份；需要一次缴纳的，应即缴纳全部出资；可以分期缴纳的，应即缴纳首期出资，剩余出资按照章程规定的出资期限缴纳。以非货币财产出资的，应当依法办理其财产权的转移手续。

注意：

发起人不依照上述规定缴纳出资的，应当按照发起人协议对其他已经按期缴纳的股东承担违约责任。

（2）股份有限公司发起人不按规定缴纳出资的责任。股份有限公司成立后，发起人未按照公司章程的规定缴足出资的，应当补缴；为了保护债权人的利益，其他发起人承担连带责任。

注意：

股份有限公司成立后，发现作为设立公司出资的非货币财产的实际价额显著低于公司章程所定价额的，应当由交付该出资的发起人补足其差额；其他发起人承担连带责任。

3. 其他瑕疵出资的法律责任：

（1）资产评估、验资或者验证机构的责任。承担资产评估、验资或者验证的机构因其出具的评估结果、验资或者验证证明不实，给公司债权人造成损失的，除能够证明自己没有过错的外，在其评估或者证明不实的金额范围内承担赔偿责任。

注意：

机构在评估或证明不实的范围内进行赔偿，并不是对所有的数额承担责任。

（2）股东抽逃出资。再次重申《公司法解释（三）》第12条规定：公司成立后，公司、股东或者公司债权人以相关股东的行为符合下列情形之一且损害公司权益为由，请求认定该股东抽逃出资的，法院应予支持：

①制作虚假财务会计报表虚增利润进行分配；

②通过虚构债权债务关系将其出资转出；

③利用关联交易将出资转出；

④其他未经法定程序将出资抽回的行为。

注意：

曹新川讲商法·经济法

2018年国家统一法律职业资格考试专题讲座系列

在《公司法》2013年修改之后，股东将出资款项转入公司账户验资后又转出去的行为不再属于抽逃出资的行为。

股东抽逃出资，公司或者其他股东请求其向公司返还出资本息，协助抽逃出资的其他股东、董事、高级管理人员或者实际控制人对此承担连带责任的，人民法院应予支持。

股东未履行或者未全面履行出资义务或者抽逃出资，公司根据公司章程或者股东会决议对其利润分配请求权、新股优先认购权、剩余财产分配请求权等股东权利作出相应的合理限制，该股东请求认定该限制无效的，人民法院不予支持。

榴风公司章程规定：股东夏某应于2016年6月1日前缴清货币出资100万元。夏某认为公司刚成立，业务尚未展开，不需要这么多现金，便在出资后通过银行的熟人马某将这笔钱转入其妻的理财账户，用于购买基金。对此，判断下列说法的正误？①

（1）榴风公司可要求夏某补足出资。

（2）榴风公司可要求马某承担连带责任。

（3）榴风公司的其他股东可要求夏某补足出资。

有限责任公司的股东未履行出资义务或者抽逃全部出资，经公司催告缴纳或者返还，其在合理期间内仍未缴纳或者返还出资，公司以股东会决议解除该股东的股东资格，该股东请求确认该解除行为无效的，人民法院不予支持。

（3）他人替代出资出现瑕疵怎么办？根据合同的相对性原理，该出资责任仍由股东本人负责。

李四借张三的钱进行出资，但是这些钱中有部分伪钞，那么对公司承担出资不实责任的是谁？李四，因为张三是出借人，并不是股东。

（4）瑕疵出资对股东资格的取得和公司的成立有何影响？并不影响，股东资格取得和公司成立在我国都采取形式有效原则，只要名字记载在股东名册当中，就是公司的股东，即便有瑕疵出资也不影响股东资格的取得；公司成立只看公司是否取得工商登记，公司从营业执照签发之日起就已经成立，股东出资的瑕疵也不影响公司的成立。

（5）公司可否豁免股东的出资义务？不可以。

一个股东因为经济困难，承诺出资10万元，后来未能全部出资，只出资了5万元，其他股东很同情他，召开股东会免除了他的出资义务，请问该决议是否有效？内容违法，损害其他债权人利益，无效。

注意：

股东如果实在没有能力缴纳剩余出资，通过公开的程序减少注册资本即可。

---

① （1）（2）（3）说法都正确。

（6）公司可否限制瑕疵出资股东行使权利？可以。

一个股东承诺出资20万元，后来只出资了10万元，于是股东会决议，以其出资的10万元进行分红，是否允许？可以，因为义务没有尽到位，权利就应受限制。

（7）出资贬值该如何处理？出资人以符合法定条件的非货币财产出资后，因市场变化或者其他客观因素导致出资财产贬值，公司、其他股东或者公司债权人请求该出资人承担补足出资责任的，法院不予支持。但是，当事人另有约定的除外。

【特别提示】股东的出资义务不受诉讼时效的限制，这也是为了保护债权人的利益。

（五）归纳股东出资基本原理

对投资者来讲，要想成为股东仅要求其在形式上承诺出资并在股东名册上进行了记载，即有名无实也可；但投资者只有实际"履行"出资义务才能享有股东权利，即实至名归。也就意味着，对言而无信未履行出资义务（包括始终未出资和事后抽逃出资）的股东，公司有权利要求其补缴出资，公司债权人也有权在公司无力还债时要求其在未缴出资范围内清偿。

公司股东会不能决议免除某股东的出资义务或允许其抽回出资，这是为了保证公司资本充实，维护债权人利益；但是，对于不履行出资义务（包括始终未出资和事后抽逃出资）的有限责任公司的股东，经公司催告缴纳或者返还，其在合理期间内仍未缴纳或者返还出资，公司股东会可以决议解除该股东的股东资格。此种情形仅适用于有限责任公司，不适用于股份有限公司。

二、公司股份

（一）含义

股份是股份有限公司特有的概念，它是股份有限公司资本最基本的构成单位。公司的股份采取股票的形式。股票是公司签发的证明股东所持股份的凭证。

（二）分类

股份有限公司的股份依据不同的标准，可以划分为不同的种类：

1. 普通股与优先股。普通股股东有权在公司提取了公积金以及支付了优先股股利后，参与公司的盈余分配，其股利不固定。优先股股东在公司盈余或剩余财产的分配上享有比普通股股东优先的权利，但优先股股东没有表决权。公司终止清算时，普通股股东在优先股股东之后取得公司剩余财产。普通股股东有出席或委托代理人出席股东大会并行使表决权的权利。

优先股股东在公司盈余或剩余财产的分配上享有比普通股股东优先的权利。优先股先于普通股分配红利，公司终止清算时，优先股先于普通股收回投资。但优先股股东没有表决权。

2. 表决权股、限制表决权股和无表决权股：

（1）表决权股。持有表决权股的股东享有表决权。表决权股又可分为：一是普通表决权股，即一股拥有一票表决权；二是多数表决权股，即该股东享有超过其拥有股份数的表决权，持有多数表决权股的股东为特定股东，一般都是公司的董事或监事。

曹新川讲商法·经济法　2018年国家统一法律职业资格考试专题讲座系列

但通常各国公司法对发行多数表决权股限制较为严格；三是特别表决权股，即只对公司的某些特定事项享有表决权。

（2）限制表决权股。持有该种股份的股东，其表决权受到公司章程的限制。通常应在公司章程中载明限制表决权股，而且不得对个别股东分别实行。

（3）无表决权股。持有该种股份的股东，不享有表决权。通常，对无表决权的股份，必须给予其利益分配的优先权，即以盈余分配方面的优先作为无表决权的补偿。

3. 记名股与无记名股：

（1）记名股。这是指将股东姓名记载于股票之上的股份。记名股不仅要求在股票上记载股东姓名，而且要求记载于公司的股东名册上。记名股的股东权利并不完全依附于股票。记名股转让时，应作记名背书，并在移交股票后，变更公司股东名册上之记载。

（2）无记名股。这是指发行的不将股东姓名记载于股票之上的股份。这种股份的股东权利完全依附于股票，凡持票人均可主张其股东权利。无记名股在转让时，只需在合法场所交付于受让人，即可发生股权转移的效力。无记名股票通常是向自然人股东发行的股票。

注意：

公司发行的股票可以为记名股票，也可以为无记名股票。但公司向发起人、法人发行的股票，应当为记名股票，并应当记载该发起人、法人的名称或者姓名，不得另立户名或者以代表人姓名记名。

4. 额面股与无额面股：

（1）额面股，又称面值股，是指股票票面标明一定金额的股份。

（2）无额面股，又称比例股，是指股票不标明金额，只标明每股占公司资本的比例。

注意：

我国禁止发行无额面股。

三、公司债券

公司债券是指公司依照法定条件和程序发行的，约定在一定期限内还本付息的有价证券。

（一）记名债券与无记名债券

这是以是否在公司债券上记载公司债券持有人的姓名或者名称为标准划分的。

（二）转换公司债券与非转换公司债券

这是以公司债券能否转换成股票为标准划分的。上市公司经股东大会决议可以发行可转换为股票的公司债券，并在公司债券募集办法中规定具体的转换办法。上市公司发行可转换为股票的公司债券，应当报国务院证券监督管理机构核准。持有可转换公司债券的人享有选择权，可以在一定时期内向公司办理转换手续，由债权人变为股东。

注意：

只有上市公司才可以申请发行可转换公司债券。

四、公积金制度

公积金是指企业根据法律和企业章程的规定提留备用，不作为股利分配的部分所得或收益。法律对企业的积累进行规范，甚至做强制性规定，目的在于防止出资者或股东追求利润分配最大化而可能影响企业的发展，同时也损害出资者或股东的共同利益和长远利益，并可能损害债权人的利益。

（一）公积金的类型

1. 盈余公积金和资本公积金。这是根据公积金的不同来源划分的。盈余公积金是指企业依法或依企业章程从企业的利润中提取的公积金。资本公积金是指直接由资本、资产或其受益所形成的公积金，并不是依靠企业经营赚取的利润。

2. 法定公积金和任意公积金。这是根据公积金的提留是否为法律上的强制性规定划分的。法定公积金是指根据法律的强制性规定而提取的公积金。任意公积金是指根据企业章程的规定由股东会或股东大会决定而自愿提取的公积金。

（二）公积金的提取

公司分配当年税后利润时，应当提取利润的10%列入公司法定公积金。公司法定公积金累计额为公司注册资本的50%以上的，可以不再提取。

公司从税后利润中提取法定公积金后，经股东会或者股东大会决议，还可以从税后利润中提取任意公积金。

> **注意：**
>
> 任意公积金不是法定必须提取的，是否提取以及提取比例由股东会或股东大会决议。

（三）资本公积金的构成

股份有限公司以超过股票票面金额的发行价格发行股份所得的溢价款以及国务院财政部门规定列入资本公积金的其他收入，如法定财产重估增值、接受捐赠的财产价值等，应当列为公司资本公积金。

（四）公积金的用途

公司的公积金用于弥补公司的亏损、扩大公司生产经营或者转为增加公司资本。

> **注意：**
>
> 资本公积金不得用于弥补公司的亏损。原因在于资本公积金并不是企业经营赚取的利润，资本公积金弥补公司的亏损并不符合会计准则的要求，会计准则要求必须用企业的利润来弥补亏损。

法定公积金转为资本时，所留存的该项公积金不得少于转增前公司注册资本的25%。

关于公司的财务行为，下列哪些说法是正确的？[1]

①在会计年度终了时，公司须编制财务会计报告，并自行审计

②公司的法定公积金不足以弥补以前年度亏损时，则在提取本年度法定公积金之

---

[1]　①③为错误的说法；②④为正确的说法。

前，应先用当年利润弥补亏损

③公司可用其资本公积金来弥补公司的亏损

④公司可将法定公积金转为公司资本，但所留存的该项公积金不得少于转增前公司注册资本的25%

一个公司注册资本1000万元，法定公积金400万元，可以转增多少公积金作为注册资本？注册资本的25%是250万元，现有法定公积金400万元，需要留存的该项公积金不得少于250万元，因此可以转出150万元增加公司的注册资本。

五、公司的收益分配制度

（一）公司收益分配顺序

公司当年利润分配的法定顺序是：

1. 弥补亏损，即在公司已有的法定公积金不足以弥补上一年度亏损时，先用当年利润弥补亏损。

2. 提取法定公积金。

3. 提取任意公积金。

4. 支付股利，即将所余利润分配给股东。

【总结】弥补亏损→提取法定公积金→（提取任意公积金）→向股东支付股利。

（二）股东利润的分配

公司弥补亏损和提取公积金后所余税后利润，公司依法向股东进行分配。

1. 有限责任公司。股东按照实缴的出资比例分取红利；公司新增资本时，股东有权优先按照实缴的出资比例认缴出资。但是，全体股东约定不按照出资比例分取红利或者不按照出资比例优先认缴出资的除外。

注意：

股东分红约定优先，没约定，就按实缴出资比例分取红利。

甲、乙、丙成立一家科贸有限公司，约定公司注册资本100万元，甲、乙、丙各按20%、30%、50%的比例出资。甲、乙缴足了出资，丙仅实缴30万元。公司章程对于红利分配没有特别约定。当年年底公司将如何进行分红？应按实缴注册资本80万元，由甲、乙、丙按各自的实际出资比例分红。

2. 股份有限公司。按照股东持有的股份比例分配，但股份有限公司章程规定不按持股比例分配的除外。如果股份公司的公司章程规定了红利分配方法，依其规定分配。

股东会、股东大会或者董事会违反上述规定，在公司弥补亏损和提取法定公积金之前向股东分配利润的，股东必须将违反规定分配的利润退还公司。

注意：

公司持有的本公司股份不得分配利润，因为这种股份没有对应的出资，所以"无原物无孳息"。

《公司法解释（四）》关于利润分配的规定：

第13条　股东请求公司分配利润案件，应当列公司为被告。

一审法庭辩论终结前，其他股东基于同一分配方案请求分配利润并申请参加诉讼的，应当列为共同原告。

【解析】本条明确规定了股东利润分配权之诉的主体资格，股东为原告，公司为被告。

第14条　股东提交载明具体分配方案的股东会或者股东大会的有效决议，请求公司分配利润，公司拒绝分配利润且其关于无法执行决议的抗辩理由不成立的，人民法院应当判决公司按照决议载明的具体分配方案向股东分配利润。

【解析】本条规定了股东请求分配利润时，原则上应当以股东会或者股东大会作出了载明具体分配方案的有效决议为前提。

第15条　股东未提交载明具体分配方案的股东会或者股东大会决议，请求公司分配利润的，人民法院应当驳回其诉讼请求，但违反法律规定滥用股东权利导致公司不分配利润，给其他股东造成损失的除外。

【解析】为了避免公司大股东违反同股同权原则和股东权利不得滥用原则，肆意压榨小股东利益，导致公司不分配利润，损害小股东利润分配权现象的发生，本《公司法解释（四）》第15条规定，公司股东滥用权利，导致公司不分配利润给其他股东造成损失的，司法可以适当干预。

专题 四
股东权

股东权即投资权，是自然人、法人权利能力的具体体现。股东权包括获取经济利益和参与公司经营管理的权利。公司股东作为投资者按投入公司的资本额享有股权，这体现了股权平等原则，实质上就是资本平等原则。

一、股东权

（一）股东的概念

1. 股东，是指向公司出资、持有公司股份、享有股东权利和承担股东义务的人。

2. 股东可以是自然人，可以是法人，可以是非法人组织，还可以是国家。当国家作为股东时需明确代表国家行使股东权的具体组织，例如，国有资产监督管理机构。

外国自然人可以成为中国公司的股东吗？可以。

3. 除发起人外，法律对股东并无行为能力的要求，所以理论上股东可以是限制行为能力人或无行为能力人。当限制行为能力人或无行为能力人作为股东时，由其法定代理人代理其行使股东权利。

关于股东的表述，下列说法正确的是？①
（1）非法人组织不能成为公司的股东。
（2）外国自然人不能成为我国公司的股东。

（二）股东的资格

1. 取得：

（1）原始取得：股东在公司设立时或者在公司增资、发行新股时出资即取得股权，其出资的资金来源不影响股权的取得。

（2）继受取得：因为受让、受赠、继承、合并、税收等原因可以取得股权。

2. 证明：

（1）有限责任公司。有限责任公司成立后，应当向股东签发出资证明书。有限责任公司还应当置备股东名册。所谓股东名册，是指有限责任公司依照法律规定登记对本公司进行投资的股东及其出资情况的簿册。记载于股东名册的股东，可以依股东名册主张行使股东权利。

---

① （1）（2）都不正确。

公司应当将股东的姓名或者名称及其出资额向公司登记机关登记；登记事项发生变更的，应当办理变更登记。未经登记或者变更登记的，不得对抗第三人。

该法条的规定，具体体现在以下三个方面：

①股东名册的记载事项是关于股东的基本情况，无需记载公司的相应情况。

②章程与股东资格确认。有限责任公司股东、股份公司的发起人是公司章程的必要记载事项。但是如果章程记载的股东名单和股东名册记载有冲突的，仍应当以股东名册为准。

③工商登记与股东资格确认。行政登记只具有程序性意义，没有向工商部门登记，不得否定股东资格。但是基于登记的公信力，该记载具有对抗效力。也就是被记载者可以据此以股东身份对抗第三人，未经登记或者变更登记的，不得对抗第三人。

股东资格需要有一定的外观判断标准，常采用的外观证据包括出资证明书、股东名册、章程、工商登记等。但是，当上述几种文件的记载不一致时，如何确定谁是公司的股东？此时，股东身份或者资格的法定证明文件是公司的股东名册。同时需要注意：股东名册是取得股东资格的生效要件，这是对内关系。工商登记是取得股东资格的对抗条件，这是对外关系。

甲、乙、丙拟共同出资50万元设立一有限公司。公司成立后，在其设置的股东名册中记载了甲、乙、丙3人的姓名与出资额等事项，但在办理公司登记时遗漏了丙，使得公司登记的文件中股东只有甲乙2人。判断下列说法正误？①

（1）丙不能取得股东资格。

（2）丙取得股东资格，但不能参与当年的分红。

（3）丙取得股东资格，但不能对抗第三人。

（4）丙不能取得股东资格，但可以参与当年的分红。

（2）股份有限公司。股份有限公司的股东依股东名册的记载行使股东权利。

3. 实际股东、名义股东及冒名股东：

（1）实际股东与名义股东。名义股东是指登记于股东名册及公司登记机关的登记文件中，但事实上并没有真实向公司出资、并且也不会向公司出资的人。

实际股东就是向公司履行了出资义务、并且实际享有股东权利但其姓名或者名称并未记载于公司股东名册及公司登记机关的登记文件的人。

在有限责任公司中，真实的出资人可以并不具名，即在公司章程、股东名册等法律文件中不署名，而由名义上的股东具名。

只要不存在《合同法》规定的合同无效情形，有限责任公司的实际出资人可以与名义出资人订立合同，约定由实际出资人出资并享有投资权益，以名义出资人为名义股东，公司股东名册记载、公司登记机关登记均不能推翻，即名义股东就是合法的股东。

---

① （3）正确，（1）（2）（4）错误。

曹新川讲商法·经济法 2018年国家统一法律职业资格考试专题讲座系列

注意：

法律并不禁止此种行为，只要显名股东和隐名股东均不违反法律、行政法规的强制性规定。

1. 某法考考试培训讲师张三想出资当股东，但并不想外人知道，因此找好友李四，签订代持股协议，由张三做实际股东，李四是名义股东，后来张、李两人反目成仇，那么以哪个文件来确定谁是股东？以代持股协议为准。如果张三是一名公务员为了规避此通知而与他人订立合同，则该合同无效。

2. **名义股东擅自处分股权该怎么处理呢？** 根据《公司法解释（三）》第25条的规定，名义股东将登记于其名下的股权转让、质押或者以其他方式处分，实际出资人以其对于股权享有实际权利、名义股东不享有实际权利为由，请求认定处分股权行为无效的，人民法院可以**参照**《物权法》善意取得的规定处理，即如果股权的受让人不知名义股东为名义股东、背后尚有实际股东之情事，则其为善意，**股权转让行为有效**；若受让人明知名义股东为名义股东、背后尚有实际股东之事实，仍然与名义股东签订股权转让协议受让股权的，则其为恶意，**不能取得股权**。在受让人善意取得的情况下，如果名义股东处分股权造成实际出资人损失的，实际出资人可以请求名义股东承担赔偿责任。

3. **名义股东对实际出资人的出资瑕疵承担责任吗？** 公司债权人以登记于公司登记机关的股东未履行出资义务为由，请求其对公司债务不能清偿的部分**在未出资本息范围内承担补充赔偿责任**，股东不能以其仅为名义股东而非实际出资人为由进行抗辩。但名义股东承担赔偿责任后，可以向实际出资人追偿。

（2）冒名股东。冒用他人名义出资并将该他人作为股东在公司登记机关登记的，冒名登记行为人应当承担相应责任，被冒名的人不承担责任；公司、其他股东或者公司债权人不能以未履行出资义务为由，请求被冒名登记为股东的人承担补足出资责任或者对公司债务不能清偿部分的赔偿责任。

注意：

冒名股东与名义股东的主要区别在于其冒名登记的行为未经被冒名人同意，名义股东则对登记行为是知情的。

某市房地产主管部门领导王大伟退休后，与其友张三、李四共同出资设立一家房地产中介公司。王大伟不想让自己的名字出现在公司股东名册上，在未告知其弟王小伟的情况下，直接持王小伟的身份证等证件，将王小伟登记为公司股东。谁是公司真正的股东？王大伟

胡铭是从事进出口贸易的茂福公司的总经理，姚顺曾短期任职于该公司，2016年初离职。2016年12月，姚顺发现自己被登记为贝达公司的股东。经查，贝达公司实际上是胡铭与其友张莉、王威共同设立的，也从事进出口贸易。胡铭为防止茂福公司发现自己的行为，用姚顺留存的身份信息等材料，将自己的股权登记在姚顺名下。就本

案，下列哪些选项是错误的？①

    A. 姚顺可向贝达公司主张利润分配请求权

    B. 姚顺有权参与贝达公司股东会并进行表决

    C. 在姚顺名下股权的出资尚未缴纳时，贝达公司的债权人可向姚顺主张补充赔偿责任

    D. 在姚顺名下股权的出资尚未缴纳时，张莉、王威只能要求胡铭履行出资义务

（三）股东权

股东权是股东通过出资所形成的权利。包括财产权和管理参与权。

1. 内容：

（1）发给股票或其他股权证明请求权；

（2）股份转让权；

（3）股息红利分配请求权，即资产收益权；

（4）股东会临时召集请求权或自行召集权；

（5）出席股东会并行使表决权，即参与重大决策权和选择管理者的权利；

（6）对公司财务的监督检查权和会计账簿的查阅权；

（7）公司章程和股东会、股东大会会议记录、董事会会议决议、监事会会议决议的查阅权和复制权；

（8）优先认购新股权；

（9）公司剩余财产分配权；

（10）权利损害救济权和股东代表诉讼权；

（11）公司重整申请权；

（12）对公司经营的建议与质询权。

其中，第（1）（2）（3）（8）（9）项为股东权中的财产权，第（4）（5）（6）（7）（10）（11）（12）项为股东权中的管理参与权。

2. 股东权的基础——知情权。股东知情权是指公司股东了解公司信息和对公司进行监督检查（建议和质询）的权利。由于股东知情权主要是以查阅公司文件和账簿的方式进行的，所以，股东知情权也就主要表现为股东的查阅权。

（1）有限责任公司股东的知情权：

①股东有权查阅、复制公司章程、股东会会议记录、董事会会议决议、监事会会议决议和财务会计报告。

②股东可以要求查阅公司会计账簿。股东要求查阅公司会计账簿的，应当向公司提出书面请求，说明目的。公司有合理根据认为股东查阅会计账簿有不正当目的，可能损害公司合法利益的，可以拒绝提供查阅，并应当自股东提出书面请求之日起15日内书面答复股东并说明理由。公司拒绝提供查阅的，股东可以请求法院要求公司提供查阅。

注意：

    这里的知情权是查阅、复制相关决议和报告，但查阅会计账簿需要向公司提出请求，查阅会计账簿应当有正当目的，目的是否正当由公司举证。

---

① 答案：ABC。

曹新川讲商法·经济法   2018年国家统一法律职业资格考试专题讲座系列

（2）股份有限公司股东的知情权：股东有权查阅公司章程、股东名册、公司债券存根、股东大会会议记录、董事会会议决议、监事会会议决议、财务会计报告，对公司的经营提出建议或者质询。

注意：

股份有限公司股东有权查阅公司章程、股东名册、公司债券存根、股东大会会议记录、董事会会议决议、监事会会议决议、财务会计报告，但不能复制；股份公司股东根本就不能查阅会计账簿。有限公司的股东至少还可以提出申请，这是股份有限公司和有限公司在此处最大的区别。

《公司法解释（四）》的有关规定：

第8条　有限责任公司有证据证明股东存在下列情形之一的，人民法院应当认定股东有公司法第三十三条第二款规定的"不正当目的"：

（一）股东自营或者为他人经营与公司主营业务有实质性竞争关系业务的，但公司章程另有规定或者全体股东另有约定的除外；

（二）股东为了向他人通报有关信息查阅公司会计账簿，可能损害公司合法利益的；

（三）股东在向公司提出查阅请求之日前的三年内，曾通过查阅公司会计账簿，向他人通报有关信息损害公司合法利益的；

（四）股东有不正当目的的其他情形。

第9条　公司章程、股东之间的协议等实质性剥夺股东依据公司法第三十三条、第九十七条规定查阅或者复制公司文件材料的权利，公司以此为由拒绝股东查阅或者复制的，人民法院不予支持。

【解析】本条明确规定公司不得以公司章程、股东间协议等方式，实质性剥夺股东的法定知情权。公司以此为由拒绝股东行使法定知情权的，人民法院不予支持。

第10条　人民法院审理股东请求查阅或者复制公司特定文件材料的案件，对原告诉讼请求予以支持的，应当在判决中明确查阅或者复制公司特定文件材料的时间、地点和特定文件材料的名录。

股东依据人民法院生效判决查阅公司文件材料的，在该股东在场的情况下，可以由会计师、律师等依法或者依据执业行为规范负有保密义务的中介机构执业人员辅助进行。

【解析】本条规定了让股东知情权之诉在执行过程中能够落到实处的具体举措。公司可聘请相关中介机构辅助查阅以行使知情权。

第11条　股东行使知情权后泄露公司商业秘密导致公司合法利益受到损害，公司请求该股东赔偿相关损失的，人民法院应当予以支持。

根据本规定第十条辅助股东查阅公司文件材料的会计师、律师等泄露公司商业秘密导致公司合法利益受到损害，公司请求其赔偿相关损失的，人民法院应当予以支持。

第12条　公司董事、高级管理人员等未依法履行职责，导致公司未依法制作或者保存公司法第三十三条、第九十七条规定的公司文件材料，给股东造成损失，股东依法请求负有相应责任的公司董事、高级管理人员承担民事赔偿责任的，人民法院应当予以支持。

【解析】本条规定了董事、高级管理人员对资料的制作、保存的义务以及未尽义务的法律后果，能够尽可能的避免法院支持了股东的知情权，但在现实中却无法实现的窘境。

（四）股东的义务

1. 全体股东的共同义务：

（1）出资义务；

（2）参加股东会会议的义务；

（3）不干涉公司正常经营的义务；

（4）特定情形下的表决权禁行义务；

（5）不得滥用股东权利的义务。

公司股东应当遵守法律、行政法规和公司章程，依法行使股东权利，不得滥用股东权利损害公司或者其他股东的利益。公司股东滥用股东权利给公司或者其他股东造成损失的，应当依法承担赔偿责任。

2. 控股股东的特别义务：

（1）不得滥用控股股东的地位，损害公司和其他股东的利益；

（2）不得利用其关联关系损害公司利益；

（3）滥用股东权利的赔偿义务。

控股股东违反上述义务给公司造成损失的，应当承担赔偿责任。

二、有限责任公司的股权转让

股权转让是指股东将其对公司所有之股权转移给各受让人，由受让人继受取得股权而成为公司新股东的法律行为。

> **注意：**
> 两类公司关于股权或股份转让的规则需要对比复习。因为有限责任公司具有人合性和封闭性，所以股权转让以"限制转让"为原则；而股份有限公司具有资合性和开放性，所以股份转让以"自由转让"为原则。

（一）一般规则和手续

1. 对内转让——股东之间转让。有限责任公司的股东之间可以相互转让其全部或者部分股权。

这种转让无需通知其他股东，也无需取得其他股东同意。原因是内部转让的形式有两种：第一种相互转让全部股份，该股东退出公司。第二种股东之间转让部分股权，股东不变，股份比例发生变化。这两种形式都没有外人加入，并没有破坏公司的人合性。

2. 对外转让——向股东以外的人转让：

（1）股东向股东以外的人转让股权，应当经其他股东过半数同意。股东应就其股权转让事项书面通知其他股东征求同意，其他股东自接到书面通知之日起满30日未答复的，视为同意转让。其他股东半数以上不同意转让的，不同意的股东应当购买该转让的股权；不购买的，视为同意转让。

【辨析】由于对外转让会导致外人加入公司，所以为了维护公司的人合性，防止不被大家信任的人混入，股权转让就不自由了。

显然，其他股东对股权转让的限制是非常有限的，只要有外人愿意买，股权就一定能转让出去，绝不会砸在手里。这就保障了股权的可转让性。

注意：

这里的"过半数"应理解为是人头决而非资本多数决，法理就在于维护有限公司的人合性，对接受新伙伴要平等尊重每一个老股东的意愿，一人投一票。此处的人头决是《公司法》中法律规定股东进行决议不采取资本多数决的唯一例外。

（2）经股东同意转让的股权，在同等条件下，其他股东有优先购买权。两个以上股东主张行使优先购买权的，协商确定各自的购买比例；协商不成的，按照转让时各自的出资比例行使优先购买权。

注意：

有限公司由于具有人合性，总是希望把欲转让的股权留在公司里，所以赋予老股东优先购买权。但优先不是无条件的，必须满足"同等条件下"的前提。

同等条件主要是指股权转让的价格，但也包括转让的其他条件，如支付方式、支付期限以及其他由转让方提出的合理条件。

在外人的购买条件更优惠的情况下老股东自然不能横刀夺爱。

 例

股东甲打算转让100万元，股东乙（出资20万元）和股东丁（出资30万元）都要购买，协商不成就按照2∶3的比例分别买入40万元和60万元。

注意：

这里的"优先购买权"是防止破坏公司的人合性，因此只有人合性公司才有。股份公司中就没有这种优先权。这里的优先权不同于增资认购优先权，增资认购优先权是为防止股东的股权比例被稀释，这种优先权两种公司都有。

（3）公司章程对股权转让另有规定的，从其规定。《公司法》对股权转让实行自治优先，允许章程优先规定转让规则。章程既可以规定地更宽松，如允许自由对外转让；也可以规定地更严格，如对外转让须经全体股东一致同意。

注意：

股权作为财产权必须具有可转让性，如果章程规定不允许对外转让股权应为无效。

《公司法解释（四）》关于股权转让的规定：

第17条 有限责任公司的股东向股东以外的人转让股权，应就其股权转让事项以书面或者其他能够确认收悉的合理方式通知其他股东征求同意。其他股东半数以上不同意转让，不同意的股东不购买的，人民法院应当认定视为同意转让。

经股东同意转让的股权，其他股东主张转让股东应当向其以书面或者其他能够确认收悉的合理方式通知转让股权的同等条件的，人民法院应当予以支持。

经股东同意转让的股权，在同等条件下，转让股东以外的其他股东主张优先购买的，人民法院应当予以支持，但转让股东依据本规定第二十条放弃转让的除外。

第18条 人民法院在判断是否符合公司法第七十一条第三款及本规定所称的"同等条件"时，应当考虑转让股权的数量、价格、支付方式及期限等因素。

【解析】明确了判断"同等条件"应当考虑的主要因素，包括转让股权的数量、价格、支付方式及期限等等，而不再以"转让价格"为唯一衡量因素。

第19条　有限责任公司的股东主张优先购买转让股权的，应当在收到通知后，在公司章程规定的行使期间内提出购买请求。公司章程没有规定行使期间或者规定不明确的，以通知确定的期间为准，通知确定的期间短于三十日或者未明确行使期间的，行使期间为三十日。

第20条　有限责任公司的转让股东，在其他股东主张优先购买后又不同意转让股权的，对其他股东优先购买的主张，人民法院不予支持，但公司章程另有规定或者全体股东另有约定的除外。其他股东主张转让股东赔偿其损失合理的，人民法院应当予以支持。

【解析】有限责任公司的转让股东在其他股东主张优先购买后又不同意转让的，对其他股东优先购买的主张，人民法院不予支持，也就是说其他股东不具有强制缔约的权利。

第21条　有限责任公司的股东向股东以外的人转让股权，未就其股权转让事项征求其他股东意见，或者以欺诈、恶意串通等手段，损害其他股东优先购买权，其他股东主张按照同等条件购买该转让股权的，人民法院应当予以支持，但其他股东自知道或者应当知道行使优先购买权的同等条件之日起三十日内没有主张，或者自股权变更登记之日起超过一年的除外。

前款规定的其他股东仅提出确认股权转让合同及股权变动效力等请求，未同时主张按照同等条件购买转让股权的，人民法院不予支持，但其他股东非因自身原因导致无法行使优先购买权，请求损害赔偿的除外。

股东以外的股权受让人，因股东行使优先购买权而不能实现合同目的的，可以依法请求转让股东承担相应民事责任。

【解析】为了防止转让股东恶意利用第二十条的规则，损害股东优先购买权，本条明确规定，转让股东未就股权转让事项征求其他股东意见，或者以欺诈、恶意串通等手段，损害其他股东优先购买权的，其他股东有权要求以实际转让的同等条件优先购买该股权。但为了维护交易秩序和公司稳定经营，也需要对股东行使优先购买权的期限做适当限制。同时，人民法院支持其他股东行使优先购买权的，股东以外的受让人可以请求转让股东依法承担相应合同责任。

3. 法院依法强制转让。法院依照法律规定的强制执行程序转让股东的股权时，应当通知公司及全体股东，其他股东在同等条件下有优先购买权。其他股东自法院通知之日起满20日不行使优先购买权的，视为放弃优先购买权。

注意：

债权人申请法院依照法律规定的强制执行程序转让股东的股权时，其数额应当以所欠债务为限。

4. 转让股权后应当履行的手续。依照上述三种规则转让股权后，公司应当注销原股东的出资证明书，向新股东签发出资证明书，并相应修改公司章程和股东名册中有关股东及其出资额的记载。为防止不同意股权转让的股东从中作梗，对公司章程的该项修改不需再由股东会表决而直接发生效力。

曹新川讲商法·经济法

2018年国家统一法律职业资格考试专题讲座系列

甲、乙、丙为某有限责任公司股东。现甲欲对外转让其股份，判断下列说法正确与否？①

（1）甲必须就此事书面通知乙、丙并征求其意见。

（2）在任何情况下，乙、丙均享有优先购买权。

（3）在符合对外转让条件的情况下，受让人应当将股权转让款支付给公司。

（二）异议股东的股份回购请求权

有限责任公司的股东如果对公司现状不满可以通过转让股权而离开，但有时却很难做到这一点。比如股东内部之间转让没有人接手，同时由于有限公司具有较强的"人合性"，外人出于对"欺生"的畏惧往往对不了解内幕的股权转让不敢接手，导致对外转让也无法实现，为此《公司法》规定了由公司购买股东欲转让的股权的制度。

有下列情形之一的，对股东会该项决议投反对票的股东可以请求公司按照合理的价格收购其股权：

1. 公司连续5年不向股东分配利润，而该公司连续5年盈利，并且符合《公司法》规定的分配利润条件的。这样立法的原因在于对小股东来说，由于其一般不进入公司管理层，就只能通过分红这一途径来获得投资回报。现实生活中，某些公司的大股东操控公司以后故意将公司利润化为乌有，比如给高管发高额工资和奖金（高管往往由大股东自己或其亲信担任）、让高管享受奢侈的公司福利、安插亲友在公司"吃空饷"等。这种做法使大股东在分红之外仍然享受到了投资回报，毫发无损，小股东则只落得两手空空。

公司连续5年不分红，这样做违法了吗？《公司法》并没有强制性的规定，当公司有利润的情况下一定要分红，所以连续5年不分红的做法并不违法。

2. 公司合并、分立、转让主要财产的。公司的合并、分立和转让主要财产的行为对公司的前途命运影响重大，对以后的前途感到悲观的股东可以借此机会离开公司。

3. 公司章程规定的营业期限届满或者章程规定的其他解散事由出现，股东会会议通过决议修改章程使公司存续的。自股东会会议决议通过之日起60日内，股东与公司不能达成股权收购协议的，股东可以自股东会会议决议通过之日起90日内向法院提起诉讼。

注意：

此处的3个回购理由适用于有限公司，前面资本三原则中的4个回购理由属于股份公司，其中，公司合并、分立，股东反对，这一理由是相同的。

甲、乙等六位股东各出资30万元于2004年2月设立一有限责任公司，5年来公司

---

① （1）的说法正确；（2）的说法错误，行使优先购买权的前提是同等条件；（3）的说法错误，股权转让款应支付给出让股权的股东个人。

专题四

股东权

041

效益一直不错，但为了扩大再生产一直未向股东分配利润。2009年股东会上，乙提议进行利润分配，但股东会仍然作出不分配利润的决议。对此，判断下列表述的正误？①

（1）该股东会决议无效。

（2）乙有权请求公司以合理价格收购其股权。

（三）自然人股东资格的继承

自然人股东死亡后，其合法继承人可以继承股东资格，如果继承人不愿意取得股东资格，则应通过协商或者评估确定该股东的股权价格，由其他股东受让该股权或由公司收购该股权，继承人取得股权转让款。但是，公司章程另有规定的除外。

【辨析】由于有限责任公司具有人合性，为了防止不学无术、不受信任的继承人混入股东队伍，公司章程可以事先对继承作出禁止性规定，如规定股东死亡后其股权由其他股东购买而将对价交给继承人等。

股东人数的上限在股权继承的情况下可以突破吗？有限公司的股东人数上限为50人，在包括继承在内的任何情况下都不能突破。

【总结】

1. 股权继承限定于自然人股东。

2. 按照现行《公司法》的规定，股东的合法继承人不仅可以继承财产权，而且股东资格满足条件可以一并继承。

3. 股权继承采取章程优先原则。

《公司法解释（四）》关于股权继承的规定：

第16条 有限责任公司的自然人股东因继承发生变化时，其他股东主张依据公司法第七十一条第三款规定行使优先购买权的，人民法院不予支持，但公司章程另有规定或者全体股东另有约定的除外。

【解析】本条明确了就股权发生的继承，其他股东不得主张优先购买权，但公司章程或者股东有相反约定的除外。

甲与乙为一有限责任公司股东，甲为董事长。2014年4月，一次出差途中遭遇车祸，甲与乙同时遇难。关于甲、乙股东资格的继承，判断下列表述的正误？②

（1）公司章程可以规定甲、乙的继承人继承股东资格的条件。

（2）公司章程可以规定甲、乙的继承人不得继承股东资格。

三、股份有限公司的股份转让

根据《公司法》的规定，股份有限公司股东持有的股份一般可以依法自由转让。

（一）转让场所

股东转让其股份，应当在依法设立的证券交易场所进行或者按照国务院规定的其

---

① （1）错误，该股东会不分红的决议并不违法，当然有效；（2）说法正确。

② （1）（2）均正确。

曹新川讲商法·经济法

2018年国家统一法律职业资格考试专题讲座系列

他方式进行。

（二）转让方式

1. 记名股票。由股东以背书方式或者法律、行政法规规定的其他方式转让；转让后由公司将受让人的姓名或者名称及住所记载于股东名册。

2. 无记名股票。由股东将该股票交付给受让人后即发生转让的效力。

（三）对特殊主体转让股份的限制

1. 发起人：发起人持有的本公司股份，自公司成立之日起1年内不得转让。（防止职业发起）

2. 原始股：公司公开发行股份前已发行的股份，自公司股票在证券交易所上市交易之日起1年内不得转让。（防止炒作原始股，投机过度）

3. 董事、监事、高管：

（1）公司董事、监事、高级管理人员应当向公司申报所持有的本公司的股份及其变动情况，在任职期间每年转让的股份不得超过其所持有本公司股份总数的25%；

（2）所持本公司股份自公司股票上市交易之日起1年内不得转让；

（3）上述人员离职后半年内，不得转让其所持有的本公司股份；

（4）公司章程可以对公司董事、监事、高级管理人员转让其所持有的本公司股份作出其他限制性规定。

注意：

这属于章程自治，只能比前3项规定更严格。

专题五
公司治理

本专题介绍公司治理结构和相关利益主体在治理结构中的地位与作用。公司是一种法人组织体，但不具有自然人那样的生理机能，自身无法表达意思和实施行为。公司的治理必须依赖于公司机关（或者称为公司组织机构）。公司的组织机构包括三部分：股东会（股份有限公司则为股东大会）、董事会及经理、监事会，即权力机构、执行机构和监察机构。公司治理结构若要有效运转，必须借助相关利益主体的作用。一方面是必须有合格的公司董事、监事和高级管理人员负责执行和实现公司的意志，另一方面是股东要对公司意志进行制约和监督。

一、有限责任公司的治理结构

（一）股东会

1. 组成和职权：

（1）股东会由公司全体股东组成，是公司的最高权力机关，对公司的重大事项作出决议。具体的职权范围见《公司法》第 37 条：

①决定公司的经营方针和投资计划；

②选举和更换非由职工代表担任的董事、监事，决定有关董事的报酬事项；

③审议批准董事会的报告；

④审议批准监事会或者监事的报告；

⑤审议批准公司的年度财务预算方案、决算方案；

⑥审议批准公司的利润分配方案和弥补亏损方案；

⑦对公司增加或者减少注册资本作出决议；

⑧对发行公司债券作出决议；

⑨对公司合并、分立、解散、清算或变更公司形式作出决议；

⑩修改公司章程；

公司章程规定的其他职权。

（2）股东会作出决议原则上采取召集会议的方式，即"会议决"。但股东以书面形式一致表示同意的，可以不召开股东会会议，直接作出决定，并由全体股东在决定文件上签名、盖章，这叫做"书面决"或"会签制度"。

> **注意：**
> 在有限责任公司中，股东会的召开并不需要全体股东都出席，但其作出决议则必须将全体股东（而不是出席股东）都计算在内，这是法条的本意。

2. 会议的召开：

（1）股东会会议分为定期会议和临时会议：

①定期会议按照公司章程的规定按时召开，一般每年召开一次；

②代表1/10以上表决权的股东、1/3以上的董事、监事会或者不设监事会的公司的监事提议召开临时会议的，应当召开临时会议。

（2）会议的召集与主持。股东会会议的召集人，除首次会议由出资最多的股东召集和主持外，应由董事会召集，董事长主持。董事长不能履行职务或者不履行职务的，由副董事长主持；副董事长不能履行职务或者不履行职务的，由半数以上董事共同推举一名董事主持。

有限责任公司不设董事会的，股东会会议由执行董事召集和主持。董事会或者执行董事不能履行或者不履行召集股东会会议职责的，由监事会或者不设监事会的公司的监事召集和主持；监事会或者监事不召集和主持的，代表1/10以上表决权的股东可以自行召集和主持。

除公司章程另有规定或全体股东另有约定的以外，召开股东会会议，应于会议召开15日以前通知全体股东。股东会应当对所议事项的决定作成会议记录。凡出席会议的股东均应在会议记录上签名。

【记忆口诀】主持人（董事会召集时）：董事长——副董事长——半数以上董事推选一名董事。

1. 在公司中，有一些股东，他们的表决权达到1/10以上，就直接召集股东会，效力如何？程序违法，可撤销。

2. 在公司中，董事会拒绝召开股东会，于是一些股东去法院诉讼，是否可以？不允许，未走完三步，并未穷尽救济，诉讼不允许。

（3）表决程序。股东会会议由股东按照出资比例行使表决权，即"资本多数决"，但是公司章程另有规定的除外。即也允许公司章程规定股东不按出资比例行使表决权。

注意：

如改成人头决也是可以的。因为实践中很多小股东尽管出资少却具有其他的长处，如擅长经营管理、客户资源丰富等，法律允许大小股东通过谈判讨价还价来确定最终的权力分配格局，这种股东自治优先的规定显然更有利于小股东。

（4）特别决议事项。股东会的议事方式和表决程序，除《公司法》有规定的以外，由公司章程规定。但是，对公司增加或者减少注册资本、分立、合并、解散或者变更公司形式以及修改公司章程的决议，必须经代表2/3以上的表决权的股东通过。

注意：

这些特别决议事项都事关公司的前途命运，影响重大，所以要求的表决比例也更高，这种比例也是资本多数决而非人头决。

上述七个事项需要由2/3以上有表决权的股东表决通过，是否正确？错误，该表述是按人头表决，应当是资本多数决。

（二）董事会（执行董事）及经理

1. 组成、任期和职权。董事会是有限责任公司的业务执行机关。董事会成员为3~13人。两个以上的国有企业或者其他两个以上的国有投资主体投资设立的有限责任公司（国有全资公司），其董事会成员中应当有公司职工代表；其他有限责任公司董事会成员中也可以有公司职工代表。董事会中的职工代表由公司职工通过职工代表大会、职工大会或者其他形式民主选举产生。董事会是公司业务的执行机关，对股东会负责，具体的职权范围见《公司法》第46条：

（1）召集股东会，并向股东会报告工作；

（2）执行股东会的决议；

（3）决定公司的经营计划和投资方案；

（4）制订公司的年度财务预算方案、决算方案；

（5）制订公司的利润分配方案和弥补亏损方案；

（6）制订公司增加或者减少注册资本以及发行公司债券的方案；

（7）制订公司合并、分立、变更公司形式、解散的方案；

（8）决定公司内部管理机构的设置；

（9）决定聘任或者解聘公司经理及其报酬事项，并根据经理的提名，决定聘任或者解聘公司副经理、财务负责人及其报酬事项；

（10）制定公司的基本管理制度；

（11）公司章程规定的其他职权。

股东人数较少或者规模较小的有限责任公司，可以设1名执行董事，不设立董事会。执行董事可以兼任公司经理。执行董事的职权由公司章程规定。

董事任期由公司章程规定，但每届任期不得超过3年。董事任期届满，连选可以连任。

董事任期届满未及时改选，或者董事在任期内辞职导致董事会成员低于法定人数的，在改选出的董事就任前，原董事仍应当依照法律、行政法规和公司章程的规定，履行董事职务。

董事会设董事长1人，可以设副董事长。董事长、副董事长的产生办法由公司章程规定。

彭兵是一家有限公司的董事长，依公司章程规定，其任期于2017年3月届满。由于股东间的矛盾，公司未能按期改选出新一届董事会。对此，判断下列说法的正误？[1]

（1）因已届期，彭兵已不再是公司的董事长。

（2）虽已届期，董事会成员仍须履行董事职务。

2. 会议的召集和议事规则。董事会会议由董事长召集和主持；董事长不能履行职务或者不履行职务的，由副董事长召集和主持；副董事长不能履行职务或者不履行职务的，由半数以上董事共同推举1名董事召集和主持。

董事会的议事方式和表决程序，除《公司法》有规定的以外，由公司章程规定。

---

[1] （1）说法错误，（2）说法正确。

董事会应当对所议事项的决定作成会议记录，出席会议的董事应当在会议记录上签名。

董事会决议的表决，实行一人一票。这是强制性规定。

3. 经理。有限责任公司可以设经理，性质上是董事会的执行机构，由董事会决定聘任或者解聘。经理对董事会负责，具体的职权范围见《公司法》第 49 条：

（1）主持公司的生产经营管理工作，组织实施董事会决议；

（2）组织实施公司年度经营计划和投资方案；

（3）拟订公司内部管理机构设置方案；

（4）拟订公司的基本管理制度；

（5）制定公司的具体规章；

（6）提请聘任或者解聘公司副经理、财务负责人；

（7）决定聘任或者解聘除应由董事会决定聘任或者解聘以外的其他负责管理人员；

（8）董事会授予的其他职权。

经理列席董事会会议。

（三）监事会（监事）

1. 组成和任期。有限责任公司设立监事会，监事会对股东会负责，并向其报告工作。其成员不得少于 3 人。股东人数较少或者规模较小的有限责任公司，可以设 1~2 名监事，不设立监事会。监事会应当包括股东代表和适当比例的公司职工代表，其中职工代表的比例不得低于 1/3，具体比例由公司章程规定。监事会中的职工代表由公司职工通过职工代表大会、职工大会或者其他形式民主选举产生。

监事会设主席 1 人，由全体监事过半数选举产生。监事会主席召集和主持监事会会议；监事会主席不能履行职务或者不履行职务的，由半数以上监事共同推举 1 名监事召集和主持监事会会议。

董事、高级管理人员不得兼任监事。本身就是被重点监督的对象。

监事的任期每届为 3 年。监事任期届满，连选可以连任。

2. 职权：

（1）检查公司财务；

（2）对董事、高级管理人员执行公司职务的行为进行监督，对违反法律、行政法规、公司章程或者股东会决议的董事、高级管理人员提出罢免的建议；

注意：

监事会（监事）对公司的董事和高管只有罢免的建议权，而没有决定权。

（3）当董事、高级管理人员的行为损害公司的利益时，要求董事、高级管理人员予以纠正；

（4）提议召开临时股东会会议，在董事会不履行公司法规定的召集和主持股东会会议职责时召集和主持股东会会议；

（5）向股东会会议提出提案；

（6）依照《公司法》有关规定，对董事、高级管理人员提起诉讼；

（7）列席董事会会议，并对董事会决议事项提出质询或者建议；

（8）发现公司经营情况异常，可以进行调查；必要时，可以聘请会计师事务所等协助其工作，费用由公司承担；

（9）公司章程规定的其他职权。

　　3. 议事规则。监事会每年度至少召开一次会议，监事可以提议召开临时监事会会议。

　　监事会决议应当经半数以上监事通过。监事会应当对所议事项的决定作成会议记录，出席会议的监事应当在会议记录上签名。

二、股份有限公司的治理结构

　　（一）创立大会和股东大会

　　1. 组成和职权：

　　（1）创立大会。发起人应当在创立大会召开15日前将会议日期通知各认股人或者予以公告。创立大会应有代表股份总数过半数的发起人、认股人出席，方可举行。

　　创立大会行使下列职权：

　　①审议发起人关于公司筹办情况的报告；

　　②通过公司章程；

　　③选举董事会成员；

　　④选举监事会成员；

　　⑤对公司的设立费用进行审核；

　　⑥对发起人用于抵作股款的财产的作价进行审核；

　　⑦发生不可抗力或者经营条件发生重大变化直接影响公司设立的，可以作出不设立公司的决议。

　　创立大会对前款所列事项作出决议，必须经出席会议的认股人所持表决权过半数通过。

　　（2）股东大会。股份有限公司股东大会由全体股东组成，股东大会是公司的权力机构，股份有限公司股东大会的职权同有限责任公司股东会。

　　股东大会的职权主要有两类：其一，审议批准事项。如审议批准董事会的报告；审议批准监事会的报告；审议批准公司的年度财务预算方案、决算方案；审议批准公司的利润分配方案和弥补亏损方案等。其二，决定、决议事项。如决定公司的经营方针和投资计划；选举和更换董事，决定有关董事的报酬事项；选举和更换由股东代表出任的监事，决定有关监事的报酬事项；对公司增加或减少注册资本作出决议；对发行公司债券作出决议；对公司合并、分立、解散和清算等事项作出决议；修改公司章程。

　　2. 召开。股东大会会议可分为年会和临时会议。年会每年一次，通常在每个会计年度终了后6个月内召开。

　　临时股东大会在有下列情形之一时，应当在2个月内召开：

　　（1）董事人数不足公司法规定人数或者公司章程所定人数的2/3时；

　　（2）公司未弥补的亏损达实收股本总额1/3时；

　　（3）单独或者合计持有公司10%以上股份的股东请求时；

　　（4）董事会认为必要时；

（5）监事会提议召开时；

（6）公司章程规定的其他情形。

3. 召集和主持。其规则与上述有限责任公司股东会相同，唯一区别是：自行召集和主持会议的股东（单独或者合计持有公司 10%以上股份）必须连续 90 日以上持股。

注意：

> 有限责任公司没有持股时间的要求。

4. 程序保障。召开股东大会会议，应当将会议召开的时间、地点和审议的事项于会议召开 20 日前通知各股东；临时股东大会应当于会议召开 15 日前通知各股东；发行无记名股票的，应当于会议召开 30 日前公告会议召开的时间、地点和审议事项。

股东大会不得对上述通知中未列明的事项作出决议。

无记名股票持有人出席股东大会会议的，应当于会议召开 5 日前至股东大会闭会时将股票交存于公司。

5. 表决规则。股东出席股东大会会议，所持每一股份有一表决权，即"一股一权"，体现了"资本多数决"。但是，公司持有的本公司股份没有表决权。

注意：

> 此处表决权是法律的强制性规定，而有限公司为任意性规范，可以章程定。因此可以总结出一个规律：凡是人合性越强，更倾向于人头决；凡是资合性越强，更倾向于资本多数决。

股东大会作出决议，必须经出席会议的股东所持表决权过半数通过。但是，股东大会作出修改公司章程、增加或者减少注册资本的决议，以及公司合并、分立、解散或者变更公司形式的决议，必须经出席会议的股东所持表决权的 2/3 以上通过。

股东大会选举董事、监事，可以根据公司章程的规定或者股东大会的决议，实行累积投票制。所谓累积投票制，是指股东大会选举董事或者监事时，每一股份拥有与应选董事或者监事人数相同的表决权，股东拥有的表决权可以集中使用。

注意：

> 累积投票制了解概念即可，不必深究。

股东可以委托代理人出席股东大会会议，代理人应当向公司提交股东授权委托书，并在授权范围内行使表决权。

股东大会应当对所议事项的决定作成会议记录，主持人、出席会议的董事应当在会议记录上签名。

6. 股东的提案权与质询权：

（1）提案权。单独或者合计持有公司 3%以上股份的股东，可以在股东大会召开 10 日前提出临时提案并书面提交董事会；董事会应当在收到提案后 2 日内通知其他股东，并将该临时提案提交股东大会审议。临时提案的内容应当属于股东大会职权范围，并有明确议题和具体决议事项。

（2）质询权。股东会或者股东大会要求董事、监事、高级管理人员列席会议的，董事、监事、高级管理人员应当列席并接受股东的质询。

（二）董事会及经理

1. 组成、任期和职权。股份有限公司设董事会，其成员为 5 人至 19 人。董事会成员中可以有公司职工代表。董事会中的职工代表由公司职工通过职工代表大会、职工大会或者其他形式民主选举产生。股份有限公司董事任期的规定和董事会职权的规定同有限责任公司。

董事会设董事长 1 人，可以设副董事长。董事长和副董事长由董事会以全体董事的过半数选举产生。

董事长召集和主持董事会会议，检查董事会决议的实施情况。副董事长协助董事长工作，董事长不能履行职务或者不履行职务的，由副董事长履行职务；副董事长不能履行职务或者不履行职务的，由半数以上董事共同推举 1 名董事履行职务。

2. 会议的召开。董事会每年度至少召开两次会议，每次会议应当于会议召开 10 日前通知全体董事和监事。代表 1/10 以上表决权的股东、1/3 以上董事或者监事会，可以提议召开董事会临时会议。董事长应当自接到提议后 10 日内，召集和主持董事会会议。董事会召开临时会议，可以另定召集董事会的通知方式和通知时限。

3. 议事规则：

（1）举行与表决。董事会会议应有过半数的董事出席方可举行。董事会作出决议，必须经全体董事的过半数通过。董事会决议的表决，实行一人一票。

> **注意：**
>
> 此处的两个过半数都是以全体董事为准的。

> 董事会有 9 个董事，出席会议的是 5 个人，这 5 个人在投票过程中，1 人中途离开，剩余 4 个人能够形成决议吗？不能。因为剩余的 4 人没有过半数，不能形成决议，若形成决议的为程序违法，属于可撤销的决议。

重点关注上市公司董事会的表决回避：

上市公司董事与董事会会议决议事项所涉及的企业有关联关系的，不得对该项决议行使表决权，也不得代理其他董事行使表决权。该董事会会议由过半数的无关联关系董事出席即可举行，董事会会议所作决议须经无关联关系董事过半数通过。出席董事会的无关联关系董事人数不足 3 人的，应将该事项提交上市公司股东大会审议。

（2）责任。董事会会议，应由董事本人出席；董事因故不能出席，可以书面委托其他董事代为出席，委托书中应载明授权范围。

董事会应当对会议所议事项的决定作成会议记录，出席会议的董事应当在会议记录上签名。董事应当对董事会的决议承担责任。董事会的决议违反法律、行政法规或者公司章程、股东大会决议，致使公司遭受严重损失的，参与决议的董事对公司负赔偿责任。但经证明在表决时曾表明异议并记载于会议记录的，该董事可以免除责任。

4. 经理。股份有限公司设经理，由董事会决定聘任或者解聘。《公司法》关于有限责任公司经理职权的规定，适用于股份有限公司经理。

公司董事会可以决定由董事会成员兼任经理。

（三）监事会

1. 组成、任期与职权。同有限责任公司，监事人数不少于 3 人，由股东代表和职工代表组成，监事任期是 3 年。

股份公司的"三会"是必设的，有限公司不一定，小型有限公司可以不设董事会，可以设置1个执行董事，也可以不设置监事会，设置1~2个监事。如果股东是1人，也可以不设股东会。

2. 监事会会议。监事会每6个月至少召开一次会议。监事可以提议召开临时监事会会议。

监事会的议事方式和表决程序，除《公司法》有规定的外，由公司章程规定。监事会应当对所议事项的决定作成会议记录，出席会议的监事应当在会议记录上签名。

（四）上市公司组织机构的特别规定

上市公司是指其股票在证券交易所上市交易的股份有限公司。因为上市公司已经向公众公开发行股票并上市交易，为了防范风险保证投资者的安全，《公司法》对上市公司治理规定了若干特别制度。

1. 上市公司重大事项决策制度。上市公司在1年内购买、出售重大资产或者担保金额超过公司资产总额30%的，应当由股东大会作出决议，并经出席会议的股东所持表决权的2/3以上通过。

2. 独立董事制度。所谓独立董事，是指不在公司担任除董事外的其他职务，并与其所受聘的上市公司及其主要股东不存在可能妨碍其进行独立客观判断的关系的董事。

独立董事独立履行职责，不受上市公司主要股东、实际控制人或者其他与上市公司存在利害关系的单位或个人的影响。

重点掌握《关于在上市公司建立独立董事制度的指导意见》:

一、上市公司应当建立独立董事制度

（一）上市公司独立董事是指不在公司担任除董事外的其他职务，并与其所受聘的上市公司及其主要股东不存在可能妨碍其进行独立客观判断的关系的董事。

（二）独立董事对上市公司及全体股东负有诚信与勤勉义务。独立董事应当按照相关法律法规、本指导意见和公司章程的要求，认真履行职责，维护公司整体利益，尤其要关注中小股东的合法权益不受损害。独立董事应当独立履行职责，不受上市公司主要股东、实际控制人或者其他与上市公司存在利害关系的单位或个人的影响。独立董事原则上最多在5家上市公司兼任独立董事，并确保有足够的时间和精力有效地履行独立董事的职责。

（三）各境内上市公司应当按照本指导意见的要求修改公司章程，聘任适当人员担任独立董事，其中至少包括1名会计专业人士（会计专业人士是指具有高级职称或注册会计师资格的人士）。在2002年6月30日前，董事会成员中应当至少包括2名独立董事；在2003年6月30日前，上市公司董事会成员中应当至少包括1/3独立董事。

（四）独立董事出现不符合独立性条件或其他不适宜履行独立董事职责的情形，由此造成上市公司独立董事达不到本《指导意见》要求的人数时，上市公司应按规定补足独立董事人数。

（五）独立董事及拟担任独立董事的人士应当按照中国证监会的要求，参加中国证监会及其授权机构所组织的培训。

二、独立董事必须具有独立性

下列人员不得担任独立董事:

（一）在上市公司或者其附属企业任职的人员及其直系亲属、主要社会关系（直系亲属是指配偶、父母、子女等；主要社会关系是指兄弟姐妹、岳父母、儿媳女婿、兄弟姐妹的配偶、配偶的兄弟姐妹等）；

（二）直接或间接持有上市公司已发行股份1%以上或者是上市公司前10名股东中的自然人股东及其直系亲属；

（三）在直接或间接持有上市公司已发行股份5%以上的股东单位或者在上市公司前5名股东单位任职的人员及其直系亲属；

（四）最近1年内曾经具有前三项所列举情形的人员；

（五）为上市公司或者其附属企业提供财务、法律、咨询等服务的人员；

（六）公司章程规定的其他人员；

（七）中国证监会认定的其他人员。

甲公司是一家上市公司。关于该公司的独立董事制度，判断下列表述正误？[①]

（1）甲公司董事会成员中应当至少包括1/3的独立董事。

（2）任职独立董事的，至少包括一名会计专业人士和一名法律专业人士。

（3）除在甲公司外，各独立董事在其他上市公司同时兼任独立董事的，不得超过5家。

3. 董事会秘书制度。上市公司设立董事会秘书。董事会秘书是公司高级管理人员，由董事会委任，对董事会负责。董事会秘书的主要职责是：

（1）负责公司股东大会和董事会会议的筹备、文件保管，即按照法定程序筹备股东大会和董事会会议，准备和提交有关会议文件和资料。负责保管公司股东名册、董事名册，大股东及董事、监事和高级管理人员持有本公司股票的资料，股东大会、董事会会议文件和会议记录等。

（2）负责公司股权管理，如协调公司与投资者之间的关系，接待投资者来访，回答投资者咨询，向投资者提供公司披露的资料。

（3）负责办理公司信息披露事务，保证公司信息披露的及时、准确、合法、真实和完整。

三、公司董事、监事和高级管理人员的地位和作用

（一）公司董事、监事和高级管理人员的（消极）任职资格条件

具有法律规定的下列情形之一者不得担任公司的董事、监事、高级管理人员，包括：

1. 无民事行为能力或者限制民事行为能力。

2. 因贪污、贿赂、侵占财产、挪用财产或者破坏社会主义市场经济秩序，被判处刑罚，执行期满未逾5年，或者因犯罪被剥夺政治权利，执行期满未逾5年。

---

① （1）说法正确；（2）说法错误，只要求至少包括1名会计专业人士，没有对法律专业人士的要求；（3）说法错误，独立董事最多在五家上市公司担任独立董事职务，此题已经达到六家。

（1）前半句有罪名限制（经济犯罪），所以诸如交通肇事罪、重大工程责任事故罪由于不是经济犯罪，故不受限制。（2）后半句没有罪名限制，不管什么罪名，只要被剥夺政治权利，执行期满未逾5年都不得担任董事、监事、高级管理人员。

3. 担任破产清算的公司、企业的董事或者厂长、经理，对该公司、企业的破产负有个人责任的，自该公司、企业破产清算完结之日起未逾3年。

黄某到一个负债累累的企业担任董事，到任3个月公司就破产了，请问黄某是否能到别的公司担任董事？可以，从案情可知黄某对企业破产没有个人责任，可以担任其他企业的董事、监事、高级管理人员。

4. 担任因违法被吊销营业执照、责令关闭的公司、企业的法定代表人，并负有个人责任的，自该公司、企业被吊销营业执照之日起未逾3年。

5. 个人所负数额较大的债务到期未清偿。此处是为了防止利用手中职权，挪用企业财产偿还个人债务。公司违反上述规定选举、委派董事、监事或者聘任高级管理人员的，该选举、委派或者聘任无效。董事、监事、高级管理人员在任职期间出现上述所列情形的，公司应当解除其职务。

甲公司于2008年7月依法成立，现有数名推荐的董事人选，依照《公司法》规定，下列哪些人员不能担任公司董事？①

A. 王某，因担任企业负责人犯重大责任事故罪于2001年6月被判处3年有期徒刑，2004年刑满释放

B. 张某，与他人共同投资设立一家有限责任公司，持股70%，该公司长期经营不善，负债累累，于2006年被宣告破产

C. 徐某，2003年向他人借款100万元，为期2年，但因资金被股市套住至今未清偿

D. 赵某，曾任某音像公司董事长（法定代表人），该公司因未经著作权人许可大量复制音像制品，于2006年5月被工商部门吊销营业执照，赵某负有个人责任

（二）公司董事、监事、高级管理人员的忠实义务和勤勉义务

公司董事、监事、高级管理人员应当遵守法律、行政法规和公司章程，对公司负有忠实义务和勤勉义务，忠实义务强调董事、监事、高级管理人员应当忠诚于公司，不得为有损公司利益的行为；勤勉义务强调董事、监事、高级管理人员应当积极履行职责，依法谋求公司利益和股东利益的最大化。这是董事、监事、高级管理人员所负义务的两个方面。前者主要是道德品行方面的要求，后者主要是能力方面的要求。

1. 公司中董事、高级管理人员负的忠实义务。董事、高级管理人员不得有下列行为：

---

① 答案：C、D。

（1）挪用公司资金；

（2）将公司资金以其个人名义或者以其他个人名义开立账户存储；

（3）违反公司章程的规定，未经股东会、股东大会或者董事会同意，将公司资金借贷给他人或者以公司财产为他人提供担保；

（4）违反公司章程的规定或者未经股东会、股东大会同意，与本公司订立合同或者进行交易；

（5）未经股东会或者股东大会同意，利用职务便利为自己或者他人谋取属于公司的商业机会，自营或者为他人经营与所任职公司同类的业务；

（6）接受他人与公司交易的佣金归为己有；

（7）擅自披露公司秘密；

（8）违反对公司忠实义务的其他行为。

董事、高级管理人员违反上述规定所得的收入应当归公司所有。（公司享有归入权）

2. 董事、监事、高级管理人员对公司的赔偿责任。董事、监事、高级管理人员执行公司职务时违反法律、行政法规或者公司章程的规定，给公司造成损失的，应当承担赔偿责任。

（三）董事、监事、高级管理人员对公司负有的其他义务和责任

股东会或者股东大会要求董事、监事、高级管理人员列席会议的，董事、监事、高级管理人员应当列席并接受股东的质询。

董事、高级管理人员应当如实向监事会或者不设监事会的有限责任公司的监事提供有关情况和资料，不得妨碍监事会或者监事行使职权。

四、股东在公司治理中的作用

（一）股东对公司决议瑕疵的诉讼

1. 公司决议的无效。公司股东会或者股东大会、董事会的决议内容违反法律、行政法规的无效。

甲、乙、丙、丁、戊五人共同组建一有限公司。出资协议约定甲以现金10万元出资，甲已缴纳6万元出资，尚有4万元未缴纳。某次公司股东会上，甲请求免除其4万元的出资义务。股东会5名股东，其中4名表示同意，投反对票的股东丙向法院起诉，请求确认该股东会决议无效。对此，判断下列表述正误？①

（1）该决议无效，甲的债务未免除。

（2）该决议有效，甲的债务已经免除。

（3）该决议需经全体股东同意才能有效。

2. 公司决议的撤销。股东会或者股东大会、董事会的会议召集程序、表决方式违反法律、行政法规或者公司章程，或者决议内容违反公司章程的，股东可以自决议作出之日起60日内，请求法院撤销。股东依此提起诉讼的，法院可以应公司的请求，要

---

① （1）说法正确；（2）（3）说法错误，即便股东同意也不可以免除出资义务。

求股东提供相应担保。

《公司法解释（四）》中关于股东会、董事会决议效力的规定：

第1条　公司股东、董事、监事等请求确认股东会或者股东大会、董事会决议无效或者不成立的，人民法院应当依法予以受理。

【解析】本条确定了决议不成立之诉。此前我国《公司法》第22条规定了确认决议无效和可撤销之诉，均是针对已经成立的决议，不包括决议不成立的情形。

第2条　依据公司法第二十二条第二款请求撤销股东会或者股东大会、董事会决议的原告，应当在起诉时具有公司股东资格。

【解析】本条明确了决议效力案件的原告范围。原告应当在起诉时具有股东资格。

第3条　原告请求确认股东会或者股东大会、董事会决议不成立、无效或者撤销决议的案件，应当列公司为被告。对决议涉及的其他利害关系人，可以依法列为第三人。

一审法庭辩论终结前，其他有原告资格的人以相同的诉讼请求申请参加前款规定诉讼的，可以列为共同原告。

【解析】本条明确了决议效力之诉的被告为公司。

第4条　股东请求撤销股东会或者股东大会、董事会决议，符合公司法第二十二条第二款规定的，人民法院应当予以支持，但会议召集程序或者表决方式仅有轻微瑕疵，且对决议未产生实质影响的，人民法院不予支持。

【解析】为了防止股东滥用诉权，本条规定了"轻微瑕疵"除外的原则。

第5条　股东会或者股东大会、董事会决议存在下列情形之一，当事人主张决议不成立的，人民法院应当予以支持：

（一）公司未召开会议的，但依据公司法第三十七条第二款或者公司章程规定可以不召开股东会或者股东大会而直接作出决定，并由全体股东在决定文件上签名、盖章的除外；

（二）会议未对决议事项进行表决的；

（三）出席会议的人数或者股东所持表决权不符合公司法或者公司章程规定的；

（四）会议的表决结果未达到公司法或者公司章程规定的通过比例的；

（五）导致决议不成立的其他情形。

【解析】此处易于出选择题。

第6条　股东会或者股东大会、董事会决议被人民法院判决确认无效或者撤销的，公司依据该决议与善意相对人形成的民事法律关系不受影响。

【解析】本条明确了确认决议无效或者撤销决议的法律效力。《民法总则》通过第61条、第85条等规定基本确立了内外有别、保护善意相对人合法利益的原则。因此股东会或者股东大会、董事会决议被人民法院判决确认无效或者撤销的，公司依据该决议与善意相对人形成的民事法律关系不受影响。此处是一个明显的变化，考生需要引起重视。

（二）股东直接诉讼

董事、高级管理人员违反法律、行政法规或者公司章程的规定，损害股东利益的，股东可以向法院提起诉讼。

（三）股东代表诉讼

股东代表诉讼，又称派生诉讼、股东代位诉讼，是指当公司的合法权益受到不法侵害而公司却怠于起诉时，公司的股东即以自己的名义起诉，而所获赔偿归于公司的一种诉讼形态。

显然，代表诉讼发生的前提是公司利益受害，而非股东自己利益受害。本来，公司作为受害人享有当然的诉权，但因为诸多原因可能导致公司不愿起诉（如侵害公司利益者是控股股东或其亲友），公司忍气吞声的结果自然会导致全体股东利益间接受到损失，所以法律允许股东代表公司作为原告进行诉讼。

它是广大股东监督公司经营及预防经营权滥用的最重要的救济和预防手段。

股东进行代表诉讼必须满足以下要求：

1. 先诉请求。在代表诉讼中，一般来说，股东应当先向公司提出请求，即要求公司就所诉称的错误行为提起诉讼。只有在公司自己没有提起诉讼而又没有正当理由时，才允许股东提起本来属于公司的诉讼，这就是所谓的先诉请求，也叫"用尽公司内部救济原则"。

2. 具体而言：董事、高级管理人员执行公司职务时违反法律、行政法规或者公司章程的规定，给公司造成损失的或者他人侵犯公司合法权益，给公司造成损失的，有限责任公司的股东、股份有限公司连续180日以上单独或者合计持有公司1%以上股份的股东，可以书面请求监事会或者不设监事会的有限责任公司的监事向法院提起诉讼；监事执行公司职务时违反法律、行政法规或者公司章程的规定，给公司造成损失的，前述股东可以书面请求董事会或者不设董事会的有限责任公司的执行董事向法院提起诉讼。

【总结】

（1）救济对象方面的特征：该诉讼制度所要救济的是被公司董事、经理、监事或者其他人侵害的公司权利和利益，而不是提起诉讼的股东个人的权利和利益。

（2）诉因方面的特征：并非股东个人权利受到侵害或个人利益发生纠纷，而是公司利益受到损害。

原告股东只是以代表人的资格，代替公司行使原本属于公司的诉权。因此，对同一事实，其他股东也可以提起代表诉讼，并且在诉讼中也无法排除其他股东的介入。

（3）诉讼当事人方面的特征：

①原告。在股东代表诉讼中，股东以自己的名义提起诉讼。

②被告则是实施侵害公司利益的行为人，包括公司董事、经理、监事和其他人。公司不是股东代表诉讼的被告。

③之所以对股份公司股东的原告资格作出了持股时间的限制，是为了防止竞争对手通过短期持股进行恶意诉讼；之所以对股东的原告资格作出了持股比例的限制，是为了防止个别小股东滥用诉权，妨碍公司的正常经营。

（4）后果方面的特征：由于该种诉讼中，实体意义上的诉权属于公司，股东仅具有形式意义上的诉权。所以，股东代表诉讼的后果由公司承担，归于公司，而不是归于提起诉讼的股东。

（5）程序方面的特征：必须首先穷尽公司内部救济，即股东代表诉讼需要有前置程序。因此，股东的派生诉讼的实质是对代表机关不履行职责的补救措施。

注意：

该处的请求遵循交叉请求规则。

3. 提起诉讼。股东有权在以下三种情况发生时以自己的名义直接向法院提起代表诉讼：

（1）监事会、不设监事会的有限责任公司的监事，或者董事会、执行董事收到股东书面请求后拒绝提起诉讼；

（2）监事会、不设监事会的有限责任公司的监事，或者董事会、执行董事自收到请求之日起 30 日内未提起诉讼；

（3）情况紧急、不立即提起诉讼将会使公司利益受到难以弥补的损害的。

《公司法解释（四）》关于股东代表诉讼的规定：

第 23 条 监事会或者不设监事会的有限责任公司的监事依据公司法第一百五十一条第一款规定对董事、高级管理人员提起诉讼的，应当列公司为原告，依法由监事会主席或者不设监事会的有限责任公司的监事代表公司进行诉讼。

董事会或者不设董事会的有限责任公司的执行董事依据公司法第一百五十一条第一款规定对监事提起诉讼的，或者依据公司法第一百五十一条第三款规定对他人提起诉讼的，应当列公司为原告，依法由董事长或者执行董事代表公司进行诉讼。

【解析】公司董事会或者执行董事、监事会或者监事是公司的组织机构，其履行法定职责代表公司提起的诉讼，应当是公司直接诉讼，应列公司为原告。董事长或者执行董事、监事会主席或者不设监事会的有限责任公司的监事作为诉讼代表人是在代表公司进行诉讼。

第 24 条 符合公司法第一百五十一条第一款规定条件的股东，依据公司法第一百五十一条第二款、第三款规定，直接对董事、监事、高级管理人员或者他人提起诉讼的，应当列公司为第三人参加诉讼。

一审法庭辩论终结前，符合公司法第一百五十一条第一款规定条件的其他股东，以相同的诉讼请求申请参加诉讼的，应当列为共同原告。

第 25 条 股东依据公司法第一百五十一条第二款、第三款规定直接提起诉讼的案件，胜诉利益归属于公司。股东请求被告直接向其承担民事责任的，人民法院不予支持。

第 26 条 股东依据公司法第一百五十一条第二款、第三款规定直接提起诉讼的案件，其诉讼请求部分或者全部得到人民法院支持的，公司应当承担股东因参加诉讼支付的合理费用。

【解析】明确了股东代表诉讼中的当事人地位、胜诉利益的归属、诉讼费用的负担等问题。

郑贺为甲有限公司的经理，利用职务之便为其妻吴悠经营的乙公司谋取本来属于甲公司的商业机会，致甲公司损失 50 万元。甲公司小股东付冰欲通过诉讼维护公司利益。关于付冰的做法，下列哪一选项是正确的？①

A. 必须先书面请求甲公司董事会对郑贺提起诉讼

B. 必须先书面请求甲公司监事会对郑贺提起诉讼

C. 只有在董事会拒绝起诉情况下，才能请求监事会对郑贺提起诉讼

---

① 答案：B。

D. 只有在其股权达到 1% 时，才能请求甲公司有关部门对郑贺提起诉讼

（四）代表诉讼与直接诉讼的比较

1. 产生的根据不同。股东直接诉讼源于股东作为出资人的地位，因而每位股东均享有提起直接诉讼的资格；股东代表诉讼既源于股东作为出资人的地位，又源于其作为公司代表人的地位，因而仅有满足法定条件（例如股份公司中，持股数额不低于一定比例，持股期间不短于一定期限）的股东才有权提起股东代表诉讼。

2. 行使的原因不同。直接诉讼是因为股东自身利益受到公司侵害而提起诉讼，代表诉讼则是出于公司利益受到公司机关成员或第三人侵害且在公司怠于救济的情况下提起的诉讼。

3. 行使的效力不同。股东直接诉讼中，股东行使的是一种自益权，股东基于个人利益受到损害提起诉讼，因此不论原告股东胜诉或败诉，诉讼后果仅及于原告股东个人；股东代表诉讼中，股东行使的则是一种共益权，股东基于公司的团体性利益受到侵害且公司拒绝或者怠于行使诉权而代位公司提起诉讼，因此若原告股东胜诉，胜诉利益归于公司，而非原告股东。

4. 被告主体范围不同。直接诉讼中的被告一般为公司股东、董事、监事和职员，但不得为公司外的第三人；而代表诉讼中的被告可以为公司外的第三人，或为公司股东、董事、监事和职员。

专题六
公司变更与终止

本专题介绍公司变更和公司终止。公司的变更包括公司的合并与分立以及公司资本的增减。公司的终止包括公司的解散和清算。其中的司法解散以及清算组的职权需要特别留意。

一、公司的合并与分立

（一）公司的合并

公司合并是指两个或两个以上的公司订立合并协议，依照《公司法》的规定，不经过清算程序，直接结合为一个公司的法律行为。

1. 方式：

（1）吸收合并，即一个公司吸收其他公司，吸收方保留，被吸收方解散；

【图示】吸收合并：甲+乙＝甲

（2）新设合并，即两个以上公司合并设立一个新的公司，合并各方解散。

【图示】新设合并：甲+乙＝丙

2. 程序：

（1）合并协议和决议。由合并各方业务执行机关签订合并协议，并编制资产负债表及财产清单，然后由股东大会（或股东会）作出批准与否的决议。各方股东大会批准后，合并协议始得生效。

（2）通知和公告。合并各方应当自合并决议生效之日起10日内通知其债权人，并于30日内在报纸上公告。

（3）清偿债务或提供担保。债权人自接到通知书之日起30日内，未接到通知书的自公告之日起45日内，有权要求公司清偿债务或者提供相应的担保。

（4）登记。完成以上程序后，应向公司登记机关办理登记：合并后继续存续的公司，办理变更登记；因合并而解散的公司，办理注销登记；因合并而新设立的公司，办理设立登记。

（5）救济。在公司合并的情形中，如果债权人有理由认为自身利益受损的，可以通过诉讼等渠道进行救济，但无权直接对公司合并提出异议。

3. 后果。公司合并时，合并各方的债权、债务，应当由合并后存续的公司或者新设的公司承继。

公司合并是合同权利义务即债权债务概括移转的法定原因，合并后的公司必须承受原公司的全部债权和债务，除非公司与债权人达成了另外的协议。如果公司在合并时未清偿债权债务，债权人有权请求合并后的公司清偿合并前的公司所负的债务。

这个规定只存在于合并中，分立中没有。分立会导致法定的连带责任，这个连带足以保护债权人利益，因此无须赋予债权人别的权利。合并是由新公司承继债权、债务，有可能损害债权人利益，因此在合并时允许债权人要求公司清偿债务或者提供相应的担保。

（二）公司的分立

公司分立是指一个公司通过依法签订分立协议，不经过清算程序，分为两个或两个以上公司的法律行为。

1. 方式：

（1）新设分立，即原公司解散，原公司分为两个以上的新的企业法人；

【图示】新设分立：甲＝乙+丙

（2）派生分立，即原公司继续存在，由其中分离出来的部分形成新的法人。

【图示】派生分立：甲＝甲+乙

2. 程序：

（1）分立协议和决议。由分立各方业务执行机关签订分立协议，并分割财产及编制资产负债表和财产清单，然后由股东大会（或股东会）作出批准与否的决议。各方股东大会批准后，分立协议始得生效。

（2）通知和公告。分立各方应当自分立决议生效之日起10日内通知其债权人，并于30日内在报纸上公告。

（3）登记。完成以上程序后，应向公司登记机关办理登记：分立后继续存续的公司，办理变更登记；因分立而解散的公司，办理注销登记；因分立而新设立的公司，办理设立登记。

3. 后果。公司分立前的债务由分立后的公司承担连带责任。但是，公司在分立前与债权人就债务清偿达成的书面协议另有约定的除外。

（三）公司合并和分立中对利害关系人的保护

1. 公司合并：

（1）对债权人的利益保护：①债权人异议权。债权人如对公司合并存在异议，可以要求公司清偿债务或者提供相应的担保。②公司合并时，合并各方的债权、债务，应当由合并后存续的公司或者新设的公司承继。

（2）对少数股东的利益保护。对股东会关于公司合并的决议投反对票的股东可以请求公司按照合理的价格收购其股权。

2. 公司分立：

（1）对债权人的利益保护：公司分立前的债务由分立后的公司承担连带责任。但是，公司在分立前与债权人就债务清偿达成的书面协议另有约定的除外。

（2）对少数股东的利益保护：对股东会关于公司分立的决议投反对票的股东可以请求公司按照合理的价格收购其股权。

注意:

1. 公司分立时，债权人并不可以当然要求公司清偿债务或者提供相应的担保。

2. 因为《公司法》就合并、分立已经规定了较为完善的债权人保护措施，所以无须通过清算方式了结债权债务。

3. 公司破产而解散的，适用《企业破产法》的破产清算程序，不适用《公司法》。

题

白阳有限公司分立为阳春有限公司与白雪有限公司时，在对原债权人甲的关系上，下列哪一说法是错误的？[①]

A. 白阳公司应在作出分立决议之日起 10 日内通知甲

B. 甲在接到分立通知书后 30 日内，可要求白阳公司清偿债务或提供相应的担保

C. 甲可向分立后的阳春公司与白雪公司主张连带清偿责任

D. 白阳公司在分立前可与甲就债务偿还问题签订书面协议

二、公司的增资与减资

（一）减资程序

公司减资，应当由董事会（执行董事）制定方案，提交股东会决议。减资程序如下：

1. 编制资产负债表及财产清单。

2. 通知和公告。公司应当自作出减资决议之日起 10 日内通知债权人，并于 30 日内在报纸上公告。债权人自接到通知书之日起 30 日内，未接到通知书的自公告之日起 45 日内，有权要求公司清偿债务或者提供相应担保。

3. 办理变更登记。

（二）增资程序

1. 有限责任公司：增加注册资本时，股东认缴新增资本的出资，依照《公司法》设立有限责任公司缴纳出资的有关规定执行。

> 注意：
>
> 公司增资的时候，需要修改公司章程，也需要向工商部门办理注册资本的变更登记。

2. 股份有限公司：为增加注册资本发行新股时，股东认购新股，依照《公司法》设立股份有限公司缴纳股款的有关规定执行。

【总结】

（1）公司的合并和减资可能会削弱公司的偿债能力，为了维护债权人利益，债权人可以要求公司清偿债务或者提供相应的担保；

（2）公司分立前的债务由分立后的公司承担连带责任，增资有利于提高公司的偿债能力，所以公司分立和增资不需要提前清偿债务或者提供相应的担保。

三、公司的解散

公司解散是指公司因发生章程规定或法律规定的解散事由而停止业务活动，最终失去法律人格的法律行为。

（一）原因

1. 自愿解散：

---

① 答案：B。

（1）公司章程规定的营业期限届满或者公司章程规定的其他解散事由出现；

在此种情形下，可以通过修改公司章程而使公司继续存在，并不意味着公司必须解散。

（2）股东会或者股东大会决议解散；

（3）因公司合并或者分立需要解散。

2. 强制解散。强制解散的原因是指由于某种情况的出现，主管机关或人民法院命令公司解散。《公司法》规定强制解散公司的原因主要有：

（1）主管机关决定。国有独资公司由国家授权投资的机构或者国家授权的部门作出解散的决定，该国有独资公司应即解散。

（2）公司违反法律、行政法规的规定被吊销营业执照、责令关闭或者被撤销，如《公司法》规定：公司成立后无正当理由超过 6 个月未开业的，或者开业后自行停业连续 6 个月以上的，可以由公司登记机关吊销营业执照。

3. 司法解散——公司僵局的解决途径。依据《公司法》的规定，如果公司经营管理发生严重困难，继续存续会使股东利益受到重大损失，通过其他途径不能解决的，持有公司全部股东表决权 10% 以上的股东，可以请求法院解散公司。

（1）司法解散公司的构成要件：

①公司经营管理发生严重困难。这种情况就是所谓的公司僵局。公司僵局，是指公司在存续运行中由于股东、董事之间矛盾激化而处于僵持状况，导致股东会、董事会等公司机关不能按照法定程序作出决策，从而使公司陷入无法正常运转，甚至瘫痪的状况。具体指以下四种情形之一：

a. 公司持续 2 年以上无法召开股东会或者股东大会，公司经营管理发生严重困难的。

b. 股东表决时无法达到法定或者公司章程规定的比例，持续 2 年以上不能作出有效的股东会或者股东大会决议，公司经营管理发生严重困难的。

c. 公司董事长期冲突，且无法通过股东会或者股东大会解决，公司经营管理发生严重困难的。

d. 经营管理发生其他严重困难，公司继续存续会使股东利益受到重大损失的情形。

②继续存续会使股东利益受到重大损失。

③通过其他途径不能解决，即要"用尽公司内部救济"。

注意：

股东知情权、利润分配请求权等权益受到损害，或者公司亏损、财产不足以偿还全部债务，以及公司被吊销企业法人营业执照未进行清算等均不构成请求法院解散公司的理由。

2009 年，甲、乙、丙、丁共同设立 A 有限责任公司。丙以下列哪一理由提起解散公司的诉讼法院应予受理？[①]

（1）以公司董事长甲严重侵害其股东知情权，其无法与甲合作为由。

（2）以公司管理层严重侵害其利润分配请求权，其股东利益受重大损失为由。

---

① （1）（2）情形不应受理，（3）情形符合条件应予受理。

曹新川讲商法·经济法　2018 年国家统一法律职业资格考试专题讲座系列

（3）以公司经营管理发生严重困难，继续存续会使股东利益受到重大损失为由。

（2）原告股东的资格。单独或合计持有公司全部股东表决权10%以上的股东，可以请求法院解散公司。

（3）公司的诉讼地位。在原告股东提起解散公司之诉时，应当将公司列为被告。《公司法解释（二）》关于股东提起解散公司诉讼的重要内容：

①第2条规定：股东提起解散公司诉讼，同时又申请人民法院对公司进行清算的，人民法院对其提出的清算申请不予受理。人民法院可以告知原告，在人民法院判决解散公司后，依据《公司法》第184条和本规定第7条的规定，自行组织清算或者另行申请人民法院对公司进行清算。即先解散，再清算。

②第3条规定：股东提起解散公司诉讼时，向人民法院申请财产保全或者证据保全的，在股东提供担保且不影响公司正常经营的情形下，人民法院可予以保全。

③第4条规定：股东提起解散公司诉讼应当以公司为被告。原告以其他股东为被告一并提起诉讼的，人民法院应当告知原告将其他股东变更为第三人；原告坚持不予变更的，人民法院应当驳回原告对其他股东的起诉。

④第6条规定：人民法院关于解散公司诉讼作出的判决，对公司全体股东具有法律约束力。

（二）公司免于解散而存续

公司章程规定的营业期限届满或者公司章程规定的其他解散事由出现时，可以通过修改公司章程而存续。

（三）法律后果

1. 公司除因合并或分立解散无需清算，以及因破产而解散的公司适用破产清算程序外，其他解散的公司，都应当按《公司法》的规定进行清算。

2. 解散中的公司，其法人资格仍然存在，但公司的权利能力仅限于清算活动必要的范围内。

3. 公司原有的法定代表人和业务执行机关丧失权力，由清算人接替之。

四、公司的清算

除公司合并、分立豁免清算外，其他公司解散的情形都需清算。

注意：

1. 合并、分立豁免清算是例外，因为公司合并、分立主体资格有继承、继受，不会逃债，因此不需要清算。

2. 公司清算分为破产清算程序和非破产清算程序。前者适用《企业破产法》规定的程序，后者适用《公司法》规定的程序。

《公司法》规定的清算程序如下：

（一）成立清算组

公司应当在解散事由出现之日起15日内成立清算组，开始清算。清算组，是指在公司清算期间负责清算事务执行的法定机构。有限责任公司的清算组由股东组成，股份有限公司的清算组由董事或者股东大会确定的人员组成。逾期不成立清算组进行清算的，债权人可以申请法院指定有关人员组成清算组进行清算。法院应当受理该申请，并及时组织清算组进行清算。

根据《公司法解释（二）》第7条第3款规定，债权人未提起清算申请，公司股东申请人民法院指定清算组对公司进行清算的，人民法院应予受理。清算组成员可以从下列人员或者机构中产生：

1. 公司股东、董事、监事、高级管理人员；

2. 依法设立的律师事务所、会计师事务所、破产清算事务所等社会中介机构；

3. 依法设立的律师事务所、会计师事务所、破产清算事务所等社会中介机构中具备相关专业知识并取得执业资格的人员。

2012年5月，东湖有限公司股东申请法院对公司进行司法清算，法院为其指定相关人员组成清算组。关于该清算组成员，下列哪一选项是错误的？[①]

A. 公司债权人唐某   B. 公司董事长程某

C. 公司财务总监钱某   D. 公司聘请的某律师事务所

（二）清算组的职权、义务和责任

1. 清算组的职权：

（1）清理公司财产，分别编制资产负债表和财产清单；

（2）通知、公告债权人；

（3）处理与清算有关的公司未了结的业务；

（4）清缴所欠税款以及清算过程中产生的税款；

（5）清理债权、债务；

（6）处理公司清偿债务后的剩余财产；

（7）代表公司参与民事诉讼活动。

注意：

（1）清算组在清算期间取代三会，清算组的负责人取代法定代表人。

（2）清算期间，公司存续，但不得开展与清算无关的经营活动。

（3）在申报债权期间，清算组不得对债权人进行清偿。申报期间还债，会破坏债权的平等性。

2. 清算组的义务和责任。清算组成员应当忠于职守，依法履行清算义务。清算组成员不得利用职权收受贿赂或者其他非法收入，不得侵占公司财产。清算组成员因故意或者重大过失给公司或者债权人造成损失的，应当承担赔偿责任。

（三）清算程序

1. 通知和公告。清算组应当自成立之日起10日内通知债权人，并于60日内在报纸上公告。债权人应当自接到通知书之日起30日内，未接到通知书的自公告之日起45日内，向清算组申报其债权。

根据《公司法解释（二）》第13条规定，债权人在规定的期限内未申报债权，在公司清算程序终结前补充申报的，清算组应予登记。

债权人申报债权，应当说明债权的有关事项，并提供证明材料。清算组应当对债

---

① 答案：A。

权进行登记。

在申报债权期间,清算组不得对债权人进行个别清偿。

2. 制定清算方案和处分公司财产:

(1)清算组在清理公司财产、编制资产负债表和财产清单后,应当制定清算方案,并报股东会、股东大会或者法院确认。

(2)公司财产在分别支付清算费用、职工的工资、社会保险费用和法定补偿金,缴纳所欠税款,清偿公司债务后的剩余财产,有限责任公司按照股东的出资比例分配,股份有限公司按照股东持有的股份比例分配。

分配剩余财产时需要注意公司财产在未清偿公司债务前,不得分配给股东。

(3)清算期间公司存续,公司不得开展与清算无关的经营活动。

(4)清算组在清理公司财产、编制资产负债表和财产清单后,发现公司财产不足清偿债务的,应当立即向人民法院申请宣告破产,清算组不可以回避。

3. 清算结束。公司清算结束后,清算组应当制作清算报告,报股东会、股东大会或者法院确认,并报送公司登记机关,申请注销公司登记,公告公司终止。

【总结】清算方案、清算报告的报送主体相同,均为报“股东会、股东大会或者人民法院”确认。

五、公司法重要知识点归纳

(一)公司自治

1. 由公司章程(或“约定”)决定优先之事项:

(1)针对所有公司的:

①公司的经营范围由公司章程规定,并依法登记。

②公司分立前的债务由分立后的公司承担连带责任。但是,公司在分立前与债权人就债务清偿达成的书面协议另有约定的除外。

(2)针对有限责任公司的:

①股东会定期会议应当依照公司章程的规定按时召开。

②股东会会议由股东按照出资比例行使表决权;但是,公司章程另有规定的除外。

③董事长、副董事长的产生办法由公司章程规定。

④董事任期由公司章程规定,但每届任期不得超过3年。

⑤执行董事的职权由公司章程规定。

⑥监事会应当包括股东代表和适当比例的公司职工代表,其中职工代表的比例不得低于1/3,具体比例由公司章程规定。

⑦国有独资公司监事会成员不得少于5人,其中职工代表的比例不得低于1/3,具体比例由公司章程规定。

⑧章程对股权转让另有规定的,从其规定。

⑨自然人股东死亡后,其合法继承人可以继承股东资格;但是,公司章程另有规定的除外。

⑩股东按照实缴的出资比例分取红利;公司新增资本时,股东有权优先按照实缴

的出资比例认缴出资。但是，全体股东约定不按照出资比例分取红利或者不按照出资比例优先认缴出资的除外。

（3）针对股份有限公司的：

①监事会应当包括股东代表和适当比例的公司职工代表，其中职工代表的比例不得低于1/3，具体比例由公司章程规定。

②章程可以对公司董事、监事、高级管理人员转让其所持有的本公司股份作出其他限制性规定。（提示：这里的章程只能在法律规定外增加限制，而不能与现有法律规定相抵触。）

③股份有限公司按照股东持有的股份比例分配税后利润，但章程规定不按持股比例分配的除外。

2. 由章程在法定范围内"选择"之事项：

（1）公司法定代表人依照公司章程的规定，由董事长、执行董事或者经理担任，并依法登记（提示：章程"三选一"产生法定代表人）。

（2）公司向其他企业投资或者为他人提供担保，依照公司章程的规定，由董事会或者股东会、股东大会决议；公司章程对投资或者担保的总额及单项投资或者担保的数额有限额规定的，不得超过规定的限额（提示：章程"二选一"产生有权决议的机构）。

（二）股东诉讼

1. 股东直接诉讼：

（1）诉因：股东自身利益受害；

（2）前提条件：无；

（3）原告：任一股东；

（4）被告：侵害该股东利益之任何人。

2. 股东代表诉讼：

（1）诉因：公司利益受害；

（2）前提条件：用尽公司内部救济，即公司自身无意起诉；

（3）原告：有限责任公司中任一股东、股份有限公司中单独或合计持股达1%以上且持股时间连续180日以上之股东；

（4）被告：侵害公司利益之任何人。

3. 两会（股东会或董事会）决议无效之诉：

（1）诉因：两会决议内容违反法律、法规；

（2）前提条件：可在任何时间提起；

（3）原告：任何利害关系人；

（4）被告：公司。

4. 两会（股东会或董事会）决议撤销之诉：

（1）诉因：两会召集程序、表决方式违反法律、行政法规或者公司章程，或者决议内容违反公司章程；

（2）前提条件：①诉讼必须在决议作出后60日内提起；②法院可以应公司的请求，要求起诉的股东提供相应担保；

（3）原告：任一股东；

（4）被告：公司。

曹新川讲商法·经济法　2018年国家统一法律职业资格考试专题讲座系列

5. 解散公司之诉：

（1）诉因：公司出现僵局，即两会（股东会或董事会）持续 2 年以上无法召开或无法作出决议；

（2）前提条件：用尽公司内部救济，即除解散公司外无法消除僵局；

（3）原告：单独或合计持有公司全部股东表决权 10% 以上的股东；

（4）被告：公司。

专题七
普通合伙企业

合伙企业是两人以上（包括自然人、法人和其他组织）在契约的基础上成立共同经营关系所形成的某种从事生产、流通或服务活动的主体。合伙企业没有法人资格，包括常态的普通合伙和特殊类型的有限合伙。

一、合伙企业的设立

普通合伙企业由普通合伙人组成，合伙人对合伙企业债务承担无限连带责任。合伙企业的营业执照签发日期，为合伙企业成立日期。

注意：

国有独资公司、国有企业、上市公司以及公益性的事业单位、社会团体不得成为普通合伙人。原因是国有独资公司、国有企业涉及国有资产，防止国有资产流失。上市公司以及公益性的事业单位、社会团体涉及公共利益，防止公共利益受损害。

设立合伙企业，应当具备下列条件：

（一）有两个以上合伙人

合伙人为自然人的，应当具有完全民事行为能力。企业法人和其他组织也可以成为合伙人，此种情况不会导致出资人包括公司股东承担无限连带责任。

【总结】

1. 自然人、法人、其他组织均可成为合伙人。

2. 国有独资公司、国有企业、上市公司以及公益性的事业单位、社会团体不得成为普通合伙人。但这些机构均可以成为有限合伙人。

3. 法律、行政法规禁止从事营利性活动的人，不得成为合伙企业的合伙人，包括：国家公务员、法官、检察官、警察等。

4. 设立合伙企业，应当有两个以上合伙人。普通合伙人为自然人的，应当具有完全民事行为能力。

（二）有书面合伙协议

合伙协议是合伙企业成立的法律基础，它是调整合伙人相互之间的权利义务关系的内部法律文件，仅具有对内的效力，只能约束合伙人。合伙协议必须采用书面形式，经全体合伙人签名、盖章后生效。

例

合伙协议需要登记吗？不需要，签名、盖章后即生效。

（三）有合伙人认缴或者实际缴付的出资

合伙人可以用货币、实物、知识产权、土地使用权或者其他财产权利出资，也可以用劳务出资。合伙人以实物、知识产权、土地使用权或者其他财产权利出资，需要评估作价的，可以由全体合伙人协商确定，也可以由全体合伙人委托法定评估机构评估。合伙人以劳务出资的，其评估办法由全体合伙人协商确定，并在合伙协议中载明。

注意：

合伙企业不存在法定最低注册资本的要求。

出资后果：合伙人以现金或以财产所有权出资的，财产的所有权由全体合伙人共有，出资人不再享有财产的所有权。合伙人以土地、房屋、商标、专利等使用权出资的，出资人对以上权利仍可以享有所有权，合伙企业只享有使用权和管理权。合伙人退伙或合伙解散时，如果合伙协议有约定，合伙人有权要求返还原物。

（四）有合伙企业的名称和生产经营场所

合伙企业名称中应当标明"普通合伙"字样。

注意：

1. 非货币财产的出资一般应当评估作价，但法律并没有"强制评估"。

2. 合伙人可以分期缴付出资。

3. 合伙人违反了出资义务，即构成违约，其他合伙人可追究其违约责任。

【辨析】公司股东出资与合伙人出资的区别：

1. 公司股东出资必须转移所有权，有一个例外是土地使用权出资。但是在合伙人出资中，可以不转移所有权，完全按照约定。

2. 公司的股东出资限制很多，普通合伙企业中劳务出资是允许的。但是有限合伙人不可以用劳务出资。

甲、乙、丙、丁打算设立一家普通合伙企业。对此，判断下列表述的正误？[①]

（1）各合伙人不得以劳务作为出资。

（2）如乙仅以其房屋使用权作为出资，则不必办理房屋产权过户登记。

（3）合伙协议经全体合伙人签名、盖章后生效。

二、合伙企业的财产

（一）范围

合伙人的出资、以合伙企业名义取得的收益和依法取得的其他财产，均为合伙企业的财产。

（二）合伙企业财产的处分

合伙人在合伙企业清算前，不得请求分割合伙企业的财产。合伙人在合伙企业清算前私自转移或者处分合伙企业财产的，合伙企业不得以此对抗善意第三人。

（三）合伙企业财产份额的处分

1. 财产份额的转让：

（1）内部转让。合伙人之间转让在合伙企业中的全部或者部分财产份额时，应当通知其他合伙人。

---

① （1）（3）说法错误，（2）说法正确。

（2）外部转让。除合伙协议另有约定外，合伙人向合伙人以外的人转让其在合伙企业中的全部或者部分财产份额时，须经其他合伙人一致同意。合伙人向合伙人以外的人转让其在合伙企业中的财产份额的，在同等条件下，其他合伙人有优先购买权；但是，合伙协议另有约定的除外。

2. 财产份额的出质。合伙人以其在合伙企业中的财产份额出质的，须经其他合伙人一致同意；未经其他合伙人一致同意，其行为无效，由此给善意第三人造成损失的，由行为人依法承担赔偿责任。

三、普通合伙企业的事务

（一）合伙事务执行方式

合伙人，不论其出资多少，对合伙事务享有同等的权利。合伙事务执行可以采取灵活的方式，只要全体合伙人同意即可。

注意：

　　基于效率因素，合伙人的平等权利并不意味着每一个合伙人都必须同样地执行合伙事务。合伙事务的执行可以采取灵活的方式，但是执行人只能是合伙人。

我国合伙企业事务的执行方式有四种：

1. 全体合伙人共同执行；

2. 委托数名合伙人共同执行；

3. 委托一名合伙人单独执行；

4. 各合伙人分别执行。法人或其他组织作为合伙人的，其执行合伙事务由其委派的代表执行。

（二）合伙事务的执行规则

1. 事务执行人对外代表合伙企业。执行合伙人与企业之间为代表关系，执行的收益、费用、亏损、责任归合伙企业，也就是全体合伙人承担，并且，合伙企业对执行合伙人权利的限制不得对抗善意第三人。

注意：

　　如果合伙协议约定数个合伙人共同担任合伙事务的执行人，则对外签订合同时必须所有合伙人共同以企业名义签订方为有效。

2. 确定执行人的，其他合伙人不再执行合伙事务。

3. 不执行合伙事务的合伙人并非对合伙企业事务不闻不问，有权监督执行事务合伙人执行合伙事务的情况，执行人也应当定期向其他合伙人报告事务执行情况以及合伙企业的经营和财务状况（《合伙企业法》第28条第1款）。

4. 所有合伙人均有权查阅合伙企业会计账簿等财务资料（《合伙企业法》第28条第2款）。

5. 合伙人分别执行合伙事务的执行事务合伙人可以对其他合伙人执行的事务提出异议。

6. 受委托执行合伙事务的合伙人不按照合伙协议或者全体合伙人的决定执行事务的，其他合伙人可以决定撤销该委托。

注意：

合伙人执行合伙事务，或者合伙企业从业人员利用职务上的便利将应当归合伙企业的利益据为己有的，或者采取其他手段侵占合伙企业财产的，应当将该利益和财产退还合伙企业；给合伙企业或者其他合伙人造成损失的，依法承担赔偿责任。

1. 通源商务中心为一家普通合伙企业，合伙人为赵某、钱某、孙某、李某、周某。就合伙事务的执行，合伙协议约定由赵某、钱某二人负责。下列哪些表述是正确的？①

A. 孙某仍有权以合伙企业的名义对外签订合同

B. 对赵某、钱某的业务执行行为，李某享有监督权

C. 对赵某、钱某的业务执行行为，周某享有异议权

D. 赵某以合伙企业名义对外签订合同时，钱某享有异议权

2. 逐道茶业是一家生产销售野生茶叶的普通合伙企业，合伙人分别为赵、钱、孙。合伙协议约定如下：赵、钱共同担任合伙事务执行人，单笔标的额不得超过 30 万元。对此，判断下列说法的正误？②

（1）赵单独以合伙企业名义，与甲茶农达成协议，以 12 万元的价格收购其茶园的茶叶，该协议为有效约定。

（2）赵、钱共同以合伙企业名义，与丙茶叶公司签订价值 28 万元的明前茶销售合同，该合同为有效约定。

（3）赵、钱共同以合伙企业名义，与丁茶叶公司签订价值 35 万元的明前茶销售合同，该合同为无效约定。

（三）合伙事务的决议

合伙人对合伙企业有关事项作出决议，按照合伙协议约定的表决办法办理。合伙协议未约定或者约定不明确的，除法律另有规定外，实行合伙人一人一票并经全体合伙人过半数通过的表决办法。即合伙企业具有人合性是人头决。

（四）合伙事务的决定

1. 除合伙协议另有约定外，合伙企业的下列事项应当经全体合伙人一致同意：

（1）改变合伙企业的名称；

（2）改变合伙企业的经营范围、主要经营场所的地点；

（3）处分合伙企业的不动产；

（4）转让或者处分合伙企业的知识产权和其他财产权利；

（5）以合伙企业名义为他人提供担保；

（6）聘任合伙人以外的人担任合伙企业的经营管理人员。

2. 根据《合伙企业法》的其他条文的规定，除合伙协议另有约定外，须经全体合伙人一致同意才能作出决议的事项还包括：

（1）修改或者补充合伙协议（第 19 条第 2 款）；

（2）合伙人向第三人转让其在合伙企业中的全部或者部分财产份额（第 22 条第 1

----

① 答案：B、D。

② （2）说法正确，（1）（3）说法错误。

款）；

（3）**吸收新的合伙人**（第 43 条第 1 款）。

3. 以上事项在合伙协议有约定时也可以不经全体一致同意，这意味着如果某合伙人擅自就上述事项同第三人进行交易，则也可推定第三人是善意的。**该越权行为有效**，合伙企业在承担责任之后，可以向该越权的合伙人追偿。

转让合伙企业的不动产必须经全体合伙人决定，但作为合伙企业事务执行人的甲以合伙企业的名义将合伙企业的不动产转让给第三人，而甲的这一行为并没有事先征得全体合伙人的同意，作为受让方的第三人不知道或不能知道甲的行为超出了限制范围，则合伙企业不能以甲的行为超越了限制范围为理由而对抗善意第三人，即合伙企业仍须承担甲的行为后果。

（五）合伙人的义务

1. **绝对**的竞业禁止：合伙人不得自营或者同他人合作经营与本合伙企业相竞争的业务。

2. 自我交易**相对禁止**：除合伙协议另有约定或者经全体合伙人一致同意外，合伙人不得同本合伙企业进行交易。

（六）合伙企业的利润分配和亏损分担

合伙企业的利润分配、亏损分担，按照合伙协议的约定办理；合伙协议未约定或者约定不明确的，由合伙人协商决定；协商不成的，由合伙人按照实缴出资比例分配、分担；无法确定出资比例的，由合伙人平均分配、分担。

注意：

此处有严格的顺序要求。

普通合伙企业的利润分配和亏损分担必须坚持全体合伙人共担风险、共享收益的原则。**合伙协议不得约定将全部利润分配给部分合伙人或者由部分合伙人承担全部亏损。**

关于合伙企业的利润分配，如合伙协议未作约定且合伙人协商不成，下列哪一选项是正确的？①

A. 应当由全体合伙人平均分配

B. 应当由全体合伙人按实缴出资比例分配

C. 应当由全体合伙人按合伙协议约定的出资比例分配

D. 应当按合伙人的贡献决定如何分配

注意：

在做题时，如果没有特别说明，题目中所说的合伙企业一般指普通合伙企业。

---

① 答案：B。

四、普通合伙企业与第三人关系

（一）合伙人的对外代表权

每一个合伙人都当然有权利对外代表合伙企业，企业在内部可以对合伙人的对外代表权作出限制，但这些限制不得对抗善意第三人。这种对外代表权尽管可以在内部被限制，但对外交易时即使越权也应推定第三人为善意而使交易有效。因为内部的限制第三人在外部是无法知晓的。

上述法律条文，实质上明确了合伙执行人擅自以企业名义对外从事民事活动的内、外效力区别。只要第三人主观上是善意的，执行人的民事行为对外仍然有效，其他合伙人亦应为此对外承担法律责任。但由于该行为未经全体合伙人一致同意，所以在合伙人内部并不产生法律效力，合伙企业及其他合伙人对外承担责任后，有权要求该执行人予以赔偿。

（二）合伙企业债务的清偿

1. 合伙企业对其债务，应先以其全部财产进行清偿。这表明合伙人对企业债务承担的是补充责任，企业的债权人只有在合伙企业自身财产无法清偿时才能再向合伙人追讨，不能直接向合伙人讨债。

2. 合伙企业不能清偿到期债务的，合伙人承担无限连带责任。

3. 合伙人由于承担无限连带责任，清偿数额超过其亏损分担比例的，有权向其他合伙人追偿。

【辨析】所谓无限责任，即各合伙人对于合伙企业财产不足以清偿的债务，负无限清偿责任，而不以出资额为限。

所谓连带责任：（1）每个合伙人均须对全部合伙债务负责，债权人可以依其选择，请求全体、部分或者个别合伙人清偿债务，被请求的合伙人即须清偿全部的合伙债务，不得以自己承担的份额为由拒绝；（2）合伙人由于承担无限连带责任，清偿数额超过自己应当分担比例的，有权向其他合伙人追偿。

（三）合伙人个人债务的清偿

1. 清偿方式。合伙人的自有财产不足清偿其与合伙企业无关的债务的，该合伙人可以以其从合伙企业中分取的收益用于清偿；债权人也可以依法请求法院强制执行该合伙人在合伙企业中的财产份额用于清偿。

法院强制执行合伙人的财产份额时，应当通知全体合伙人，其他合伙人有优先购买权；其他合伙人未购买，又不同意将该财产份额转让给他人的，为该合伙人办理退伙结算，或者办理削减该合伙人相应财产份额的结算。

注意：

该债权人只能申请法院强制执行，不得自行执行。

周橘、郑桃、吴柚设立一家普通合伙企业，从事服装贸易经营。郑桃因炒股欠下王椰巨额债务，郑桃不必经其他人同意，即可将其合伙财产份额直接抵偿给王椰。这一做法是否正确？郑桃不经其他人同意，将其合伙财产份额直接抵偿给王椰，将会直接导致普通合伙企业人合性的破坏，须经其他合伙人一致同意才行。故该判断错误。

2. 禁止抵销与禁止代位。合伙人发生与合伙企业无关的债务，相关债权人不得以其对合伙人的债权抵销其对合伙企业的债务；也不得代位行使合伙人在合伙企业中的权利。

（1）禁止抵销。当某一合伙人发生与合伙企业无关的债务，而该合伙人的债权人同时又负有对合伙企业的债务时，该债权人只能请求合伙人履行债务，而不得以其对合伙企业的债权主张相互抵销，即不得以其对某一合伙人的债权抵销其对合伙企业的债务。

（2）禁止代位。当合伙人发生与合伙企业无关的债务时，该合伙人的债权人不得以其债权人的身份而主张代位行使合伙人在合伙企业中的权利。防止合伙企业的人合性遭到破坏。

【图】禁止抵销和代位：

五、普通合伙的入伙、退伙

（一）入伙

1. 入伙的条件与程序。

（1）除合伙协议另有约定外，须经全体合伙人的同意；

（2）新入伙人与原合伙人订立书面入伙协议；

（3）订立入伙协议时，原合伙人应向新入伙人告知原合伙企业的经营状况和财务状况。

因为入伙人入伙后，对入伙前的合伙企业债务要与原合伙人承担连带责任。原合伙人履行告知义务，满足新合伙人的知情权，目的是有利于第三人决定是否入伙。

注意：

如果合伙协议约定吸收新的合伙人经全体合伙人2/3同意即可，则无须全体同意。

2. 入伙的法律后果。新入伙人取得合伙人的资格，即意味着：

（1）除入伙协议另有约定外，新入伙人与合伙人享有同等权利，承担同等责任；

（2）新入伙人对入伙前合伙企业的债务承担无限连带责任。

注意：

合伙协议可以约定新合伙人对旧债不承担清偿责任，但这种约定对外无效，不能对债权人主张；对内有效，可以对外清偿后再向其他合伙人追偿。

要求新入伙人对入伙前合伙企业的债务承担无限连带责任，是否合理？合理，因为已经履行告知义务，足以保证新入伙人的权益。若告知不真实，则对外责任仍为无限连带，优先保护债权人利益，对内新合伙人清偿后可以再向老合伙人追偿，以实现

曹新川讲商法·经济法　2018年国家统一法律职业资格考试专题讲座系列

公平。

（二）退伙

1．退伙的形式。

（1）声明退伙。声明退伙又称自愿退伙，可分为协议退伙和通知退伙：

①协议退伙，是指合伙协议约定合伙期限的，在合伙企业存续期间，有下列情形之一的，合伙人可以退伙：

a．合伙协议约定的退伙事由出现；

b．经全体合伙人一致同意；

c．发生合伙人难以继续参加合伙的事由；

d．其他合伙人严重违反合伙协议约定的义务。

②通知退伙，是指合伙协议未约定合伙期限的，在不给合伙事务执行造成不利影响的前提下，合伙人可以不经其他合伙人同意而退伙，但应当提前30日通知其他合伙人。

注意：

协议退伙和通知退伙的主要区别就在于是否约定合伙期限。

张、王、李、赵各出资1/4，设立通程酒吧（普通合伙企业）。合伙协议未约定合伙期限。酒吧开业半年后，张某在经营理念上与其他合伙人冲突，遂产生退出想法。判断下列表述的正误？①

（1）可主张发生其难以继续参加合伙的事由，向其他人要求立即退伙。

（2）可在不给合伙事务造成不利影响的前提下，提前30日通知其他合伙人要求退伙。

（2）法定退伙。法定退伙是指直接根据法律的规定而退伙，可以分为当然退伙和除名退伙。

①当然退伙。合伙人有下列情形之一的，当然退伙：

a．作为合伙人的自然人死亡或者被依法宣告死亡。合伙人死亡时，其合法继承人能否通过继承取得合伙人资格，取决于合伙协议的约定；如合伙协议没有约定，则取决于合伙人会议的决议，继承人不能自动取得合伙人资格；

b．个人丧失偿债能力；

c．作为合伙人的法人或者其他组织依法被吊销营业执照、责令关闭、撤销，或者被宣告破产；

d．法律规定或者合伙协议约定合伙人必须具有相关资格而丧失该资格的；

e．合伙人在合伙企业中的全部财产份额被法院强制执行。

合伙人被依法认定为无民事行为能力人或者限制民事行为能力人的，经其他合伙人一致同意，可以依法转为有限合伙人，普通合伙企业依法转为有限合伙企业。其他合伙人未能一致同意的，该无民事行为能力或者限制民事行为能力的合伙人退伙。

---

① 在未约定合伙期限的情况下，只能按照通知退伙来处理，故（2）的说法正确，（1）的说法错误。

退伙事由实际发生之日为退伙生效日。

②除名退伙。合伙人有下列情形之一的，经其他合伙人一致同意，可以决议将其除名：

a. 未履行出资义务；

b. 因故意或重大过失给合伙企业造成损失；

c. 执行合伙事务时有不正当行为；

d. 发生合伙协议约定的事由。

决议后应以书面形式通知被除名人。被除名人自接到除名通知之日起，除名生效，被除名人退伙。被除名人对除名决议有异议的，可以自接到除名通知之日起30日内，向法院起诉。

注意：

当然退伙为无过错，客观原因造成。除名退伙为有过错，主观原因造成。

除名退伙的四种情形是参考理由，不是必须除名，是可以除名。

2. 退伙的效力。

（1）合伙人退伙，其他合伙人应当与该退伙人按照退伙时的合伙企业财产状况进行结算，退还退伙人的财产份额。退伙人对给合伙企业造成的损失负有赔偿责任的，相应扣减其应当赔偿的数额。退伙时有未了结的合伙企业事务的，待该事务了结后进行结算。

（2）退伙人对基于其退伙前的原因发生的合伙企业债务，承担无限连带责任。

（3）合伙人退伙时，合伙企业财产少于合伙企业债务的，退伙人应当依照合伙协议的约定分担亏损。

（4）自退伙之日起，合伙人丧失合伙人的资格，对退伙后发生的债务不再承担清偿责任。

（5）退还的具体办法，由合伙协议约定或者由全体合伙人决定，可以退还货币，也可以退还实物（《合伙企业法》第52条）。

注意：

退伙人退伙前的企业债务不免责。

3. 合伙人资格的继承。合伙人死亡或者被依法宣告死亡的，对该合伙人在合伙企业中的财产份额享有合法继承权的继承人，按照合伙协议的约定或者经全体合伙人一致同意，从继承开始之日起，取得该合伙企业的合伙人资格。

有下列情形之一的，合伙企业应当向合伙人的继承人退还被继承合伙人的财产份额：

（1）继承人不愿意成为合伙人；

（2）法律规定或者合伙协议约定合伙人必须具有相关资格，而该继承人未取得该资格；

（3）合伙协议约定不能成为合伙人的其他情形。

合伙人的继承人为无民事行为能力人或者限制民事行为能力人的，经全体合伙人一致同意，可以依法成为有限合伙人，普通合伙企业依法转为有限合伙企业。全体合伙人未能一致同意的，合伙企业应当将被继承合伙人的财产份额退还该继承人。

【辨析】根据上述规定可以看出，基于合伙企业的人合性，在继承问题上法律采取了财产权利和身份权利分别处理的方法。财产权利可以当然继承，身份权利（子承父业接班当新合伙人）则必须尊重合伙人们的意愿。

2009 年 3 月，周、吴、郑、王以普通合伙企业形式开办一家湘菜馆。2010 年 7 月，吴某因车祸死亡，其妻欧某为唯一继承人。在下列哪些情形中，欧某不能通过继承的方式取得该合伙企业的普通合伙人资格？①

（1）合伙协议规定合伙人须具有国家一级厨师资格证，欧某不具有。

（2）郑某不愿意接纳欧某为合伙人。

六、特殊的普通合伙企业

（一）存在范围

为了减轻专业服务机构中普通合伙人的风险并促进专业服务机构的发展，《合伙企业法》规定，以专业知识和专门技能为客户提供有偿服务的专业服务机构（如合伙制的会计师事务所和资产评估师事务所等），可以设立为特殊的普通合伙企业。

特殊普通合伙人在向客户提供专业服务时，个人的知识、技能、职业道德、经验等往往起着决定性的作用，与合伙企业本身的财产状况、声誉、经营管理方式等都没有直接的和必然的联系，合伙人个人的独立性极强。

（二）特殊之处

特殊的普通合伙企业的特殊之处在于其合伙人承担责任的方式特殊。就本质而言，特殊的普通合伙企业不是一种独立的合伙企业形式，它仍属于普通合伙企业。因此，合伙人对合伙企业债务承担无限连带责任是根本的。在此前提下，出于公平的考虑，在特定的合伙企业债务上对无过错合伙人给以有限责任保护。合伙企业法对此采取了分类、分层确定合伙人的责任。

1. 分类。所谓分类，以是否对企业的债务有主观故意或重大过失，或者企业债务是否发生于合伙人执业之中，将对合伙企业债务承担责任区别为三类：

（1）第一类是指一个合伙人或者数个合伙人在执业活动中因故意或者重大过失造成合伙企业债务的，应当承担无限责任或者无限连带责任，其他合伙人以其在合伙企业中的财产份额为限承担责任。

（2）第二类是指合伙人在执业活动中非因故意或者重大过失造成的合伙企业债务，由全体合伙人承担无限连带责任。

（3）第三类是指合伙企业的其他债务，即合伙企业债务并非发生在执业中，也应由全体合伙人承担无限连带责任。

2. 分层。所谓分层，即合伙人执业活动中因故意或者重大过失造成的合伙企业债务，以合伙企业财产对外承担责任；之后，该合伙人应当按照合伙协议的约定对给合伙企业造成的损失承担赔偿责任。

以上所述表明：

---

① 这两种情况欧某都不能继承普通合伙人资格。

（1）在特殊的普通合伙企业中，并不是合伙人总是受有限责任保护，而仅仅是一个或数个合伙人在执业活动中有主观故意或重大过失导致合伙企业债务时，其他合伙人才受有限责任保护；

（2）非因一个或数个合伙人在执业活动中的故意或者重大过失所致合伙企业债务或合伙企业其他债务，全体合伙人都应承担无限连带责任。

君平昌成律师事务所是一家采取特殊普通合伙形式设立的律师事务所，曾君、郭昌是其中的两名合伙人。在一次由曾君主办、郭昌辅办的诉讼代理业务中，二人因重大过失而泄露客户商业秘密，导致该所对客户应承担巨额赔偿责任。关于该客户的求偿，下列哪些说法是正确的？①

A. 向该所主张全部赔偿责任

B. 向曾君主张无限连带赔偿责任

C. 向郭昌主张补充赔偿责任

D. 向该所其他合伙人主张连带赔偿责任

① 答案：A、B。

专题八
有限合伙企业

本专题介绍有限合伙企业，包括它的设立、事务执行和变更。有限合伙企业由普通合伙人和有限合伙人组成，普通合伙人对合伙企业债务承担无限连带责任，有限合伙人以其认缴的出资额为限对合伙企业债务承担责任。有限合伙企业允许投资者以承担有限责任的方式参加合伙成为有限合伙人，有利于刺激投资者的积极性。并且，可以使资本与智力实现有效的结合，即拥有财力的人作为有限合伙人，拥有专业知识和技能的人作为普通合伙人，从而建立以有限合伙为组织形式的风险投资机构，从事高科技项目的投资。

一、设立

有限合伙企业由普通合伙人和有限合伙人组成，普通合伙人对合伙企业债务承担无限连带责任，有限合伙人以其认缴的出资额为限对合伙企业债务承担责任。有限合伙企业的设立条件包括如下几个方面：

1. 合伙人：有限合伙企业由 2 个以上 50 个以下合伙人设立。有限合伙企业至少应当有 1 个普通合伙人。

注意：

对比普通合伙企业没有人数的上限。

2. 合法的名称：有限合伙企业名称中应当标明"有限合伙"字样。

3. 有书面合伙协议。

4. 合伙人的出资：有限合伙人可以用货币、实物、知识产权、土地使用权或者其他财产权利作价出资。有限合伙人不得以劳务出资，有限合伙人出资方式和股东相似，必须是"真金白银"。这是有限合伙人与普通合伙人在出资方式的唯一差别。

注意：

和普通合伙人相比，有限合伙人不得以劳务出资，但是有限合伙企业中的普通合伙人可以以劳务出资。

有限合伙人应当按照合伙协议的约定按期足额缴纳出资；未按期足额缴纳的，应当承担补缴义务，并对其他合伙人承担违约责任。

 题

甲、乙、丙三人拟共同设立一个有限合伙企业，请回答下列说法正确与否？[①]

（1）该有限合伙企业至少应当有一个普通合伙人。

---

① （1）正确；（2）错误。

（2）经合伙协议约定，有限合伙人可以货币、实物、劳务、知识产权或其他财产作价出资。

二、事务执行

（一）执行方式

1. 有限合伙企业由普通合伙人执行合伙事务。

2. 有限合伙人不执行合伙事务，不得对外代表有限合伙企业。

【特别注意】有限合伙人的下列对内管理行为，不视为执行合伙事务：

（1）参与决定普通合伙人入伙、退伙；

（2）对企业的经营管理提出建议；

（3）参与选择承办有限合伙企业审计业务的会计师事务所；

（4）获取经审计的有限合伙企业财务会计报告；

（5）对涉及自身利益的情况，查阅有限合伙企业财务会计账簿等财务资料；

（6）在有限合伙企业中的利益受到侵害时，向有责任的合伙人主张权利或者提起诉讼；

（7）执行事务合伙人怠于行使权利时，督促其行使权利或者为了本企业的利益以自己的名义提起诉讼；

（8）依法为本企业提供担保。

3. 表见合伙。第三人有理由相信有限合伙人为普通合伙人并与其交易的，该有限合伙人对该笔交易承担与普通合伙人同样的责任。有限合伙人未经授权以有限合伙企业名义与他人进行交易，给有限合伙企业或者其他合伙人造成损失的，该有限合伙人应当承担赔偿责任。

注意：

表见合伙的后果是只对该笔交易承担无限连带责任，对其他不构成表见普通合伙的情形，有限合伙人仍旧承担有限责任，这类似于法人人格否认制度，是就事论事，不能类推。

（二）利润分配方式

有限合伙企业不得将全部利润分配给部分合伙人；但是，合伙协议另有约定的除外。

但显然，合伙协议不能约定只由部分合伙人承担全部亏损，因为这涉及债权人的利益，要防止通过这种约定来免责。

【总结】有限合伙企业可以不同甘（利润分配），但是必须共苦（亏损承担）。但是普通合伙企业人合性更强，必须同甘共苦。

（三）有限合伙人的"特权"

所谓有限合伙人的"特权"，就是和普通合伙人相比的不同之处，这些"特权"可以用有限责任公司的股东来进行类比记忆：

1. 有限合伙人可以同本有限合伙企业进行交易；但是，合伙协议另有约定的除外。

2. 有限合伙人可以自营或者同他人合作经营与本有限合伙企业相竞争的业务；但是，合伙协议另有约定的除外。

3. 有限合伙人可以将其在有限合伙企业中的财产份额出质；但是，合伙协议另有

曹新川讲商法·经济法

2018年国家统一法律职业资格考试专题讲座系列

约定的除外。

4. 有限合伙人可以按照合伙协议的约定向合伙人以外的人转让其在有限合伙企业中的财产份额，但应当提前 30 日通知其他合伙人。

5. 有限合伙人的自有财产不足以清偿其与合伙企业无关的债务的，该合伙人可以以其从有限合伙企业中分取的收益用于清偿；债权人也可以依法请求法院强制执行该合伙人在有限合伙企业中的财产份额用于清偿。

法院强制执行有限合伙人的财产份额时，应当通知全体合伙人。在同等条件下，其他合伙人有优先购买权。

6. 新入伙的有限合伙人对入伙前有限合伙企业的债务，以其认缴的出资额为限承担责任。

注意：

由于只承担有限责任，所以有限合伙人入伙并不需要全体合伙人一致同意。

区别 1：普通合伙的事务执行规则：普通合伙，合伙人不得自营或者同他人合作经营与本合伙企业相竞争的业务，即绝对禁止。除合伙协议另有约定或者经全体合伙人一致同意外，合伙人不得同本合伙企业进行交易，即相对禁止。

区别 2：普通合伙人出质和转让要全票决。有限合伙人的出质和转让是自由的。这是由于财产份额的处分尽管会导致合伙人的变更，但由于有限合伙人承担的是有限责任，只要出资还留在企业里没有变化，合伙人的变更对债权人利益是没有影响的。普通合伙人则不同，由于他们承担无限连带责任，一旦合伙人变更就会严重影响企业的偿债能力，所以不能自由处分财产份额。

三、形式变更

（一）合伙企业形式的转换

有限合伙企业仅剩有限合伙人的，应当解散；有限合伙企业仅剩普通合伙人的，转为普通合伙企业。

（二）有限合伙人的退伙

有限合伙人有下列情形之一的，当然退伙：

1. 作为合伙人的自然人死亡或者被依法宣告死亡；

2. 作为合伙人的法人或者其他组织依法被吊销营业执照、责令关闭、撤销，或者被宣告破产；

3. 法律规定或者合伙协议约定合伙人必须具有相关资格而其丧失该资格；

4. 合伙人在合伙企业中的全部财产份额被法院强制执行。

作为有限合伙人的自然人在有限合伙企业存续期间丧失民事行为能力的，其他合伙人不得因此要求其退伙。

有限合伙人退伙后，对基于其退伙前的原因发生的有限合伙企业债务，以其退伙时从有限合伙企业中取回的财产承担责任。

上述内容需要与普通合伙人的规定相区别。

李军退休后于 2014 年 3 月，以 20 万元加入某有限合伙企业，成为有限合伙人。后该企业的另一名有限合伙人退出，李军便成为唯一的有限合伙人。2014 年 6 月，李军不幸发生车祸，虽经抢救保住性命，但已成为植物人。对此，下列哪一表述是正确的？①

（1）就李军入伙前该合伙企业的债务，李军仅需以20万元为限承担责任。

（2）如李军因负债累累而丧失偿债能力，该合伙企业有权要求其退伙。

（3）因李军已成为植物人，故该合伙企业有权要求其退伙。

（三）有限合伙人资格的继承

作为有限合伙人的自然人死亡、被依法宣告死亡或者作为有限合伙人的法人及其他组织终止时，其继承人或者权利承受人可以依法取得该有限合伙人在有限合伙企业中的资格。

（四）合伙人身份的转换

除合伙协议另有约定外，普通合伙人转变为有限合伙人，或者有限合伙人转变为普通合伙人，应当经全体合伙人一致同意。

注意：

有限合伙人可以全部变成普通合伙人，此时有限合伙企业变成普通合伙企业。但是普通合伙人不能全部转换成有限合伙人，此时企业只能解散。

1. 有限变普通：有限合伙人转变为普通合伙人的，对其作为有限合伙人期间有限合伙企业发生的债务承担无限连带责任。

2. 普通变有限：普通合伙人转变为有限合伙人的，对其作为普通合伙人期间合伙企业发生的债务承担无限连带责任。

甲、乙、丙三人拟共同设立一个有限合伙企业，下列哪些表述是错误的？②

A. 该有限合伙企业至少应当有一个普通合伙人

B. 经合伙协议约定，有限合伙人可以货币、实物、劳务、知识产权或其他财产作价出资

C. 经合伙协议约定，有限合伙人可以执行部分合伙事务

D. 如有限合伙人转为普通合伙人，则对其作为有限合伙人期间企业的债务不承担连带责任

四、合伙企业的解散、清算与破产

（一）解散的事由

合伙的解散是指合伙因某些法律事实的发生而使合伙归于消灭的行为。合伙企业有下列情形之一的，应当解散：

1. 合伙期限届满，合伙人决定不再经营；

2. 合伙协议约定的解散事由出现；

3. 全体合伙人决定解散；

4. 合伙人已不具备法定人数满30天；

---

① （1）说法正确，（2）（3）说法错误。

② 答案：B、C、D。

曹新川讲商法·经济法 2018年国家统一法律职业资格考试专题讲座系列

5. 合伙协议约定的合伙目的已经实现或者无法实现；

6. 依法被吊销营业执照、责令关闭或者被撤销。

（二）清算

合伙解散的结果是合伙的终止，但合伙宣布解散到最后终止有一个过程，中间过程就是要对合伙的债权、债务进行清算，解决合伙企业与债权人、债务人的关系及合伙人内部的关系。

1. 清算人的产生。合伙企业解散，应当由清算人进行清算。清算人由全体合伙人担任；经全体合伙人过半数同意，可以自合伙企业解散事由出现后 15 日内指定一个或者数个合伙人，或者委托第三人，担任清算人；自合伙企业解散事由出现之日起 15 日内未确定清算人的，合伙人或者其他利害关系人可以申请法院指定清算人。

2. 清算的后果。清算结束，清算人应当申请办理合伙企业注销登记。合伙企业注销后，原普通合伙人对合伙企业存续期间的债务仍应承担无限连带责任。

合伙人在合伙企业清算前，不得请求分割合伙企业的财产；但是，本法另有规定的除外。

合伙人在合伙企业清算前私自转移或者处分合伙企业财产的，合伙企业不得以此对抗善意第三人。

（三）破产

合伙企业不能清偿到期债务的，债权人可以依法向法院提出破产清算申请，也可以要求普通合伙人清偿。依此规定，当合伙企业不能清偿到期债务时，债权人可以选择以下两种途径中的任何一种以保护自己的债权：

1. 根据《企业破产法》的规定，向人民法院提出破产清算的申请，通过破产清算程序实现自己的债权；

2. 直接要求普通合伙人按照无限连带责任的规定偿还债务。如果选择破产清算程序，则合伙企业在依法被宣告破产后，普通合伙人对合伙企业的债务仍然需要承担无限连带责任。

【辨析】根据《企业破产法》相关规定，只有法人企业才适用破产制度，此处规定显然是一例外。合伙企业的债权人选择破产清算程序来实现债权有其优势，即可根据《企业破产法》规定的"破产程序前行为的撤销"来获得更多的可进行清偿的财产。

【总结】有限合伙企业和普通合伙企业的区别：

	有限合伙企业	普通合伙企业
合伙人	国独、上市公司可为有限合伙人	不可
行为能力	没有要求	完人
出资	不得以劳务出资	可以劳务
执行人	不能当执行人	可以
自我交易	相对允许	相对禁止
同业竞争	相对允许	绝对禁止
利润分配	全部利润可以分配给部分合伙人	不可以
亏损承担	全部亏损不得由部分合伙人承担	同
对外转让份额	提前通知	一致同意
份额出质	一般允许，例外禁止	一致同意

	有限合伙企业	普通合伙企业
变成无限人	不得要求其退伙	一致同意转为有限人
个人丧失偿债能力	不得要求退伙	当然退伙
入伙前的债务	以其认缴的出资额为限承担责任	承担无限连带责任
退伙后的债务	退伙时从有限合伙企业中取回的财产承担责任	承担无限连带责任
身份转化	有限合伙人转变为普通合伙人的，对其作为有限合伙人期间有限合伙企业发生的债务承担无限连带责任	普通合伙人转变为有限合伙人的，对其作为普通合伙人期间合伙企业发生的债务承担无限连带责任
合伙人资格继承	当然继承	不能当然继承

个人独资企业不是法人，其唯一的出资者为自然人。在现代社会，自然人的法律主体资格或地位是与生俱来的，除了个别禁止性规定的例外，其经商的权利能力也是普遍的。所以，在发达国家和地区，凡自然人独资经营企业，均只需依商事登记法，经登记领取营业执照即可。《个人独资企业法》因而成为中国特色。

一、设立

（一）个人独资企业的含义

个人独资企业是指依照个人独资企业法在中国境内设立，由一个自然人投资，财产为投资人个人所有，投资人以其个人财产对企业债务承担无限责任的经营实体。

（二）个人独资企业的特征

1. 投资人为一个自然人；

2. 企业财产归投资人个人所有；

3. 投资人对企业债务承担无限责任，即个人独资企业财产不足以清偿债务的，投资人应当以其个人的其他财产予以清偿；

4. 个人独资企业不具有法人资格，但可以企业名义从事经营行为和参加诉讼活动。

（三）个人独资企业的设立

个人独资企业的设立条件包括如下几个方面：

1. 投资人为一个自然人，该自然人应当具有完全民事行为能力。该自然人只能是具有中华人民共和国国籍的自然人，不包括外国的自然人。法律、行政法规禁止从事营利性活动的人，不得作为投资人申请设立个人独资企业，包括各种国家公职人员：（1）法官；（2）检察官；（3）人民警察；（4）其他国家公务员。投资人应具有完全民事行为能力。

> **注意：**
>
> 投资人只能并且应当具有完全民事行为能力。

2. 有合法的企业名称。个人独资企业的名称应当与其责任形式及从事的营业相符合，不能含有"有限""有限责任"或者"公司"字样。

3. 有投资人申报的出资。投资人申报出资具有可选择性，如果个人独资企业投资人在申请企业设立登记时明确以其家庭共有财产作为个人出资的，应当依法以家庭共有财产对企业债务承担无限责任；如果个人独资企业投资人在申请企业设立登记时明确以个人财产作为出资的，则应当依法以个人财产对企业债务承担无限责任。

【辨析】个人独资企业与一人公司的区别：

（1）出资人不同。个人独资企业只能由一个自然人出资设立，一人公司既可以由自然人出资设立，也可以由法人出资设立。

（2）**主体资格不同**。个人独资企业不是企业法人，一人公司具有企业法人资格。

（3）**责任范围不同**。个人独资企业的投资人对企业的债务承担无限责任；一人公司的股东对公司的债务承担有限责任。

二、事务管理

（一）管理方式（三种方式）

个人独资企业投资人可以自行管理企业事务，也可以委托或者聘用其他具有民事行为能力的人负责企业的事务管理。投资人对委托人或者被聘用的人员职权的限制，不得对抗善意第三人。

为开拓市场需要，个人独资企业主曾水决定在某市设立一个分支机构，委托朋友霍火为分支机构负责人。霍火是否应承担该分支机构的民事责任？霍火作为该个人独资企业分支机构负责人，其执行该个人独资企业事务所产生的法律后果应当由投资人曾水承担。

（二）管理人的忠实义务

投资人委托或者聘用的管理个人独资企业事务的人员不得有下列行为：

1. 利用职务上的便利，索取或者收受贿赂；
2. 利用职务或者工作上的便利侵占企业财产；
3. 挪用企业的资金归个人使用或者借贷给他人；
4. 擅自将企业资金以个人名义或者以他人名义开立账户储存；
5. 擅自以企业财产提供担保；
6. 未经投资人同意，从事与本企业相竞争的业务；
7. 未经投资人同意，同本企业订立合同或者进行交易；
8. 未经投资人同意，擅自将企业商标或者其他知识产权转让给他人使用；
9. 泄露本企业的商业秘密；
10. 法律、行政法规禁止的其他行为。

三、解散与清算

（一）解散的情形

个人独资企业有下列情形之一时应当解散：

1. 投资人决定解散。这是个人独资企业解散的任意原因。只要不违反法律规定，投资人有权决定在任何时候解散独资企业。

2. 投资人死亡或者被宣告死亡，无继承人或者继承人放弃继承。在投资人死亡或宣告死亡的情况下，如果其继承人继承了独资企业，则企业可继续存在，只需办理投资人的变更登记，但若出现无继承人或全部继承人均决定放弃继承的情形，独资企业失去继续经营的必备条件，故应当解散。

3. 被依法吊销营业执照。这是独资企业解散的强制原因。

4. 法律、行政法规规定的其他解散情形。

曹新川讲商法·经济法   2018年国家统一法律职业资格考试专题讲座系列

（二）清算人的产生（两种方式）

个人独资企业解散，由投资人<u>自行清算</u>或者由债权人<u>申请法院指定清算人进行清算</u>。

（三）责任消灭时效

个人独资企业解散后，原投资人对个人独资企业存续期间的债务仍应承担偿还责任，但债权人在<u>5年内</u>未向债务人提出偿债请求的，该责任消灭。显然，这个5年属于除斥期间，不存在中止、中断的问题。

> **注意：**
>
> 个人独资企业解散不免责，但有5年除斥期间的限制。合伙企业中注销也不免责，仍承担无限连带责。

"李老汉私房菜"是李甲投资开设的个人独资企业，如李甲决定解散企业，则在解散后5年内，李甲对企业存续期间的债务，仍应承担偿还责任，该说法是否正确？正确。

专题十

外商投资企业

外商投资企业包括中外合资经营企业、中外合作经营企业和外资企业三种类型，俗称"三资企业"。外商投资企业依据中国法律在中国境内成立，只是由于资本全部或部分来源于我国境外，所以具有一定的特殊性。外商投资企业如果采取了公司的形式，那么《外商投资企业法》可以说就是《公司法》的特别法了。

一、中外合资经营企业

（一）中外合资经营企业的设立

1. 中外合资经营企业的概念和特征。

（1）概念：中外合资经营企业，是指中国经营者与外国经营者按照中国法律的规定，在中国境内共同投资、共同经营，并按投资比例分享利润、分担风险及亏损的企业。

（2）特征：①在中外合资经营企业的股东中，外方合营者包括外国的公司、企业、其他经济组织或者个人，中方合营者则为中国的公司、企业或者其他经济组织，不包括中国公民个人；②中外各方依照出资比例分享利润，分担亏损，回收投资。

2. 中外合资经营企业的协议、合同与章程。

申请设立合营企业应由各方向审批机关报送签署的合营企业协议、合同和章程。

合营企业协议是指合营各方对设立合营企业的某些要点和原则达成一致意见而订立的文件；合营企业合同，是指合营各方为设立合营企业就相互权利、义务关系达成一致意见而订立的文件；合营企业章程，是指按照合营企业合同规定的原则，经合营各方一致同意，规定合营企业的宗旨、组织原则和经营管理方法等事项的文件。经合营各方同意，也可以不订立合营企业协议而只订立合营企业合同、章程。

合营企业协议与合营企业合同有抵触时，以合营企业合同为准。

（二）中外合资经营企业的组织形式与出资

1. 组织形式与注册资本。

（1）组织形式：合营企业为有限责任公司，具有法人资格。合营各方对合营企业的责任以各自认缴的出资额为限。

（2）注册资本和投资总额：

①合营企业的注册资本，是指为设立合营企业在登记管理机构登记的资本总额，应为合营各方认缴的出资额之和。

②合营企业在合营期内不得减少其注册资本。因投资总额和生产经营规模等发生变化，确需减少的，须经审批机构批准。

③在合营企业的注册资本中，外国合营者的投资比例一般不低于25%。特殊情况需要低于该比例的，应报国务院审批。

2018年国家统一法律职业资格考试专题讲座系列

④合营一方向第三者转让其全部或者部分股权的，须经合营他方同意，并报审批机构批准，向登记管理机构办理变更登记手续。合营一方转让其全部或者部分股权时，合营他方有优先购买权。合营一方向第三者转让股权的条件，不得比向合营他方转让的条件优惠。

违反上述规定的，其转让无效。

2. 出资方式与出资期限。

（1）合营各方的出资方式：

①合营者可以用货币出资，也可以用建筑物、厂房、机器设备或者其他物料、工业产权、专有技术、场地使用权等作价出资。以建筑物、厂房、机器设备或者其他物料、工业产权、专有技术作为出资的，其作价由合营各方按照公平合理的原则协商确定，或者聘请合营各方同意的第三者评定。

②作为外国合营者出资的机器设备或者其他物料，应当是合营企业生产所必需的。机器设备或者其他物料的作价，不得高于同类机器设备或者其他物料当时的国际市场价格。

③作为外国合营者出资的工业产权或者专有技术，必须符合下列条件之一：

a. 能显著改进现有产品的性能、质量，提高生产效率的；

b. 能显著节约原材料、燃料、动力的。

外国合营者以工业产权或者专有技术作为出资，应当提交该工业产权或者专有技术的有关资料，包括专利证书或者商标注册证书的复制件、有效状况及其技术特性、实用价值、作价的计算根据、与中国合营者签订的作价协议等有关文件，作为合营合同的附件。

④中国合营者的投资可包括为合营企业经营期间提供的场地使用权。如果场地使用权未作为中国合营者投资的一部分，合营企业应向中国政府缴纳使用费。

（2）合营各方的出资期限：

①合营合同中规定一次缴清出资的，合营各方应在营业执照签发之日起6个月内缴清；

②合营合同规定分期缴付的，合营各方第一期出资不得低于各自认缴出资额的15%，并且应当在营业执照签发之日起3个月内缴清；

③合营各方未能在合营合同规定的上述期限内缴付出资的，视同合营企业自动解散，合营企业批准证书自动失效；

④合营一方未按照合同规定的期限如期缴付或者缴清其出资的，即构成违约，应当按合同规定支付迟延利息或者赔偿损失；

⑤举办合营企业不涉及国家规定实施准入特别管理措施的，对《中外合资经营企业法》第3条、第13条、第14条规定的审批事项，适用备案管理。国家规定的准入特别管理措施由国务院发布或者批准发布。

（三）中外合资经营企业的组织机构及终止

1. 组织机构。

（1）合营企业的权力机构：合营企业不设股东会，董事会是合营企业的最高权力机构，按照合营企业章程的规定决定合营企业的一切重大问题。董事长是合营企业的法定代表人。

①董事会的组成与任期。董事会成员不得少于3人。董事名额的分配由合营各方

参照出资比例协商确定。董事的**任期为 4 年**，经合营各方继续委派可以连任。

②董事会决议。下列事项由出席董事会会议的董事一致通过方可作出决议：a. 合营企业章程的修改；b. 合营企业的中止、解散；c. 合营企业注册资本的增加、减少；d. 合营企业的合并、分立。

（2）合营企业的经营管理机构：合营企业设经营管理机构，负责企业的日常经营管理工作。经营管理机构设总经理 1 人，副总经理若干人。副总经理协助总经理工作。总经理、副总经理由合营企业董事会聘请，**可以由中国公民担任，也可以由外国公民担任**。

2. 终止。

（1）解散。合营企业在下列情况下解散：

①合营期限届满；

②企业发生严重亏损，无力继续经营；

③合营一方不履行合营企业协议、合同、章程规定的义务，致使企业无法继续经营；

④因自然灾害、战争等不可抗力遭受严重损失，无法继续经营；

⑤合营企业未达到其经营目的，同时又无发展前途；

⑥合营企业合同、章程所规定的其他解散原因已经出现。

上述第②、④、⑤、⑥项情况发生的，由董事会提出解散申请书，报审批机构批准；第③项情况发生的，由履行合同的一方提出申请，报审批机构批准。

在上述第③项情况下，不履行合营企业协议、合同、章程规定的义务一方，应当对合营企业由此造成的损失负赔偿责任。

（2）清算。合营企业宣告解散时，应当成立清算委员会，由清算委员会负责清算事宜。

①清算委员会的组成。清算委员会的成员一般应当在合营企业的董事中选任。董事不能担任或者不适合担任清算委员会成员时，合营企业可以聘请中国的注册会计师、律师担任。审批机构认为必要时，可以派人进行监督。清算费用和清算委员会成员的酬劳应当从合营企业现存财产中优先支付。

②清算委员会的职责。清算委员会的任务是对合营企业的财产、债权、债务进行全面清查，编制资产负债表和财产目录，提出财产作价和计算依据，制定清算方案，提请董事会会议通过后执行。清算期间，清算委员会代表该合营企业起诉和应诉。

（四）综合型试题

整体来看，中外合资经营企业法的知识并不难，理论性不强，但最近几年的考试对本法过于求偏求怪，一些试题考查的知识点不仅冷僻而且高度分散，甚至超出大纲的要求。考生对本法的复习必须加大广度。以下试举例说明。

中外合资经营企业是重要的外商投资企业类型。关于中外合资经营企业，下列哪一表述是错误的？①

A. 合营各方可在章程中约定不按出资比例分配利润

---

① 答案：A。

B. 合营企业设立董事会并作为企业的最高权力机构

C. 合营者如欲转让其在合营企业中的股份，需经审批机构批准

D. 合营企业的组织形式为有限责任公司

二、中外合作经营企业

（一）中外合作经营企业的设立

1. 中外合作经营企业的概念与特征。

（1）概念。中外合作经营企业是指中国合作者与外国合作者依照中国法律的规定，在中国境内共同举办的，按合作企业合同的约定分配收益或者产品、分担风险和亏损的企业。

（2）特征。中外合作经营企业是契约式合营企业。中外合作企业的中国合作方和外国合作方按照合作合同确定双方的权利、义务，而不是按照股权比例确定双方的权利义务。

2. 中外合作经营企业的设立。设立合作企业应当申请登记，领取营业执照。合作企业的营业执照签发日期，为该企业的成立日期。

（二）中外合作经营企业的组织形式与出资

1. 组织形式与注册资本。

（1）组织形式。中外合作经营企业可以是具有法人资格的有限责任公司，除合作企业合同另有约定外，合作各方以其投资或者提供的合作条件为限对合作企业承担责任。合作企业以其全部资产对合作企业的债务承担责任。中外合作经营企业也可以是不具有法人资格的合伙。外方合作者可以是个人，中方合作者只能是公司、企业或组织。

（2）注册资本。合作企业的注册资本，是指为设立合作企业，在工商行政管理机关登记的合作各方认缴的出资额之和。注册资本以人民币表示，也可以用合作各方约定的一种可自由兑换的外币表示。

合作企业注册资本在合作期限内不得减少。但是，因投资总额和生产经营规模等变化，确需减少的，须经审查批准机关批准。

2. 投资与合作条件。

（1）合作各方的出资方式。中外合作者的投资或者提供的合作条件可以是现金、实物、土地使用权、工业产权、非专利技术和其他财产权利。中外合作者的投资或者提供的合作条件，由中国注册会计师或者有关机构验证并出具证明。

合作各方应当以其自有的财产或者财产权利作为投资或者合作条件，对该投资或者合作条件不得设置抵押权或者其他形式的担保。

（2）合作各方的出资比例。在依法取得中国法人资格的合作企业中，外国合作者的投资一般不低于合作企业注册资本的25%。在不具有法人资格的合作企业中，对合作各方向合作企业投资或者提供合作条件的具体要求，由对外贸易经济主管部门规定。

3. 收益分配和投资收回。

（1）合作企业收益或产品的分配。中外合作者依照合作企业合同的约定，分配收益或者产品，承担风险和亏损。中外合作者可以采用分配利润、分配产品或者合作各方共同商定的其他方式分配收益。

（2）合作企业外国合作者投资的收回。中外合作者在合作企业合同中约定合作期

满时合作企业的全部固定资产归中国合作者所有的，可以在合作企业合同中约定外国合作者在合作期限内先行回收投资的办法。

4. 合作企业准入特别管理措施。举办合作企业不涉及国家规定实施准入特别管理措施的，对《中外合作经营企业法》第 5 条、第 7 条、第 10 条、第 12 条第 2 款、第 24 条规定的审批事项，适用备案管理。国家规定的准入特别管理措施由国务院发布或者批准发布。

（三）中外合作经营企业的组织机构与解散

1. 组织机构。

（1）董事会制。具有法人资格的中外合作企业，一般实行董事会制。董事会是合作企业的最高权力机构。中外合作者的一方担任董事会的董事长的，由他方担任副董事长。

（2）联合管理制。不具有法人资格的合作企业，一般实行联合管理制。联合管理机构由合作各方代表组成，是合作企业的最高权力机构。中外合作者的一方担任联合管理机构主任的，由他方担任副主任。

（3）委托管理制。经合作各方一致同意，合作企业可以委托中外合作一方进行经营管理，另一方不参加管理；也可以委托合作方以外的第三方经营管理企业。

（4）议事规则。下列事项由出席董事会会议或者联合管理委员会会议的董事或者委员一致通过，方可作出决议：①合作企业章程的修改；②合作企业注册资本的增加或者减少；③合作企业的解散；④合作企业的资产抵押；⑤合作企业合并、分立和变更组织形式；⑥合作各方约定由董事会会议或者联合管理委员会会议一致通过方可作出决议的其他事项。

2. 解散。合作企业因下列情形之一出现时解散：

（1）合作期限届满；

（2）合作企业发生严重亏损，或者因不可抗力遭受严重损失，无力继续经营；

（3）中外合作者一方或者数方不履行合作企业合同、章程规定的义务，致使合作企业无法继续经营；

（4）合作企业合同、章程中规定的其他解散原因已经出现；

（5）合作企业违反法律、行政法规，被依法责令关闭。

三、外资企业

（一）外资企业的组织形式与出资

1. 外资企业的概念与特征。

（1）概念。外资企业是指依照中国有关法律在中国境内设立的全部资本由外国投资者投资的企业。

（2）特征：①外资企业的全部资本都是由外国投资者投资的；②外资企业是中国籍企业，不同于外国的企业；③外资企业是独立的企业，不同于其他经济组织在中国境内的分支机构。

2. 外资企业的组织形式与注册资本。

（1）组织形式。外资企业的组织形式为有限责任公司。经批准也可以为其他责任形式。

外资企业为有限责任公司的，外国投资者对企业的责任以其认缴的出资额为限。外资企业为其他责任形式的，外国投资者对企业的责任适用中国法律、法规的规定。

（2）注册资本与投保。外资企业的注册资本，是指为设立外资企业在工商行政管理机关登记的资本总额，即外国投资者认缴的全部出资额。

①外资企业在经营期内不得减少其注册资本。但是，因投资总额和生产经营规模等发生变化，确需减少的，须经审批机关批准。

②外资企业注册资本的增加、转让，须经审批机关批准，并向工商行政管理机关办理变更登记手续。

③外资企业将其财产或者权益对外抵押、转让，须经审批机关批准并向工商行政管理机关备案。

④外资企业的各项保险应当向中国境内的保险公司投保。

3. 外国投资者的出资方式与出资期限。

（1）出资方式：①外国投资者可以用可自由兑换的外币出资，也可以用机器设备、工业产权、专有技术等作价出资。经审批机关批准，外国投资者也可以用其从中国境内举办的其他外商投资企业获得的人民币利润出资。②外国投资者以工业产权、专有技术作价出资的，该工业产权、专有技术应当为外国投资者所有。该工业产权、专有技术的作价金额不得超过外资企业注册资本的20%。

（2）出资期限。外国投资者缴付出资的期限应当在设立外资企业申请书和外资企业章程中载明。外国投资者可以分期缴付出资，但最后一期出资应当在营业执照签发之日起3年内缴清。其中第一期出资不得少于外国投资者认缴出资额的15%，并应当在外资企业营业执照签发之日起90天内缴清。

（3）准入特别管理措施。举办外资企业不涉及国家规定实施准入特别管理措施的，对《外资企业法》第6条、第10条、第20条规定的审批事项，适用备案管理。国家规定的准入特别管理措施由国务院发布或者批准发布。

（二）外资企业的经营期限与终止

1. 终止的原因。外资企业有下列情形之一的，应予终止：

（1）经营期限届满；

（2）经营不善，严重亏损，外国投资者决定解散；

（3）因自然灾害、战争等不可抗力而遭受严重损失，无法继续经营；

（4）破产；

（5）违反中国法律、法规，危害社会公共利益被依法撤销；

（6）外资企业章程规定的其他解散事由已经出现。

外资企业如存在上述第（2）（3）（4）项所列情形，应当自行提交终止申请书，报审批机关核准。审批机关作出核准的日期为企业的终止日期。

2. 清算。

（1）外资企业依照上述终止原因的第（1）（2）（3）（6）项的规定终止的，应当在终止之日起15天内对外公告并通知债权人，并在终止公告发出之日起15天内，提出清算程序、原则和清算委员会人选，报审批机关审核后进行清算。

（2）清算委员会应当由外资企业的法定代表人、债权人代表以及有关主管机关的代表组成，并聘请中国的注册会计师、律师等参加。清算费用从外资企业现存财产中优先支付。

（3）外资企业在清算结束之前，外国投资者不得将该企业的资金汇出或者携出中国境外，不得自行处理企业的财产。

（4）外资企业清算处理财产时，在同等条件下，中国的企业或者其他经济组织有优先购买权。

表 1：中外合资经营企业

特征	股权式合营——各方出资折合为股份比例，按照股份比例享有权利、承担义务
组织形式	只能为有限责任公司
出资	外方出资一般不低于注册资本的 25%
组织机构或清算	1. 董事会为最高权力机关 2. 需要出席董事会的董事一致通过的事项： （1）章程的修改；（2）企业的中止、解散；（3）注册资本的增减；（4）合并、分立 3. 董事人数 3 人以上、任期每届 4 年 4. 董事长为法定代表人

表 2：中外合作经营企业

特征	契约式合营——各方出资不折合为股份比例，按照合作契约享有权利、承担义务
组织形式	有限责任公司或合伙
出资	1. 外方出资一般不低于注册资本的 25%，应为自有财产、不得用合作企业财产为出资设立担保 2. 外国合作者可以先收回投资，合作期满企业固定资产全归中方所有
组织机构或清算	1. 董事会制 2. 联合管理制 3. 委托管理制

表 3：外资企业

特征	外资企业是指依照中国有关法律在中国境内设立的全部资本由外国投资者投资的企业
组织形式	有限责任公司、合伙或独资企业
出资	以工业产权和专有技术出资须归自己所有，不超过注册资本的 20%
组织机构或清算	1. 清算委员会应当聘请中国的注册会计师、律师等参加。清算费用从外资企业现存财产中优先支付 2. 清算结束之前，外国投资者不得将该企业的资金汇出或者携出中国境外，不得自行处理企业的财产 3. 清算处理财产时，在同等条件下，中国的企业或者其他经济组织有优先购买权

表 4：三者相同之处

1. 外方投资者可以为个人，中方则否
2. 各方出资均由中国的注册会计师验资
3. 企业只能向中国境内的保险公司投保
4. 企业的正副董事长或正副主任应由中方和外方分别担任
5. 股权转让须经他方同意并由审批机构批准，他方在同等条件下有优先购买权
6. 企业均可以进行境外融资
7. 纠纷的解决均可以自由选择境内外仲裁机构

专题十一
破产准备

本专题介绍破产案件的申请和受理、债务人财产的整理和破产债权的整理。破产案件的申请和受理是破产准备的最初阶段，也是破产程序的开始阶段。债务人财产的整理，也就是为了保护债权人利益而对债务人财产采取的措施。主要包括管理人、债务人财产、破产费用与共益债务等内容。破产债权的整理，包括债权的申报、债权人会议及其常设机构——债权人委员会。这是针对债权人作出的系列规定。

一、破产受案的范围和破产原因

（一）受案范围

企业法人具有破产原因可以适用《企业破产法》。也就是说，不具有法人资格的企业（如合伙企业、个人独资企业）以及非企业组织（如律师事务所）不直接适用《企业破产法》。

（二）破产原因

破产原因即破产界限，是债权人和债务人向法院提出债务人破产申请，从而得以启动破产程序的法定原因或界限。《企业破产法》规定的破产原因有如下两种标准：

1. 不能清偿到期债务，即债务人所欠债权人债务的期限已经届满，并未实际履行该债务的情形，并且资产不足以清偿全部债务，即资不抵债。

注意：

这是一种复合性的条件，不能清偿到期债务和资不抵债必须同时满足，二者缺一不可。如果只是不能清偿到期债务而资产足以抵债，则表明企业资金周转出现了暂时困难，不必破产；如果只是资不抵债而能够清偿到期债务，则表明企业能够及时的"拆东墙补西墙"没有损害债权人利益，不必破产。

2. 不能清偿到期债务，即债务人所欠债权人债务的期限已经届满，并未实际履行该债务的情形，并且明显缺乏清偿能力，即债务人的资产状况表明其明显不具有清偿全部债务的能力。

注意：

此处并不要求债权人已经提出偿债的请求。

存在下列情形之一的，法院应当认定其明显缺乏清偿能力：

（1）因资金严重不足或者财产不能变现等原因，无法清偿债务；

（2）法定代表人下落不明且无其他人员负责管理财产，无法清偿债务；

（3）经人民法院强制执行，无法清偿债务；

（4）长期亏损且经营扭亏困难，无法清偿债务。

注意：

　　根据这一限定，一时不能支付但仍有偿付能力的企业不适用破产程序。只有"清偿能力丧失"才可适用本法。

　　相关当事人以对债务人的债务负有连带责任的人未丧失清偿能力为由，主张债务人不具备破产原因的，人民法院应不予支持。

　　中南公司不能清偿到期债务，债权人天一公司向法院提出对其进行破产清算的申请，但中南公司以其账面资产大于负债为由表示异议。天一公司遂提出各种事由，以证明中南公司属于明显缺乏清偿能力的情形。下列哪些选项符合法律规定的关于债务人明显缺乏清偿能力、无法清偿债务的情形？[①]

　　A. 因房地产市场萎缩，构成中南公司核心资产的房地产无法变现

　　B. 中南公司陷入管理混乱，法定代表人已潜至海外

　　C. 天一公司已申请法院强制执行中南公司财产，仍无法获得清偿

　　D. 中南公司已出售房屋质量纠纷多，市场信誉差

二、破产的申请和受理

（一）破产申请

　　破产申请是破产申请人请求法院受理破产案件的意思表示。在我国，破产程序的开始不以申请为准而是以受理为准。因此，破产申请不是破产程序开始的标志，而是破产程序开始的条件。

　　1. 债务人申请。债务人具有《企业破产法》规定的破产原因，可以向法院提出重整、和解或者破产清算申请。债务人依法有权发起对自己的破产程序，性质上属于债务人自愿清算。

注意：

　　只有债务人能申请和解。因为和解的本质是债务人与债权人谈判妥协，双方同意用优惠的条件来偿债，如果债权人主动提出谈判条件自然就被动了。

　　2. 债权人申请。债务人不能清偿到期债务，债权人可以向法院提出对债务人进行重整或者破产清算的申请。法律对债权人申请的实质条件只规定了"债务人不能清偿到期债务"，法律之所以这样规定，是因为债务人"资产不足以清偿全部债务或者明显缺乏清偿能力"的事实属于企业内部情况，债权人通常无法确知，因而不应要求债权人在提出破产申请时加以证明。债权人不能直接向法院申请与债务人破产和解，这意味着债权人只是没有破产和解的申请权，而不是被禁止向债务人提出和解。如果债权人有意和解，它可以知会债务人让其向法院提出和解申请。

　　3. 对债务人负有清算责任的人的申请。企业法人已解散但未清算或者未清算完毕，资产不足以清偿债务的，依法负有清算责任的人应当向法院申请破产清算。

　　依法负有清算责任的人一般包括债务人的股东、董事和高管等，这种申请是他们的一项义务。归纳为以下三点：

---

① 答案：A、B、C。

曹新川讲商法·经济法
2018年国家统一法律职业资格考试专题讲座系列

（1）清算人无权选择不提出破产申请，也不得故意拖延申请。

（2）清算人只能申请破产清算程序，也就是选择唯一，其不得选择重整或和解的程序。

（3）清算义务人提出破产申请后，人民法院应当受理并于受理后宣告债务人破产。

【总结】

1. 只有债务人能够申请和解。

2. 债权人的破产申请，只要求债务人不能清偿到期债务，并不要求证明债务人资不抵债。

3. 清算人的申请是"应当"属于义务申请，不能撤回。

（二）受理

1. 受理的意义和期限。受理就是法院立案，其意义是破产程序开始的标志。

债权人提出破产申请的，人民法院应当自收到申请之日起 5 日内通知债务人。债务人对申请有异议的，应当自收到人民法院的通知之日起 7 日内向人民法院提出。

2. 受理的后果。

（1）指定管理人。法院裁定受理破产申请的，应当同时指定管理人。

（2）通知债权人并公告。

（3）债务人有关人员的义务。自法院受理破产申请的裁定送达债务人之日起至破产程序终结之日，债务人的有关人员承担下列义务：

①妥善保管其占有和管理的财产、印章和账簿、文书等资料；

②根据法院、管理人的要求进行工作，并如实回答询问；

③列席债权人会议并如实回答债权人的询问；

④未经法院许可，不得离开住所地；

⑤不得新任其他企业的董事、监事、高级管理人员。

上述所称有关人员，是指企业的法定代表人；经法院决定，可以包括企业的财务管理人员和其他经营管理人员。

注意：

清算组出现在非破产清算中，管理人只出现在《企业破产法》中。管理人是中介的业务，个人和单位都可以担任管理人。

（4）破产冻结：

①清偿冻结：为保护全体债权人的共同利益，法院受理破产申请后，债务人对个别债权人的债务清偿无效。

②执行冻结：法院受理破产申请后，有关债务人财产的保全措施应当解除，执行程序应当中止。

③诉讼冻结：法院受理破产申请后，已经开始而尚未终结的有关债务人的民事诉讼或者仲裁应当中止；在管理人接管债务人的财产后，该诉讼或者仲裁继续进行。

（5）对债务人财产的保护。法院受理破产申请后，债务人的债务人或者财产持有人应当向管理人清偿债务或者交付财产。债务人的债务人或者财产持有人故意违反此项规定向债务人清偿债务或者交付财产，使债权人受到损失的，不免除其清偿债务或者交付财产的义务。

（6）未履行完毕合同的处理。法院受理破产申请后，管理人对破产申请受理前成立而债务人和对方当事人均未履行完毕的合同有权决定解除或者继续履行，并通知对方当事人。管理人自破产申请受理之日起 2 个月内未通知对方当事人，或者自收到对方当事人催告之日起 30 日内未答复的，视为解除合同。

管理人决定继续履行合同的，对方当事人应当履行；但是，对方当事人有权要求管理人提供担保。管理人不提供担保的，视为解除合同。

三、管理人与债务人财产

破产程序一旦启动，就意味着债务人的现有财产已不足以清偿全部债务，根据债权平等的原理，立法采取各种措施对债务人的财产进行整理，保护全体债权人的利益。

（一）管理人

管理人，即破产管理人，在破产程序中作为破产财产的代表，行使《企业破产法》规定的权利，承担法定义务。

1. 管理人的产生与解任。

（1）管理人由法院指定。在破产程序开始以后，为了加强对债务人财产的管理，防止债务人随意处置财产，有必要设立中立的专门机构具体实施对债务人财产的管理、处分、整理、变价、分配等工作。组织上述工作的专门机构被称为破产管理人。破产案件涉及众多当事人的不同利益，诸如债权人、企业职工等往往利益有较大冲突，只有法院地位中立，才能享有指定的权力。

（2）债权人会议认为管理人不能依法公正执行职务或者有其他不能胜任职务情形的，可以申请法院予以更换。

注意：

债权人会议无权直接更换管理人。

【总结】

（1）管理人的指定时间。人民法院裁定受理破产申请的，应当同时指定管理人。

因为自受理开始，债务人丧失对其财产的管理和处分权。为避免债务人财产无人管理而造成损失，所以，要求人民法院在作出受理破产申请裁定的同时指定管理人。

（2）任命方式。管理人由人民法院指定。并且，管理人依照《企业破产法》规定执行职务，向人民法院报告工作。

（3）管理人的变更。管理人由人民法院予以更换。债权人会议认为管理人不能依法、公正执行职务或者有其他不能胜任职务情形的，可以申请人民法院予以更换。

（4）管理人的报酬。管理人的报酬由人民法院确定。债权人会议对管理人的报酬有异议的，有权向人民法院提出。

（5）管理人的费用。费用列入破产费用，由债务人财产随时清偿。

2. 对管理人的监督。

（1）管理人依法执行职务，向法院报告工作；

（2）管理人应当列席债权人会议，向债权人会议报告职务执行情况，并回答询问，接受债权人会议和债权人委员会的监督。

3. 管理人的人选。管理人可以由有关部门、机构的人员组成的清算组或者依法设立的律师事务所、会计师事务所、破产清算事务所等社会中介机构担任。法院根据债务人的实际情况，可以在征询有关社会中介机构的意见后，指定该机构具备相关专业知识并取得执业资格的人员担任管理人。

个人担任管理人的，应当参加执业责任保险。个人担任管理人的，一旦造成损失，可能就会无法完全弥补债权人或者债务人的损失，因而，《企业破产法》规定个人担任管理人应当参加执业责任保险，以防范可能发生的风险。

有下列情形之一的，不得担任管理人：

（1）因故意犯罪受过刑事处罚；

（2）曾被吊销相关专业执业证书；

（3）与本案有利害关系；

（4）法院认为不宜担任管理人的其他情形。

4. 管理人的职责。

（1）接管债务人的财产、印章和账簿、文书等资料；

（2）调查债务人财产状况，制作财产状况报告；

（3）决定债务人的内部管理事务；

（4）决定债务人的日常开支和其他必要开支；

（5）在第一次债权人会议召开之前，决定继续或者停止债务人的营业；

（6）管理和处分债务人的财产；

（7）代表债务人参加诉讼、仲裁或者其他法律程序；

（8）提议召开债权人会议。

管理人不履行职责的时候，债权人会议有权申请法院更换。

管理人实施下列行为，应当及时报告债权人委员会：

（1）涉及土地、房屋等不动产权益的转让；

（2）探矿权、采矿权、知识产权等财产权的转让；

（3）全部库存或者营业的转让；

（4）借款；

（5）设定财产担保；

（6）债权和有价证券的转让；

（7）履行债务人和对方当事人均未履行完毕的合同；

（8）放弃权利；

（9）担保物的取回；

（10）对债权人利益有重大影响的其他财产处分行为。

未设立债权人委员会的，管理人实施前款规定的行为应当及时报告人民法院。

债权人会议行使下列职权：

（1）核查债权；

（2）申请人民法院更换管理人，审查管理人的费用和报酬；

（3）监督管理人；

（4）选任和更换债权人委员会成员；

（5）决定继续或者停止债务人的营业；

（6）通过重整计划；

（7）通过和解协议；

（8）通过债务人财产的管理方案；

（9）通过破产财产的变价方案；

（10）通过破产财产的分配方案；

（11）人民法院认为应当由债权人会议行使的其他职权。

债权人会议应当对所议事项的决议作成会议记录。

5. 管理人的辞职。管理人没有正当理由不得辞去职务。管理人辞去职务应当经法院许可。

管理人是有偿服务，每一次换人都会导致以前的程序推倒重来，为了节约有限的债务人财产用来还债，所以管理人不能随意辞去职务。

千叶公司因不能清偿到期债务，被债权人百草公司申请破产，法院指定甲律师事务所为管理人。判断下列说法的正误？①

（1）甲律师事务所有权处分千叶公司的财产。

（2）甲律师事务所有权因担任管理人而获得报酬。

（3）如甲律师事务所不能胜任职务，债权人会议有权罢免其管理人资格。

（二）债务人财产

1. 概念与范围。债务人财产是供破产债权人分配的破产企业的财产，破产企业对其（包括设定担保的财产）具有所有权。具体来看，破产申请受理时属于债务人的全部财产，以及破产申请受理后至破产程序终结前债务人取得的财产，均为债务人财产。

分析债务人财产包括两部分：

（1）破产申请受理时属于债务人的财产。

①有形财产。如属于债务人所有的厂房、机器设备等。

②无形财产。如属于债务人所有的土地使用权、股权、知识产权等无形的财产权利。

③未设定担保权的财产。

④已经设定担保权的财产，根据《企业破产法》中规定，担保财产也属于债务人财产。

⑤投资权益、债权。

⑥债务人位于境内和境外的财产。

（2）破产申请受理后至破产程序终结前债务人取得的财产。

（3）排除范围。下列财产不应认定为债务人财产：

①债务人基于仓储、保管、承揽、代销、借用、寄存、租赁等合同或者其他法律关系占有、使用的他人财产；

②债务人在所有权保留买卖中尚未取得所有权的财产；

③所有权专属于国家且不得转让的财产；

④其他依照法律、行政法规不属于债务人的财产。

---

① （1）（2）说法正确；（3）说法错误，更换管理人那是法院决定的事情。

曹新川讲商法·经济法

2018年国家统一法律职业资格考试专题讲座系列

2. 对债务人财产的保护。

（1）破产程序前行为的撤销。撤销权又称否认权，是管理人对于债务人在法院受理破产申请前一定期限内所为的有损于债务人财产从而损害破产债权人利益的行为，有权请求法院撤销，使其归于无效的权利。具体来说，法院受理破产申请前1年内，涉及债务人财产的下列行为，管理人有权请求法院予以撤销：

①无偿转让财产的；

②以明显不合理的价格进行交易的；

③对没有财产担保的债务提供财产担保的；

④对未到期的债务提前清偿的；

⑤放弃债权的。

注意：

1. 这类行为的特点是，在正常情况下，它们是法律许可的财产处分行为。而在企业困境的情况下，实施这些行为具有恶意减少破产财产从而损害债权人利益的性质。因此，《企业破产法》将它们列为可撤销的行为，实质是"推定违法"。

2.（1）由管理人行使撤销权。（2）债务人企业所实施的行为，时间限定在受理破产申请前1年内实施。（3）管理人行使撤销权的法律后果：①债务人所实施的行为失去效力；②因债务人的行为而被转让的财产可以依法追回，纳入债务人财产的范围。

法院受理破产申请前6个月内，债务人存在破产原因，仍对个别债权人进行清偿的，管理人有权请求法院予以撤销。此为"不公平清偿"。

但是，个别清偿使债务人财产受益的除外，例如：①债务人为维系基本生产需要而支付水费、电费等的；②债务人支付劳动报酬、人身损害赔偿金的；③债务人经诉讼、仲裁、执行程序对债权人进行的个别清偿，且债务人与债权人无恶意串通损害其他债权人利益的。

2010年8月1日，某公司申请破产。8月10日，法院受理并指定了管理人。该公司出现的下列哪一行为属于《破产法》中的欺诈破产行为，管理人有权请求法院予以撤销？[①]

（1）2009年7月5日，将市场价格100万元的仓库以30万元出售给母公司。

（2）2009年10月15日，将公司一辆价值30万元的汽车赠与甲。

（2）破产无效行为。涉及债务人财产的下列行为无效：

①为逃避债务而隐匿、转移财产的；

②虚构债务或者承认不真实的债务的。

此为"当然违法"。

注意：

这些行为的特点是，在任何情况下均为法律所禁止。作为无效行为，无论其何时发生均为无效，且任何人在任何时候均得主张其无效。

---

① 第（1）中情况由于发生在破产案件受理前一年以外不可撤销，第（2）中情况符合条件可以撤销。

（3）管理人的追回权：

①管理人对于因可撤销行为、个别优先清偿行为、破产无效行为而转移的财产有权追回。

②法院受理破产申请后，债务人的出资人尚未完全履行出资义务的，管理人对于该出资人认缴而未缴的出资应当追回，而不受出资期限的限制。

③管理人对于债务人的董事、监事和高级管理人员利用职权从企业获取的非正常收入和侵占的企业财产应当追回。其目的在于打击"穷庙富方丈"现象，当企业无力偿债时再放任高管拿高薪享受奢侈福利显然是不能让人接受的。

债务人的董事、监事和高级管理人员利用职权获取的以下收入，人民法院应当认定为上述非正常收入：a. 绩效奖金；b. 普遍拖欠职工工资情况下获取的工资性收入；c. 其他非正常收入。

债务人的董事、监事和高级管理人员拒不向管理人返还上述债务人财产，管理人主张上述人员予以返还的，人民法院应予支持。

（4）管理人取回担保物。法院受理破产申请后，管理人可以通过清偿债务或者提供为债权人接受的担保，取回质物、留置物。该债务清偿或者替代担保，在质物或者留置物的价值低于被担保的债权额时，以该质物或者留置物当时的市场价值为限。

（5）取回权。取回权是指管理人占有不属于破产财产的他人财产，该财产的权利人可以不经破产清算程序，而经管理人同意将其直接取回的权利。

> **注意：**
> ①被取回的财产自然不属于债务人财产。
> ②取回权的客体是动产或者不动产，对货币不能行使取回权，而应当将该不当得利返还请求权作为破产债权申报。

取回权的特征：

①取回权是对特定物的返还请求权。以特定物为请求标的，以该物的原物返还为请求内容。

②取回权的发生依据是物权关系，是以物权为基础的请求权。

③取回权不参加债权申报，取回权人不参加债权人会议，而由权利人个别行使权利。

④物权人应当向管理人主张取回权。

取回权的分类：

①一般取回权：法院受理破产申请后，债务人占有的不属于债务人的财产，该财产的权利人可以通过管理人取回。"不属于债务人的财产"主要包括以下两项：

a. 合法占有的他人财产。即有合法根据而占有的属于他人的财产，包括共有财产、委托管理的财产、租赁财产、借用财产、加工承揽财产、寄存财产、寄售财产以及基于其他法律关系交破产人占有但未转移所有权的他人财产。

b. 不法占有的他人财产。即无合法根据而占有的属于他人的财产。例如，非法侵占的财产。

②特殊取回权：法院受理破产申请时，出卖人已将买卖标的物向作为买受人的债务人发运，债务人尚未收到且未付清全部价款的，出卖人可以取回在运途中的标的物。但是，管理人可以支付全部价款，请求出卖人交付标的物。

曹新川讲商法·经济法

2018年国家统一法律职业资格考试专题讲座系列

《企业破产法解释（二）》关于取回权的规定：

第26条　权利人依据《企业破产法》第三十八条的规定行使取回权，应当在破产财产变价方案或者和解协议、重整计划草案提交债权人会议表决前向管理人提出。权利人在上述期限后主张取回相关财产的，应当承担延迟行使取回权增加的相关费用。

第27条　权利人依据《企业破产法》第三十八条的规定向管理人主张取回相关财产，管理人不予认可，权利人以债务人为被告向人民法院提起诉讼请求行使取回权的，人民法院应予受理。

权利人依据人民法院或者仲裁机关的相关生效法律文书向管理人主张取回所涉争议财产，管理人以生效法律文书错误为由拒绝其行使取回权的，人民法院不予支持。

第28条　权利人行使取回权时未依法向管理人支付相关的加工费、保管费、托运费、委托费、代销费等费用，管理人拒绝其取回相关财产的，人民法院应予支持。

第29条　对债务人占有的权属不清的鲜活易腐等不易保管的财产或者不及时变现价值将严重贬损的财产，管理人及时变价并提存变价款后，有关权利人就该变价款行使取回权的，人民法院应予支持。

第30条　债务人占有的他人财产被违法转让给第三人，依据《物权法》第一百零六条的规定第三人已善意取得财产所有权，原权利人无法取回该财产的，人民法院应当按照以下规定处理：（1）转让行为发生在破产申请受理前的，原权利人因财产损失形成的债权，作为普通破产债权清偿；（2）转让行为发生在破产申请受理后的，因管理人或者相关人员执行职务导致原权利人损害产生的债务，作为共益债务清偿。

第31条　债务人占有的他人财产被违法转让给第三人，第三人已向债务人支付了转让价款，但依据《物权法》第一百零六条的规定未取得财产所有权，原权利人依法追回转让财产的，对因第三人已支付对价而产生的债务，人民法院应当按照以下规定处理：（1）转让行为发生在破产申请受理前的，作为普通破产债权清偿；（2）转让行为发生在破产申请受理后的，作为共益债务清偿。

第32条　债务人占有的他人财产毁损、灭失，因此获得的保险金、赔偿金、代偿物尚未交付给债务人，或者代偿物虽已交付给债务人但能与债务人财产予以区分的，权利人主张取回就此获得的保险金、赔偿金、代偿物的，人民法院应予支持。

保险金、赔偿金已经交付给债务人，或者代偿物已经交付给债务人且不能与债务人财产予以区分的，人民法院应当按照以下规定处理：

（1）财产毁损、灭失发生在破产申请受理前的，权利人因财产损失形成的债权，作为普通破产债权清偿；

（2）财产毁损、灭失发生在破产申请受理后的，因管理人或者相关人员执行职务导致权利人损害产生的债务，作为共益债务清偿。

债务人占有的他人财产毁损、灭失，没有获得相应的保险金、赔偿金、代偿物，或者保险金、赔偿物、代偿物不足以弥补其损失的部分，人民法院应当按照本条第二款的规定处理。

第35条　出卖人破产，其管理人决定继续履行所有权保留买卖合同的，买受人应当按照原买卖合同的约定支付价款或者履行其他义务。

买受人未依约支付价款或者履行完毕其他义务，或者将标的物出卖、出质或者作出其他不当处分，给出卖人造成损害，出卖人向管理人依法主张取回标的物的，人民法院应予支持。但是，买受人已经支付标的物总价款75%以上或者第三人善意取得标的物所有权或者其他物权的除外。

因本条第二款规定未能取回标的物，出卖人向管理人依法主张买受人继续支付价款、履行完毕其他义务，以及承担相应赔偿责任的，人民法院应予支持。

甲公司依据买卖合同，在买受人乙公司尚未付清全部货款的情况下，将货物发运给乙公司。乙公司尚未收到该批货物时，向法院提出破产申请，且法院已裁定受理。对此，下列哪些选项是正确的？①

A. 乙公司已经取得该批货物的所有权

B. 甲公司可以取回在运货物

C. 乙公司破产管理人在支付全部价款情况下，可以请求甲公司交付货物

D. 货物运到后，甲公司对乙公司的价款债权构成破产债权

（6）抵销权：

①破产法上的抵销，是指在破产案件受理前，破产债权人对破产人同时负有债务的，不论其债权同所负债务的种类是否相同，也不论其债权是否已经到期，破产债权人有权不依破产程序而以自己所享有的破产债权与其所负债务进行抵销。在破产程序中附条件和附期限的债权作为清偿期已经届满的债权可以申报，因此可以抵销。

②债权人在破产申请受理前对债务人负有债务的，可以向管理人主张抵销。

破产抵销有如下特征：

a. 抵销的债权和债务都应在破产案件受理前取得。

b. 破产抵销权的行使，应以债权申报为必要。破产抵销权人仍然是债权人，抵销是债权人行使权利的一种特殊方式。如果债权没有依法申报，则债权的真实性准确性未经过债权人会议审查确认，所以不得主张抵销。

c. 不同种类的债权和债务（如侵权之债和合同之债）可以抵销。

d. 未到期债权可以抵销，扣除利息即可。

e. 只有破产债权人有权主张抵销，债务人不能主张抵销。但抵销使债务人财产受益的除外。

【辨析】在通常情况下，抵销免除双方的债务，双方是同等受益的。也就是说，以抵销的方法实现清偿的结果，与双方分别向对方履行给付的结果是一致的。但是在破产情况下，破产债权与破产财产由抵销所受的利益是不均等的。因为，债权人通过破产清算获得的清偿是不足额的，而债务人财产向它的有清偿能力的债务人获得的清偿则是足额的。所以，破产抵销所实现的清偿结果与各自分别清偿的结果并不一致；前者有利于主张抵销的债权人而不利于债务人财产，因而不利于全体破产债权人的一般清偿利益。拥有抵销权的债权人相较于其他债权人来说是占了便宜的。

f. 行使抵销权后，未抵销的债权列入普通破产债权，参加破产分配。但是，有下列情形之一的，不得抵销。

③破产抵销权实际上是对债权人的优惠，相当于债权人完全受偿，因此破产抵销权具有优先权的性质，能够使债权人得到优于清算分配的结果。如果对该权利不加限

制，则可能被滥用，实践中常常出现当债务人具有破产原因后，债权人故意对债务人负债以供抵销，这种做法显然损害了破产清算的秩序和其他债权人的利益，所以需要对债权人的破产抵销权进行限制。分为下列三种情形：

a. 债务人的债务人在破产申请受理后取得他人对债务人的债权的，债务人的债务人在破产程序中应当向管理人完全履行其所负债务，这种履行所产生的利益应当归入债务人财产。此种情形被禁止的原因在于破产申请受理后他人对债务人的债权会贬值，因为是不良资产，如果债务人的债务人低价购入贬值债权再和自己的债务抵销自然是占了大便宜，对债务人不利，进而损害了其他债权人的利益。

甲公司的破产申请已经被受理。乙公司是甲公司的债务人，负债 100 万元；丙公司是甲公司的债权人，享有债权 100 万元。由于丙公司的债权变成破产债权，通过清算程序往往只能获得低比例清偿（我国破产实践一般是清偿 8% 左右），所以丙公司很可能愿意以一个比清算受偿稍高的价格转让其债权。假设乙公司支付 20 万元就从丙公司取得其对甲公司享有的 100 万元债权，那么乙公司进行抵销自然对甲公司的其他债权人是不公平的，甲公司从乙公司获得 100 万元清偿的预期就落空了。

b. 债权人已知债务人有不能清偿到期债务或者破产申请的事实，对债务人负担债务的；但是，债权人因为法律规定或者有破产申请 1 年前所发生的原因而负担债务的除外。

债权人已知债务人即将破产的情况下，它又主动负债往往就是通过赊购的方式取得对方的实物财产进行替代清偿，法律就推定其为恶意，是为了行使破产抵销权做准备。结果是自己占了便宜而损害了其他债权人的利益，所以是禁止的。

甲汽车公司已经申请了破产。乙公司对甲公司原本享有债权 100 万元，一旦进入破产清算程序其债权只能获得低比例清偿，损失很多。为了防止损失，乙公司就向甲公司赊购一批价值 100 万元的汽车，主动负债，然后再同自己的债权抵销。此种做法无异于用实物进行替代清偿，自己不吃亏却损害了其他债权人的利益，破坏了债权的平等性，自然是不公平的。

c. 债务人的债务人已知债务人有不能清偿到期债务或者破产申请的事实，对债务人取得债权的；但是，债务人的债务人因为法律规定或者有破产申请 1 年前所发生的原因而取得债权的除外。

债务人的债务人以取得（通常为受让取得）对债务人的债权来使自己免除对破产财产的给付义务，其行为性质与上述第一种情形相同，故不得用于抵销。

注意：

此"恶意"也为法律的推断，即债务人的债务人在得知债务人有不能清偿到期债务或者破产申请的事实，对债务人的债权有很大的可能转化为破产债权的情况下，仍然对债务人取得债权，就可以推定其有行使破产抵销权的恶意。

题

甲公司严重资不抵债，因不能清偿到期债务向法院申请破产。下列哪一财产属于债务人财产？[①]

A. 甲公司购买的一批在途货物，但尚未支付货款
B. 甲公司从乙公司租用的一台设备
C. 属于甲公司但已抵押给银行的一处厂房
D. 甲公司根据代管协议合法占有的委托人丙公司的两处房产

四、破产费用和共益债务

（一）破产费用的含义与范围

1. 含义。破产费用是指破产事务中法院受理破产案件所收取的案件受理处理费用以及管理人在处理破产事务中所开支的费用与收取报酬的总和。其特征为：

（1）破产费用必须是为全体债权人的共同利益而支出。这是构成破产费用的实质条件。因此，个别债权人参加破产程序的费用不是破产费用。

（2）破产费用是为保障破产程序的顺利进行而支付的费用。因此，在破产程序中为债务人的继续营业而负担的债务不属于破产费用。

（3）破产费用从债务人财产中优先支付。

2. 范围。法院受理破产申请后发生的下列费用，为破产费用：

（1）破产案件的诉讼费用。诉讼费用包括案件受理费和其他诉讼费用。

（2）管理、变价和分配债务人财产的费用。如财产保管费用；租用存放场地的租金、仓储保管费用等；

（3）管理人执行职务的费用、报酬和聘用工作人员的费用。如管理人在执行职务时的差旅费、通讯费、调查费；管理人经人民法院许可，聘用工作人员的工资等。

破产案件的诉讼费用，从债务人财产中拨付，不需要预先交纳。

注意：

破产费用是在破产程序中支出的程序性费用，每一件破产案件中均会产生破产费用。

（二）共益债务的含义与范围

1. 含义。共益债务是从债务人财产的角度作出的界定，指破产程序中为全体债权人的共同利益由债务人财产及其管理人而产生的债务。

注意：

不同的破产案件其共益债务不同，也并不是所有的破产案件都会有共益债务产生。

2. 范围。法院受理破产申请后发生的下列债务，为共益债务：

（1）因管理人或者债务人请求对方当事人履行双方均未履行完毕的合同所产生的债务；

（2）债务人财产受无因管理所产生的债务；

---

① 答案：C。

（3）因债务人**不当得利**所产生的债务；

（4）为债务人**继续营业**而应支付的劳动报酬和社会保险费用以及由此产生的其他债务；

（5）管理人或者相关人员**执行职务致人损害**所产生的债务；

（6）债务人财产致人损害所产生的债务。

（三）破产费用和共益债务的清偿

1. 清偿顺序。破产费用和共益债务**由债务人财产随时清偿**。债务人财产不足以清偿所有破产费用和共益债务的，**先行清偿破产费用**。债务人财产不足以清偿所有破产费用或者共益债务的，**按照比例清偿**。（外部有先后，内部算比例）

注意：

此处对"比例"的理解是关键。当债务人的财产不足以清偿破产费用的，按照可分配财产的金额占未清偿费用总额的比例对各项破产费用予以清偿。当债务人的财产足以清偿破产费用，但是不足以清偿共益债务的，按照可分配财产的金额占未清偿共益债务总额的比例对各项共益债务予以清偿。

1. 甲公司现有破产财产 100 万元，破产费用 10 万元，共益债务 10 万元，应如何清偿？由债务人财产随时清偿，不分先后。

2. 乙公司现有破产财产 100 万元，破产费用 100 万元，共益债务 10 万元，应如何清偿？先清偿破产费用，不再清偿共益债务。

3. 丙公司现有破产财产 100 万元，破产费用 80 万元，共益债务 80 万元，应如何清偿？先清偿破产费用，剩余的 20 万按比例清偿共益债务，即各项共益债务均清偿 1/4。

2. 债务人财产不足以清偿破产费用时的处理。债务人财产不足以清偿破产费用的，管理人应当提请法院**终结破产程序**。法院应当自收到请求之日起 15 日内裁定终结破产程序，并予以公告。

某公司经营不善，现进行破产清算。关于本案的诉讼费用，下列哪一说法是错误的？[①]

A. 在破产申请人未预先交纳诉讼费用时，法院应裁定不予受理破产申请

B. 该诉讼费用可由债务人财产随时清偿

C. 债务人财产不足时，诉讼费用应先于共益费用受清偿

D. 债务人财产不足以清偿诉讼费用等破产费用的，破产管理人应提请法院终结破产程序

五、破产债权

债权在破产程序中即为破产债权，指债权人对债务人享有的某种财产请求权。从

---

① 答案：A。

程序法的角度说，是债权人依破产程序申报并依程序受偿的财产请求权；从实体法的角度看，是在破产程序开始前成立的对债务人享有的金钱债权或能以金钱评价的债权。

（一）债权的申报

1. 申报期限。法院受理破产申请时对债务人享有债权的债权人，依照法定程序向管理人申报债权。

法院受理破产申请后，应当确定债权人申报债权的期限。债权申报期限自法院发布受理破产申请公告之日起计算，最短不得少于 30 日，最长不得超过 3 个月。

2. 可申报债权的特点。

（1）须为以财产给付为内容的请求权。给付标的为劳务或者不作为的请求权，不能申报，但是，因它们的不履行或者不适当履行而产生的赔偿请求权，为可以申报的债权。

（2）须为以债务人财产为基础的请求权。有财产担保的债权和无财产担保的债权均在申报之列。

（3）须为法院受理破产申请前成立的对债务人享有的债权，债权的到期时间在所不问。根据《企业破产法》的规定，未到期的债权，在破产案件受理时视为已到期。

（4）须为平等民事主体之间的请求权。因此，对债务人的罚款等财产性行政处罚，不得申报。在企业破产清算的情况下，债务人财产最终将归属于债权人；此时若执行对债务人的财产性行政处罚，事实上处罚的是债权人，等于债务人的责任被转嫁给债权人承担。这样既不能达到行政处罚的目的，又损害了债权人的合法权益。但是，在破产程序终结后，如果债务人因重整或和解而继续存续，处罚机关可以根据情况，决定是否执行原来的处罚决定。

（5）须为合法有效的债权。因此，以下债权不得申报：

①存在《合同法》或者其他法律规定的无效原因的债权；

②诉讼时效已经届满的债权；

③无证据或者证据为虚假的债权、有相反证据证明为虚假的债权（申报人提供的证据材料不足以证明其真实性和有效性的债权，在补足证据前推定为不得申报）。

注意：

破产费用和共益债务不需要申报，由债务人财产随时清偿。

3. 申报范围。

（1）未到期债权。未到期的债权，在破产申请受理时视为到期。债权附利息的自破产申请受理时起停止计息。

（2）附条件、附期限的债权和诉讼、仲裁未决的债权，债权人可以申报。

（3）劳动债权。债务人所欠职工的工资和医疗、伤残补助、抚恤费用，所欠的应当划入职工个人账户的基本养老保险、基本医疗保险费用，以及法律、行政法规规定应当支付给职工的补偿金，不必申报，由管理人调查后列出清单并予以公示。职工对清单记载有异议的，可以要求管理人更正；管理人不予更正的，职工可以向法院提起诉讼。

（4）成立于破产程序开始前的无财产担保债权。

（5）连带债权。连带债权人可以由其中一人代表全体连带债权人申报债权，也可以共同申报债权。

（6）保证人或其他连带债务人的求偿权。①债务人的保证人或者其他连带债务人已经代替债务人清偿债务的，以其对债务人的求偿权申报债权。②债务人的保证人或者其他连带债务人尚未代替债务人清偿债务的，除非债权人已经向管理人申报全部债权，以其对债务人的将来求偿权申报债权。

【辨析】连带责任的每一个债务人均负有清偿全部债务的义务，如果一人已经清偿了全部债务，该人有权向其他连带债务人追偿应当承担的份额。因此，当连带债务人中一人或者数人进入破产程序后，其他连带债务人便要承担更多的偿还风险，他有权以其现时求偿权或者将来求偿权申报债权。

注意：

保证人不免责，需要继续还债。

（7）因解除双务合同而产生的债权。管理人或者债务人依照《企业破产法》规定解除合同的，对方当事人以因合同解除所产生的损害赔偿请求权申报债权。

注意：

人民法院受理破产申请后，管理人对破产申请受理前成立而债务人和对方当事人均未履行完毕的合同有权决定解除或者继续履行，并通知对方当事人。管理人自破产申请受理之日起2个月内未通知对方当事人，或者自收到对方当事人催告之日起30日内未答复的，视为解除合同。

（8）委托合同中受托人的请求权。债务人是委托合同的委托人，被裁定适用破产程序，受托人不知该事实，继续处理委托事务的，受托人以由此产生的请求权申报债权。

（9）因票据关系产生的债权。债务人是票据的出票人，被裁定适用破产程序，该票据的付款人继续付款或者承兑的，付款人以由此产生的请求权申报债权。

题

1. A公司因经营不善，资产已不足以清偿全部债务，经申请进入破产还债程序。关于破产债权的申报，下列哪些表述是正确的？[①]

A. 甲对A公司的债权虽未到期，仍可以申报

B. 乙对A公司的债权因附有条件，故不能申报

C. 丙对A公司的债权虽然诉讼未决，但丙仍可以申报

D. 职工丁对A公司的伤残补助请求权，应予以申报

2. 辽沈公司因不能清偿到期债务而申请破产清算。法院受理后，管理人开始受理债权人的债权申报。对此，下列哪一债权人申报的债权属于应当受偿的破产债权？[②]

A. 债权人甲的保证人，以其对辽沈公司的将来求偿权进行的债权申报

B. 债权人乙，以其已超过诉讼时效的债权进行的债权申报

C. 债权人丙，要求辽沈公司作为承揽人继续履行承揽合同进行的债权申报

D. 某海关，以其对辽沈公司进行处罚尚未收取的罚款进行的债权申报

3. 2011年9月1日，某法院受理了湘江服装公司的破产申请并指定了管理人，管

理人开始受理债权申报。下列哪些请求权属于可以申报的债权？①

A. 甲公司的设备余款给付请求权，但根据约定该余款的支付时间为 2011 年 10 月 30 日

B. 乙公司请求湘江公司加工一批服装的合同履行请求权

C. 丙银行的借款偿还请求权，但该借款已经设定财产抵押担保

D. 当地税务机关对湘江公司作出的 8 万元行政处罚决定

（二）未按期申报债权的处理

在法院确定的债权申报期限内，债权人未申报债权的，可以在破产财产最后分配前补充申报；但是，此前已进行的分配，不再对其补充分配。为审查和确认补充申报债权的费用，由补充申报人承担。

债权人未依照《企业破产法》规定申报债权的，不得依照《企业破产法》规定的程序行使权利。

六、债权人会议和债权人委员会

（一）债权人会议

1. 含义。在破产程序中，债权人会议不是一个独立的民事权利主体，只是临时性的具有自治性质的机构。债权人会议以召集会议的方式进行活动，不是常设的机构，只是进行决议，其所作出的相关决议一般由管理人负责执行。

2. 债权人会议的组成和成员的权利。依法申报债权的债权人为债权人会议的成员，有权参加债权人会议，享有表决权。债权尚未确定的债权人，除法院能够为其行使表决权而临时确定债权额的外，不得行使表决权。债权人可以委托代理人出席债权人会议，行使表决权。

3. 债权人会议主席。债权人会议设主席一人，由法院从有表决权的债权人中指定。债权人会议主席主持债权人会议。

4. 债权人会议的职权。

（1）核查债权；

（2）申请法院更换管理人，审查管理人的费用和报酬；

（3）监督管理人；

（4）选任和更换债权人委员会成员；

（5）决定继续或者停止债务人的营业；

（6）通过重整计划；

（7）通过和解协议；

（8）通过债务人财产的管理方案；

（9）通过破产财产的变价方案；

（10）通过破产财产的分配方案；

（11）法院认为应当由债权人会议行使的其他职权。

5. 债权人会议的召集和通知。

（1）第一次债权人会议由法院召集，自债权申报期限届满之日起 15 日内召开。

---

① 答案：A、C。

（2）以后的债权人会议，在法院认为必要时，或者管理人、债权人委员会、占债权总额 1/4 以上的债权人向债权人会议主席提议时召开。

（3）召开债权人会议，管理人应当提前 15 日通知已知的债权人。

6. 债权人会议的决议。

（1）决议方式。债权人会议的决议，除法律另有规定外，由出席会议的有表决权的债权人过半数通过，并且其所代表的债权额占无财产担保债权总额的 1/2 以上。

（2）救济途径。债权人认为债权人会议的决议违反法律规定，损害其利益的，可以自债权人会议作出决议之日起 15 日内，请求法院裁定撤销该决议，责令债权人会议依法重新作出决议。

（3）决议的效力。债权人会议的决议，对于全体债权人均有约束力。

（二）债权人委员会

债权人委员会也叫破产监督人，由债权人会议决定设立，是债权人会议的常设机构。

1. 组成。债权人会议可以决定设立债权人委员会。债权人委员会由债权人会议选任的债权人代表和债务人的一名职工代表或者工会代表组成。债权人委员会成员不得超过 9 人。债权人委员会成员应当经法院书面决定认可。

2. 职权。

（1）监督债务人财产的管理和处分；

（2）监督破产财产分配；

（3）提议召开债权人会议；

（4）债权人会议委托的其他职权。

3. 管理人的报告义务。管理人实施对债权人利益有重大影响的财产处分行为，应当及时报告债权人委员会。未设立债权人委员会的，管理人应当及时报告法院。

专题十二

破产程序

《企业破产法》从根本上讲就是程序法，它主要囊括了三大程序，即重整程序——濒临破产企业的<u>再生之路</u>、和解程序——濒临破产企业的<u>妥协之路</u>、清算程序——濒临破产企业的<u>消亡之路</u>。它们彼此是并列关系，是债务人陷入债务危机后的三种出路和选择。

三种程序之间存在一定的可转换性，具体而言：债权人申请债务人破产清算的案件，在破产宣告前，债务人可以申请和解，债务人或者其出资人可以申请重整；债务人申请破产清算的案件，在破产宣告前，债权人或者债务人的出资人可以申请重整；债务人进入重整程序或者和解程序后，可以在具备特定事由时，经破产宣告转入破产清算程序；<u>债务人一旦经破产宣告进入破产清算程序，则不得转入重整或者和解程序</u>。

【图例】

| 申请 | 受理 | 申报期满 | 宣告破产 | 程序终结 |

一、重整程序

重整指对可能或已经发生破产原因但又<u>有挽救希望</u>的法人企业，通过对各方利害关系人的利益协调，借助法律强制进行营业重组与债务清理，以避免企业破产的法律制度。

（一）重整申请

1. 重整原因。如果债务人<u>具有破产原因</u>或者有<u>明显丧失清偿能力可能</u>的，可以依照《企业破产法》进行重整。这表明重整的门槛较低，只要有明显丧失清偿能力的可能性而非现实性即可申请。

2. 重整申请。

（1）债务人或者债权人<u>可以依法直接向法院申请对债务人进行重整</u>；

（2）债权人申请对债务人进行破产清算的，在法院受理破产申请后、宣告债务人破产前，债务人或者出资额占债务人注册资本<u>1/10以上的出资人</u>，可以向法院申请重整。

3. 重整期间。

（1）重整期间的计算。自法院裁定债务人重整之日起<u>至重整程序终止</u>，为重整期间。

（2）重整期间的法律效果：

①在重整期间，经债务人申请，法院批准，债务人可以<u>在管理人的监督下自行管理财产和营业事务</u>。

曹新川讲商法·经济法　2018年国家统一法律职业资格考试专题讲座系列

②在重整期间，对债务人的特定财产享有的担保权暂停行使。但是，担保物有损坏或者价值明显减少的可能，足以危害担保权人权利的，担保权人可以向法院请求恢复行使担保权。在重整期间，债务人或者管理人为继续营业而借款的，可以为该借款设定担保。

③债务人合法占有的他人财产，该财产的权利人在重整期间要求取回的，应当符合事先约定的条件。

④在重整期间，债务人的出资人不得请求投资收益分配。

⑤在重整期间，债务人的董事、监事、高级管理人员不得向第三人转让其持有的债务人的股权。但是，经法院同意的除外。

关于破产重整的申请与重整期间，下列哪一表述是正确的？①

A. 只有在破产清算申请受理后，债务人才能向法院提出重整申请

B. 重整期间为法院裁定债务人重整之日起至重整计划执行完毕时

C. 在重整期间，经债务人申请并经法院批准，债务人可在管理人监督下自行管理财产和营业事务

D. 在重整期间，就债务人所承租的房屋，即使租期已届至，出租人也不得请求返还

（3）重整期间重整程序的终止。在重整期间，有下列情形之一的，经管理人或者利害关系人请求，法院应当裁定终止重整程序，并宣告债务人破产：

①债务人的经营状况和财产状况继续恶化，缺乏挽救的可能性；

②债务人有欺诈、恶意减少债务人财产或者其他显著不利于债权人的行为；

③由于债务人的行为致使管理人无法执行职务。

（二）重整计划

1. 重整计划的制定和批准。重整计划是通过对债权债务关系的重新安排和对企业经营方略的重新设定，力求达到债务人企业的重新振作，从而避免破产的一个具有实质内容和约束力的法律文件。

（1）重整计划草案的提出。债务人或者管理人应当自法院裁定债务人重整之日起6个月内，同时向法院和债权人会议提交重整计划草案。期限届满，经债务人或者管理人请求，有正当理由的，法院可以裁定延期3个月。

债务人或者管理人未按期提出重整计划草案的，法院应当裁定终止重整程序，并宣告债务人破产。

（2）重整计划草案的制作：①债务人自行管理财产和营业事务的，由债务人制作重整计划草案；②管理人负责管理财产和营业事务的，由管理人制作重整计划草案。

（3）重整计划草案的内容：①债务人的经营方案；②债权分类；③债权调整方案；④债权受偿方案；⑤重整计划的执行期限；⑥重整计划执行的监督期限；⑦有利于债务人重整的其他方案。

（4）对重整计划草案的分类分组表决。下列各类债权的债权人参加讨论重整计划

---

① 答案：C。

草案的债权人会议，依照下列债权分类分组对重整计划草案进行表决：

①对债务人的特定财产享有担保权的债权。

②债务人所欠职工的工资和医疗、伤残补助、抚恤费用，所欠的应当划入职工个人账户的基本养老保险、基本医疗保险费用，以及法律、行政法规规定应当支付给职工的补偿金。

③债务人所欠税款。

④普通债权。法院在必要时可以决定在普通债权组中设小额债权组对重整计划草案进行表决。

（5）债权人会议表决重整计划草案。法院应当自收到重整计划草案之日起30日内召开债权人会议，对重整计划草案进行表决。

出席会议的同一表决组的债权人过半数同意重整计划草案，并且其所代表的债权额占该组无担保债权总额的2/3以上的，即为该组通过重整计划草案。

（6）重整计划草案的通过。各表决组均通过重整计划草案时，重整计划即为通过。

自重整计划通过之日起10日内，债务人或者管理人应当向法院提出批准重整计划的申请。法院经审查认为符合《企业破产法》规定的，应当自收到申请之日起30日内裁定批准，终止重整程序，并予以公告。

尚友有限公司因经营管理不善，决定依照《企业破产法》进行重整。关于重整计划草案，下列哪些选项是正确的？①

A. 在尚友公司自行管理财产与营业事务时，由其自己制作重整计划草案

B. 债权人参加讨论重整计划草案的债权人会议时，应按法定的债权分类，分组对该草案进行表决

C. 出席会议的同一表决组的债权人过半数同意重整计划草案，即为该组通过重整计划草案

D. 2/3以上表决组通过重整计划草案，重整计划即为通过

（7）重整计划草案未获通过而由法院裁定批准。部分表决组未通过重整计划草案的，债务人或者管理人可以同未通过重整计划草案的表决组协商。该表决组可以在协商后再表决一次。双方协商的结果不得损害其他表决组的利益。

（8）重整计划草案未被批准的后果。重整计划草案未获得通过且未获得批准，或者已通过的重整计划未获得批准的，法院应当裁定终止重整程序，并宣告债务人破产。

2. 重整计划的执行。

（1）执行人。重整计划由债务人负责执行，由管理人监督重整计划的执行。

管理人在重整期间主持营业的，应当在人民法院裁定批准重整计划后，将其接管的财产和营业事务移交债务人。

（2）重整计划的效力。经法院裁定批准的重整计划，对债务人和全体债权人均有约束力。

---

① 答案：A、B。

曹新川讲商法·经济法

2018年国家统一法律职业资格考试专题讲座系列

债权人未依照《企业破产法》规定申报债权的，在重整计划执行期间不得行使权利；在重整计划执行完毕后，可以按照重整计划规定的同类债权的清偿条件行使权利。

债权人对债务人的保证人和其他连带债务人所享有的权利，不受重整计划的影响。

注意：

在这种情况下，无论该债权人是否参加重整计划的清偿，均可就其未自重整计划获得的清偿向债务人的保证人或者其他连带债务人要求清偿。

（3）债务人不能执行重整计划的后果：

①债务人不能执行或者不执行重整计划的，法院经管理人或者利害关系人请求，应当裁定终止重整计划的执行，并宣告债务人破产。但为重整计划的执行提供的担保继续有效。

②法院裁定终止重整计划执行的，债权人在重整计划中作出的债权调整的承诺失去效力。债权人因执行重整计划所受的清偿仍然有效，但只有在其他同顺位债权人同自己所受的清偿达到同一比例时，才能继续接受分配。债权未受清偿的部分作为破产债权。

二、和解程序

（一）和解的特点与程序

1. 特点。和解制度是为了克服和避免破产清算制度的弊端而创设的一项程序制度。它是债务人不能清偿债务时，为避免受破产宣告或者破产分配，而通过法院组织，经与债权人会议磋商谈判，达成相互间的谅解、协商，一揽子解决债务危机以图复苏的制度。特点如下：

（1）和解以债务人向法院提出和解申请为必要。

（2）和解的成立以债权人的双重多数表决通过为基础。

（3）和解的成立须经法院裁定认可，这样有利于保护债权人合法权益和维护程序公正，人民法院认可和解协议的，应当发布公告，终止破产程序。

（4）和解有优先于破产清算程序的相对效力。

（5）债务人和债权人会议自行达成的和解协议无强制执行力。

2. 程序。

（1）申请。债务人可以依法直接向法院申请和解；也可以在法院受理破产申请后、宣告债务人破产前，向法院申请和解。债务人申请和解，应当提出和解协议草案。债权人希望和解的，可以与债务人协商，由债务人提出和解申请。

（2）许可。法院经审查认为和解申请符合《企业破产法》规定的，应当裁定和解，予以公告，并召集债权人会议讨论和解协议草案。对债务人的特定财产享有担保权的权利人，自法院裁定和解之日起可以行使权利。

（二）和解协议

1. 和解协议的表决。

（1）债权人会议通过和解协议的决议，由出席会议的有表决权的债权人过半数同意，并且其所代表的债权额占无财产担保债权总额的2/3以上。债权人会议通过和解协议的，由法院裁定认可，终止和解程序，并予以公告。

注意：

①此处表决遵循双重多数决，具体是指：a. 人数过半。债权人会议通过和解协议的决议，由出席会议的有表决权的债权人过半数同意。b. 债权人所代表的债权额占无财产担保债权总额的 2/3 以上。

②此前重整计划的表决也是双重多数决。

（2）和解协议草案经债权人会议表决未获得通过，或者已经债权人会议通过的和解协议未获得法院认可的，法院应当裁定终止和解程序，并宣告债务人破产。

2. 和解协议的效力。

（1）破产程序终结和债务人恢复财产管理。

（2）经法院裁定认可的和解协议，对债务人和全体和解债权人均有约束力。无论其是否参加和解协议的表决。和解债权人，是指法院受理破产申请时对债务人享有无财产担保债权的人。

和解债权人未依照《企业破产法》规定申报债权的，在和解协议执行期间不得行使权利；在和解协议执行完毕后，可以按照和解协议规定的清偿条件行使权利。

（3）和解债权人对债务人的保证人和其他连带债务人所享有的权利，不受和解协议的影响。

（4）债务人应当按照和解协议规定的条件清偿债务。债务人不按和解协议规定的内容对个别债权人清偿债务的，该债权人可以申请人民法院强制执行。

（5）因债务人的欺诈或者其他违法行为而成立的和解协议，法院应当裁定无效，并宣告债务人破产。和解债权人因执行和解协议所受的清偿，在其他债权人所受清偿同等比例的范围内，不予返还。

（6）债务人不能执行或者不执行和解协议的，法院经和解债权人请求，应当裁定终止和解协议的执行，并宣告债务人破产。但为和解协议的执行提供的担保继续有效。

法院裁定终止和解协议执行的，和解债权人在和解协议中作出的债权调整的承诺失去效力。和解债权人因执行和解协议所受的清偿仍然有效，但只有在其他债权人同自己所受的清偿达到同一比例时，才能继续接受分配。和解债权未受清偿的部分作为破产债权。

（7）按照和解协议减免的债务，自和解协议执行完毕时起，债务人不再承担清偿责任。

（三）自行和解

1. 含义。自行和解也叫庭外和解，是指在法院受理破产申请后，债务人和债权人全体自行协商就清理债权债务并终结破产程序而达成协议的方式。自行和解并非在法院主导下进行的破产程序中的和解。自行和解没有特定的程序要求，只要债务人和全体债权人有自行和解的愿望，均可以协商自行和解。

2. 自行和解的条件：

（1）必须经全体债权人一致同意；

（2）不损害担保债权人的权益；

（3）经人民法院审查认可。

3. 效力。自行达成的和解协议经人民法院裁定认可的，与经由债权人会议表决通过后人民法院裁定认可的和解协议具有同等效力。其以后的执行或终止执行适用相同的法律规则。

三、清算程序

（一）普通企业的破产清算

1. 破产宣告。

（1）破产宣告的含义与意义。破产宣告，就是法院对债务人具备破产原因的事实作出有法律效力的认定。

破产宣告，标志着破产案件不可逆转地进入清算程序，债务人无可挽回地陷入破产。债务人被宣告破产后，债务人称为破产人，债务人财产称为破产财产，即成为由管理人占有、处分并用于破产分配的财产。法院受理破产申请时对债务人享有的债权称为破产债权。

（2）破产宣告前终结破产程序。破产宣告前，有下列情形之一的，法院应当裁定终结破产程序，并予以公告：

①第三人为债务人提供足额担保或者为债务人清偿全部到期债务的；

②债务人已清偿全部到期债务的。

注意：

三种程序的转换：《企业破产法》设立了重整、和解和破产清算三种程序。三者之间，存在一定的可转换性。

（1）一般规则。

①转换时间：破产宣告前。因为经破产宣告进入的是破产清算，是企业不可逆转的死亡过程，故破产宣告后，不存在程序间转换的可能。

②破产宣告前：重整程序、和解程序之间不可转换。

③破产宣告前：重整、清算二者之间，在特定情况下可以转换。

④破产宣告前：和解、清算二者之间，在特定情况下可以转换。

（2）具体规则。

①债务人在提出破产申请时可以选择适用重整程序、和解程序或者清算程序，债权人在提出破产申请时可以选择适用重整程序或者清算程序。

②债权人申请债务人破产清算的案件，在破产宣告前，债务人可以申请和解，债务人或者其他出资人可以申请重整。

③债务人申请适用破产清算的案件，在破产宣告前，债权人或者债务人的出资人可以申请重整，债务人也可以申请和解。

④债务人进入重整程序或者和解程序后，经其他人的请求（如管理人、和解债权人、利害关系人），可以在具备《企业破产法》规定的特定事由时，经破产宣告转入破产清算程序。

⑤债务人一旦经破产宣告进入破产清算程序，则不得转入重整或者和解程序。

关于破产案件受理后、破产宣告前的程序转换，下列哪一表述是正确的？①

A. 如为债务人申请破产清算的案件，债权人可以申请和解

B. 如为债权人申请债务人破产清算的案件，债务人可以申请重整

---

① 答案：B。

C. 如为债权人申请债务人重整的案件，债务人可以申请破产清算

D. 如为债权人申请债务人破产清算的案件，债务人的出资人可以申请和解

（3）别除权：

①含义：对破产人的特定财产享有担保权的权利人，对该特定财产享有优先受偿的权利。所谓优先受偿，就是在全体债权人的集体清偿程序以外个别地和排他地接受清偿。所以，别除权制度是破产法集体清偿原则的一个例外。破产宣告后，别除权人即可对标的物实施处分并由此获得清偿，而不受破产清算程序进展情况的影响。可以这样来理解：别除权并不是一种新权利类型，只是担保中的不同称呼而已。

注意：

别除权的行使不参加集体清偿程序。此外，别除权的行使受到破产程序的限制，需要进行债权申报和债权确认之后，才能行使别除权。

②行使：别除权人有权就别除权标的物优先受偿，则其他破产债权人不能对别除权标的物提出清偿请求，管理人也不得擅自将别除权标的物纳入破产分配；只有当别除权人放弃优先权而自愿加入集体清偿时，其别除权标的物才转变为破产财产。

③转化：享有别除权的债权人行使优先受偿权利未能完全受偿的，其未受偿的债权作为普通债权；别除权标的物折价或者拍卖、变卖后，其价款超过债权数额的部分，应当归入破产财产。放弃优先受偿权利的，其债权作为普通债权。此处是一个很特殊的规定，切记！

④人民法院受理破产申请后，管理人可以通过清偿债务或者提供为债权人接受的担保，取回质物、留置物。

⑤建设工程价款优先于别除权清偿。在建设工程价款优先权与建筑物抵押权同时并存时，建设工程价款优先权作为法定抵押权优先于约定抵押权受偿。最高人民法院在《关于建设工程价款优先受偿权问题的批复》中规定：建筑工程的承包人的优先受偿权优于抵押权和其他债权。这个规定很特殊。

2. 清偿。破产财产的清偿顺序：破产财产在优先清偿破产费用和共益债务后，依照下列顺序清偿：

（1）劳动债权。破产人所欠职工的工资和医疗、伤残补助、抚恤费用，所欠的应当划入职工个人账户的基本养老保险、基本医疗保险费用，以及法律、行政法规规定应当支付给职工的补偿金；

（2）破产人欠缴的除前项规定以外的社会保险费用和破产人所欠税款；

（3）普通破产债权。

破产财产不足以清偿同一顺序的清偿要求的，按照比例分配。

破产企业的董事、监事和高级管理人员的工资按照该企业职工的平均工资计算。

【总结】破产财产按顺序清偿必须遵守如下规则：

（1）首先清偿在先顺序的债权。

（2）在先顺序清偿完毕后，有剩余财产的，进行下一顺序的清偿。

（3）对每一顺序的债权，破产财产足够清偿的，予以足额清偿；不足清偿的，按比例清偿。比例为可分配财产比上未清偿费用（债权）的总额。

（4）按比例分配后，无论是否有未获分配的下一顺序债权，破产分配均告结束。例如，在清偿第一顺序债权后，剩余财产不足清偿第二顺序债权，则第二顺序债权按

曹新川讲商法·经济法 2018年国家统一法律职业资格考试专题讲座系列

比例清偿后，结束破产分配。

3. 破产程序的终结。

（1）终结原因：

①破产人无财产可供分配的，管理人应当请求法院裁定终结破产程序；

②管理人在最后分配完结后，应当及时向法院提交破产财产分配报告，并提请法院裁定终结破产程序。

法院应当自收到管理人终结破产程序的请求之日起15日内作出是否终结破产程序的裁定。裁定终结的，应当予以公告。

（2）管理人的职责：

①管理人应当自破产程序终结之日起10日内，持法院终结破产程序的裁定，向破产人的原登记机关办理注销登记；

②管理人于办理注销登记完毕的次日终止执行职务。但是，存在诉讼或者仲裁未决情况的除外。

（3）破产财产的追加分配。自破产程序依法终结之日起2年内，有下列情形之一的，债权人可以请求法院按照破产财产分配方案进行追加分配：

①发现有依法应当追回的财产的；

②发现破产人有应当供分配的其他财产的。

有上述规定情形，但财产数量不足以支付分配费用的，不再进行追加分配，由法院将其上交国库。

（4）破产人的保证人和其他连带债务人在破产程序终结后的责任。

破产人的保证人和其他连带债务人，在破产程序终结后，对债权人依照破产清算程序未受清偿的债权，依法继续承担清偿责任。

（二）金融企业破产清算的特殊规定

1. 保险公司。

（1）破产原因。保险公司不能支付到期债务，经保险监督管理机构同意，由法院依法宣告破产。

（2）清算组的组成。保险公司被宣告破产的，由法院组织保险监督管理机构等有关部门和有关人员成立清算组，进行清算。

（3）破产财产分配顺序：①所欠职工工资和劳动保险费用；②赔偿或者给付保险金；③所欠税款；④清偿公司债务。

2. 证券公司。

（1）破产审批证券公司破产必须经国务院证券监督管理机构批准；

（2）破产财产的范围证券公司破产或者清算时，客户的交易结算资金和证券不属于其破产财产或者清算财产。

3. 商业银行。

（1）破产原因商业银行不能支付到期债务，经国务院银行业监督管理机构同意，由法院依法宣告其破产；

（2）清算组的组成商业银行被宣告破产的，由法院组织国务院银行业监督管理机构等有关部门和有关人员成立清算组，进行清算；

（3）破产财产分配顺序：商业银行破产清算时，在支付清算费用、所欠职工工资和劳动保险费用后，应当优先支付个人储蓄存款的本金和利息。

专题十三

保险原理

保险是一种能够非常有效地分散危险和补偿意外经济损失的制度。保险中的危险又称"风险",是指导致意外损害发生的事件的不确定性。保险是危险管理的重要手段之一。作为一种经济制度,保险是指人们为了保障生产或日常生活的稳定,对共同危险事故、指定事件发生所致的损失或经济需要,运用多数单位的力量,根据合理的数学计算,建立共同准备金的一种经济补偿制度或金钱给付的安排。

一、保险的概念和特征

(一) 概念

《保险法》所称保险,是投保人根据合同约定,向保险人支付保险费,保险人对于合同约定的可能发生的事故因其发生所造成的财产损失承担赔偿保险金责任,或者当被保险人死亡、伤残、疾病或者达到合同约定的年龄、期限时承担给付保险金责任的商业保险行为。

注意:

1. 商业保险区别于劳动与社会保障法中的社会保险。前者是一种合同关系,原则上由投保人和保险人自愿订立。而社会保险是国家法律、法规规定的强制性的保险。

2. 财产保险和人身保险的根本区别在于:财产保险具有补偿性,人身保险不具有补偿性。

(二) 特征

保险的主要特征是:

1. 保险的互助性。保险的核心在于,多数投保人通过缴纳保险费,由保险人建立保险基金,对因保险事故的发生而受到损失的被保险人进行补偿。是聚积多数人的力量来分担少数人的危险的保障措施。

2. 保险的补偿性。保险是投保人以缴纳保险费为代价,在将来发生保险事故时,由保险人对事故损失给予补偿的一种制度。

3. 保险的自愿性。保险需通过投保人与保险人之间订立保险合同而发生,保险公司和其他人不得强制他人订立保险合同(除法律、行政法规规定必须保险的以外)。

二、保险的基本原则

(一) 自愿原则

除法律、行政法规规定必须保险的外,保险合同自愿订立。我国现有的强制性商业保险种类有限,主要出于保护公共利益的需要,一般为责任保险,如交强险。

（二）最大诚信原则

诚信原则是各种民事活动都应遵守的基本原则，但因为保险事故的发生具有偶然性和不确定性，容易诱发骗保行为，所以立法特别强调"最大"诚信，保险合同双方当事人都应遵守，不能对对方进行欺骗和隐瞒。本原则主要体现在以下几个规定上：

1. 缔约过程中的诚信。订立保险合同，保险人就保险标的或者被保险人的有关情况提出询问的，投保人应当如实告知。

（1）投保人故意或者因重大过失未履行前述规定的如实告知义务，足以影响保险人决定是否同意承保或者提高保险费率的，保险人有权解除合同。

（2）投保人故意不履行如实告知义务的，保险人对于合同解除前发生的保险事故，不承担赔偿或者给付保险金的责任，并不退还保险费。

（3）投保人因重大过失未履行如实告知义务，对保险事故的发生有严重影响的，保险人对于合同解除前发生的保险事故，不承担赔偿或者给付保险金的责任，但应当退还保险费。

《保险法解释（三）》第5条规定，保险合同订立时，被保险人根据保险人的要求在指定医疗服务机构进行体检，当事人主张投保人如实告知义务免除的，人民法院不予支持。

保险人知道被保险人的体检结果，仍以投保人未就相关情况履行如实告知义务为由要求解除合同的，人民法院不予支持。

2. 三种骗保行为的后果。

（1）未发生保险事故，被保险人或者受益人谎称发生了保险事故，向保险人提出赔偿或者给付保险金请求的，保险人有权解除合同，并不退还保险费。

（2）投保人、被保险人故意制造保险事故的，保险人有权解除合同，不承担赔偿或者给付保险金的责任；除《保险法》第43条规定外，不退还保险费。

（3）保险事故发生后，投保人、被保险人或者受益人以伪造、变造的有关证明、资料或者其他证据，编造虚假的事故原因或者夸大损失程度的，保险人对其虚报的部分不承担赔偿或者给付保险金的责任。

投保人、被保险人或者受益人有上述三种规定行为之一，致使保险人支付保险金或者支出费用的，应当退回或者赔偿。

3. 财产保险中保险标的危险程度增加的诚信。在合同有效期内，保险标的的危险程度显著增加的，被保险人应当按照合同约定及时通知保险人，保险人可以按照合同约定增加保险费或者解除合同。保险人解除合同的，应当将已收取的保险费，按照合同约定扣除自保险责任开始之日起至合同解除之日止应收的部分后，退还投保人。

被保险人未履行上述规定的通知义务的，因保险标的的危险程度显著增加而发生的保险事故，保险人不承担赔偿保险金的责任。

（三）保险利益原则

保险利益是指投保人或者被保险人对保险标的的具有的法律上承认的利益。人身保险的标的是人的寿命和身体。财产保险的标的是财产及其有关利益。简单来说，保险利益就是人身保险中的投保人或者财产保险中的被保险人要与保险标的存在某种"关系"。

1. 保险利益的意义。保险利益原则的根本目的在于防止道德风险的发生。人身保险的投保人对被保险人不具有保险利益的，合同无效。财产保险的被保险人对保险标的不具有保险利益的，不得向保险人请求赔偿保险金。因为在没有保险利益的情况下进行投保不仅使投保与赌博无异，也容易诱发道德风险、鼓励骗保。

具体来讲：如果不要求投保人或被保险人具有保险利益，那么保险事故发生后，投保人或被保险人不但毫无损失，反而可获得赔款或保险金，这就会诱使投保人或被保险人有意促成保险事故发生或故意制造保险事故，或者消极地放任保险事故发生而不采取必要的预防、补救措施。

2. 保险利益的范围。

（1）一般而言，保险利益的成立需具备三个要件：①必须是合法利益；②必须是经济上的利益；③必须是可以确定的利益。

（2）具体来说，《保险法》中的保险合同包括两大类：一为财产保险合同，一为人身保险合同，不同保险合同的保险利益范围是不一样的。

①财产保险合同的保险利益应具有以下三个条件之一：

a. 被保险人对保险标的享有物权，如赵某为自己所有的汽车投保。

b. 基于合同，如钱某和汽车租赁公司签订租车合同后为该车投保。

c. 依法应承担民事赔偿责任，这是针对责任保险而言的，如孙某作为驾驶员投保交强险，一旦其交通肇事导致第三人伤亡就将本应由他负有的赔偿责任转移给保险公司承担。

②人身保险的投保人对下列人员具有保险利益：a. 本人；b. 配偶、子女、父母；c. 除前项以外与投保人有抚养、赡养或者扶养关系的家庭其他成员、近亲属；d. 与投保人有劳动关系的劳动者。

除前述规定外，被保险人同意投保人为其订立合同的，视为投保人对被保险人具有保险利益。

注意：

上述 d 项中与投保人有劳动关系的劳动者，一般指单位给员工买保险，但是有一个条件限制即受益人只能是员工本人或其近亲属，单位不能做受益人。

根据《保险法》规定，人身保险投保人对下列哪一类人员具有保险利益？①

A. 与投保人关系密切的邻居

B. 与投保人已经离婚但仍一起生活的前妻

C. 与投保人有劳动关系的劳动者

D. 与投保人合伙经营的合伙人

3. 保险利益的时效。保险利益的时效即保险利益的有效存在时间，不同的保险合同仍然不一样。

（1）人身保险的投保人在保险合同订立时，对被保险人应当具有保险利益；保险合同订立后是否有保险利益在所不问。

《保险法解释（三）》第 4 条规定：保险合同订立后，因投保人丧失对被保险人的保险利益，当事人主张保险合同无效的，人民法院不予支持。

---

① 答案：C。

刘某给妻子杨某投了人身保险，如果其后不久双方离异，保险合同也仍然有效。这主要是因为人身保险合同具有一定的储蓄性，并且人身保险合同作为长期合同，难免在合同期内人身关会发生变化。

（2）财产保险的被保险人<u>在保险事故发生时</u>，对保险标的应当具有保险利益。合同订立时是否有保险利益在所不问，因为，如果保险事故发生时没有保险利益就意味着被保险人没有遭受损失，对没有损失的人进行赔偿违反了财产保险合同的补偿原则。

注意：

人身保险的保险利益的时效是保险合同订立时，财产保险的保险利益的时效是保险事故发生时。

关于保险利益，下列哪些表述是错误的？[①]

A. 保险利益本质上是一种经济上的利益，即可以用金钱衡量的利益

B. 人身保险的投保人在保险事故发生时，对保险标的应当具有保险利益

C. 财产保险的被保险人在保险合同订立时，对保险标的应当具有保险利益

D. 责任保险的投保人在保险合同订立时，对保险标的应当具有保险利益

三、保险合同的内容

（一）保险合同的性质

1. 射幸合同。因为保险事故的发生具有不确定性和偶然性。对投保人而言，他有可能获得远远大于所支付的保险费的效益，但也可能没有利益可获；对保险人而言，他所赔付的保险金可能远远大于其所收取的保险费，但也可能只收取保险费而不承担支付保险金的责任。如果保险事故一定会发生，保险公司不会承保；如果保险事故一定不会发生，投保人不会投保。

【总结】由于保险事故的发生具有偶然性，所以合同当事人一方支付的代价所获得的只是一个机会。即对确定的危险不能订立保险合同，保险人承保的危险或者保险合同约定的给付保险金的条件发生与否，均为不确定。

2. 格式合同，亦即附合合同、标准合同。保险合同都是由保险公司单方面制定的，为了平衡保护投保人的利益，保险法对这种格式合同作出了如下三方面限制：

（1）<u>免责条款的提示和说明</u>。订立保险合同，采用保险人提供的格式条款的，保险人向投保人提供的投保单应当附格式条款，保险人应当向投保人说明合同的内容。

对保险合同中免除保险人责任的条款，保险人在订立合同时应当在投保单、保险单或者其他保险凭证上作出足以引起投保人注意的提示，并对该条款的内容以书面或者口头形式<u>向投保人作出明确说明</u>；未作提示或者明确说明的，<u>该条款不产生效力</u>。

（2）不公平的格式条款无效。采用保险人提供的格式条款订立的保险合同中的下列条款无效：

---

① 答案：B、C、D。

①免除保险人依法应承担的义务或者加重投保人、被保险人责任的；

②排除投保人、被保险人或者受益人依法享有的权利的。

（3）解释规则。采用保险人提供的格式条款订立的保险合同，保险人与投保人、被保险人或者受益人对合同条款有争议的，应当按照通常理解予以解释。对合同条款有两种以上解释的，法院或者仲裁机构应当作出有利于被保险人和受益人的解释。

3. 双务有偿合同。投保人要向保险人支付保险费；作为对价，一旦保险事故发生，保险人要向投保人支付保险金。

4. 非要式合同、诺成合同。投保人提出保险要求，经保险人同意承保，保险合同成立。根据这一规定，保险合同的成立取决于投保人与保险人之间的合意，而无须采用或履行特定方式。保险人签发保单或其他保险凭证的行为是合同成立后履行合同的行为，而非合同成立的要件。

依法成立的保险合同，自成立时生效。保险合同成立后，投保人按照约定交付保险费，保险人按照约定的时间开始承担保险责任。

注意：

1. 保险合同的成立不以保险费的交付为条件，故保险合同为诺成合同。

2. 投保单与保险单（是保险人与投保人订立保险合同的正式书面形式）或者其他保险凭证（是简化了的保险单）不一致的，以投保单为准。但不一致的情形系经保险人说明并经投保人同意的，以投保人签收的保险单或者其他保险凭证载明的内容为准。

（二）保险合同的分类

1. 按照标的分为财产保险合同与人身保险合同。

财产保险合同是以财产及其有关利益为保险标的的保险合同。人身保险合同是以人的生命和身体为保险标的的保险合同。这两种保险就是我国保险公司的业务范围：

（1）财产保险业务，包括财产损失保险、责任保险、信用保险、保证保险等保险业务；

（2）人身保险业务，包括人寿保险、健康保险、意外伤害保险等保险业务。

【总结】财产保险合同与人身保险合同最大的区别就在于前者具有补偿性而后者则没有，因为人的寿命和身体是无价的，不能用金钱来衡量。所以，财产保险合同如果发生了保险事故，保险公司应"赔偿"保险金；人身保险合同如果发生了保险事故，保险公司应"给付"保险金。

为了防止保险公司发生挪用资金的风险，同一保险人不得同时兼营财产保险业务和人身保险业务；但是，经营财产保险业务的保险公司经保险监督管理机构核定，可以经营短期健康保险业务和意外伤害保险业务。因为这两种人身保险业务也同时具有财产保险的某些特征。

2. 按照保险人的责任次序分为原保险合同与再保险合同。原保险合同，又称为第一次保险，是指保险人对被保险人承担直接责任的原始保险合同。

保险人将其承担的保险业务，以分保形式，部分转移给其他保险人的，为再保险。应再保险接受人的要求，再保险分出人应当将其自负责任及原保险的有关情况告知再保险接受人。

再保险制度的建立不仅有利于保险人赔偿损失责任的分担，而且有利于保护被保

曹新川讲商法·经济法

2018年国家统一法律职业资格考试专题讲座系列

险人的利益。

显然原保险是保险人与投保人之间的保险合同关系，而再保险则是原保险人与再保险人之间的保险合同关系，

根据合同的相对性原理，再保险接受人与原保险合同的投保人不发生任何直接的权利义务关系。再保险接受人不得向原保险的投保人要求支付保险费；原保险的被保险人或者受益人，不得向再保险接受人提出赔偿或者给付保险金的请求；再保险分出人不得以再保险接受人未履行再保险责任为由，拒绝履行或者迟延履行其原保险责任。

3. 按照保险金额和保险价值的关系分为足额保险合同与不足额保险合同。

首先需要明白以下几个基本概念：

保险费是指投保人按照保险合同的约定向保险人支付的费用。

保险金是指保险人在保险事故发生时实际支付的金钱数额。

保险金额是指保险人承担赔偿或者给付保险金责任的最高限额；保险价值就是保险标的的价值。

保险金额等于保险价值的为足额保险合同，保险事故发生时，若保险标的全部损失，保险人按保险金额全部赔偿；若部分损失，保险人按实际损失额赔偿。保险金额低于保险价值的为不足额保险合同，除合同另有约定外，保险人按照保险金额与保险价值的比例承担赔偿责任。

注意：

之所以不足额保险合同采取比例赔付的方式，是因为保险金额的高低同缴纳保险费的多少成正相关关系。凡是不足额保险，都意味着投保人少交了保险费，作为对价，保险公司当然也要少赔偿才公平，等于风险没有全部转移给保险公司，而是双方各自分摊一部分。

保险金额不得超过保险价值，保险金额超过保险价值的为超额保险，因为财产保险具有补偿性，不允许被保险人获得额外利益，所以保险金额超过保险价值的，超过的部分无效。

 例

保险价值是 20 万元，保险金额是 10 万元，保险事故的损失是 8 万元。那么，保险赔偿金是 8 万元呢？还是 8×（10/20）＝4 万元呢？根据上述不足额保险的比例赔偿规定，本题答案是 4 万元。

注意：

保险金额与保险价值相等为足额保险，足额保险按照 1：1 赔付。

（三）保险合同的主体

1. 当事人。保险合同的当事人即缔约双方，包括投保人和保险人。

（1）投保人，是指与保险人订立保险合同，并按照保险合同负有支付保险费义务的人。投保人可以是被保险人本人，也可以是被保险人以外的第三人。

注意：

投保人是自然人或者单位都可以，如果是自然人则应具有完全民事行为能力。

（2）保险人，是指与投保人订立保险合同，并承担赔偿或者给付保险金责任的保险公司。

2. 关系人。保险合同的关系人即享有保险金给付请求权的人，包括被保险人和受益人。

（1）被保险人，是指其财产或者人身受保险合同保障，享有保险金请求权的人，投保人可以为被保险人。

（2）受益人，是指人身保险合同中由被保险人或者投保人指定的享有保险金请求权的人，投保人、被保险人可以为受益人。

注意：

受益人是纯获利益的人，不要求具有完全民事行为能力。

总结受益人的特殊规则：

①受益人是人身保险合同中特有的概念。因为在财产保险中，保险事故发生只意味着财产损失，而被保险人是安然无恙的，保险金赔付给被保险人即可。但在人身保险中，保险事故发生往往意味着被保险人已经死亡，必须另行指定一人领取保险金，即为受益人。

②受益人不负交付保险费的义务。

③受益人的性质为"享有保险金请求权的人"，所以，保险金原则上不作为遗产继承，应当支付给受益人。

④受益人由被保险人或投保人指定产生和变更。投保人、被保险人或者第三人均可以为受益人。

【辨析】人身保险的保险事故涉及被保险人的生死、健康，所以被保险人可以自行决定当自己的身体受到损害后果时保险金归谁所有，因此被保险人可以单独指定和变更受益人。但当投保人和被保险人不是同一人时，因为发生保险事故受到伤害的是被保险人，所以投保人指定和变更受益人时须经被保险人的同意。

⑤根据《保险法》第39条规定，投保人为与其有劳动关系的劳动者投保人身保险，不得指定被保险人及其近亲属以外的人为受益人。很显然此处是为了保护劳动者的安全。

⑥被保险人为无民事行为能力人或者限制民事行为能力人的，可以由其监护人指定受益人。

⑦受益人不受有无行为能力及保险利益的限制。

⑧被保险人或者投保人变更受益人应当书面通知保险人。

⑨受益人的资格可能被取消，也可能会依法丧失。

3. 辅助人。保险合同的辅助人包括保险代理人和保险经纪人。

【图示】

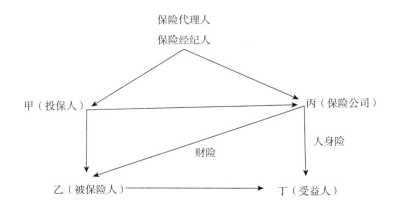

曹新川讲商法·经济法 2018年国家统一法律职业资格考试专题讲座系列

（1）保险代理人是根据保险人的委托，向保险人收取佣金，并在保险人授权的范围内代为办理保险业务的机构或者个人。为了防止保险代理人采用欺诈的手段揽保，个人保险代理人在代为办理人寿保险业务时，不得同时接受两个以上保险人的委托。

注意：

> 投保人将有关订立保险合同的重要事项告知了保险代理人，视为已经告知了保险人，即便保险代理人没有转告保险人，也视为保险人已经知悉该种事项与信息。只要保险人出具保险单，就不能以不了解保险标的或保险危险等而拒绝承担保险责任。在这种情况下，保险代理人的过错就是保险人的过错。

> 李某与保险代理人张某洽谈车辆保险事宜，谈妥后李某即与张某签署了盖有保险公司印章的合同并缴付了保费，但张某表示需将保费交回公司后才能签发保单。后李某发生保险事故向该保险公司索赔，保险公司称张某已离职，且其未将保险合同和保费交回公司，故保险公司不能赔偿。请问保险公司应当支付保险金吗？应当。

（2）保险经纪人是基于投保人的利益，为投保人与保险人订立保险合同提供中介服务，并依法收取佣金的机构。保险经纪人具有如下特征：

①保险经纪人不是保险合同的当事人，而仅是居间为投保人与保险人订立保险合同提供中介服务。保险经纪人不能代理保险人订立保险合同，这是其与保险代理人的明显不同。

②保险经纪人是依法成立的单位，个人不能成为保险经纪人。

③保险经纪人以自己的名义从事中介服务活动，承担由此产生的法律后果。

④因保险经纪人在办理保险业务中的过错，给投保人、被保险人造成损失的，由保险经纪人承担责任。

⑤保险经纪行为是营利性行为，保险经纪人有权收取佣金。

注意：

> 保险代理人可以是个人，保险经纪人不可以是个人，只能是机构。

2015年备受关注的《保险法》进行了修改，重点主要集中在取消保险销售从业人员、保险代理、保险经纪等从业人员的资格核准等行政审批事项上。这些内容应该说与考试的关系不大，作一般了解即可。

（四）《保险法解释（二）》对保险合同内容的相关规定

1. 合同效力的认定。

（1）投保人或者投保人的代理人订立保险合同时没有亲自签字或者盖章，而由保险人或者保险人的代理人代为签字或者盖章的，对投保人不生效。但投保人已经交纳保险费的，视为其对代签字或者盖章行为的追认。

保险人或者保险人的代理人代为填写保险单证后经投保人签字或者盖章确认的，代为填写的内容视为投保人的真实意思表示。但有证据证明保险人或者保险人的代理人存在《保险法》第116条、第131条相关规定情形的除外。

> 甲公司代理人谢某代投保人何某签字，签订了保险合同，何某也依约交纳了保险

费。在保险期间内发生保险事故，何某要求甲公司承担保险责任。下列哪一表述是正确的？①

　　A. 谢某代签字，应由谢某承担保险责任

　　B. 甲公司承保错误，无须承担保险责任

　　C. 何某已经交纳了保险费，应由甲公司承担保险责任

　　D. 何某默认谢某代签字有过错，应由何某和甲公司按过错比例承担责任

　　（2）保险人接受了投保人提交的投保单并收取了保险费，尚未作出是否承保的意思表示，发生保险事故，被保险人或者受益人请求保险人按照保险合同承担赔偿或者给付保险金责任，符合承保条件的，人民法院应予支持；不符合承保条件的，保险人不承担保险责任，但应当退还已经收取的保险费。

　　保险人主张不符合承保条件的，应承担举证责任。

　　2. 合同内容不一致的认定。保险合同中记载的内容不一致的，按照下列规则认定：

　　（1）非格式条款与格式条款不一致的，以非格式条款为准。

　　（2）保险凭证记载的时间不同的，以形成时间在后的为准。

　　（3）保险凭证存在手写和打印两种方式的，以双方签字、盖章的手写部分的内容为准。

　　3.《保险法解释（二）》对其他问题的重要规定。该解释第1条规定：财产保险中，不同投保人就同一保险标的分别投保，保险事故发生后，被保险人在其保险利益范围内依据保险合同主张保险赔偿的，人民法院应予支持。

　　【提示】不同投保人可以就同一保险标的分别投保，承认财产的使用人、租赁人、承运人等主体对保险标的也具有保险利益，保险人不得滥用保险利益原则拒绝承担保险责任。当然，任何人都不得通过保险合同获得超过损失的赔偿，被保险人只能在其保险利益范围内依据保险合同主张保险赔偿。

　　该解释第5条规定：保险合同订立时，投保人明知的与保险标的或者被保险人有关的情况，属于《保险法》第十六条第一款规定的投保人"应当如实告知"的内容。

　　该解释第6条规定：投保人的告知义务限于保险人询问的范围和内容。当事人对询问范围及内容有争议的，保险人负举证责任。保险人以投保人违反了对投保单询问表中所列概括性条款的如实告知义务为由请求解除合同的，人民法院不予支持。但该概括性条款有具体内容的除外。

　　该解释第7条规定：保险人在保险合同成立后知道或者应当知道投保人未履行如实告知义务，仍然收取保险费，又依照《保险法》第十六条第二款的规定主张解除合同的，人民法院不予支持。

　　【总结】

　　（1）第5条将投保人告知范围限于其明知内容，防止无限扩大投保人告知内容的范围。保险人不得以投保人未告知其不知道的事实为由拒绝赔偿。

　　（2）第6条明确确立询问告知主义，将投保人告知范围限于保险人询问的范围和内容。且保险人原则上不得采用概括性条款进行询问。

　　① 答案：C。

曹新川讲商法·经济法

2018年国家统一法律职业资格考试专题讲座系列

（3）第 7 条借鉴域外经验，引入弃权制度。即保险人在保险合同成立后知道或者应当知道投保人未履行如实告知义务，仍然收取保险费的，不得解除保险合同。

该解释第 9 条规定：保险人提供的格式合同文本中的责任免除条款、免赔额、免赔率、比例赔付或者给付等免除或者减轻保险人责任的条款，可以认定为《保险法》第 17 条第 2 款规定的"免除保险人责任的条款"。

保险人因投保人、被保险人违反法定或者约定义务，享有解除合同权利的条款，不属于《保险法》第 17 条第 2 款规定的"免除保险人责任的条款"。

关于投保人在订立保险合同时的告知义务，下列哪些表述是正确的？①

A. 投保人的告知义务，限于保险人询问的范围和内容

B. 当事人对询问范围及内容有争议的，投保人负举证责任

C. 投保人未如实告知投保单询问表中概括性条款时，则保险人可以此为由解除合同

D. 在保险合同成立后，保险人获悉投保人未履行如实告知义务，但仍然收取保险费，则保险人不得解除合同

（五）关于《保险法解释（三）》的有关问题

最高人民法院《保险法解释（三）》2015 年 12 月 1 日开始施行，该解释着重解决《保险法》保险合同章人身保险部分在适用中存在的争议。针对人身保险合同的特征，司法解释注重保护保险消费者、支持保险创新，司法解释明确人身保险利益主动审查原则；细化死亡险的相关规定；明确体检与如实告知义务的规定；明确保险合同恢复效力的条件；规范受益人的指定与变更；规范医疗保险格式条款，维持对价平衡。还对保险金请求权的转让、作为被保险人遗产的保险金给付、受益人与被保险人同时死亡的推定、故意犯罪如何认定等问题作了规定。

四、保险合同的解除

（一）原则

除《保险法》另有规定或者保险合同另有约定外，保险合同成立后，投保人可以解除保险合同，保险人不得解除保险合同。因为双方实力相差悬殊，法律如此规定是平衡保护相对弱势的投保人。

（二）保险人解除保险合同的条件

1. 投保人故意或者因重大过失未履行如实告知义务，足以影响保险人决定是否同意承保或者提高保险费率的，保险人有权解除合同。

2. 被保险人或者受益人在未发生保险事故的情况下，谎称发生了保险事故，向保险人提出赔偿或者给付保险金的请求的，保险人有权解除合同，并不退还保险费。

3. 投保人、被保险人故意制造保险事故的，保险人有权解除合同，且不承担赔偿或者给付保险金的责任，不退还保险费。

4. 投保人、被保险人未按照约定履行其对保险标的安全应尽责任的。

---

① 答案：A、D。

5. 在合同有效期内，保险标的危险程度增加，被保险人未及时通知保险人的。

6. 投保人申报的被保险人年龄不真实，并且真实年龄不符合合同约定的年龄限制的，保险人可以解除合同，保险人按照合同约定退还保险单的现金价值。

姜某的私家车投保商业车险。姜某发现当网约车司机收入不错，便用手机软件接单载客，后辞职专门跑网约车。某晚，姜某载客途中与他人相撞，造成车损 10 万元。由于危险程度增加后被保险人未及时通知保险公司，所以保险公司对于该损失不承担赔偿责任。

（三）例外

由于货物运输保险合同和运输工具航程保险合同的标的都处于不断地运动和变化之中，出于公平起见，保险责任开始后，无论是保险人或者投保人（被保险人）均不得解除保险合同。

注意：

这两个例外主要是针对投保人不得解除的情形。这两种情形下，如果允许投保人解除合同，对保险人很不公平。

（四）保险合同解除的后果

1. 财产保险。

（1）保险责任开始前：投保人要求解除合同的，应当向保险人支付手续费，保险人应当退还保险费。

（2）保险责任开始后：投保人要求解除合同的，保险人可以收取自保险责任开始之日起至合同解除之日止期间的保险费，剩余部分退还投保人。

2. 人身保险。投保人解除合同的，保险人应当自收到解除合同通知之日起 30 日内，按照合同约定退还保险单的现金价值。

（五）限制保险人解除合同

1. 不可抗辩。投保人故意或者因重大过失未履行如实告知义务，足以影响保险人决定是否同意承保或者提高保险费率的，保险人有权解除合同。该解除权自保险人知道有解除事由之日起，超过 30 日不行使而消灭。自合同成立之日起超过 2 年的，保险人不得解除合同；发生保险事故的，保险人应当承担赔偿或者给付保险金的责任。这项规定的目的就是要敦促保险人尽快行使解除权，不要使保险关系长期处于不稳定状态。

2. 禁止反言。《保险法》规定，保险人在合同订立时已经知道投保人未如实告知的情况的，保险人不得解除合同；发生保险事故的，保险人应当承担赔偿或者给付保险金的责任。简单来说，就是保险人不能出尔反尔，保险人明示放弃的权利不得再主张。

保险推销员张三，找到李四推销人身保险，张三明知李四身体有问题仍然同其签订了保险合同。张三的如意算盘是：如果李四在保险期内一直平安无事，公司就可以白赚保险费；如果李四在保险期内发生事故，公司就可以主张李四因未如实告知保险标的情况而违反了最大诚信原则，拒绝赔付保险金。这等于保险公司处于稳赚不赔的境地，立法者就规定了禁止反言以实现公平。

五、保险的理赔程序与索赔时效

（一）理赔程序

1. 通知。投保人、被保险人或者受益人知道保险事故发生后，应当及时通知保险人。

因故意或者重大过失未及时通知，致使保险事故的性质、原因、损失程度等难以确定的，保险人对无法确定的部分，不承担赔偿或者给付保险金的责任，但保险人通过其他途径已经及时知道或者应当及时知道保险事故发生的除外。

2. 提供证明和资料。保险事故发生后，按照保险合同请求保险人赔偿或者给付保险金时，投保人、被保险人或者受益人应当向保险人提供其所能提供的与确认保险事故的性质、原因、损失程度等有关的证明和资料。

保险人按照合同的约定，认为有关的证明和资料不完整的，应当及时一次性通知投保人、被保险人或者受益人补充提供。

3. 核定赔付。保险人收到被保险人或者受益人的赔偿或者给付保险金的请求后，应当及时作出核定；情形复杂的，应当在 30 日内作出核定，但合同另有约定的除外。

4. 不赔说明。保险人依法作出核定后，对不属于保险责任的，应当自作出核定之日起 3 日内向被保险人或者受益人发出拒绝赔偿或者拒绝给付保险金通知书，并说明理由。

（二）索赔时效

1. 人寿保险。人寿保险的被保险人或者受益人向保险人请求给付保险金的诉讼时效期间为 5 年，自其知道或者应当知道保险事故发生之日起计算。

2. 其他保险。人寿保险以外的其他保险的被保险人或者受益人，向保险人请求赔偿或者给付保险金的诉讼时效期间为 2 年，自其知道或者应当知道保险事故发生之日起计算。

专题十四
保险合同

订立保险合同是一种民事法律行为，保险合同可以采用保险单、保险凭证或其他书面形式订立。保险协议书是投保人与保险人经协商一致后共同拟定的书面协议。保险单是格式化的保险协议书。保险凭证是简化的保险单。

一、财产保险合同

财产保险是以财产及其有关利益为保险标的的保险。其特征为：（1）财产保险合同的标的表现为特定的财产以及与财产有关的利益。（2）财产保险合同是一种填补损失的合同。财产保险合同以财产及与财产有关的利益作为保险的标的，由此决定了财产保险合同以补偿被保险人的实际财产损失为其唯一目的，这就是财产保险合同的损害填补原则。填补原则具体表现为：保险事故发生后，被保险人仅得按其实际所受的损害请求保险人赔偿，不得获取超过实际损失的赔偿。保险人的经济补偿应以实际损失为限，以保险金额为限。

（一）标的的转让

1. 通知义务。保险标的转让的（即所有权转移），保险标的的受让人承继被保险人的权利和义务。保险标的转让的，由于一般会导致保险标的风险的改变，所以被保险人或者受让人应当及时通知保险人。但是，货物运输保险合同和另有约定的合同因为保险标的的所有权的转移并不会导致风险的改变，所以无需通知。

1. 张三把私家车卖给李四做出租车，显然，风险增加，因此需要通知保险人。

2. 在海洋货物运输保险合同中，保险标的的转让只需改签提单，货物一直是承运人占有，承运人不变，风险也不会变化，因此不需要通知。

2. 通知的后果。因保险标的转让导致危险程度显著增加的，保险人自收到前述规定的通知之日起 30 日内，可以按照合同约定增加保险费或者解除合同。保险人解除合同的，应当将已收取的保险费，按照合同约定扣除自保险责任开始之日起至合同解除之日止应收的部分后，退还投保人。

3. 不通知的后果。被保险人、受让人未履行上述规定的通知义务的，因转让导致保险标的危险程度显著增加而发生的保险事故，保险人不承担赔偿保险金的责任。注意前后两个条件必须同时具备。

（二）施救费用的承担

1. 施救费用的承担规则。保险事故发生时，被保险人有责任尽力采取必要的措施，防止或者减少损失。保险事故发生后，被保险人为防止或者减少保险标的的损失所支付的必要的、合理的费用，由保险人承担。这是为了防止被保险人在获得保险的保障之后产生道德风险而放任事故的发生和扩大。

【辨析】施救费用由保险人承担归根到底是有利于保险人减轻赔偿责任的。这种费用应当是为了防止事故发生和扩大"直接"支出的，而不是"间接"支出的；这种费用应当是"必要的、合理的"，显然，人身保险合同中是没有施救费用的承担问题的。因为人命无价，即使保险公司不承担救人的费用，也不会有人要钱不要命放弃施救自己的亲人，不存在道德风险。

刁某将自有轿车向保险公司投保，其保险合同中含有自燃险险种。一日，该车在行驶中起火，刁某情急之下将一农户晾在公路旁的棉被打湿灭火，但车辆仍有部分损失，棉被也被烧坏。保险公司对下列哪些费用应承担赔付责任？①

（1）车辆修理费 500 元；

（2）刁某误工费 400 元；

（3）农户的棉被损失 200 元。

2. 施救费用的计算。保险人所承担的施救费用的数额在保险标的损失赔偿金额以外另行计算，最高不超过保险金额的数额。也就是说，保险人承担的赔偿金额总和可以达到保险金额的 2 倍。尤其要注意，足额保险中施救费用只要没有超过保险金额就应当由保险公司全部承担，不足额保险中施救费用也应该按比例由保险公司承担。

保险人、被保险人为查明和确定保险事故的性质、原因和保险标的的损失程度所支付的必要的、合理的费用，由保险人承担。

（三）代位求偿制度

代位求偿制度的产生根源是因为财产保险合同具有补偿性，即被保险人的获赔总额不能超过其损失额，要防止发生为了谋取额外利益而骗保的行为。在本制度中一般存在被保险人、保险人、第三人，共三方当事人。

【法理辨析】代位求偿权是财产保险合同的特有制度，人身保险合同保险人在赔偿后，不可取得代位求偿的特权。这种差别源于财产保险合同和人身保险合同性质上的差别，即，财产保险合同是一种财产填补合同，目的是填补被保险人的财产损失，不允许投保人得到多于财产损失的赔偿；而人身保险合同的保险标的，"人的生命和健康"是无价的，所以允许投保人得到多份赔偿。

1. 保险人行使代位求偿权的要件。

（1）保险事故是由第三人行为引起的。

（2）保险人已向被保险人支付保险赔偿。保险赔偿可以是全部的，也可以是部分的，保险人在未向被保险人支付赔偿前不得行使代位求偿权。

（3）保险人行使代位求偿权的数额以给付的保险金额为限，对于超过保险人已支付的保险金额以外的部分，求偿权仍由被保险人所享有。

（4）代位求偿权的行使范围限于财产保险合同，在人身保险合同中，保险人不得享有代位求偿权。

① （1）承担；（2）不承担；（3）承担。

2. 代位求偿的行使规则。

（1）因第三者对保险标的的损害而造成保险事故的，保险人自向被保险人赔偿保险金之日起，在赔偿金额范围内（因为保险人也不能获得额外的利益）代位行使被保险人对第三者请求赔偿的权利。

（2）上述保险事故发生后，被保险人已经从第三者取得损害赔偿的，保险人赔偿保险金时，可以相应扣减被保险人从第三者已取得的赔偿金额。这是为了防止被保险人获得额外利益。这里主要指足额保险。

（3）保险人行使代位请求赔偿的权利，不影响被保险人就未取得赔偿的部分向第三者请求赔偿的权利。因为法律只禁止被保险人获得额外利益，不禁止其获得足额利益。这里主要指不足额保险。

（4）由于被保险人的过错致使保险人不能行使代位请求赔偿的权利的，保险人可以相应扣减保险赔偿金。这种过错一般表现为被保险人不能提供进行索赔的充分证据或因为拖延而超过诉讼时效。

（5）保险人应以自己的名义行使保险代位求偿权。保险人代位求偿权的诉讼时效期间应自其取得代位求偿权之日起算。

3. 被保险人弃权的后果。

（1）保险人赔偿前。保险事故发生后，保险人未赔偿保险金之前，被保险人放弃对第三者的请求赔偿的权利的，保险人不承担赔偿保险金的责任。因为这种弃权行为会使保险人对被保险人赔偿后无法再进行代位求偿。

（2）保险人赔偿后。保险人向被保险人赔偿保险金后，被保险人未经保险人同意放弃对第三者请求赔偿的权利的，该行为无效。因为保险人向被保险人赔偿保险金后就自动取得对第三人的代位求偿权，被保险人的弃权行为是无权处分，当然无效。

4. 例外：保险人不得对被保险人的家庭成员或者其组成人员行使代位请求赔偿的权利，除非是被保险人的家庭成员或者其组成人员故意造成这种保险事故。这是因为被保险人的家庭成员或者其组成人员与被保险人具有共同的利益关系，对他们进行代位求偿会使保险失去意义。

这里的家庭成员应包括与被保险人共同生活的配偶和亲属等较近的血亲或者姻亲，这里的组成人员指被保险人的单位雇员。

 题

1. 潘某请好友刘某观赏自己收藏的一件古玩，不料刘某一时大意致其落地摔毁。后得知，潘某已在甲保险公司就该古玩投保了不足额财产险。关于本案，下列哪些表述是正确的？①

A. 潘某可请求甲公司赔偿全部损失

B. 若刘某已对潘某进行全部赔偿，则甲公司可拒绝向潘某支付保险赔偿金

C. 甲公司对潘某赔偿保险金后，在向刘某行使保险代位求偿权时，既可以自己的名义，也可以潘某的名义

D. 若甲公司支付的保险金不足以弥补潘某的全部损失，则就未取得赔偿的部分，潘某对刘某仍有赔偿请求权

① 答案：B、D。

曹新川讲商法·经济法 2018年国家统一法律职业资格考试专题讲座系列

2. 张三向保险公司投保了汽车损失险。某日，张三的汽车被李四撞坏，花去修理费5000元。张三向李四索赔，双方达成如下书面协议：张三免除李四修理费1000元，李四将为张三提供3次免费咨询服务，剩余的4000元由张三向保险公司索赔。后张三请求保险公司按保险合同支付保险金5000元。下列哪一说法是正确的？①

    A. 保险公司应当按保险合同全额支付保险金5000元，且不得向李四求偿

    B. 保险公司仅应当承担4000元保险金的赔付责任，且有权向李四求偿

    C. 因张三免除了李四1000元的债务，保险公司不再承担保险金给付责任

    D. 保险公司应当全额支付5000元保险金，再向李四求偿

（四）受损保险标的的权利转移

由于财产保险具有补偿性，为了防止被保险人获得额外利益，保险事故发生后，保险人已支付了全部保险金额，并且保险金额等于保险价值的，受损保险标的的全部权利归于保险人；保险金额低于保险价值的，保险人按照保险金额与保险价值的比例取得受损保险标的的部分权利。

甲给自己的汽车买了足额盗抢险20万元，后来车子被盗，保险公司支付甲20万元，后来车子被警方找回，这时汽车应该归属于谁？保险公司。

（五）责任保险

责任保险是指以被保险人对第三者依法应负的赔偿责任为保险标的的保险。

投保人依照保险合同约定向保险人支付保险费，在被保险人应当向第三人承担赔偿责任时，保险人按照约定向被保险人给付保险金。

注意：

责任保险不能及于被保险人的人身或其财产。

1. 直接赔付。责任保险的被保险人给第三者造成损害，被保险人对第三者应负的赔偿责任确定的，根据被保险人的请求，保险人应当直接向该第三者赔偿保险金。被保险人怠于请求的，第三者有权就其应获赔偿部分直接向保险人请求赔偿保险金。

责任保险的被保险人给第三者造成损害，被保险人未向该第三者赔偿的，保险人不得向被保险人赔偿保险金。

2. 费用承担。责任保险的被保险人因给第三者造成损害的保险事故而被提起仲裁或者诉讼的，除合同另有约定外，由被保险人支付的仲裁或者诉讼费用以及其他必要的、合理的费用，由保险人承担。这是因为仲裁或诉讼的提起必然是因为保险人的原因而发生，仲裁或诉讼的结果也必然直接影响保险人的利益。

二、人身保险合同

（一）人身保险合同的特点

1. 保险标的人格化。人身保险合同的保险标的是被保险人的寿命或者身体，属于被保险人的人格利益或者人身利益。

---

① 答案：B。

2. 保险金定额支付。各类人身保险的保险金额只能由投保人和保险人协商确定一个固定的数额，以此作为保险人给付保险金的最高限额。在发生约定的人身保险事故时，保险人向被保险人或者受益人，依照保险条款给付保险金。

注意：

"定额支付"与财产保险合同的给付方式不同。在财产保险合同中，保险金额不得超过保险价值。超过保险价值的，超过部分无效。

3. 保险费不得强制请求。就投保人而言，可以选择缴纳保险费以维持合同，也可以选择不缴纳保险费以终止合同。

注意：

对于人寿保险的保险费，如果投保人不按照约定支付保险费，保险人不得以诉讼方式要求投保人支付。

4. 人身保险合同不适用代位求偿规则。

（二）受益人

受益人是人身保险独有的概念，是指由投保人或被保险人在保险合同中指定的，于保险事故发生时，享有赔偿请求权的人。只有受益人才享有保险金的给付请求权。

1. 产生方式。人身保险的受益人由被保险人或者投保人指定。为了防止指定受益人不当而产生风险，危及被保险人安全，投保人指定受益人时须经被保险人同意。被保险人为无民事行为能力人或者限制民事行为能力人的，可以由其监护人指定受益人。

《保险法解释（三）》第9条规定：投保人指定受益人未经被保险人同意的，人民法院应认定指定行为无效。

当事人对保险合同约定的受益人存在争议，除投保人、被保险人在保险合同之外另有约定外，按照以下情形分别处理：

（1）受益人约定为"法定"或者"法定继承人"的，以继承法规定的法定继承人为受益人；

（2）受益人仅约定为身份关系，投保人与被保险人为同一主体的，根据保险事故发生时与被保险人的身份关系确定受益人；投保人与被保险人为不同主体的，根据保险合同成立时与被保险人的身份关系确定受益人；

（3）受益人的约定包括姓名和身份关系，保险事故发生时身份关系发生变化的，认定为未指定受益人。

为了防止单位借助保险免除自己的赔偿义务，投保人为与其有劳动关系的劳动者投保人身保险，不得指定被保险人及其近亲属以外的人为受益人。

人身保险合同成立时没有指定受益人的，合同成立后，被保险人也可以指定受益人；人身保险合同订立时已经指定受益人的，合同成立后，被保险人还可以追加指定受益人。

2. 多个受益人。被保险人或者投保人可以指定一人或者数人为受益人。受益人为数人的，被保险人或者投保人可以确定受益顺序和受益份额；未确定受益份额的，受益人按照相等份额享有受益权。

《保险法解释（三）》第12条规定：投保人或者被保险人指定数人为受益人，部分受益人在保险事故发生前死亡、放弃受益权或者依法丧失受益权的，该受益人应得的受益份额按照保险合同的约定处理；保险合同没有约定或者约定不明的，该受益人

曹新川讲商法·经济法

2018年国家统一法律职业资格考试专题讲座系列

应得的受益份额按照以下情形分别处理：

（1）未约定受益顺序和受益份额的，由其他受益人平均享有；

（2）未约定受益顺序但约定受益份额的，由其他受益人按照相应比例享有；

（3）约定受益顺序但未约定受益份额的，由同顺序的其他受益人平均享有；同一顺序没有其他受益人的，由后一顺序的受益人平均享有；

（4）约定受益顺序和受益份额的，由同顺序的其他受益人按照相应比例享有；同一顺序没有其他受益人的，由后一顺序的受益人按照相应比例享有。

注意：

受益人故意造成被保险人死亡、伤残、疾病的，或者故意杀害被保险人未遂的，该受益人丧失受益权。

3. 变更受益人。被保险人或者投保人可以变更受益人并书面通知保险人。投保人变更受益人时须经被保险人同意。投保人变更受益人未经被保险人同意的，人民法院应认定变更行为无效。

《保险法解释（三）》第 10 条规定：投保人或者被保险人变更受益人，当事人主张变更行为自变更意思表示发出时生效的，人民法院应予支持。

投保人或者被保险人变更受益人未通知保险人，保险人主张变更对其不发生效力的，人民法院应予支持。

《保险法解释（三）》第 11 条规定：投保人或者被保险人在保险事故发生后变更受益人，变更后的受益人请求保险人给付保险金的，人民法院不予支持。

（三）对被保险人的限制

1. 对被保险人年龄的限制。为了降低风险，尽量防止保险事故发生，保险公司对被保险人的年龄一般都做出限制，避免与年龄过大或过小的被保险人发生保险法律关系。如果投保人申报的被保险人年龄不真实，则会发生对被保险人不利的法律后果。

（1）投保人申报的被保险人年龄不真实，并且其真实年龄不符合合同约定的年龄限制的，保险人可以解除合同，并按照合同约定退还保险单的现金价值。但是，为了保障法律关系的稳定，防止保险人滥用解除权，如果合同成立已达 2 年以上则继续有效。

（2）投保人申报的被保险人年龄不真实，但其真实年龄符合合同约定的年龄限制的，当出现：

①投保人实付保险费少于应付保险费的，保险人有权更正并要求投保人补交保险费，或者在给付保险金时按照实付保险费与应付保险费的比例支付；

②投保人实付保险费多于应付保险费的，保险人应当将多收的保险费退还投保人。

【总结】投保人申报的被保险人年龄不真实，但是真实年龄符合合同约定的年龄限制的，其后果为：

1. 保险人不能解除合同。

2. 致使投保人支付的保险费少于应付保险费的，保险人有权更正并要求投保人在给付保险金时按照实付保险费与应付保险费的比例支付。

3. 致使投保人支付的保险费多于应付保险费的，保险人应当将多收的保险费退还投保人。

甲真实年龄是 30 岁，谎报是 50 岁，那么保费是退还是补？退，年龄越大风险越

大，会多交保费，因此是退。反之，真实年龄是 50 岁，谎报是 30 岁，那么此时保费是补缴。

2. 对死亡保险中被保险人的限制。死亡保险就是以被保险人的死亡作为保险金给付条件的人身保险合同，这种保险因为风险巨大，为了保护被保险人的人身安全，《保险法》特别作出了以下限制：

（1）死亡保险的被保险人不得是无民事行为能力人。出于对我国传统的家庭人伦的信任，父母为其未成年子女投保人身保险不受此限，但为了防止巨大的经济利益扭曲人性，其死亡给付保险金额总和不得超过保险监督管理机构规定的限额。根据保监会的最新规定，此限额为 10 万元。

（2）死亡保险未经被保险人书面同意并认可保险金额的，合同无效。父母为其未成年子女投保的人身保险，不受此限。

（3）依照死亡保险所签发的保险单，未经被保险人书面同意，不得转让或者质押。

根据《保险法解释（三）》第 1 条规定：当事人订立以死亡为给付保险金条件的合同，根据《保险法》第三十四条的规定，"被保险人同意并认可保险金额"可以采取书面形式、口头形式或者其他形式；可以在合同订立时作出，也可以在合同订立后追认。

有下列情形之一的，应认定为被保险人同意投保人为其订立保险合同并认可保险金额：

（1）被保险人明知他人代其签名同意而未表示异议的；

（2）被保险人同意投保人指定的受益人的；

（3）有证据足以认定被保险人同意投保人为其投保的其他情形。

该解释第 2 条规定：被保险人以书面形式通知保险人和投保人撤销其依据《保险法》第三十四条第一款规定所作出的同意意思表示的，可认定为保险合同解除。

该解释第 3 条规定：人民法院审理人身保险合同纠纷案件时，应主动审查投保人订立保险合同时是否具有保险利益，以及以死亡为给付保险金条件的合同是否经过被保险人同意并认可保险金额。

（四）保险费的缴纳及其对合同效力的影响

1. 缴费方式。

（1）趸缴：投保人于合同成立后，可以向保险人一次支付全部保险费。

（2）期缴：投保人于合同成立后，也可以按照合同约定分期支付保险费。在此情况下，投保人应当于合同成立时支付首期保险费，并应当按期支付其余各期的保险费。

【法理辨析】人身保险合同，尤其是人寿保险合同一般为长期合同，在这种长期合同中，投保人可以一次性支付保险费也可以分期支付保险费。在分期支付时就有可能出现投保人因经济实力下降等各种原因难以支付或不愿支付余款的情形，投保人不再支付保费并非违约，而是会产生合同中止或解除的后果。

2. 不及时缴费的法律后果。

（1）合同效力的中止。合同约定分期支付保险费，投保人支付首期保险费后，除合同另有约定外，投保人自保险人催告之日起超过 30 日未支付当期保险费，或者超过约定的期限 60 日未支付当期保险费的，合同效力中止，或者由保险人按照合同约定的条件减少保险金额。

被保险人在上述宽限期内发生保险事故的，此时保险合同并未中止，保险人应当按照合同约定给付保险金，但可以扣减欠缴的保险费。

依据《保险法》规定，保险合同成立后，保险人原则上不得解除合同。下列哪些情形下保险人可以解除合同？①

（1）人身保险中投保人在交纳首期保险费后未按期交纳后续保费。

（2）投保人在投保时故意未告知投保汽车曾遇严重交通事故致发动机受损的事实。

（3）投保人未履行对保险标的安全维护之责任。

（2）合同效力的恢复。合同效力依照上述规定中止的，经保险人与投保人协商并达成协议，在投保人补交保险费后，合同效力恢复。

《保险法解释（三）》第7条规定：当事人以被保险人、受益人或者他人已经代为支付保险费为由，主张投保人对应的交费义务已经履行的，人民法院应予支持。

该解释第8条规定：保险合同效力依照《保险法》第三十六条规定中止，投保人提出恢复效力申请并同意补交保险费的，除被保险人的危险程度在中止期间显著增加外，保险人拒绝恢复效力的，人民法院不予支持。

保险人在收到恢复效力申请后，30日内未明确拒绝的，应认定为同意恢复效力。

保险合同自投保人补交保险费之日恢复效力。保险人要求投保人补交相应利息的，人民法院应予支持。

（3）合同的解除。自合同效力中止之日起满2年双方未达成协议的，保险人已经仁至义尽，有权解除合同，按照合同约定退还保险单的现金价值。

3. 缴费原则。保险人对人寿保险的保险费，不得用诉讼方式要求投保人支付，即保险费的缴纳完全自愿，不得强制。此原则只适用于人寿保险，原因在于人寿保险期限过长，投保人的经济条件难免会有较大变化，保险费的缴纳不应成为投保人不合理的经济负担。

此外，保险人也可以在投保人欠费的情况下通过减少保险金额以实现公平，即"你少缴费，我少赔钱"，没有必要强迫对方缴费。

人寿保险的保险金不能强制要求支付，这一说法是否正确？错误，法条的规定是保险费不能强制支付而不是保险金。当保险公司不支付保险金时，投保人可以诉讼方式要求保险公司支付。

（五）法定受益人

《保险法》第42条第1款规定，被保险人死亡后，有下列情形之一的，保险金作为被保险人的遗产，由保险人依照《继承法》的规定履行给付保险金的义务：

1. 没有指定受益人，或者受益人指定不明无法确定的；

---

① （1）不可以解除，（2）（3）可以解除。

2. 受益人先于被保险人死亡，没有其他受益人的；

3. 受益人依法丧失受益权或者放弃受益权，没有其他受益人的。

《保险法解释（三）》第 14 条规定：保险金根据《保险法》第四十二条规定作为被保险人的遗产，被保险人的继承人要求保险人给付保险金，保险人以其已向持有保险单的被保险人的其他继承人给付保险金为由抗辩的，人民法院应予支持。

《保险法》第 42 条第 2 款规定，受益人与被保险人在同一事件中死亡，且不能确定死亡先后顺序的，推定受益人死亡在先。

显然，立法思想是优先保护被保险人利益的，因为如果推定被保险人死亡在先，保险金就会给付给受益人的继承人了。

《保险法解释（三）》第 15 条规定：受益人与被保险人存在继承关系，在同一事件中死亡且不能确定死亡先后顺序的，人民法院应根据《保险法》第四十二条第二款的规定推定受益人死亡在先，并按照保险法及本解释的相关规定确定保险金归属。

1. 甲给自己买了死亡保险，指定乙是其唯一的受益人，现在甲死亡，保险金只给受益人。继承人没有资格。

2. 甲给自己买了死亡保险，指定乙是其唯一的受益人，乙先死亡，后来甲也死亡，保险金应该给被保险人的继承人。

3. 甲给自己买了死亡保险，没有指定受益人，保险金应该给被保险人的继承人。

甲为其妻乙投保意外伤害保险，指定其子丙为受益人。对此，下列哪些选项是正确的？①

（1）甲指定受益人时须经乙同意。

（2）如乙变更受益人无须甲同意。

（3）如丙先于乙死亡，则出现保险事故时保险金作为乙的遗产由甲继承。

（六）法定除外责任

法定除外责任即《保险法》规定的保险公司不承担给付保险金责任的特殊情况，此时受益人自然不享有请求给付保险金的权利。此类情况共有三种：

1. 故意行为。

（1）投保人的故意行为。《保险法》第 43 条第 1 款规定，投保人故意造成被保险人死亡、伤残或者疾病的，保险人不承担给付保险金的责任。投保人已交足 2 年以上保险费的，保险人应当按照合同约定向其他权利人退还保险单的现金价值。

《保险法解释（三）》第 16 条规定：保险合同解除时，投保人与被保险人、受益人为不同主体，被保险人或者受益人要求退还保险单的现金价值的，人民法院不予支持，但保险合同另有约定的除外。

投保人故意造成被保险人死亡、伤残或者疾病，保险人依照《保险法》第四十三条规定退还保险单的现金价值的，其他权利人按照被保险人、被保险人继承人的顺序确定。

---

① （1）（2）（3）均正确。

曹新川讲商法·经济法 2018 年国家统一法律职业资格考试专题讲座系列

（2）受益人的故意行为。受益人故意造成被保险人死亡、伤残、疾病的，或者故意杀害被保险人未遂的，该受益人丧失受益权。

注意：

这意味着保险人仍然要给付保险金，有其他受益人就给付其他受益人，没有其他受益人的就给付给被保险人的继承人。

2. 自杀。《保险法》第 44 条规定，以被保险人死亡为给付保险金条件的合同，自合同成立或者合同效力恢复之日起 2 年内，被保险人自杀的，保险人不承担给付保险金的责任，但被保险人自杀时为无民事行为能力人的除外。

保险人依照前款规定不承担给付保险金责任的，应当按照合同约定退还保险单的现金价值。

《保险法解释（三）》第 21 条规定：保险人以被保险人自杀为由拒绝给付保险金的，由保险人承担举证责任。

受益人或者被保险人的继承人以被保险人自杀时无民事行为能力为由抗辩的，由其承担举证责任。

【法理辨析】一直以来，保险公司对被保险人的自杀行为采取区分对待的方法。即自杀目的是骗保就不给付保险金，自杀目的不是骗保就给付保险金。此种做法尽管公平但很难操作，因为被保险人自杀死亡后是无法再准确判断他的自杀目的是什么的。有鉴于此，保险公司结合心理学经验就采取用时间长短来区分自杀目的的方法，这样很客观，很好操作。根据上述规定，被保险人在合同成立或者合同效力恢复之日起 2 年内自杀的，一概被推定为具有骗保目的，因为时间间隔太短，因果关系明显，所以不给付保险金；被保险人在合同成立或者合同效力恢复之日起 2 年后自杀的，一概被推定为不具有骗保目的，因为时间间隔太长，因果关系不明显，所以就给付保险金。但是，如果被保险人自杀时为无民事行为能力人，则无论何时自杀都会给付保险金。因为无民事行为能力人（主要针对精神病人）自杀是不会有骗保目的的，一般都是病情失控导致的。

3. 故意犯罪或抗法。《保险法》第 45 条规定，因被保险人故意犯罪或者抗拒依法采取的刑事强制措施导致其伤残或者死亡的，保险人不承担给付保险金的责任。

投保人已交足 2 年以上保险费的，保险人应当按照合同约定退还保险单的现金价值。

《保险法解释（三）》第 22 条规定：《保险法》第四十五条规定的"被保险人故意犯罪"的认定，应当以刑事侦查机关、检察机关和审判机关的生效法律文书或者其他结论性意见为依据。

该解释 23 条规定：保险人主张根据《保险法》第四十五条的规定不承担给付保险金责任的，应当证明被保险人的死亡、伤残结果与其实施的故意犯罪或者抗拒依法采取的刑事强制措施的行为之间存在因果关系。

被保险人在羁押、服刑期间因意外或者疾病造成伤残或者死亡，保险人主张根据《保险法》第四十五条的规定不承担给付保险金责任的，人民法院不予支持。

该解释第 24 条规定：被保险人被宣告死亡之日在保险责任期间之外，但有证据证明下落不明之日在保险责任期间之内，当事人要求保险人按照保险合同约定给付保险金的，人民法院应予支持。

李某于 2000 年为自己投保，约定如其意外身故则由妻子王某获得保险金 20 万元，保险期间为 10 年。2009 年 9 月 1 日起李某下落不明，2014 年 4 月法院宣告李某死亡。王某起诉保险公司主张该保险金。关于本案，判断下列说法的正误？①

　　（1）王某有权主张保险金。

　　（2）李某死亡日期已超保险期间，故保险公司不承担保险责任。

　　（3）如李某确系 2009 年 9 月 1 日下落不明，则保险公司应承担保险责任。

---

① （1）（3）说法正确，（2）说法错误。

专题十五
票据原理

　　票据是指出票人依票据法签发的，由本人或委托他人在见票时或者在票载日期无条件支付确定的金额给收款人或持票人的一种有价证券。票据是债权证券、设权证券、文义证券、要式证券、无因证券、提示证券、流通证券。票据具有汇兑功能，可以将款项汇往异地；票据具有信用功能，可以将未来可取得的金钱作为现在的金钱来使用；票据具有支付功能，可以代替现金进行支付；票据具有结算功能，互有债务的双方当事人可以分别签发票据抵销债务；票据具有融资功能，持票人可以在到期日前通过法定程序和条件得到资金，以解决只能用现金方能解决的问题。

一、票据概述

（一）概念和种类

　　票据是指由出票人签发的，约定自己或委托付款人在见票时或指定的日期向收款人或持票人无条件支付一定金额并可流通转让的有价证券，包括汇票、本票和支票。

（二）特征

【图示】以汇票为例，介绍票据的流转

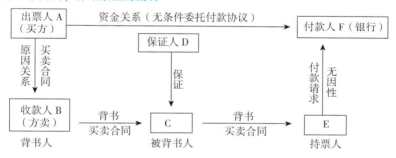

　　1. 要式性。票据的作成必须严格按照票据法规定的制作格式和记载事项，票据行为必须依照票据法的规定在票据上载明法定事项并交付。

　　2. 无因性。票据上的法律关系是一种单纯的金钱支付关系，权利人享有票据权利只以持有符合票据法规定的有效票据为必要。至于票据赖以发生的原因则在所不问。即使原因关系无效或有瑕疵，均不影响票据的效力。也就是票据关系和原因关系互相分离，互不影响。所以，票据权利人在行使票据权利时，无须证明给付原因，票据债务人也不得以原因关系拒绝对善意第三人承担义务。

　　出票人 A 基于和收款人 B 之间的买卖关系，向 B 签发汇票，B 又基于和 C 之间的买卖关系，将该汇票背书转让给 C，则 C 在请求付款时，无须证明 A、B 间买卖关系及

B、C 间买卖关系的存在，即使 A、B 间的买卖关系不存在或有瑕疵，C 亦可以背书连续的票据，当然地行使票据权利。这种做法是为了保护善意第三人 C 的利益，因为 C 是无法了解 A、B 间的买卖关系的，自然也不应受其影响，在无因性的保护下票据就可以安全顺利地流通了。

3. 文义性。票据权利义务的内容完全依据票据上记载的文义而定，即使其与实质关系的内容不一致，仍按票据上的记载而产生效力。

例如，当票据上记载的出票日与实际出票日不一致时，必须以票据上记载的出票日为准。票据之所以如此教条和僵化，就是为了保证流通的安全，任何接受票据的人只要审查票据表面的记载内容即可，无须审查票据背后的真实情况。

4. 设权性与提示性。票据权利的产生必须首先做成证券。在票据做成之前，票据权利是不存在的。

票据权利与票据占有不可分离，没有票据，就没有票据权利。行使票据权利必须出示票据。

5. 流通性。票据可以流通，票据法的立法宗旨就在于鼓励票据的流通，保证票据流通的安全。

一般说来，无记名票据，可依单纯交付而转让；记名票据，须经背书交付才能转让。

6. 独立性。票据行为的独立性是指就同一票据所为的若干票据行为互不牵连，都分别依各行为人在票据上记载的内容，独立地发生效力。票据行为的独立性要求在先票据行为无效，不影响后续票据行为的效力；某一票据行为无效，不影响其他票据行为的效力。

【题】

依票据法原理，票据具有无因性、设权性、流通性、文义性、要式性等特征。关于票据特征的表述，判断下列说法的正误？[①]

（1）没有票据，就没有票据权利。

（2）任何类型的票据都必须能够进行转让。

（3）票据的效力不受票据赖以发生的原因行为的影响。

二、票据法上的法律关系

（一）种类

票据法上的法律关系包括票据关系和票据上的非票据关系。

1. 票据关系。指票据当事人基于票据行为而发生的债权债务关系。其中，票据的持有人（持票人）享有票据权利，在票据上签名的票据债务人承担票据义务。

2. 非票据关系。票据法上的非票据关系是指由票据法直接规定的，不是基于票据行为而发生的法律关系。非票据关系也称票据基础关系，是直接由法律的规定而发生的，包括以下三种类型：

（1）原因关系。是指票据当事人之间授受票据的理由。原因关系只存在于授受票

---

① （1）（2）（3）均正确。

据的直接当事人之间，票据一经转让，其原因关系对票据效力的影响力即被切断。

（2）资金关系。是指汇票出票人和付款人、支票出票人与付款银行或其他资金义务人所发生的法律关系。即出票人之所以委托付款人进行付款的原因。一般说来，资金关系的存在或有效与否，均不影响票据的效力。出票人不得以已向付款人提供资金为由拒绝履行其追索义务；付款人也不因得到资金而当然地成为票据债务人。比如对于汇票来说，付款人的承兑行为才是其承担票据债务的法定条件。

注意：

票据关系与非票据关系同时存在于一张票据之上，非票据关系是票据关系的基础，一般表现为民事合同。为了保证票据流通的安全，这两种关系是互不影响的。

（二）票据关系的当事人

票据关系的当事人必须在票据上从事票据行为，包括以下两类：

1. 基本当事人。指票据一经成立就已存在的当事人，包括出票人、收款人、付款人。基本当事人不存在或不完全，票据法律关系就不能成立，票据也就无效。

2. 非基本当事人。指票据已经成立，通过各种票据行为而加入票据关系的当事人，如背书人、保证人、承兑人等。欠缺非基本当事人对票据效力是没有影响的。

三、票据权利

（一）含义与类型。

票据权利是指持票人向票据债务人请求支付票据金额的权利，包括付款请求权和追索权。

1. 付款请求权。是持票人请求主债务人（付款人或承兑人）支付票据所载金额的权利。

2. 追索权。是持票人请求从债务人前手（签章在前者）偿还票据所载金额及其他有关金额的权利。这是指在付款请求权未能实现时发生的、持票人对从债务人所享有的、请求偿还票据所载金额及其他有关金额的权利。

注意：

付款请求权是第一顺序的票据权利，必须首先行使，不能越过它直接行使追索权；追索权是第二顺序的票据权利，只有在付款请求权无法实现时才能作为补救而行使。

（二）票据权利的取得

1. 取得方式：

（1）原始取得：包括发行取得与善意取得。票据权利善意取得的构成要件：

①必须是从无权利人处取得票据；

②必须是依票据法规定的票据转让方式取得票据。受让人必须依背书方式取得票据；

③受让人必须是善意。

（2）继受取得：从有票据处分权的前手权利人处取得票据，包括依背书转让取得和依民事权利转让（赠与、继承与税收等）取得。

2. 取得条件：非法方式是不能取得票据权利的，如偷盗、抢劫、欺诈或拾得。

（1）取得手段合法；

（2）主观为善意；

（3）支付对价。

《票据法》也允许不支付对价而取得票据权利，因税收、继承、赠与等原因可以无偿取得票据，不受支付对价的限制，但此时则要求前手必须是权利人才可。

甲在公园拾得一本票，作为生日礼物背书赠与给女友乙，乙能否取得本票的权利？乙对甲拾得本票之事并不知情。此时乙不能取得本票权利，因为甲无票据权利使其受到牵连。换而言之，如果乙对甲支付了对价，则不受甲的影响可以取得票据权利，即为票据的善意取得。

（三）票据权利的消灭原因

1. 付款。付款人依法足额付款后，全体汇票债务人的责任解除。

2. 追索义务人清偿票据债务及追索费用。被追索人清偿债务后，其责任解除。

3. 票据时效期间届满。票据权利在下列期限内不行使而消灭：

（1）持票人对票据的出票人和承兑人的权利，自票据到期日起 2 年。见票即付的汇票、本票，自出票日起 2 年。

（2）持票人对支票出票人的权利，自出票日起 6 个月。

（3）持票人对前手的追索权，自被拒绝承兑或者被拒绝付款之日起 6 个月。

（4）持票人对前手的再追索权，自清偿日或者被提起诉讼之日起 3 个月。

4. 票据记载事项欠缺。持票人只享有利益偿还请求权。

5. 保全手续欠缺。

（四）票据权利的瑕疵

所谓票据权利的瑕疵，是指影响票据效力的行为。

1. 票据的伪造和变造。票据伪造，是指假借他人名义，在票据上为一定的票据行为，一般指票据签章的伪造。

注意：

伪造的对象只针对票据的签章。

票据变造是指无票据记载事项变更权限的人，对票据上记载事项加以变更，从而使票据法律关系的内容发生改变。变造是对票据签章以外的其他事项进行变更。

票据上其他记载事项被变造的，在变造之前签章的人，对原记载事项负责；在变造之后签章的人，对变造之后的记载事项负责；不能辨别是在票据被变造之前或者之后签章的，视同在变造之前签章。

票据上有伪造、变造的签章的，根据票据行为的独立性，不影响票据上其他真实签章的效力。其他签章人仍需依其签章按照票据所载文义承担票据责任。

注意：

（1）变造的对象不包括签章，这是它和伪造的根本区别。

（2）无民事行为能力人或者限制民事行为能力人在票据上签章的，其签章无效，但是不影响其他签章的效力。

甲公司签发一张汇票给乙，票面记载金额为 10 万元，乙取得汇票后背书转让给丙，丙取得该汇票后又背书转让给丁，但将汇票的记载金额由 10 万元变更为 20 万元。之后，丁又将汇票最终背书转让给戊。其中，乙的背书签章已不能辨别是在记载金额变更之前，还是在变更之后。甲乙丙丁分别对戊承担多大的票据责任？甲在票据被变造之前签章，对原记载事项负责，即对戊承担 10 万元的票据责任；乙的背书签章已不能辨别是在记载金额变更之前，还是在变更之后，则视同在变造之前签章，推定让后手对变造前的事项负责也就是承担相对较轻的责任是公平的。即乙应对戊承担 10 万元的票据责任；丙和丁都是在票据变造之后签章，对变造之后的记载事项负责，即应当对戊承担 20 万元的票据责任。

2. 票据的更改和涂销。票据的更改和涂销是指将票据上的签名或其他记载事项加以更改或涂抹消除的行为。

票据金额、日期、收款人名称不得更改，更改的票据无效。对票据上的其他记载事项，原记载人可以更改，更改时应当由原记载人签章证明。

注意：

票据的更改和变造是有区别的，更改是同一主体进行的，变造是不同主体进行的。

权利人故意所为的票据的涂销行为就其实质来说就是票据内容的更改，应发生上述票据更改的法律后果；权利人非故意所为的票据的涂销，涂销行为无效，票据依其未涂销时的记载事项发生法律效力。非权利人所为的票据涂销行为，发生票据伪造、变造的法律后果。

四、票据行为

（一）含义与种类

票据行为是以行为人在票据上进行必备事项的记载、完成签名并予以交付为要件，以发生或转移票据上权利、负担票据上债务为目的的要式法律行为。就票据行为来说，汇票包括出票、背书、承兑、保证；本票包括出票、背书、保证；支票包括出票和背书。其中，只有出票是基本票据行为，其他均为附属票据行为。

（二）成立的要件

1. 实质要件：行为人须有完全民事行为能力。

2. 形式要件：

（1）书面：票据行为必须以书面形式和法定格式作成方得发生效力。

（2）签章：在票据上签章之人须按照票据所载事项承担票据责任。

（3）票据上须记载一定的事项。

（三）特征

票据行为的最根本特征在于具有独立性。所谓独立性是指票据上的各个票据行为各自独立发生效力，不因其他票据行为的无效或有瑕疵而受影响。独立性主要表现在以下规定上：

1. 票据上如有无行为能力人或限制行为能力人的签章，该签章的无效不影响其他签章的效力。

2. 无代理权而以代理人名义在票据上签章的，应由签章人自己负担票据上的责任；

代理人逾越代理权限时，就逾越的部分，亦应由签章人自负责任。

3. 票据上签章的伪造和变造对其他真正签章的效力也不发生影响。

4. 票据上被保证人的债务即使无效，保证人仍然要负担保责任。

五、票据的抗辩

票据抗辩是票据债务人根据《票据法》的规定对票据债权人拒绝履行义务的行为。

（一）票据抗辩的特征

与民法上的抗辩制度相比，票据抗辩权有其特点：

1. 对票据金额全额抗辩；

2. 票据保证人不具有先诉抗辩权。

（二）票据抗辩的种类

1. 对物的抗辩。又称绝对抗辩、客观抗辩，指基于票据本身所作的，票据债务人可对任何票据债权人所作的抗辩，主要有以下情形：

（1）欠缺法定必要记载事项或有法定禁止记载事项或不符合法定格式；

（2）超过票据权利时效；

（3）背书不连续；

（4）票据尚未到期；

（5）票据因除权判决而被宣告无效；

（6）票据伪造时，被伪造的签章人可以提出抗辩；

（7）票据变造时，变造前的签章人可对变造后的记载事项提出抗辩，变造后的签章人可对变造前的记载事项提出抗辩；

（8）无权代理、越权代理情形下，本人可以提出相应抗辩；

（9）无民事行为能力人或限制民事行为能力人的监护人可主张被监护人所为票据行为无效；

（10）欠缺保全手续。

2. 对人的抗辩。又称主观抗辩和相对抗辩，指基于票据义务人与特定票据权利人之间一定关系发生的抗辩，抗辩只能对特定票据权利人主张。主要有以下情形：

（1）在原因关系不存在、无效或消灭的情形下，票据债务人可对有直接原因关系的票据权利人进行抗辩；

（2）票据债务人可对有直接债权债务关系且未履行约定的持票人进行抗辩；

（3）持票人以欺诈、偷盗、胁迫等非法手段取得票据，或明知有此类情形仍恶意取得票据；

（4）持票人明知票据债务人与出票人或与持票人前手之间存在抗辩事由而取得票据；

（5）持票人以重大过失取得票据。

> **注意：**
> 此处在考试中对于（1）和（2）两种情况的考查是绝对的重点。

【总结】票据对物抗辩和对人抗辩的区别在于对物抗辩票据债务人可对任何票据债权人进行抗辩，对人抗辩票据债务人只能对有直接原因关系的票据权利人进行抗辩。

（三）票据抗辩的限制

《票据法》对票据抗辩规定了一些限制，即所谓的抗辩切断制度。对物抗辩不存在

曹新川讲商法·经济法 2018年国家统一法律职业资格考试专题讲座系列

抗辩的限制问题，对人的抗辩则存在一定限制：

1. 对出票人抗辩的切断。票据债务人不得以自己与出票人之间的抗辩事由对抗持票人，如承兑人不得以出票人违反委托付款协议对抗持票人。

2. 对持票人前手的抗辩切断。票据债务人不得以自己与持票人前手（任何前手）之间的抗辩事由对抗持票人。

六、票据的丧失与补救

票据丧失既包括绝对丧失（如票据毁损）也包括相对丧失（如票据被遗失）。我国法律规定了三种途径对丧失票据的权利人提供补救。

（一）挂失止付

挂失止付是指票据权利人在丧失票据占有时，为防止可能发生的损害，保护自己的票据权利，通知票据上的付款人，请求其停止票据支付的行为。挂失止付由失票人向付款人或代理付款人提起。所以，无法确定付款人或代理付款人的票据，如银行汇票，不能挂失止付。挂失止付的效力，在于使收到止付通知的付款人承担暂停票据付款的义务。付款人在接到止付通知后，如果仍然对票据进行付款，则无论善意与否，都应当承担赔偿责任。

挂失止付只是一种临时补救措施，它必须同后面的公示催告或诉讼相结合才能最终起到确认票据权利的作用。具体来说，付款人或者代理付款人收到挂失止付通知书，应当立即暂停支付。失票人应当在通知挂失止付后 3 日内，也可以在票据丧失后，依法向法院申请公示催告，或者向法院提起诉讼。

注意：

挂失止付不是公示催告程序和诉讼程序的必经程序。

（二）公示催告

1. 含义。公示催告是指在票据等有价证券丧失的场合，由法院依申请人的申请，向未知的利害关系人发出公告，告之其如果未在一定期间申报权利、提出证券，则法院会通过判决的形式宣告其无效，从而催促利害关系人申报权利、提出证券的一种特别诉讼程序。

2. 公示催告的申请人。申请人应为票据的合法权利人，包括失票人、能够以背书连续证明自己合法持票人身份的，由于可能发生出票人在票据上签章后票据遗失的情况，这时，应当允许作为公示催告的申请人。

3. 发出止付通知。法院受理公示催告的申请后，应当立即发出止付通知。根据最高人民法院《关于审理票据纠纷案件若干问题的规定》第 31 条规定，付款人或者代理付款人收到人民法院发出的止付通知，应当立即停止支付，直至公示催告程序终结。非经发出止付通知的人民法院许可擅自解付的，不得免除票据责任。

4. 公示催告期间届满，法院作出除权判决，宣告票据无效。自该判决作出之日起，申请人就有权依该判决，行使其付款请求权和追索权；而已作出除权判决的票据，则丧失其效力，持有人不能再依此票据行使任何票据权利。

注意：

在法院作出除权判决前，持票人仍然享有票据权利。

（三）诉讼（即《民事诉讼法》中规定的普通民事诉讼程序）

失票人在丧失票据后，可以直接向法院提起民事诉讼，请求法院判令票据债务人向其支付票据金额。我国票据法没有对该程序作出详细规定。

关于票据丧失时的法律救济方式，下列哪一说法是错误的？①

A. 通知票据付款人挂失止付

B. 申请法院公示催告

C. 向法院提起诉讼

D. 不经挂失止付不能申请公示催告或者提起诉讼

曹新川讲商法·经济法

2018 年国家统一法律职业资格考试专题讲座系列

专题十六

汇票、本票与支票

我国的票据包括汇票、本票、支票三种。汇票的法律制度是三种票据中最完备、最复杂的。它包括汇票的出票、背书、承兑、保证、追索权等内容。汇票的法律制度有很多可以直接被本票和支票借用，对后面的知识具有重要的提示作用。

一、汇票上的票据行为

汇票是出票人签发的，委托付款人在见票时或者在指定日期无条件支付确定的金额给收款人或者持票人的票据。按照出票人的不同，汇票分为银行汇票和商业汇票。由银行签发的汇票为银行汇票，由银行以外的企业、单位等签发的汇票为商业汇票。商业汇票根据承兑人的不同，又分为银行承兑汇票和商业承兑汇票。银行承兑汇票由银行承兑，商业承兑汇票由银行以外的付款人承兑。

注意：

汇票是委托他人进行支付的票据，通常都需要由付款人进行承兑。

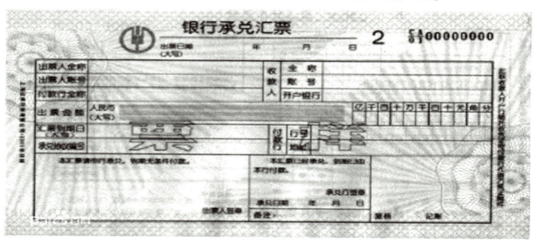

（一）出票

1. 含义。出票是指出票人签发汇票并将其交付给收款人的票据行为。

2. 出票行为的形式要件。为了保证出票行为的效力，票据上必须记载有一定的事项，这些事项根据效力分为两类：一类为绝对应当记载事项，即欠缺其一会导致票据无效；一类为相对应当记载事项，即出票人未记载时法律规定了推定的办法。

（1）绝对应当记载事项：

①表明"汇票"的字样。

②无条件支付的委托：如果票据在付款上附有条件的话，由于违背票据的无因性

原理，就会导致票据无效。

③确定的金额：票据金额以中文大写和数码同时记载，二者必须一致，二者不一致的，票据无效；汇票金额记载欠缺或更改时，汇票无效。

④付款人名称：付款人可以是法人，也可以是自然人。

⑤收款人名称。

⑥出票日期。

⑦出票人签章。票据上的签章，为签名、盖章或者签名加盖章。法人和其他使用票据的单位在票据上的签章，为该法人或者该单位的盖章加其法定代表人或者其授权的代理人的签章。在票据上的签名，应当为该当事人的本名。

（2）相对应当记载事项：

①汇票上记载的付款日期为汇票到期日，付款日期可以按照下列形式之一记载：a. 见票即付；b. 定日付款；c. 出票后定期付款；d. 见票后定期付款。

如汇票上未记载付款日期的，为见票即付。

②汇票上未记载付款地的，付款人的营业场所、住所或者经常居住地为付款地。

③汇票上未记载出票地的，出票人的营业场所、住所或者经常居住地为出票地。

（二）背书——票据的转让方式

粘单

被背书人：	被背书人：
背书人签章 年　月　日	背书人签章 年　月　日

1. 含义与特征。《票据法》上的汇票转让是通过背书方式进行的。所谓背书，是指持票人在票据的背面或者粘单上记载有关事项，完成签章，并将其交付相对人，从而将汇票权利转让给他人或者将一定的汇票权利授予他人行使的票据行为。票据凭证不能满足背书人记载事项的需要，可以加附粘单，粘附于票据凭证上，粘单上的第一记载人应当在汇票和粘单的粘接处签章。背书的实质是转让债权，但与民法不同，背书转让无须经票据债务人同意，只要持票人完成背书行为，就构成有效的票据权利转让。

注意：

转让人不退出票据关系，而是由先前的票据权利人转变为票据义务人。并承担担保承兑和担保付款的责任。

2. 背书的形式要件。

（1）背书由背书人签章并记载背书日期。背书未记载日期的，视为在汇票到期日前背书。

（2）汇票以背书转让或者以背书将一定的汇票权利授予他人行使时，必须记载被背书人名称。

（3）以背书转让的汇票，背书应当连续。持票人以背书的连续，证明其汇票权利；

曹新川讲商法·经济法　2018年国家统一法律职业资格考试专题讲座系列

非经背书转让，而以其他合法方式取得汇票的，依法举证，证明其汇票权利。

所谓背书连续，是指在票据转让中，转让汇票的背书人与受让汇票的被背书人在汇票上的签章依次前后衔接。连续背书的法律后果就是：具有权利证明效力，具体体现在以下三个方面：

①持票人所持票据上的背书如果具有连续性，就可以凭此票据行使票据权利，无须再举其他证明自己为真正票据权利人的证据。

②票据付款人在向背书连续的票据持有人付款时，无须审查对方是否为真正的票据权利人。当然，票据债务人在付款时必须是没有恶意或重大过失。

③依连续背书而取得票据之人，当然享有票据权利。不管背书人对票据是否享有权利，也不管该背书行为是否欠缺其他实质上的有效要件。但是，被背书人在接受票据时，如果明知或者可得知背书人的背书行为在实质上无效，便不得取得票据权利。

3. 背书转让的限制情形。

（1）出票人的限制背书。出票人在汇票上记载"不得转让"字样的，汇票不得转让。

这时，如果持票人背书转让的，背书行为无效。这时的转让只是民事债权的转让。出票人记载禁止背书的意义，在于排除背书转让的效力，保持对受让人的抗辩权，并防止在受到追索时增加更多的偿还金额。

（2）背书人的限制背书。背书人在汇票上记载"不得转让"字样，其后手再背书转让的，原背书人对后手的被背书人不承担保证责任。

背书人记载的限制背书与出票人的限制背书都有避免对人抗辩切断、防止偿还金额增大的作用。

【总结】出票人限制背书与背书人限制背书的不同之处：

（1）出票人"禁转"的，其持票人背书转让的，背书行为无效。

（2）背书人"禁转"的，其后手的背书行为有效。但是，持票人的追索权受到限制，即原背书人对后手的被背书人不承担保证责任。

（3）附条件背书。背书不得附有条件。背书时附有条件的，所附条件不具有汇票上的效力。

注意：

此时票据依然有效，背书也依然有效。同时需要区别：汇票出票附支付条件的，票据无效。

甲公司开具一张金额50万元的汇票，收款人为乙公司，付款人为丙银行。乙公司收到后将该汇票背书转让给丁公司。判断下列说法的正误？①

（1）乙公司将票据背书转让给丁公司后即退出票据关系。

（2）乙公司背书转让时不得附加任何条件。

（3）如甲公司在出票时于汇票上记载有"不得转让"字样，则乙公司的背书转让行为依然有效，但持票人不得向甲行使追索权。

---

① （2）说法正确，（1）（3）说法错误。

（4）部分背书与分别背书。将汇票金额的一部分转让的背书或者将汇票金额分别转让给2人以上的背书无效。

具体来讲，分别背书是指将票据金额分别转让给不同的被背书人的背书，部分背书是指将票据金额的一部分进行转让的背书。

注意：

分别背书和部分背书，背书无效，票据权利不发生转移。所以背书人只能将全部票据金额转让给一个被背书人。

（5）期后背书。汇票被拒绝承兑、被拒绝付款或者超过付款提示期限的，不得背书转让；背书转让的，背书人应当承担汇票责任。

注意：

期后背书应当属于无效背书，不能发生一般背书的效力。但注意期后背书的背书人仍需承担票据责任。原理在于期后背书是将有瑕疵的权利进行转让，是欺诈行为。

（6）回头背书。回头背书就是以自己的前手为被背书人进行的背书。为了防止追索的循环往复，回头背书的法律后果是导致追索权的完全或部分消灭，具体而言：持票人为出票人的，对其前手无追索权；持票人为背书人的，对其后手无追索权。

注意：

回头背书具有一般背书的效力，并不因被背书人是先前的票据债务人而使该票据权利归于消灭，只是在权利担保的效力上有所不同。

（7）委托收款背书。背书记载"委托收款"字样的，被背书人有权代背书人行使被委托的汇票权利。但是，被背书人不得再以背书转让汇票权利。

委托收款背书不是实质上的票据权利转让，被背书人行使票据权利后，应将所得金额归于背书人。

（8）质押背书。汇票可以设定质押；质押时应当以背书记载"质押"字样。被背书人依法实现其质权时，可以行使汇票权利。背书人在票据上记载"不得转让"字样，其后手对此票据进行质押的，原背书人对后手的被背书人不承担票据责任。

注意：

此处被背书人不得再以背书转让，否则是无效背书。

（三）承兑

1. 含义。承兑是指汇票付款人承诺在汇票到期日支付汇票金额的票据行为。承兑是汇票特有的一种制度。汇票的出票人在出票时，是委托他人（付款人）代替其支付票据金额，而该付款人在出票时并未在票据上签章，并非票据债务人，无当然的支付义务。

注意：

付款人只有在承兑后，才成为汇票上的主债务人，承担到期无条件付款的绝对责任。

2. 提示承兑的时间及不提示承兑的后果。提示承兑，是指持票人向付款人出示汇票，并要求付款人承诺付款的行为。见票即付的汇票无需提示承兑。

曹新川讲商法·经济法

2018年国家统一法律职业资格考试专题讲座系列

（1）定日付款或者出票后定期付款的汇票，持票人应当在汇票到期日前向付款人提示承兑。

（2）见票后定期付款的汇票，持票人应当自出票日起1个月内向付款人提示承兑。

（3）汇票未按照规定期限提示承兑的，持票人丧失对其前手的追索权。

3. 承兑的时间及形式。

（1）付款人对向其提示承兑的汇票，应当自收到提示承兑的汇票之日起3日内承兑或者拒绝承兑。

（2）付款人承兑汇票的，应当在汇票正面记载"承兑"字样和承兑日期并签章；见票后定期付款的汇票，应当在承兑时记载付款日期。汇票上未记载承兑日期的，以前述规定承兑期限的最后1日为承兑日期。

4. 附条件承兑。付款人承兑汇票，不得附有条件；承兑附有条件的，视为拒绝承兑。

（四）保证

1. 含义。汇票的保证，是指汇票债务人以外的第三人，担保特定的票据债务人能够履行票据债务的票据行为。汇票的债务可以由保证人承担保证责任。

注意：

保证人由汇票债务人以外的他人担当。

2. 附条件保证。保证不得附有条件；附有条件的，所附条件视为无记载，不影响对汇票的保证责任。

3. 票据保证的特点。保证具有独立性，即使被保证的票据债务因实质性原因而无效，已经完成的票据保证仍然有效。

被保证的汇票，保证人应当与被保证人对持票人承担连带责任。保证人为2人以上的，保证人之间承担连带责任。对票据权利人来说，不分第一保证人或第二保证人，可以向任何一个保证人或全体保证人请求履行保证义务。保证人应当足额付款。保证人清偿汇票债务后，可以行使持票人对被保证人及其前手的追索权。

4. 保证日期。保证人在汇票或者粘单上未记载保证日期的，出票日期为保证日期。

二、汇票的追索权

（一）追索权的含义

追索权是指持票人在提示承兑或者提示付款，而未获承兑或未获付款时，依法向其前手请求偿还票据金额及其他金额的权利。

概括来说付款请求权是第一次请求权，持票人必须首先向主债务人行使，而不能越过他直接行使追索权。追索权的行使以持票人第一次请求权未能实现为前提，相对于付款请求权来说，是第二次性权利。追索权是付款请求权的补救。

追索可以分为最初追索和再追索，前者是最后持票人向债务人进行的追索；后者是被追索人向其前手再进行的追索。

注意：

汇票的出票人、背书人、承兑人和保证人对持票人承担连带责任，他们均为追索义务人。

（二）追索权的特性

1. 选择性。持票人可以不按照汇票债务人的先后顺序，对其中任何一人、数人或者全体行使追索权。

2. 变更性。持票人对汇票债务人中的一人或者数人已经进行追索的，对其他汇票债务人仍可以行使追索权。

3. 代位性。被追索人清偿债务后，与持票人享有同一权利，可以继续进行追索。直至汇票上的债权债务关系因履行或其他法定原因而消灭为止。

甲公司在与乙公司交易中获得由乙公司签发的面额 50 万元的汇票一张，付款人为丙银行。甲公司向丁某购买了一批货物，将汇票背书转让给丁某以支付货款，并记载"不得转让"字样。后丁某又将此汇票背书给戊某。如戊某在向丙银行提示承兑时遭拒绝，戊某可向谁行使追索权？[①]

A. 丁某　　　　　B. 乙公司　　　　　C. 甲公司　　　　　D. 丙银行

（三）追索的原因

1. 汇票到期日前，有下列情形之一的，持票人可以行使追索权（期前追索原因）：

（1）汇票被拒绝承兑的；

（2）承兑人或者付款人死亡、逃匿的；

（3）承兑人或者付款人被依法宣告破产的或者因违法被责令终止业务活动的。

2. 汇票到期被拒绝付款的，持票人可以行使追索权（期后追索原因）。

三、本票与支票的特殊规定

（一）本票

1. 含义与种类。本票是出票人签发的，承诺自己在见票时无条件支付确定的金额给收款人或者持票人的票据。《票据法》所称本票，是指银行本票，即本票的出票人只能是银行。不包括商业本票和个人本票。

注意：

出票人兼任付款人，因此本票没有付款人。

2. 出票。为了保证出票行为的效力，票据上必须记载有一定的事项，这些事项根据效力分为两类：一类为绝对应当记载事项，即欠缺其一会导致票据无效；另一类为相对应当记载事项，即出票人未记载时法律规定了推定的办法。

（1）绝对应当记载事项：

①表明"本票"的字样。

②无条件支付的承诺。

③确定的金额：票据金额以中文大写和数码同时记载，二者必须一致，二者不一致的，票据无效。

④收款人名称。

⑤出票日期。

① 答案：A、B。

曹新川讲商法·经济法　2018 年国家统一法律职业资格考试专题讲座系列

⑥出票人签章。票据上的签章，为签名、盖章或者签名加盖章。法人和其他使用票据的单位在票据上的签章，为该法人或者该单位的盖章加其法定代表人或者其授权的代理人的签章。在票据上的签名，应当为该当事人的本名。

（2）相对应当记载事项：

①本票上未记载付款地的，出票人的营业场所为付款地。

②本票上未记载出票地的，出票人的营业场所为出票地。

3. 付款期限。本票自出票日起，付款期限最长不得超过 2 个月。

（二）支票

1. 含义。支票是出票人签发的，委托办理支票存款业务的银行或者其他金融机构在见票时无条件支付确定的金额给收款人或者持票人的票据。

以支票的付款方式为标准，可以分为现金支票和转账支票。现金支票只能用来支取现金；转账支票只能用来转账，不能支取现金。

2. 支票的特征。

（1）支票付款人的资格有严格限制，仅限于银行或其他金融机构，不能是其他法人或自然人。

（2）支票是见票即付的票据，是"即期票据"，所以支票没有"承兑"行为。

（3）支票是支付证券，也就是一种结算方式。其主要功能在于代替现金进行支付，所以支票不具备信用功能（这是支票和汇票的本质区别）。

（4）支票的无因性受到一定限制。《票据法》第 87 条规定：支票的出票人所签发的支票不得超过其付款时在付款人处实有的存款金额。出票人签发的支票金额超过其付款时在付款人处实有的存款金额的，为空头支票。禁止签发空头支票。

注意：

支票的出票人是使用者本人，本票的出票人是银行。

3. 出票。为了保证出票行为的效力，票据上必须记载有一定的事项，这些事项根据效力分为两类：一类为绝对应当记载事项，即欠缺其一会导致票据无效；另一类为相对应当记载事项，即出票人未记载时法律规定了推定的办法。

（1）绝对应当记载事项：

①表明"支票"的字样。

②无条件支付的委托。

③确定的金额。票据金额以中文大写和数码同时记载，二者必须一致，二者不一致的，票据无效。支票上的金额可以由出票人授权补记，未补记前的支票，不得使用。

④付款人名称。

⑤出票日期。

⑥出票人签章。票据上的签章，为签名、盖章或者签名加盖章。法人和其他使用票据的单位在票据上的签章，为该法人或者该单位的盖章加其法定代表人或者其授权的代理人的签章。在票据上的签名，应当为该当事人的本名。

（2）相对应当记载事项：

①支票上未记载收款人名称的，经出票人授权，可以补记。出票人可以在支票上记载自己为收款人。

②支票上未记载付款地的，付款人的营业场所为付款地。

③支票上未记载出票地的，出票人的营业场所、住所或者经常居住地为出票地。

4. 付款期限。支票限于见票即付，不得另行记载付款日期。另行记载付款日期的，该记载无效。

5. 提示付款。支票的持票人应当自出票日起10日内提示付款。超过提示付款期限的，付款人可以不予付款；付款人不予付款的，出票人仍应当对持票人承担票据责任。

四、本票与支票适用汇票的规定

票据法中本票与支票的规定远远少于汇票，一个重要的原因在于汇票的许多制度可以被本票和支票直接借用，故没有必要重复，读者不要误以为这些制度不存在。具体而言：

（一）本票

本票的背书、保证、付款行为和追索权的行使，除《票据法》特别规定外，适用《票据法》有关汇票的规定。本票的出票行为，除《票据法》特别规定外，适用《票据法》第24条关于汇票的规定。

（二）支票

支票的背书、付款行为和追索权的行使，除《票据法》特别规定外，适用《票据法》有关汇票的规定。支票的出票行为，除《票据法》特别规定外，适用《票据法》第24条、第26条关于汇票的规定。

注意：

本票和支票均为见票即付，无需承兑。

曹新川讲商法·经济法

2018年国家统一法律职业资格考试专题讲座系列

专题十七
证券市场

证券一般又称为有价证券，是记载并代表一定民事权利的书面凭证。广义的证券包括货物证券，如提单、仓单；货币证券，如汇票、本票、支票；资本证券，如股票、债券、投资基金券。《证券法》所规范的证券仅为资本证券。有价证券还可分为证权有价证券和设权有价证券。分类的标准在于证券与权利发生的时间关系。权利发生在前，证券发生在后的有价证券，为证权有价证券，如借据、股票。股份有限公司设立，股东取得股份，股东权在前，股东取得股票在后，目的在于证明股份、股东权之存在及大小。证券与权利同时发生之有价证券，为设权有价证券，如公债、票据。票据未签发前，证券不存在，也不发生票据权利的问题。票据签发之时，证券与票据权利同时发生。

一、证券法的适用范围

在中国境内，股票、公司债券和国务院依法认定的其他证券的发行和交易，适用《证券法》。政府债券、证券投资基金份额的上市交易，适用《证券法》；其他法律、行政法规有特别规定的，适用其规定。证券衍生品种发行、交易的管理办法，由国务院依照《证券法》的原则规定。

股票是股份有限公司签发的证明股东权利义务的要式有价证券，代表股权。债券是企业、金融机构或政府为募集资金向社会公众发行的、保证在规定的时间内向债券持有人还本付息的有价证券，代表债权。证券投资基金券是证券投资基金发起人向社会公众发行的，表明持有人对基金享有收益分配权和其他相关权利的有价证券。证券衍生品种是原生证券的衍生产品，分为证券型（如认股权证等）和契约型（如股指期货、期权等）两大类，具有保值和投机双重功能。

证券是具有投资属性的凭证；证券是证明持券人享有某种财产权利的凭证；证券是一种可以流通的权利凭证。

股票和债券的区别

	股票	债券
发行主体	股份公司	公司和政府
权利性质	代表股权	代表对公司的债权
风险性	风险大	风险小
流动性	强	弱

股票和债券是我国《证券法》规定的主要证券类型。关于股票与债券的比较，下

列哪一表述是正确的？①

  A. 有限责任公司和股份有限公司都可以成为股票和债券的发行主体

  B. 股票和债券具有相同的风险性

  C. 债券的流通性强于股票的流通性

  D. 股票代表股权，债券代表债权

二、证券机构

（一）证券交易所

1. 概念与机构。

（1）证券交易所是为证券集中交易提供场所和设施，组织和监督证券交易，实行自律管理的法人；

（2）证券交易所的设立和解散，由国务院决定；

（3）证券交易所设理事会。证券交易所设总经理一人，由证监会任免。

2. 章程。设立证券交易所必须制定章程。证券交易所章程的制定和修改，必须经国务院证券监督管理机构批准。

3. 权益分配。实行会员制的证券交易所的财产积累归会员所有，其权益由会员共同享有，在其存续期间，不得将其财产积累分配给会员。

注意：

  我国的证交所是会员制，不以营利为目的，权益不分配。国外的证交所一般是公司制，以盈利为目的，权益要分配。

4. 职权。因突发性事件而影响证券交易的正常进行时，证券交易所可以采取技术性停牌的措施；因不可抗力的突发性事件或者为维护证券交易的正常秩序，证券交易所可以决定临时停市。证券交易所采取技术性停牌或者决定临时停市，必须及时报告证监会。

注意：

  停牌是针对个别股票不交易，目的是防止暴涨暴跌，投机过度。停市也是不交易，针对的是整个证交所，例如地震、战争、火灾等。

关于证券交易所，下列哪一表述是正确的？②

  A. 会员制证券交易所从事业务的盈余和积累的财产可按比例分配给会员

  B. 证券交易所总经理由理事会选举产生并报国务院证券监督管理机构批准

  C. 证券交易所制定和修改章程应报国务院证券监督管理机构备案

  D. 证券交易所的设立和解散必须由国务院决定

（二）证券公司

证券公司是指依照《公司法》《证券法》规定设立的经营证券业务的有限责任公

---

① 答案：D。

② 答案：D。

曹新川讲商法·经济法

2018年国家统一法律职业资格考试专题讲座系列

司或者股份有限公司。

1. 业务范围与注册资本。经证监会批准，证券公司可以经营下列部分或者全部业务：

（1）证券经纪（即在二级市场上代理投资者买卖证券）；

（2）证券投资咨询；

（3）与证券交易、证券投资活动有关的财务顾问；

（4）证券承销与保荐（即在一级市场上代理发行人发行证券）；

（5）证券自营（即自己充当投资者买卖证券）；

（6）证券资产管理；

（7）其他证券业务。

证券公司经营上述第（1）～（3）项业务的，注册资本最低限额为人民币5000万元；经营第（4）～（7）项业务之一的，注册资本最低限额为人民币1亿元；经营第（4）～（7）项业务中两项以上的，注册资本最低限额为人民币5亿元。

注意：

证券公司的注册资本应当是实缴资本，不能分期缴纳。

证监会根据审慎监管原则和各项业务的风险程度，可以调整注册资本最低限额，但不得少于上述规定的限额。

2. 业务管理。

（1）证券公司设立、收购或者撤销分支机构，变更业务范围，增加注册资本且股权结构发生重大调整，减少注册资本，变更持有5%以上股权的股东、实际控制人，变更公司章程中的重要条款，合并、分立、停业、解散、破产，必须经国务院证券监督管理机构批准。

（2）证券公司不得为其股东或者股东的关联人提供融资或者担保。

（3）证券公司的自营业务必须以自己的名义进行，不得假借他人名义或者以个人名义进行。证券公司的自营业务必须使用自有资金和依法筹集的资金。证券公司不得将其自营账户借给他人使用。

（4）证券公司客户的交易结算资金应当存放在商业银行，以每个客户的名义单独立户管理。证券公司不得将客户的交易结算资金和证券归入其自有财产。禁止任何单位或者个人以任何形式挪用客户的交易结算资金和证券。

（5）证券公司为客户买卖证券提供融资融券服务，应当按照国务院的规定并经证监会批准。

（6）证券公司办理经纪业务，不得接受客户的全权委托而决定证券买卖、选择证券种类、决定买卖数量或者买卖价格。

（7）证券公司不得以任何方式对客户证券买卖的收益或者赔偿证券买卖的损失作出承诺。

某证券公司在业务活动中实施了下列行为，其中哪些违反《证券法》规定？[①]

A. 经股东会决议为公司股东提供担保

① 答案：A、C、D。

B. 为其客户买卖证券提供融资服务

C. 对其客户证券买卖的收益作出不低于一定比例的承诺

D. 接受客户的全权委托，代理客户决定证券买卖的种类与数量

（三）证券服务机构

证券服务机构主要包括投资咨询机构、财务顾问机构、资信评级机构、资产评估机构、会计师事务所。

1. 投资咨询机构及其从业人员的义务和责任。投资咨询机构及其从业人员从事证券服务业务不得有下列行为：

（1）代理委托人从事证券投资；

（2）与委托人约定分享证券投资收益或者分担证券投资损失；

（3）买卖本咨询机构提供服务的上市公司股票；

（4）利用传播媒介或者通过其他方式提供、传播虚假或者误导投资者的信息；

（5）有上述所列行为之一，给投资者造成损失的，依法承担赔偿责任。

2. 证券服务机构的连带赔偿责任。证券服务机构为证券的发行、上市、交易等证券业务活动制作、出具审计报告、资产评估报告、财务顾问报告、资信评级报告或者法律意见书等文件，应当勤勉尽责，对所制作、出具的文件内容的真实性、准确性、完整性进行核查和验证。其制作、出具的文件有虚假记载、误导性陈述或者重大遗漏，给他人造成损失的，应当与发行人、上市公司承担连带赔偿责任，但是能够证明自己没有过错的除外。

（四）证券业协会

证券业协会是证券业的自律性组织，是社会团体法人。证券公司应当加入证券业协会。证券业协会的权力机构为全体会员组成的会员大会。

证券业协会履行下列职责：

（1）教育和组织会员遵守证券法律、行政法规；

（2）依法维护会员的合法权益，向证券监督管理机构反映会员的建议和要求；

（3）收集整理证券信息，为会员提供服务；

（4）制定会员应遵守的规则，组织会员单位的从业人员的业务培训，开展会员间的业务交流；

（5）对会员之间、会员与客户之间发生的证券业务纠纷进行调解；

（6）组织会员就证券业的发展、运作及有关内容进行研究；

（7）监督、检查会员行为，对违反法律、行政法规或者协会章程的，按照规定给予纪律处分；

（8）证券业协会章程规定的其他职责。

（五）证券监督管理机构

中国证券监督管理委员会是我国的证券监督管理机构。

国务院证券监督管理机构在对证券市场实施监督管理中履行下列职责：

（1）依法制定有关证券市场监督管理的规章、规则，并依法行使审批或者核准权；

（2）依法对证券的发行、上市、交易、登记、存管、结算，进行监督管理；

（3）依法对证券发行人、上市公司、证券公司、证券投资基金管理公司、证券服务机构、证券交易所、证券登记结算机构的证券业务活动，进行监督管理；

（4）依法制定从事证券业务人员的资格标准和行为准则．并监督实施；

（5）依法监督检查证券发行、上市和交易的信息公开情况；

（6）依法对证券业协会的活动进行指导和监督；

（7）依法对违反证券市场监督管理法律、行政法规的行为进行查处；

（8）法律、行政法规规定的其他职责。国务院证券监督管理机构可以和其他国家或者地区的证券监督管理机构建立监督管理合作机制，实施跨境监督管理。

专题十八 证券发行

本专题介绍证券发行，证券发行市场又称证券一级市场，它是通过发行证券进行筹资活动的市场。投资者在发行市场中可以获得证券，如所谓的"打新股"。发行市场主要由证券发行人、认购人和中介人组成。

一、发行方式

发行证券有公开发行和非公开发行两种方式。

（一）公开发行

公开发行主要是指向社会公众发行，它必须符合法律、行政法规规定的条件，并依法报经证监会或者国务院授权的部门核准；未经依法核准，任何单位和个人不得公开发行证券。有下列情形之一的，为公开发行：一是向不特定对象发行证券；二是向累计超过200人的特定对象发行证券。

（二）非公开发行

非公开发行主要是指向一定数量的特定对象发行。

注意：

非公开发行证券，不得采用广告、公开劝诱和变相公开方式。

（三）公开发行中的保荐人

发行人申请公开发行股票、可转换为股票的公司债券，依法采取承销方式的，或者公开发行法律、行政法规规定实行保荐制度的其他证券的，应当聘请具有保荐资格的机构担任保荐人。

所谓保荐人制度，是指由保荐人（证券公司）负责发行人的上市推荐和辅导，核实公司发行文件中所载资料的真实性、准确性和完整性，协助发行人建立严格的信息披露制度，并承担相应的法律责任的制度。

二、股票与公司债券的发行

（一）发行股票

股票发行是指符合发行条件的股份有限公司，以筹集资金为目的，依法定程序，以同一条件向特定或不特定的公众招募或出售股票的行为。

股票发行一般有两种：一是为设立新公司而首次发行股票，即设立发行；二是为扩大已有的公司规模而发行新股，即增资发行。

1. 公司公开发行新股的条件。

（1）具备健全且运行良好的组织机构；

（2）具有持续盈利能力，财务状况良好；

曹新川讲商法·经济法　2018年国家统一法律职业资格考试专题讲座系列

（3）最近 3 年财务会计文件无虚假记载，无其他重大违法行为；

（4）经国务院批准的证监会规定的其他条件。

2. 募集资金的使用。公司对公开发行股票所募集资金，必须按照招股说明书所列资金用途使用。

注意：

改变招股说明书所列资金用途，必须经股东大会作出决议。擅自改变用途而未作纠正的，或者未经股东大会认可的，不得公开发行新股，上市公司也不得非公开发行新股。

（二）发行公司债券

1. 公开发行公司债券的条件。

（1）股份有限公司的净资产不低于人民币 3000 万元，有限责任公司的净资产不低于人民币 6000 万元；

（2）累计债券余额不超过公司净资产的 40%；

（3）最近 3 年平均可分配利润足以支付公司债券 1 年的利息；

（4）筹集的资金投向符合国家产业政策；

（5）债券的利率不超过国务院限定的利率水平；

（6）国务院规定的其他条件。

公开发行公司债券筹集的资金，必须用于核准的用途，不得用于弥补亏损和非生产性支出。

上市公司发行可转换为股票的公司债券，除应当符合上述规定的条件外，还应当符合《证券法》关于公开发行股票的条件，并报证监会核准。

2. 再次公开发行公司债券的限制条件。有下列情形之一的，不得再次公开发行公司债券：

（1）前一次公开发行的公司债券尚未募足；

（2）对已公开发行的公司债券或者其他债务有违约或者延迟支付本息的事实，仍处于继续状态；

（3）违反《证券法》规定，改变公开发行公司债券所募资金的用途。

（三）证券发行的事后管理

1. 证券发行后的纠错程序。证监会或者国务院授权的部门对已作出的核准证券发行的决定，发现不符合法定条件或者法定程序，尚未发行证券的，应当予以撤销，停止发行。已经发行尚未上市的，撤销发行核准决定，发行人应当按照发行价并加算银行同期存款利息返还证券持有人；保荐人应当与发行人承担连带责任，但是能够证明自己没有过错的除外；发行人的控股股东、实际控制人有过错的，应当与发行人承担连带责任。

2. 股票发行后的风险负担。股票依法发行后，发行人经营与收益的变化，由发行人自行负责；由此变化导致的投资风险，由投资者自行负责。

三、发行承销

（一）承销方式

发行人向不特定对象公开发行的证券，法律、行政法规规定应当由证券公司承销

专题十八 证券发行

的，发行人应当同证券公司签订承销协议。证券承销业务采取代销或者包销方式，这两种方式因为风险不同，所以证券公司会收取不同的佣金。

1. 证券代销，是指证券公司代发行人发售证券，在承销期结束时，将未售出的证券全部退还给发行人的承销方式。

2. 证券包销，是指证券公司将发行人的证券按照协议全部购入或者在承销期结束时将售后剩余证券全部自行购入的承销方式。

（二）承销团承销

向不特定对象公开发行的证券票面总值超过人民币5000万元的，应当由承销团承销。承销团应当由主承销和参与承销的证券公司组成。

（三）承销期限

证券的代销、包销期限最长不得超过90日。

（四）股票发行价格的确定

股票发行采取溢价发行的，其发行价格由发行人与承销的证券公司协商确定。

（五）发行失败

股票发行采用代销方式，代销期限届满，向投资者出售的股票数量未达到拟公开发行股票数量70%的，为发行失败。发行人应当按照发行价并加算银行同期存款利息返还股票认购人。

曹新川讲商法·经济法

2018年国家统一法律职业资格考试专题讲座系列

专题十九

证券交易

本专题介绍证券交易，包括一般的证券交易和特殊的证券交易——上市公司收购。证券交易市场也称二级市场、次级市场，是指对已经发行的证券进行买卖、转让和流通的市场。在二级市场上销售证券的收入属于出售证券的投资者，而不属于发行该证券的公司。上市公司收购本质上属于证券交易，但因为其交易目的特殊，不是为了低买高卖获取差价收入，而是为了实现对目标公司的控制或兼并，所以单独列出。

一、一般的证券交易

（一）一般规定

1. 证券交易场所。依法公开发行的股票、公司债券及其他证券，应当在依法设立的证券交易所上市交易或者在国务院批准的其他证券交易场所转让。

2. 证券交易方式。证券在证券交易所上市交易，应当采用公开的集中交易方式或者证监会批准的其他方式。

3. 证券交易种类。证券交易以现货和国务院规定的其他方式进行交易。

4. 证券机构人员的持股限制。证券交易所、证券公司和证券登记结算机构的从业人员、证券监督管理机构的工作人员以及法律、行政法规禁止参与股票交易的其他人员，在任期或者法定限期内，不得直接或者以化名、借他人名义持有、买卖股票，也不得收受他人赠送的股票。

> **注意：**
>
> 任何人在成为上述人员时，其原已持有的股票，必须依法转让。

5. 证券机构的保密义务。证券交易所、证券公司、证券登记结算机构必须依法为客户开立的账户保密。

6. 证券服务机构及人员的限制义务。为股票发行出具审计报告、资产评估报告或者法律意见书等文件的证券服务机构和人员，在该股票承销期内和期满后6个月内，不得买卖该种股票。

除上述规定外，为上市公司出具审计报告、资产评估报告或者法律意见书等文件的证券服务机构和人员，自接受上市公司委托之日起至上述文件公开后5日内，不得买卖该种股票。

7. 禁止短线交易。上市公司董事、监事、高级管理人员、持有上市公司股份5%以上的股东，将其持有的该公司的股票在买入后6个月内卖出，或者在卖出后6个月内又买入，由此所得收益归该公司所有，公司董事会应当收回其所得收益。但是，证券公司因包销购入售后剩余股票而持有5%以上股份的，卖出该股票不受6个月时间限制。

公司董事会不按照上述规定执行的，股东有权要求董事会在 30 日内执行。公司董事会未在上述期限内执行的，股东有权为了公司的利益以自己的名义直接向法院提起诉讼。可见，此种诉讼应属于股东代表诉讼。

公司董事会不按照上述规定执行的，负有责任的董事依法承担连带责任。

【法理辨析】一般而言，大股东和高管等人员在短期内反复转手股票往往是得到内幕消息后的投机行为，所以为法律禁止。只不过鉴于证券交易瞬息万变，已经发生的短线交易仍然是有效的，公司作为受害人行使归入权收取短线交易人的收益即可。为了防止董事会怠于履行职权，股东可以依法提起代表诉讼。

某上市公司董事吴某，持有该公司 6% 的股份。吴某将其持有的该公司股票在买入后的第 5 个月卖出，获利 600 万元。关于此收益，下列哪些说法是正确的？①

（1）该收益应当全部归公司所有。

（2）该收益应由公司董事会负责收回。

（3）董事会不收回该收益的，股东有权要求董事会限期收回。

（二）证券上市

1. 证券上市申请。申请证券上市交易，应当向证券交易所提出申请，由证券交易所依法审核同意，并由双方签订上市协议。

2. 证券上市保荐人。申请股票、可转换为股票的公司债券或者法律、行政法规规定实行保荐制度的其他证券上市交易，应当聘请具有保荐资格的机构担任保荐人。

3. 股票上市的法定条件。

（1）股票经证监会核准已公开发行；

（2）公司股本总额不少于人民币 3000 万元；

（3）公开发行的股份达到公司股份总数的 25% 以上；公司股本总额超过人民币 4 亿元的，公开发行股份的比例为 10% 以上；

（4）公司最近 3 年无重大违法行为，财务会计报告无虚假记载。

证券交易所可以规定高于上述规定的上市条件，并报证监会批准。

4. 申请股票上市交易，应当向证券交易所报送的文件。

（1）上市报告书；

（2）申请股票上市的股东大会决议；

（3）公司章程；

（4）公司营业执照；

（5）依法经会计师事务所审计的公司最近 3 年的财务会计报告；

（6）法律意见书和上市保荐书；

（7）最近一次的招股说明书；

（8）证券交易所上市规则规定的其他文件。

5. 签订上市协议的公司应当公告的文件与事项。

（1）股票上市的有关文件；

---

① （1）（2）（3）均正确。

（2）股票获准在证券交易所交易的日期；

（3）持有公司股份最多的前 10 名股东的名单和持股数额；

（4）公司的实际控制人；

（5）董事、监事、高级管理人员的姓名及其持有本公司股票和债券的情况。

6. 股票暂停上市。上市公司有下列情形之一的，由证券交易所决定暂停其股票上市交易：

（1）公司股本总额、股权分布等发生变化不再具备上市条件；

（2）公司不按照规定公开其财务状况，或者对财务会计报告作虚假记载，可能误导投资者；

（3）公司有重大违法行为；

（4）公司最近 3 年连续亏损；

（5）证券交易所上市规则规定的其他情形。

7. 股票终止上市。上市公司有下列情形之一的，由证券交易所决定终止其股票上市交易：

（1）公司股本总额、股权分布等发生变化不再具备上市条件，在证券交易所规定的期限内仍不能达到上市条件；

（2）公司不按照规定公开其财务状况，或者对财务会计报告作虚假记载，且拒绝纠正；

（3）公司最近 3 年连续亏损，在其后 1 个年度内未能恢复盈利；

（4）公司解散或者被宣告破产；

（5）证券交易所上市规则规定的其他情形。

8. 公司债券上市条件。

（1）公司债券的期限为 1 年以上；

（2）公司债券实际发行额不少于人民币 5000 万元；

（3）公司申请债券上市时仍符合法定的公司债券发行条件。

9. 公司债券暂停和终止上市。公司债券上市交易后，公司有下列情形之一的，由证券交易所决定暂停其公司债券上市交易：

（1）公司有重大违法行为；

（2）公司情况发生重大变化不符合公司债券上市条件；

（3）公司债券所募集资金不按照核准的用途使用；

（4）未按照公司债券募集办法履行义务；

（5）公司最近 2 年连续亏损。

公司有上述第（1）项、第（4）项所列情形之一经查实后果严重的，或者有上述第（2）项、第（3）项、第（5）项所列情形之一，在限期内未能消除的，由证券交易所决定终止其公司债券上市交易。

公司解散或者被宣告破产的，由证券交易所终止其公司债券上市交易。

（三）信息公开制度

信息公开制度是指上市公司在证券发行和交易过程中，必须真实、准确、完整、及时地按照法律规定的形式向公众投资者公开一切有关公司重要信息的制度，从而使上市公司的证券能够在有效、公开、知情的市场中进行交易。证券市场是个高风险的投资场所，尽管投资者要自负风险，但法律要确保"三公"原则的实现。

1. 中期报告公开。上市公司和公司债券上市交易的公司，应当在每一会计年度的上半年结束之日起2个月内，向证监会和证券交易所报送记载以下内容的中期报告，并予公告：

（1）公司财务会计报告和经营情况；

（2）涉及公司的重大诉讼事项；

（3）已发行的股票、公司债券变动情况；

（4）提交股东大会审议的重要事项；

（5）证监会规定的其他事项。

2. 年度报告公开。上市公司和公司债券上市交易的公司，应当在每一会计年度结束之日起4个月内，向证监会和证券交易所报送记载以下内容的年度报告，并予公告：

（1）公司概况；

（2）公司财务会计报告和经营情况；

（3）董事、监事、高级管理人员简介及其持股情况；

（4）已发行的股票、公司债券情况，包括持有公司股份最多的前10名股东的名单和持股数额；

（5）公司的实际控制人；

（6）证监会规定的其他事项。

【总结】

1. 年报和中报的发布时间，年报是每一会计年度结束之日起4个月内，中报是每一会计年度的上半年结束之日起2个月内。

2. 年报中的自然人信息是中报中没有的，公司信息是年报和中报中都有的。

> **注意：**
>
> 此处考查的重点是区别中报和年报的不同内容。

 题

申和股份公司是一家上市公司，现该公司董事会秘书依法律规定，准备向证监会与证券交易所报送公司年度报告。关于年度报告所应记载的内容，下列哪一选项是错误的？①

A. 公司财务会计报告和经营情况

B. 董事、监事、高级管理人员简介及其持股情况

C. 已发行股票情况，含持有股份最多的前20名股东的名单和持股数额

D. 公司的实际控制人

3. 信息公开不实的赔偿责任。发行人、上市公司公告的招股说明书、公司债券募集办法、财务会计报告、上市报告文件、年度报告、中期报告、临时报告以及其他信息披露资料，有虚假记载、误导性陈述或者重大遗漏，致使投资者在证券交易中遭受损失的，发行人、上市公司应当承担赔偿责任；发行人、上市公司的董事、监事、高级管理人员和其他直接责任人员以及保荐人、承销的证券公司，应当与发行人、上市公司承担连带赔偿责任，但是能够证明自己没有过错的除外；发行人、上市公司的控

---

① 答案：C。

曹新川讲商法·经济法　2018年国家统一法律职业资格考试专题讲座系列

股股东、实际控制人有过错的，应当与发行人、上市公司承担连带赔偿责任。

注意：

刊登虚假报告的媒体是不承担责任的。

（四）禁止的交易行为

1. 禁止内幕交易行为。禁止证券交易内幕信息的知情人和非法获取内幕信息的人利用内幕信息从事证券交易活动。

（1）证券交易内幕信息的知情人包括：

①发行人的董事、监事、高级管理人员；

②持有公司5%以上股份的股东及其董事、监事、高级管理人员，公司的实际控制人及其董事、监事、高级管理人员；

③发行人控股的公司及其董事、监事、高级管理人员；

④由于所任公司职务可以获取公司有关内幕信息的人员；

⑤证券监督管理机构工作人员以及由于法定职责对证券的发行、交易进行管理的其他人员；

⑥保荐人、承销的证券公司、证券交易所、证券登记结算机构、证券服务机构的有关人员；

⑦证监会规定的其他人。

（2）内幕信息。证券交易活动中，涉及公司的经营、财务或者对该公司证券的市场价格有重大影响的尚未公开的信息，为内幕信息。下列信息皆属内幕信息：

①《证券法》第67条第2款规定的重大事件；

②公司分配股利或者增资的计划；

③公司股权结构的重大变化；

④公司债务担保的重大变更；

⑤公司营业用主要资产的抵押、出售或者报废一次超过该资产的30%；

⑥公司的董事、监事、高级管理人员的行为可能依法承担重大损害赔偿责任；

⑦上市公司收购的有关方案；

⑧证监会认定的对证券交易价格有显著影响的其他重要信息。

证券交易内幕信息的知情人和非法获取内幕信息的人，在内幕信息公开前，不得买卖该公司的证券，或者泄露该信息，或者建议他人买卖该证券。

内幕交易行为给投资者造成损失的，行为人应当依法承担赔偿责任。

2. 禁止操纵证券市场行为。禁止任何人以下列手段操纵证券市场：

（1）单独或者通过合谋，集中资金优势、持股优势或者利用信息优势联合或者连续买卖，操纵证券交易价格或者证券交易量；

（2）与他人串通，以事先约定的时间、价格和方式相互进行证券交易，影响证券交易价格或者证券交易量；

（3）在自己实际控制的账户之间进行证券交易，影响证券交易价格或者证券交易量；

（4）以其他手段操纵证券市场。

操纵证券市场行为给投资者造成损失的，行为人应当依法承担赔偿责任。

3. 禁止传播虚假信息。禁止国家工作人员、传播媒介从业人员和有关人员编造、传播虚假信息，扰乱证券市场。禁止证券交易所、证券公司、证券登记结算机构、证券服务机构及其从业人员，证券业协会、证券监督管理机构及其工作人员，在证券交易活动中作出虚假陈述或者信息误导。各种传播媒介传播证券市场信息必须真实、客观，禁止误导。

4. 禁止欺诈客户行为。禁止证券公司及其从业人员从事下列损害客户利益的欺诈行为：

（1）违背客户的委托为其买卖证券；

（2）不在规定时间内向客户提供交易的书面确认文件；

（3）挪用客户所委托买卖的证券或者客户账户上的资金；

（4）未经客户的委托，擅自为客户买卖证券，或者假借客户的名义买卖证券；

（5）为牟取佣金收入，诱使客户进行不必要的证券买卖；

（6）利用传播媒介或者通过其他方式提供、传播虚假或者误导投资者的信息；

（7）其他违背客户真实意思表示，损害客户利益的行为。

欺诈客户行为给客户造成损失的，行为人应当依法承担赔偿责任。

5. 其他禁止行为。

（1）禁止法人非法利用他人账户从事证券交易；禁止法人出借自己或者他人的证券账户；

（2）禁止任何人挪用公款买卖证券；

（3）国有企业和国有资产控股的企业买卖上市交易的股票，必须遵守国家有关规定。

（五）总结《证券法》中的连带赔偿责任

1. 发行"纠错"过程中有过错的保荐人与发行人。

2. 发行"纠错"过程中有过错的发行人的控股股东、实际控制人与发行人。

3. 董事会不履行收取股东进行短线交易所获收益法定义务的负有责任的董事。

4. 发行人、上市公司的信息披露资料有虚假记载、误导性陈述或者重大遗漏，致使投资者在证券交易中遭受损失的，发行人、上市公司和其有过错的高管以及保荐人和承销商。

5. 发行人、上市公司的信息披露资料有虚假记载、误导性陈述或者重大遗漏，致使投资者在证券交易中遭受损失的，发行人、上市公司和其有过错的控股股东、实际控制人。

6. 承销或者代理买卖未经核准擅自公开发行的证券并给投资者造成损失的证券公司和发行人。

7. 证券服务机构制作、出具的文件有虚假记载，误导性陈述或者重大遗漏，给他人造成损失的，应当与发行人、上市公司承担连带赔偿责任，但是能够证明自己没有过错的除外。

二、特殊的证券交易——上市公司的收购

上市公司收购是指投资者依法定程序公开收购股份有限公司已经发行上市的股份，以达到对该公司控股或兼并目的的行为。实施收购行为的投资者称为收购人，作为收购目标的上市公司称为被收购公司。

曹新川讲商法·经济法

2018年国家统一法律职业资格考试专题讲座系列

（一）收购方式

投资者可以采取要约收购、协议收购及其他合法方式收购上市公司。

1. 要约收购。采取要约收购方式的，收购人在收购期限内，不得卖出被收购公司的股票，也不得采取要约规定以外的形式和超出要约的条件买入被收购公司的股票。

2. 协议收购。采取协议收购方式的，收购人可以依照法律、行政法规的规定同被收购公司的股东以协议方式进行股份转让。以协议方式收购上市公司时，达成协议后，收购人必须在 3 日内将该收购协议向证监会及证券交易所作出书面报告，并予公告。在公告前不得履行收购协议。

（二）投资者的信息披露义务

1. 首次披露。通过证券交易所的证券交易，投资者持有或者通过协议、其他安排与他人共同持有一个上市公司已发行的股份达到 5% 时，应当在该事实发生之日起 3 日内，向证监会、证券交易所作出书面报告，通知该上市公司，并予公告；在上述期限内，不得再行买卖该上市公司的股票。

2. 继续披露。投资者持有或者通过协议、其他安排与他人共同持有一个上市公司已发行的股份达到 5% 后，其所持该上市公司已发行的股份比例每增加或者减少 5%，应当依照上述规定进行报告和公告。

（三）投资者发出收购要约

1. 通过证券交易所的证券交易，投资者持有或者通过协议、其他安排与他人共同持有一个上市公司已发行的股份达到 30% 时，继续进行收购的，应当依法向该上市公司所有股东发出收购上市公司全部或者部分股份的要约。

2. 收购人在依照规定报送上市公司收购报告书之日起 15 日后，公告其收购要约。收购要约约定的收购期限不得少于 30 日，并不得超过 60 日。

在收购要约确定的承诺期限内，收购人不得撤销其收购要约。收购人需要变更收购要约的，必须事先向证监会及证券交易所提出报告，经批准后，予以公告。

（四）终止上市交易和应当收购

1. 收购期限届满，收购人持有的被收购公司的股份数达到该公司已发行的股份总数的 75% 以上的，该上市公司的股票应当由证券交易所依法终止上市交易。

注意：

因为股票上市要求公开发行的股份达到公司股份总数的 25% 以上。一旦收购 75% 以上就意味着股权过于集中不能满足上市条件了。

2. 收购期限届满，收购人持有的被收购公司的股份数达到该公司已发行的股份总数的 90% 以上的，其余仍持有被收购公司股票的股东，有权向收购人以收购要约的同等条件出售其股票，收购人应当收购。

注意：

这是由于公司股权过于集中，为了防止大股东以后欺压小股东，给小股东提供了一条退出的道路。

3. 收购行为完成后，收购人应当在 15 日内将收购情况报告证监会和证券交易所，并予公告。

（五）上市公司收购的法律后果

1. 收购成功。收购结束后，收购人所持有的被收购的上市公司股份比例达 50% 时，为收购成功，收购人取得被收购公司的控制权。在收购行为完成后，如果被收购公司不再具有《公司法》规定的条件的，则应当依法变更其企业形式。

2. 收购失败。当要约收购期满，被收购人持有的普通股，未达到该公司发行在外的股份总数的 50% 的为收购失败。收购要约人除发出新的收购要约外，其以后每年购买的该公司发行在外的普通股，不得超过该公司发行在外的普通股总数的 50%。

3. 公司合并。收购行为完成后，收购人与被收购公司合并，并将该公司解散的，被解散公司的原有股票由收购人依法更换。

三、证券投资基金法律制度

（一）证券投资基金概述

证券投资基金是指通过公开或者非公开募集资金设立证券投资基金（以下简称"基金"），由基金管理人管理，基金托管人托管，为基金份额持有人的利益，进行证券投资活动而获取一定收益的投资工具。

证券投资基金的证券形式通常是基金券或基金单位，它和股票、债券一样都是金融投资工具，但又有别于股票和债券，它们的区别主要有以下几点：

（1）它们所体现的关系不同，股票所体现的是股权关系；债券所体现的是债权关系，而基金券所体现的则是信托关系。

（2）资金投向不同，由于股票和债券是融资工具，其融资投向主要在于实业。而基金由于是信托工具，其投向则在于股票或债券等有价证券。

（3）收益与风险不同。股票的收益取决于公司的经营效益，投资股市风险较大；债券的收益是既定的，其投资风险较小；基金券主要投资于有价证券，其运作方式较为灵活，可在获得较高收益的同时而又风险较小。通过公开募集方式设立的基金（以下简称"公开募集基金"）的基金份额持有人按其所持基金份额享受收益和承担风险。通过非公开募集方式设立的基金（以下简称"非公开募集基金"）的收益分配和风险承担由基金合同约定。

（二）证券投资基金关系中的当事人

证券投资基金关系中的当事人由基金管理人、基金托管人和基金份额持有人三方构成。

1. 基金管理人。基金管理人由依法设立的基金管理公司担任。设立管理公开募集基金的基金管理公司，应当经国务院证券监督管理机构批准，并具备下列条件：

（1）有符合《证券投资基金法》和公司法规定的章程；

（2）注册资本不低于1亿元人民币，且必须为实缴货币资本；

（3）主要股东应当具有经营金融业务或者管理金融机构的良好业绩、良好的财务状况和社会信誉。资产规模达到国务院规定的标准，最近3年没有违法记录；

（4）取得基金从业资格的人员达到法定人数；

（5）董事、监事、高级管理人员具备相应的任职条件；

（6）有符合要求的营业场所、安全防范设施和与基金管理业务有关的其他设施；

（7）有良好的内部治理结构、完善的内部稽核监控制度、风险控制制度；

（8）法律、行政法规规定的和经国务院批准的国务院证券监督管理机构规定的其他条件。

有下列情形之一的，不得担任公开募集基金的基金管理人的董事、监事、高级管理人员和其他从业人员：

（1）因犯有贪污贿赂、渎职、侵犯财产罪或者破坏社会主义市场经济秩序罪，被判处刑罚的；

（2）对所任职的公司、企业因经营不善破产清算或者因违法被吊销营业执照负有个人责任的董事、监事、厂长、高级管理人员，自该公司、企业破产清算终结或者被吊销营业执照之日起未逾5年的；

（3）个人所负债务数额较大，到期未清偿的；

（4）因违法行为被开除的基金管理人、基金托管人、证券交易所、证券公司、证券登记结算机构、期货交易所、期货公司及其他机构的从业人员和国家机关工作人员；

（5）因违法行为被吊销执业证书或者被取消资格的律师、注册会计师和资产评估机构、验证机构的从业人员、投资咨询从业人员；

（6）法律、行政法规规定不得从事基金业务的其他人员。

公开募集基金的基金管理人的董事、监事、高级管理人员和其他从业人员，其本人、配偶、利害关系人进行证券投资，应当事先向基金管理人申报，并不得与基金份额持有人发生利益冲突。

公开募集基金的基金管理人应当建立前款规定人员进行证券投资的申报、登记、审查、处置等管理制度，并报国务院证券监督管理机构备案。此条内容是《证券投资基金法》2015年4月24日修改的内容，切记！

公开募集基金的基金管理人及其董事、监事、高级管理人员和其他从业人员的禁止行为包括：

（1）将其固有财产或者他人财产混同于基金财产从事证券投资；

（2）不公平地对待其管理的不同基金财产；

（3）利用基金财产或者职务之便为基金份额持有人以外的人牟取利益；

（4）向基金份额持有人违规承诺收益或者承担损失；

（5）侵占、挪用基金财产；

（6）泄露因职务便利获取的未公开信息，利用该信息从事或者明示、暗示他人从事相关交易活动；

（7）玩忽职守，不按照规定履行职责；

（8）法律、行政法规和国务院证券监督管理机构规定禁止的其他行为。

非公开募集基金应当向合格投资者募集，合格投资者累计不得超过200人。

非公开募集基金，不得向合格投资者之外的单位和个人募集资金，不得通过报刊、电台、电视台、互联网等公众传播媒体或者讲座、报告会、分析会等方式向不特定对象宣传推介。

非公开募集基金募集完毕，基金管理人应当向基金行业协会备案。对募集的资金总额或者基金份额持有人的人数达到规定标准的基金，基金行业协会应当向国务院证券监督管理机构报告。

非公开募集基金财产的证券投资，包括买卖公开发行的股份有限公司股票、债券、基金份额，以及国务院证券监督管理机构规定的其他证券及其衍生品种。

2. 基金托管人。基金托管人是指受基金发起人或基金管理人的委托而保管各项基金财产，并对基金管理人运用基金财产从事证券投资进行监督的金融机构。

担任基金托管人，应当具备如下条件：

（1）净资产和资本充足率符合有关规定；

（2）设有专门的基金托管部门；

（3）取得基金从业资格的专职人员达到法定人数；

（4）有安全保管基金财产的条件；

（5）有安全高效的清算、交割系统；

（6）有符合要求的营业场所、安全防范设施和与基金托管业务有关的其他设施；

（7）有完善的内部稽核监控制度和风险控制制度；

（8）法律、行政法规规定的和经国务院批准的国务院证券监督管理机构、国务院银行业监督管理机构规定的其他条件。

基金托管人的职责及其资格的取消与终止。根据《证券投资基金法》的规定，基金托管人应当履行的职责为：

（1）安全保管基金财产；

（2）按照规定开设基金财产的资金账户和证券账户；

（3）对所托管的不同基金财产分别设置账户，确保基金财产的完整与独立；

（4）保存基金托管业务活动的记录、账册、报表和其他相关资料；

（5）按照基金合同的约定，根据基金管理人的投资指令，及时办理清算、交割事宜；

（6）办理与基金托管业务活动有关的信息披露事项；

（7）对基金财务会计报告、中期和年度基金报告出具意见；

（8）复核、审查基金管理人计算的基金资产净值和基金份额申购、赎回价格；

（9）按照规定召集基金份额持有人大会；

（10）按照规定监督基金管理人的投资运作；

（11）国务院证券监督管理机构规定的其他职责。

按照法律的规定，基金托管人当发生下列情形之一的，其职责被依法终止：

（1）被依法取消基金托管资格；

（2）被基金份额持有人大会解任；

（3）依法解散、被依法撤销或者被依法宣告破产；

（4）基金合同约定的其他情形。基金托管人职责终止的。基金份额持有人大会应当在 6 个月内选任新基金托管人；新基金托管人产生前，由国务院证券监督管理机构指定临时基金托管人。

3. 基金份额持有人。基金份额持有人是指购买基金份额的投资者。基金份额持有人享有以下两类权利：

一是具有财产权性质的自益权，具体包括：

（1）分享基金财产收益；

（2）参与分配清算后的剩余基金财产；

（3）依法转让或者申请赎回其持有的基金份额。

二是具有监督与管理性质的共益权，具体包括：

（1）按照规定要求召开基金份额持有人大会；

（2）对基金份额持有人大会审议事项行使表决权；

（3）公开募集基金的基金份额持有人有权查阅或者复制公开披露的基金信息资料；非公开募集基金的基金份额持有人对涉及自身利益的情况，有权查阅基金的财务会计账簿等财务资料；

（4）对基金管理人、基金托管人、基金份额发售机构损害其合法权益的行为依法提起诉讼。

基金份额持有人的义务。基金份额持有人主要承担以下三项义务：

（1）及时交纳购买基金份额所需的款项和相关费用；

（2）遵守基金合同的各项约定；

（3）在购买的基金份额范围内承担有限责任。

基金份额持有人大会的职权：

（1）决定基金扩募或者延长基金合同期限；

（2）决定修改基金合同的重要内容或者提前终止基金合同；

（3）决定更换基金管理人、基金托管人；

（4）决定调整基金管理人、基金托管人的报酬标准；

（5）基金合同约定的其他职权。

张某手头有一笔闲钱欲炒股，因对炒股不熟便购买了某证券投资基金。关于张某作为基金份额持有人所享有的权利，下列哪些表述是正确的？[①]

A. 按份额享有基金财产收益

B. 参与分配清算后的剩余基金财产

C. 可回赎但不能转让所持有的基金份额

D. 可通过基金份额持有人大会来更换基金管理人

（三）基金的投资和收益分配

1. 基金的投资。根据《证券投资基金法》的规定，基金管理人运用基金财产进行证券投资，除国务院证券监督管理机构另有规定外，应当采用资产组合的方式进行。

---

① 答案：A、B、D。

资产组合的具体方式和投资比例，按照证券投资基金法和国务院证券监督管理机构的规定在基金合同中约定。根据《证券投资基金法》的规定，基金财产应当用于下列投资：

（1）上市交易的股票、债券；

（2）国务院证券监督管理机构规定的其他证券及其衍生品种。

根据《证券投资基金法》的规定，基金财产不得用于下列投资或者活动：

（1）承销证券；

（2）违反规定向他人贷款或者提供担保；

（3）从事承担无限责任的投资；

（4）买卖其他基金份额，但是国务院证券监督管理机构另有规定的除外；

（5）向其基金管理人、基金托管人出资；

（6）从事内幕交易、操纵证券交易价格及其他不正当的证券交易活动；

（7）法律、行政法规和国务院证券监督管理机构规定禁止的其他活动。

2. 基金投资的收益分配。封闭式基金的收益分配，每年不得少于一次，封闭式基金年度收益分配比例不得低于基金年度已实现收益的90%。而开放式基金的基金合同则应当约定每年基金收益分配的最多次数和基金收益分配的最低比例。

下列与基金有关的费用可以从基金财产中列支：

（1）基金管理人的管理费；

（2）基金托管人的托管费；

（3）基金合同生效后的信息披露费用；

（4）基金合同生效后的会计师费和律师费；

（5）基金份额持有人大会费用；

（6）基金的证券交易费用；

（7）按照国家有关规定和基金合同约定。可以在基金财产中列支的其他费用。

（四）公开募集基金的信息披露

根据《证券投资基金法》的规定，公开披露的基金信息包括：

（1）基金招募说明书、基金合同、基金托管协议；

（2）基金募集情况；

（3）基金份额上市交易公告书；

（4）基金资产净值、基金份额净值；

（5）基金份额申购、赎回价格；

（6）基金财产的资产组合季度报告、财务会计报告及中期和年度基金报告；

（7）临时报告；

（8）基金份额持有人大会决议；

（9）基金管理人、基金托管人的专门基金托管部门的重大人事变动；

（10）涉及基金财产、基金管理业务、基金托管业务的诉讼或者仲裁；

（11）国务院证券监督管理机构规定应予披露的其他信息。

同时，公开披露基金信息，不得有下列行为：

（1）虚假记载、误导性陈述或者重大遗漏；

（2）对证券投资业绩进行预测；

（3）违规承诺收益或者承担损失；

（4）诋毁其他基金管理人、基金托管人或者基金销售机构；

（5）法律、行政法规和国务院证券监督管理机构规定禁止的其他行为。

华新基金管理公司是信泰证券投资基金（信泰基金）的基金管理人。华新公司的下列哪些行为是不符合法律规定的？[①]

A. 从事证券投资时，将信泰基金的财产独立于自己固有的财产

B. 以信泰基金的财产为公司大股东鑫鑫公司提供担保

C. 就其管理的信泰基金与其他基金的财产，规定不同的基金收益条款

D. 向信泰基金份额持有人承诺年收益率不低于12%

[①] 答案：B、C、D。

専題二十

海商法基本规则

海商法是调整特定的海上运输关系和船舶关系的法律。海上运输关系包括合同关系，如海上货物运输合同和救助合同；包括海上侵权关系，如船舶碰撞；还包括海上特殊风险，如共同海损。船舶关系主要包括船舶物权。我国海商法的性质应该是民法的特别法。

一、海商法的适用范围

（一）适用范围

《海商法》所称海上运输，是指海上货物运输和海上旅客运输，包括海江之间、江海之间的直达运输。还需特别指出的是，该法第 4 章海上货物运输合同的规定，不适用于中国港口之间的海上货物运输。

（二）船舶的概念

《海商法》所称船舶，是指海船和其他海上移动式装置，但是用于军事的、政府公务的船舶和 20 总吨以下的小型船艇除外。前述所称船舶，包括船舶属具。由此可见，船舶的概念受到三方面制约：海上、商用和吨位。

二、船舶物权

（一）船舶所有权

1. 含义。船舶所有权是指船舶所有人依法对其船舶享有占有、使用、收益和处分的权利。

2. 特点。

（1）船舶所有权的取得、转让和消灭，应当向船舶登记机关登记；未经登记的，不得对抗第三人。船舶所有权的转让，应当签订书面合同。

（2）船舶由两个以上的法人或者个人共有的，应当向船舶登记机关登记；未经登记的，不得对抗第三人。也就是说，船舶所有权的最大特点就是公示方法为登记。

依据我国《海商法》和《物权法》的相关规定，关于船舶所有权，下列表述正确的是？①

（1）船舶买卖时，船舶所有权自船舶交付给买受人时移转。

（2）船舶建造完成后，须办理船舶所有权的登记才能确定其所有权的归属。

---

① （1）说法正确，（2）说法错误。

（二）船舶抵押权

1. 含义。船舶抵押权是指抵押权人对于抵押人提供的作为债务担保的船舶，在抵押人不履行债务时，可以依法拍卖，从卖得的价款中优先受偿的权利。

2. 特点。

（1）设定船舶抵押权，应当签订书面合同，由抵押权人和抵押人共同向船舶登记机关办理抵押权登记；未经登记的，不得对抗第三人。船舶抵押权也以登记作为公示方法。

（2）船舶共有人就共有船舶设定抵押权，应当取得持有 2/3 以上份额的共有人的同意，共有人之间另有约定的除外。船舶共有人设定的抵押权，不因船舶的共有权的分割而受影响。

（3）同一船舶可以设定两个以上抵押权，其顺序以登记的先后为准。

（三）船舶留置权

所谓船舶留置权，是指造船人、修船人在合同另一方未履行合同时，可以留置所占有的船舶，以保证造船费用或者修船费用得以偿还的权利。

注意：

　　只有造船人、修船人享有船舶留置权。

（四）船舶优先权

1. 含义。船舶优先权是指海事请求人依照《海商法》第 22 条的规定，向船舶所有人、光船承租人、船舶经营人提出海事请求，对产生该海事请求的船舶具有优先受偿的权利。

2. 范围与顺序。

（1）下列各项海事请求具有船舶优先权：

①船长、船员和在船上工作的其他在编人员根据劳动法律、行政法规或者劳动合同所产生的工资、其他劳动报酬、船员遣返费用和社会保险费用的给付请求；

②在船舶营运中发生的人身伤亡的赔偿请求；

③船舶吨税、引航费、港务费和其他港口规费的缴付请求；

④海难救助的救助款项的给付请求；

⑤船舶在营运中因侵权行为产生的财产赔偿请求。

载运 2000 吨以上的散装货油的船舶，持有有效的证书，证明已经进行油污损害民事责任保险或者具有相应的财务保证的，对其造成的油污损害的赔偿请求，不属于上述第⑤项规定的范围。

（2）受偿顺序：上述所列各项海事请求，依照顺序受偿。但是，第④项海事请求，后于第①~③项发生的，应当先于第①~③项受偿。

上述第①、②、③、⑤项中有两个以上海事请求的，不分先后，同时受偿；不足受偿的，按照比例受偿。第④项中有两个以上海事请求的，后发生的先受偿。

（3）船舶优先权应当从多个角度进行判断：

①船舶优先权担保的债权（海事请求）优先于无担保的债权。

②船舶优先权优先于其他船舶担保物权（留置权和抵押权）。

③船舶优先权担保的不同类的海事请求也有先后之别，这主要是考虑以下几方面因素：

专题二十

海商法基本规则

a. 保证国家税收原则；

b. 保护船员利益原则；

c. 为其他债权受偿创造条件的债权优先原则；

d. 侵权之债优先于合同之债原则；

e. 人身伤亡之债优先财产损害之债原则。

④船舶优先权担保的同一类的不同"项"的海事请求，一般原则是不分先后，按比例受偿。但对于救助报酬等其他具有对已存在的船舶优先权起着保全作用的海事请求，则采用以时间为准的"倒序原则"，或称"先发生，后受偿"原则排列优先受偿顺序。以救助为例，当同时存在两个以上的救助报酬时，则最后发生的最先受偿。但若同时发生，则按比例受偿。

3. 船舶优先权与其他船舶物权的关系。船舶优先权先于船舶留置权受偿，船舶抵押权后于船舶留置权受偿。

4. 船舶优先权的消灭。船舶优先权因下列原因之一而消灭：

（1）具有船舶优先权的海事请求，自优先权产生之日起满 1 年（该 1 年不得中止或者中断）不行使。

（2）船舶经法院强制出售。

（3）船舶灭失。

（4）船舶优先权不因船舶所有权的转让而消灭。但是，船舶转让时，船舶优先权自法院应受让人申请予以公告之日起满 60 日不行使的除外。

南岳公司委托江北造船公司建造船舶一艘。船舶交付使用时南岳公司尚欠江北公司费用 200 万元。南岳公司以该船舶抵押向银行贷款 500 万元。后该船舶不慎触礁，需修理费 50 万元，有多名船员受伤，需医药费等 40 万元。如以该船舶的价值清偿上述债务，下列哪些表述是正确的？[1]

A. 修船厂的留置权优先于银行的抵押权

B. 船员的赔偿请求权优先于修船厂的留置权

C. 造船公司的造船费用请求权优先于银行的抵押权

D. 银行的抵押权优先于修船厂的留置权

三、海上货物运输合同

海上货物运输合同是指承运人收取运费，负责将托运人托运的货物经海路由一港运至另一港的合同。

（一）承运人的责任期间

1. 集装箱装运的货物的责任期间，是指从装货港接收货物时起至卸货港交付货物时止，货物处于承运人掌管之下的全部期间。

2. 非集装箱装运的货物的责任期间，除另有约定外，是指从货物装上船时起至卸下船时止，货物处于承运人掌管之下的全部期间。

在承运人的责任期间，货物发生灭失或者损坏，除另有规定外，承运人应当负赔

---

① 答案：A、B。

偿责任。

（二）承运人的适航义务

承运人在船舶开航前和开航当时，应当谨慎处理，使船舶处于适航状态，妥善配备船员、装备船舶和配备供应品，并使货舱、冷藏舱、冷气舱和其他载货处所适于并能安全收受、载运和保管货物（即适货）。

（三）承运人的免责

在责任期间货物发生的灭失或者损坏是由于下列原因之一造成的，承运人不负赔偿责任：

1. 船长、船员、引航员或者承运人的其他受雇人在驾驶船舶或者管理船舶中的过失。

2. 火灾，但是由于承运人本人的过失所造成的除外。

3. 天灾，海上或者其他可航水域的危险或者意外事故。

4. 战争或者武装冲突。

5. 政府或者主管部门的行为、检疫限制或者司法扣押。

6. 罢工、停工或者劳动受到限制。

7. 在海上救助或者企图救助人命或者财产。

8. 托运人、货物所有人或者他们的代理人的行为。

9. 货物的自然特性或者固有缺陷。

10. 货物的包装不良或者标志欠缺、不清。

11. 经谨慎处理仍未发现的船舶潜在缺陷。

12. 因运输活动物的固有的特殊风险造成活动物灭失或者损害的，承运人不负赔偿责任。但是，承运人应当证明业已履行托运人关于运输活动物的特别要求，并证明根据实际情况，灭失或者损害是由于此种固有的特殊风险造成的。

13. 承运人在舱面上装载货物，应当同托运人达成协议，或者符合航运惯例，或者符合有关法律、行政法规的规定。承运人依照上述规定将货物装载在舱面上，对由于此种装载的特殊风险造成的货物灭失或者损坏，不负赔偿责任。承运人违反上述规定将货物装载在舱面上，致使货物遭受灭失或者损坏的，应当负赔偿责任。

14. 非由于承运人或者承运人的受雇人、代理人的过失造成的其他原因。

四、海上侵权——船舶碰撞

（一）含义

船舶碰撞是指船舶在海上或者与海相通的可航水域发生接触造成损害的事故。

（二）责任承担

1. 船舶发生碰撞，是由于不可抗力或者其他不能归责于任何一方的原因或者无法查明的原因造成的，碰撞各方互相不负赔偿责任。

2. 船舶发生碰撞，是由于一船的过失造成的，由有过失的船舶负赔偿责任。

3. 船舶发生碰撞，碰撞的船舶互有过失的，各船按照过失程度的比例负赔偿责任；过失程度相当或者过失程度的比例无法判定的，平均负赔偿责任。

互有过失的船舶对碰撞造成的船舶以及船上货物和其他财产的损失，依照上述规定的比例负赔偿责任。碰撞造成第三人财产损失的，各船的赔偿责任均不超过其应当承担的比例。

互有过失的船舶对造成的第三人的人身伤亡，负连带赔偿责任。一船连带支付的赔偿超过上述规定的比例的，有权向其他有过失的船舶追偿。

（三）时效

有关船舶碰撞的请求权，时效期间为2年，自碰撞事故发生之日起计算。

五、海难救助

（一）含义

海难救助是指在海上或者与海相通的可航水域，对遇险的船舶和其他财产进行的救助。

（二）海难救助的构成要件

1. 存在海上危险。海难救助必须发生在海上或者与海相通的可航水域。而且，被救助的船舶或其他财产必须处于真实的危险当中。

2. 救助标的是法律所认可的。船舶是海难救助中最常见的对象。《海商法》特别规定，船舶是指该法第3条所指的船舶以及与其发生救助关系的任何其他非用于军事的或者政府公务的船舶。

3. 有自愿而为的施救行为。施救行为可以多种多样，但必须是自愿的，不能是基于既有的义务而为的行为。

（三）救助报酬的确定

1. 无效果、无报酬。

2. 救助报酬不得超过船舶和其他财产的获救价值。

3. 救助报酬的金额，应当由获救的船舶和其他财产的各所有人，按照船舶和其他各项财产各自的获救价值占全部获救价值的比例承担。

4. 在救助作业中救助人命的救助方，对获救人员不得请求酬金，但是有权从救助船舶或者其他财产、防止或者减少环境污染损害的救助方获得的救助款项中，获得合理的份额。

（四）时效

有关海难救助的请求权，时效期间为2年，自救助作业终止之日起计算。

六、共同海损

参见国际法学有关内容。

经济法

专题二十一
劳动合同

劳动合同是劳动者与用人单位之间确立劳动关系，明确双方权利和义务的书面协议。劳动合同是确立劳动关系的普遍性法律形式，是用人单位与劳动者履行劳动权利义务的重要依据。

目前，在我国劳动力市场上，用人单位处于较为强势的地位，劳动者相应地处于弱势地位。因此，传统民法的契约自由、意思自治原则已不能完全适应形势需要。为了实现实质正义和公平，保护整体的社会福利，法律开始对劳动合同进行干预，倾斜保护劳动者的利益。这种思想在劳动合同的许多制度中得到了体现，如合同的书面化、无固定期限劳动合同制、劳务派遣、合同解除和终止的补偿等。

2008年1月1日起施行的《劳动合同法》，是全面调整劳动合同关系的法律规范，在规范用人单位与劳动者订立、履行、解除、变更、终止、续订劳动合同中发挥着重要作用。《劳动法》与《劳动合同法》是一般法与特别法的关系，即《劳动合同法》有规定的，优先适用《劳动合同法》，《劳动合同法》没有规定的，适用《劳动法》。

《劳动法》的试题主要集中在《劳动合同法》部分，试题难度不大，考点重复率很高，属于性价比较高的学科。由于内容较多，建议大家全面复习为好。

一、劳动合同法的适用范围

（一）适用范围

1. 中国境内的企业、个体经济组织、民办非企业单位等组织（以下称用人单位）与劳动者建立劳动关系，订立、履行、变更、解除或者终止劳动合同，适用《劳动合同法》。

> **注意：**
>
> 凡是中华人民共和国境内的企业，不分所有制形式及经济形态，也不分组织形式。

个体经济组织是指依法取得个体营业执照的个体工商户，一般雇工在7人以下，从事工商业经营。民办非企业单位，是指企业事业单位、社会团体和其他社会力量以及公民个人利用非国有资产举办的，从事非营利性社会服务活动的社会组织。

2. 国家机关、事业单位、社会团体和与其建立劳动关系的劳动者，订立、履行、变更、解除或者终止劳动合同，依照《劳动合同法》执行。此处所指《劳动合同法》对劳动者的适用范围，包括如下三个方面：

（1）国家机关、事业组织与社会团体的工勤人员；

（2）实行企业化管理的事业单位的工作人员；

（3）其他通过劳动合同（包括聘用合同）与国家机关、事业单位、社会团体建立劳动关系的劳动者，此处主要针对的是外聘的技术人员。

（二）不适用本法调整的范围

公务员和比照实行公务员制度的事业组织和社会团体的工作人员、从事农业劳动的农村劳动者（乡镇企业职工和进城务工、经商的农民除外）、现役军人、军队的文职人员和家庭保姆，在中国境内享有外交特权和豁免权的外国人不适用劳动法。具体来说：

1. 国家机关的公务员，事业单位和社会团体中纳入公务员编制或者参照公务员进行管理的工作人员，适用《公务员法》，不适用《劳动法》。

2. 实行聘用制的事业单位与其工作人员的关系，法律、行政法规或国务院另有规定的，不适用《劳动法》；如果没有特别规定，适用《劳动法》。

3. 从事农业劳动的农村劳动者（乡镇企业职工和进城务工、经商的农民除外）不适用《劳动法》。

4. 现役军人、军队的文职人员不适用《劳动法》。

5. 家庭雇佣劳动关系不适用《劳动法》，属于一般雇佣关系，提供的是劳务，不符合我国现行《劳动法》所定义的劳动关系范围，所以只能靠民法等其他法律来调整。

6. 在中华人民共和国境内享有外交特权和豁免权的外国人等不适用《劳动法》。

此外，义务性劳动关系、慈善性劳动关系等不适用劳动法。

（三）劳动关系不同于劳务关系

劳动关系发生在用人单位与劳动者之间，劳动者要加入用人单位一方，成为其成员并接受其领导。二者关系较稳固，持续时间长，受《劳动法》调整。劳务关系是平等的民事主体之间的关系，双方各自独立，不存在加入和领导的问题。这种关系一般持续时间不长，受民法调整。

具体来说，劳动关系具有人身属性，用人单位有权依法管理和使用劳动者，劳动者必须亲自履行劳动义务，并应遵守用人单位的劳动规章制度，按照用人单位的要求进行劳动。人身属性体现了从属性，劳动者和用人单位地位不平等。正是这一点表明，劳务关系不同于劳动关系，不受本法调整，因为劳务关系完全是一个平等的关系，不包含隶属关系，所以由民法调整。

劳动关系具有财产关系的属性，是指劳动者有偿提供劳动力，用人单位向劳动者支付劳动报酬，由此缔结的社会关系具有财产关系的性质。财产关系属性体现了平等性，劳动者和用人单位在缔结劳动合同过程中地位是平等的。

题

关于劳动关系的表述，下列哪些说法是正确的？①

（1）劳动关系是特定当事人之间的法律关系。

（2）劳动关系既包括财产关系也包括人身关系。

（3）劳动关系既具有平等关系的属性也具有从属关系的属性。

二、劳动合同的含义、特征与类型

（一）含义

劳动合同是劳动者和用人单位之间依法确立劳动关系，明确双方权利和义务的书

———————————

① （1）（2）（3）均正确。

面协议。

（二）特征

劳动合同除具有一般合同的特征外，有与民事、行政合同相区别的独有的特征：

1. 主体特定：一方是劳动者，另一方是用人单位。

2. 劳动合同具有较强的法定性，强行性规范较多。当事人双方签订劳动合同不得违反强行性规定，否则无效。

（三）类型

劳动合同的种类可分为固定期限的劳动合同、无固定期限的劳动合同和以完成一定工作任务为期限的劳动合同。

1. 固定期限劳动合同。固定期限劳动合同，是指用人单位与劳动者约定合同终止时间的劳动合同。用人单位与劳动者协商一致，可以订立固定期限劳动合同。固定期限劳动合同的期限届满，双方没有续订劳动合同的，劳动合同终止，劳动关系消灭。如果双方有续订劳动合同的意思表示的，可以经协商一致续订。

2. 无固定期限劳动合同。无固定期限劳动合同，是指用人单位与劳动者约定无确定终止时间的劳动合同。即双方当事人在合同书上只约定合同生效的起始日期，没有确定合同的终止日期。用人单位与劳动者协商一致，可以订立无固定期限劳动合同。

需要注意的是无固定期限劳动合同并不是"铁饭碗"，在符合法律、法规规定的或双方当事人约定的变更、解除的条件或法定终止情形时，可以依法解除、变更、终止。

有下列情形之一，劳动者提出或者同意续订、订立劳动合同的，除劳动者提出订立固定期限劳动合同外，应当订立无固定期限劳动合同：

（1）劳动者在该用人单位连续工作满 10 年的，注意：连续工作满 10 年的起始时间应当自用人单位用工之日起计算，包括《劳动合同法》施行前的工作年限。

注意：

考点是"连续"，若中断过则分别算。例如劳动者在公司先干了 5 年，跳槽离开 2 年，后来又回公司工作了 8 年，中间中断，应该分别算，不够 10 年，因此不属于此情形。

（2）用人单位初次实行劳动合同制度或者国有企业改制重新订立劳动合同时，劳动者在该用人单位连续工作满 10 年且距法定退休年龄不足 10 年的。此处主要针对国有企业的老员工。

（3）连续订立 2 次固定期限劳动合同，且劳动者没有《劳动合同法》第 39 条和第 40 条第（1）～（2）项规定的情形，续订劳动合同的。

注意：

连续订立固定期限劳动合同的次数，自《劳动合同法》施行后续订固定期限劳动合同时开始计算。同时，前后两次合同必须连续。

（4）用人单位自用工之日起满 1 年不与劳动者订立书面劳动合同的，视为用人单位与劳动者已订立无固定期限劳动合同。

除具备法定情形应当签订无固定期限劳动合同外，用人单位与劳动者协商一致，也可以订立无固定期限劳动合同。

用人单位违反《劳动合同法》规定不与劳动者订立无固定期限劳动合同的，自应当订立无固定期限劳动合同之日起向劳动者每月支付 2 倍的工资。

3. 以完成一定工作任务为期限的劳动合同。用人单位与劳动者协商一致，可以订立以完成一定工作任务为期限的劳动合同。当该项工作完成后，劳动合同即告终止。

劳动合同法对以完成一定工作任务为期限的劳动合同在签订上没有特殊或强制性的要求，用人单位与劳动者协商一致，可以订立以完成一定工作任务为期限的劳动合同。

关于当事人订立无固定期限劳动合同，下列哪些选项是符合法律规定的？①

A. 赵某到某公司应聘，提议在双方协商一致的基础上订立无固定期限劳动合同

B. 王某在某公司连续工作满 10 年，要求与该公司签订无固定期限劳动合同

C. 李某在某国有企业连续工作满 10 年，距法定退休年龄还有 12 年，在该企业改制重新订立劳动合同时，主张企业有义务与自己订立无固定期限劳动合同

D. 杨某在与某公司连续订立的第二次固定期限劳动合同到期，公司提出续订时，杨某要求与该公司签订无固定期限劳动合同

三、劳动合同的订立和效力

（一）订立

1. 劳动合同应采用书面形式订立。除非全日制用工双方当事人可以口头订立劳动合同外，用人单位与劳动者建立劳动关系，均应订立书面劳动合同；已建立劳动关系，未同时订立书面劳动合同的，应当自用工之日起 1 个月内订立书面劳动合同。

> **注意：**
>
> 不管何时签订合同，都从用工之日起建立劳动关系。

2. 劳动合同订立的程序合法。订立的程序必须是平等自愿、协商一致的过程。以欺诈或威胁手段强迫劳动者签订的劳动合同或未经协商一致签订的劳动合同为无效劳动合同。

> **注意：**
>
> 用人单位自用工之日起即与劳动者建立劳动关系。

（1）已建立劳动关系，未同时订立书面劳动合同的，应当自用工之日起 1 个月内订立书面劳动合同。用人单位与劳动者在用工前订立劳动合同的，劳动关系自用工之日起建立。

在现实中，有可能出现劳动者不愿订立书面劳动合同的情形，《劳动合同法》规定自用工之日起 1 个月内，经用人单位书面通知后，劳动者不与用人单位订立书面劳动合同的，用人单位应当书面通知劳动者终止劳动关系，依法向劳动者支付其实际工作时间的劳动报酬，但无须向劳动者支付经济补偿而使双方的劳动关系消灭。

自用工之日起超过 1 个月不满 1 年，劳动者不与用人单位订立书面劳动合同的，用人单位应当书面通知劳动者终止劳动关系，但应依照《劳动合同法》第 47 条的规定支付经济补偿。

（2）用人单位自用工之日起超过 1 个月不满 1 年未与劳动者订立书面劳动合同的，

应当向劳动者每月支付 2 倍的工资，并与劳动者补订书面劳动合同。

（3）用人单位自用工之日起满 1 年不与劳动者订立书面劳动合同的，视为用人单位与劳动者已订立无固定期限劳动合同。

（4）遵守先合同义务与后合同义务。

①先合同义务。用人单位招用劳动者时，应当如实告知劳动者工作内容、工作条件、工作地点、职业危害、安全生产状况、劳动报酬以及劳动者要求了解的其他情况；用人单位有权了解劳动者与劳动合同直接相关的基本情况，劳动者应当如实说明。

②后合同义务。用人单位应当在解除或者终止劳动合同时出具解除或者终止劳动合同的证明，并在 15 日内为劳动者办理档案和社会保险关系转移手续。劳动者应当按照双方约定，办理工作交接。用人单位依法应当向劳动者支付经济补偿的，在办理工作交接时支付。用人单位对已经解除或者终止的劳动合同的文本，至少保存 2 年备查。

用人单位违反法律规定未向劳动者出具解除或者终止劳动合同的书面证明，由劳动行政部门责令改正；给劳动者造成损害的，应当承担赔偿责任。

3. 主体合法。劳动合同的当事人必须具备合法资格。劳动者年满 16 周岁，有劳动权利能力和行为能力；用人单位有用人权利能力和行为能力。作为例外，只有文艺、体育、特种工艺单位可以招用未满 16 周岁的未成年人，但必须依照国家有关规定，履行审批手续，并保障其接受义务教育的权利。

注意：

　　劳动合同的订立主体不合法，有可能导致劳动合同的全部无效。

4. 内容合法。劳动合同的内容不得违反国家的其他法律、行政法规。必须具备《劳动合同法》规定的必备条款，劳动合同的必备条款是法律规定劳动合同必须具备的条款，它是生效劳动合同所必须具备的条款。其他可备条款由当事人协商是否写入劳动合同。

（1）必备条款：

①用人单位的名称、住所和法定代表人或者主要负责人；

②劳动者的姓名、住址和居民身份证或者其他有效身份证件号码；

③劳动合同期限；

④工作内容和工作地点；

⑤工作时间和休息休假；

⑥劳动报酬；

⑦社会保险；

⑧劳动保护、劳动条件和职业危害防护；

⑨法律、法规规定应当纳入劳动合同的其他事项。

（2）可备条款：即劳动合同的约定条款，是指除法定必备条款外劳动合同当事人可以协商约定、也可以不约定的条款。是否约定，由当事人确定。

注意：

　　约定条款的缺少，并不影响劳动合同的成立。

①试用期条款。劳动合同的试用期是劳动者和用人单位为相互了解、选择而约定的考察期，劳动合同不能任意约定试用期的长短。具体期限如下：

a. 劳动合同期限 3 个月以上不满 1 年的，试用期不得超过 1 个月；劳动合同期限 1

年以上不满 3 年的，试用期不得超过 2 个月；3 年以上固定期限和无固定期限的劳动合同，试用期不得超过 6 个月。同一用人单位与同一劳动者只能约定一次试用期，劳动者在同一用人单位调整或变更工作岗位，用人单位不得再次约定试用期。以完成一定工作任务为期限的劳动合同或者劳动合同期限不满 3 个月的，不得约定试用期。非全日制用工也不得约定试用期。试用期包含在劳动合同期限内。

　　劳动合同仅约定试用期的，试用期不成立，该期限为劳动合同期限。

　　b. 劳动者在试用期的工资不得低于本单位相同岗位最低档工资的 80% 或者劳动合同约定工资的 80%，并不得低于用人单位所在地的最低工资标准。

　　c. 在试用期中，除劳动者有《劳动合同法》第 39 条和第 40 条第（1）～（2）项规定的情形外，用人单位不得解除劳动合同。用人单位在试用期解除劳动合同的，应当向劳动者说明理由。

　　②违约金条款。违约金是用人单位与劳动者在劳动合同中约定的不履行或不完全履行劳动合同约定义务时，由违约方支付给对方的一定金额的货币。《劳动合同法》对违约金条款进行限制，规定用人单位只能在以下两种情形中与劳动者约定由劳动者承担违约金。

　　a. 保守用人单位商业秘密条款：用人单位与劳动者可以在劳动合同中约定保守用人单位的商业秘密和与知识产权相关的保密事项。对负有保密义务的劳动者，用人单位可以在劳动合同或者保密协议中与劳动者约定竞业限制条款，并约定在解除或者终止劳动合同后，在竞业限制期限内按月给予劳动者经济补偿。劳动者违反竞业限制约定的，应当按照约定向用人单位支付违约金。

　　竞业限制的人员限于用人单位的高级管理人员、高级技术人员和其他负有保密义务的人员。竞业限制的范围、地域、期限由用人单位与劳动者约定，竞业限制的约定不得违反法律、法规的规定。在劳动关系存续期间或在解除、终止劳动合同后的一定期限内劳动者不得到与本单位生产或者经营同类产品、从事同类业务的有竞争关系的其他用人单位，或者自己开业生产或者经营同类产品、从事同类业务。期限最长不得超过 2 年。约定竞业限制条款的目的主要在于防止劳动者跳槽泄露原单位商业秘密进行不正当竞争。

　　保守商业秘密和约定竞业限制条款都必须同时具备，才可以主张违约金。

　　b. 服务期条款：用人单位为劳动者提供专项培训费用，对其进行专业技术培训的，可以与该劳动者订立协议，约定服务期。

　　服务期不同于劳动合同期限，它只适用于部分劳动者而不是普遍存在。这种培训一般由第三方提供，只针对特定劳动者，不是本单位针对所有员工进行的通常的岗位培训。

　　如果用人单位与劳动者约定的服务期长于劳动合同期限的，劳动合同期满，双方约定的服务期尚未到期的，劳动合同应当续延至服务期满；双方另有约定的，从其约定。

　　劳动者违反服务期约定的，应当按照约定向用人单位支付违约金。违约金的数额不得超过用人单位提供的培训费用。

（1）用人单位要求劳动者实际支付的违约金不得超过服务期尚未履行部分所应分摊的培训费用。（2）由于用人单位有违法、违约行为而迫使劳动者在服务期未满的情形下辞职的，不属于违反服务期的约定，用人单位不得要求劳动者支付违约金，劳动者也无须向用人单位支付违约金。

（3）禁止条款。《劳动合同法》还规定了禁止双方当事人约定的条款，即用人单位招用劳动者，不得扣押劳动者的居民身份证和其他证件，不得要求劳动者提供担保或者以其他名义向劳动者收取财物。

（二）效力

1. 劳动合同依法订立即具有法律约束力。劳动合同由用人单位与劳动者协商一致，并经用人单位与劳动者在劳动合同文本上签字或者盖章生效。即双方当事人意思表示一致，签订劳动合同之日，就产生法律效力。

2. 劳动合同无效或部分无效的情形。劳动合同的无效，是指当事人违反法律、法规，订立的不具有法律效力的劳动合同。依《劳动合同法》第 26 条规定，劳动合同的无效有下列情形：

（1）以欺诈、胁迫的手段或者乘人之危，使对方在违背真实意思的情况下订立或者变更劳动合同的；

（2）用人单位免除自己的法定责任、排除劳动者权利的；

（3）违反法律、行政法规强制性规定的。

注意：

劳动合同部分无效，不影响其他部分效力的，其他部分仍然有效。

对劳动合同的无效或者部分无效有争议的，进行了劳动仲裁未进入诉讼程序的由劳动争议仲裁机构确认，进入诉讼程序的由法院确认。

注意：

其他任何部门或者个人均无权认定劳动合同无效。

3. 无效劳动合同的法律后果。

（1）停止履行。无效的劳动合同，从订立时起，就没有法律效力。因此劳动合同被确认为无效后，正在履行的应当停止履行，尚未履行的不再履行。

（2）支付劳动报酬、经济补偿、赔偿金。劳动合同被确认无效，劳动者已付出劳动的，用人单位应当向劳动者支付劳动报酬、经济补偿、赔偿金。

（3）修正劳动合同。劳动合同部分无效，不影响其他部分效力的，其他部分仍然有效。有效部分可以继续履行，同时对部分无效的条款应予以修改，使其合法，能够依法继续履行。

（4）赔偿损失。劳动合同被确认无效后，因无效劳动合同而给一方当事人造成损失时，由有过错的一方负责给予对方一定货币作为赔偿。

四、劳动合同的履行、变更

（一）劳动合同的履行

劳动合同依法订立即具有法律约束力，用人单位与劳动者应当按照劳动合同的约定、全面履行各自的义务。用人单位应当按照劳动合同约定和国家规定，向劳动者及时足额支付劳动报酬。用人单位安排加班的，应当按照国家有关规定向劳动者支付加班费。用人单位应当严格执行劳动定额标准，不得强迫或者变相强迫劳动者加班；劳动者拒绝用人单位管理人员违章指挥、强令冒险作业的，不视为违反劳动合同，劳动者对危害生命安全和身体健康的劳动条件，有权对用人单位提出批评、检举和控告。

注意：

用人单位发生合并或者分立等情况，原劳动合同继续有效，劳动合同由承继其权利和义务的用人单位继续履行。

（二）劳动合同的变更

用人单位与劳动者协商一致，可以变更劳动合同约定的内容。变更劳动合同，应当采用书面形式。变更后的劳动合同文本由用人单位和劳动者各执一份。劳动合同变更的条件应为订立劳动合同的主客观情况发生变化。

五、劳动合同的解除和终止

劳动合同的解除，只对未履行的部分发生效力。劳动合同解除可分为当事人协商一致解除、用人单位单方解除和劳动者单方解除。

（一）双方协商解除劳动合同

劳动合同双方当事人协商一致，可以解除劳动合同。如果是由用人单位提出解除动议的，用人单位应向劳动者支付解除劳动合同的经济补偿金。反之，劳动者提出解除动议的，用人单位就不必向劳动者支付解除劳动合同的经济补偿金。

【总结】"看谁能沉得住气"。

（二）用人单位解除劳动合同

具备法律规定的条件时，用人单位享有单方解除权，无须双方协商达成一致意见。

用人单位单方解除分为随时解除、需预告的解除以及经济性裁员。此外，《劳动合同法》还规定了用人单位单方解除劳动合同的限制。

1. 用人单位单方随时解除。在劳动者有过错性情形时，用人单位有权单方解除劳动合同。在此情形下用人单位无须支付劳动者解除劳动合同的经济补偿金。有下列情形之一的，用人单位可随时解除合同：

（1）在试用期间被证明不符合录用条件的；

（2）严重违反用人单位的规章制度的；

（3）严重失职，营私舞弊，给用人单位造成重大损害的；

（4）劳动者同时与其他用人单位建立劳动关系，对完成本单位的工作任务造成严重影响，或者经用人单位提出，拒不改正的；

（5）因以欺诈、胁迫的手段或者乘人之危，使对方在违背真实意思的情况下订立或者变更劳动合同的；

（6）被依法追究刑事责任的。

注意：

用人单位单方解除劳动合同，应当事先将理由通知工会。

用人单位违反法律、行政法规规定或者劳动合同约定的，工会有权要求用人单位纠正。用人单位应当研究工会的意见，并将处理结果书面通知工会。

曹新川讲商法·经济法

2018年国家统一法律职业资格考试专题讲座系列

2. 用人单位需预告的解除。即劳动者本人无过错，但由于主客观原因致使劳动合同无法履行，用人单位在符合法律规定的情形下，履行法律规定的程序后有权单方解除劳动合同。有下列情形之一的，用人单位应当提前30日以书面形式通知劳动者本人或者额外支付劳动者1个月工资后方可解除劳动合同：

（1）劳动者患病或者非因工负伤，在规定的医疗期满后不能从事原工作，也不能从事由用人单位另行安排的工作的；

（2）劳动者不能胜任工作，经过培训或者调整工作岗位，仍不能胜任工作的；

（3）劳动合同订立时所依据的客观情况发生重大变化，致使劳动合同无法履行，经用人单位与劳动者协商，未能就变更劳动合同内容达成协议的。

注意：

①对非过错性解除劳动合同，用人单位应履行提前30日以书面形式通知劳动者本人的义务或者以额外支付劳动者1个月工资代替提前通知义务后，可以解除劳动合同。

②用人单位选择额外支付劳动者1个月工资解除劳动合同的，用人单位还应承担支付经济补偿金的义务。

3. 经济性裁员。

（1）有下列情形之一，需要裁减人员20人以上或者裁减不足20人但占企业职工总数10%以上的，用人单位提前30日向工会或者全体职工说明情况，听取工会或者职工的意见后，裁减人员方案经向劳动行政部门报告，可以裁减人员：

①依照《企业破产法》规定进行重整的；

②生产经营发生严重困难的；

③企业转产、重大技术革新或者经营方式调整，经变更劳动合同后，仍需裁减人员的；

④其他因劳动合同订立时所依据的客观经济情况发生重大变化，致使劳动合同无法履行的。

注意：

经济性裁员造成的原因是单位的经营不善，劳动者并无过错，所以此种情况解除劳动合同的，用人单位仍然要给劳动者经济补偿。

（2）用人单位依照上述规定裁减人员，在6个月内重新招用人员的，应当通知被裁减的人员，并在同等条件下优先招用被裁减的人员。裁减人员时，应当优先留用下列人员：

①与本单位订立较长期限的固定期限劳动合同的；

②与本单位订立无固定期限劳动合同的；

③家庭无其他就业人员，有需要扶养的老人或者未成年人的。

题

某公司从事出口加工，有职工500人。因国际金融危机影响，订单锐减陷入困境，拟裁减职工25人。公司决定公布后，职工提出异议。下列哪些说法缺乏法律依据？[①]

———————

① 答案：A、B、D。

A. 职工甲：公司裁减决定没有经过职工代表大会批准，无效

B. 职工乙：公司没有进入破产程序，不能裁员

C. 职工丙：我一家 4 口，有 70 岁老母 10 岁女儿，全家就我有工作，公司不能裁减我

D. 职工丁：我在公司销售部门曾连续 3 年评为优秀，对公司贡献大，公司不能裁减我

---

4. 用人单位单方解除劳动合同的限制。有下列情形之一的，用人单位不得依据《劳动合同法》有关预告解除和经济性裁员的规定解除劳动合同：

（1）从事接触职业病危害作业的劳动者未进行离岗前职业健康检查，或者疑似职业病病人在诊断或者医学观察期间的；

（2）在本单位患职业病或者因工负伤并被确认丧失或者部分丧失劳动能力的；

（3）患病或者非因工负伤，在规定的医疗期内的；

（4）女职工在孕期、产期、哺乳期的；

（5）在本单位连续工作满 15 年，且距法定退休年龄不足 5 年的。

上述 5 种情况之所以以法律的形式规定不得解除劳动合同，是为了保证劳动者在特殊情况下的权益不受侵害。有上述规定情形之一的，劳动合同应当续延至相应的情形消失时终止。但是，第（2）项规定丧失或者部分丧失劳动能力劳动者的劳动合同的终止，应按照国家有关工伤保险的规定执行。

> **注意：**
>
> 只是不得依照预告解除和经济性裁员的规定解除劳动合同，劳动者有过错的用人单位仍可以解除。

（三）劳动者单方解除劳动合同

即具备法律规定的条件时，劳动者享有单方解除权，无须双方协商达成一致意见，也无须征得用人单位的同意。

劳动者解除劳动合同情形分为：

1. 劳动者单方预告解除。劳动者提前 30 日以书面形式通知用人单位，无须说明任何法定事由，即可单方解除劳动合同。这里规定了劳动者的辞职权，除此处规定的程序外，对劳动者行使辞职权不附加任何条件。但违反劳动合同约定者要依法承担责任。此外，劳动者在试用期内提前 3 日通知用人单位，也可以解除劳动合同。

> **注意：**
>
> 在此种情况下，劳动者无须说明任何理由，只要提前预告，就可以离职。

2. 随时解除。用人单位有违法、违约情形，劳动者有权单方解除劳动合同。有下列情形之一的，劳动者可以随时通知用人单位解除劳动合同：

（1）未按照劳动合同约定提供劳动保护或者劳动条件的；

（2）未及时足额支付劳动报酬的；

（3）未依法为劳动者缴纳社会保险费的；

（4）用人单位的规章制度违反法律法规的规定，损害劳动者权益的；

（5）因用人单位以欺诈、胁迫的手段或者乘人之危，使劳动者在违背真实意思的情况下订立或者变更劳动合同而致使劳动合同无效的。

曹新川讲商法·经济法 2018 年国家统一法律职业资格考试专题讲座系列

3. 无须告知的解除——立即解除。

（1）用人单位以暴力、威胁或者非法限制人身自由的手段强迫劳动者劳动的；

（2）用人单位违章指挥、强令冒险作业危及劳动者人身安全的。

此处劳动者可以立即解除劳动合同，不需事先告知用人单位，也无需说明理由。

（四）劳动合同的终止

劳动合同终止不存在约定终止，只有法定终止。用人单位与劳动者不得在劳动合同法规定的劳动合同终止情形之外约定其他的劳动合同终止条件。

劳动合同终止的法定情形有：

1. 劳动合同期满的；

2. 劳动者达到法定退休年龄，开始依法享受基本养老保险待遇的；

3. 劳动者死亡，或者被法院宣告死亡或者宣告失踪的；

4. 用人单位被依法宣告破产的；

5. 用人单位被吊销营业执照、责令关闭、撤销或者用人单位决定提前解散的。

（五）劳动合同解除和终止的经济补偿

1. 补偿的法定标准。

（1）经济补偿按劳动者在本单位工作的年限，每满 1 年支付 1 个月工资的标准向劳动者支付。6 个月以上不满 1 年的，按 1 年计算；不满 6 个月的，向劳动者支付半个月工资的经济补偿。

（2）劳动者月工资高于用人单位所在直辖市、设区的市级政府公布的本地区上年度职工月平均工资 3 倍的，向其支付经济补偿的标准按职工月平均工资 3 倍的数额支付，向其支付经济补偿的年限最高不超过 12 年。

（3）上述所称月工资是指劳动者在劳动合同解除或者终止前 12 个月的平均工资。

2. 补偿的法定情形。有下列情形之一的，用人单位应当向劳动者支付经济补偿：

（1）劳动者依法即时解除劳动合同的。

（2）用人单位向劳动者提出解除劳动合同并与劳动者协商一致解除劳动合同的。

（3）用人单位依法预告解除劳动合同的。

（4）用人单位依法进行经济性裁员解除劳动合同的。

（5）除用人单位维持或者提高劳动合同约定条件续订劳动合同，劳动者不同意续订的情形外，劳动合同期满依法终止固定期限劳动合同的。

（6）用人单位被依法宣告破产和用人单位被吊销营业执照、责令关闭、撤销或者用人单位决定提前解散时终止劳动合同的。

（7）以完成一定工作任务为期限的劳动合同因任务完成而终止的。以完成一定工作任务为期限的劳动合同，双方履行完毕而终止的，用人单位应当依法向劳动者支付经济补偿金。

③劳动者向用人单位提出解除合同并协商一致的；

④用人单位维持或者提高劳动合同约定条件续订劳动合同，劳动者不同意续订。这四种情形单位均无过错，是不需要经济补偿的。

经济补偿金应在劳动者工作交接办结后，由用人单位支付给劳动者。

【总结】

1. 用人单位单方面提出解除劳动合同，劳动者没有过错的，用人单位要支付经济补偿；相反，因为劳动者的过错，用人单位解除合同的，不支付经济补偿。

2. 劳动者主动提出解除劳动合同的，用人单位不支付经济补偿；如果劳动者被迫解除劳动合同的，用人单位应当支付经济补偿。

（六）违法解除或终止劳动合同的责任

1. 用人单位违反《劳动合同法》规定解除或者终止劳动合同，劳动者要求继续履行劳动合同的，用人单位应当继续履行；劳动者不要求继续履行劳动合同或者劳动合同已经不能继续履行的，用人单位应当依照前述经济补偿标准的2倍向劳动者支付赔偿金。

2. 劳动者违反《劳动合同法》规定解除劳动合同，或者违反劳动合同中约定的保密义务或者竞业限制，给用人单位造成损失的，应当承担赔偿责任，范围包括：

（1）用人单位招录其所支付的费用；

（2）用人单位为其支付的培训费用，双方另有约定的按约定办理；

（3）对生产、经营和工作造成的直接经济损失；

（4）劳动合同约定的其他赔偿费用。

3. 用人单位招用与其他用人单位尚未解除或者终止劳动合同的劳动者，给其他用人单位造成损失的，除该劳动者承担直接赔偿责任外，该用人单位应当承担连带赔偿责任。其连带赔偿的份额应不低于对原用人单位造成经济损失总额的70%。向其他用人单位赔偿下列损失：

（1）对生产、经营和工作造成的直接经济损失；

（2）因获取商业秘密给原用人单位造成的经济损失。

赔偿上述第（2）项规定的损失，按《反不正当竞争法》第20条的规定执行。

六、集体合同

（一）概念与特征

企业职工一方与企业可以就劳动报酬、工作时间、休息休假、劳动安全卫生、保险福利等事项，签订集体合同。集体合同草案应当提交职工代表大会或者全体职工讨论通过。集体合同有如下特征：

1. 集体合同的主体一方是劳动者的团体组织（工会或职工代表），另一方是用人单位；

2. 集体合同以集体劳动关系中全体劳动者的劳动条件、劳动标准和全体职工的权利义务为主要内容；

3. 集体合同是要式合同；

4. 集体合同的效力高于劳动者个人与用人单位签订的劳动合同的效力。

（二）集体合同的订立

1. 集体合同由工会代表企业职工一方与用人单位签订；没有建立工会的用人单位，

由职工推举的代表与用人单位签订；

2. 在县级以下区域内，建筑业、采矿业、餐饮服务业等行业可以由工会与企业方面代表订立行业性集体合同，或者订立区域性集体合同；

3. 集体合同签订后应当报送劳动行政部门；劳动行政部门自收到集体合同文本之日起15日内未提出异议的，集体合同即行生效。行业性、区域性集体合同对当地本行业、本区域的用人单位和劳动者具有约束力。

注意：
此处劳动合同并非签订即生效，而是"15日"之后。

此种合同以劳动行政部门的审批为要件？错误。此时是备案，并非审批。

（三）效力

1. 依法签订的集体合同对用人单位和劳动者具有约束力。劳动者个人与用人单位订立的劳动合同中劳动条件和劳动报酬等标准不得低于集体合同的规定。否则无效。

2. 劳动合同约定不明时，适用集体合同的规定。

3. 未订立书面劳动合同的，有集体合同适用集体合同的规定。

七、劳务派遣

（一）概念与特征

劳务派遣是指劳务派遣单位与劳动者订立劳动合同后，由派遣单位与实际用工单位通过签订劳务派遣协议，将劳动者派遣到用工单位工作，用工单位实际使用劳动者，用工单位向劳务派遣单位支付管理费、劳动者工资、社会保险费用等而形成的关系。

注意：
实际用工单位与劳务派遣公司的关系是劳务关系；被聘用人员与劳务派遣公司的关系是劳动关系，被聘用人员与实际用工单位的关系也是劳务关系。

（二）适用范围

劳务派遣用工是一种补充形式，只能在临时性、辅助性或者替代性的工作岗位上实施。即劳务派遣用工形式的三原则：临时性、辅助性和替代性。

1. 临时性，即劳务派遣期不得超过6个月，凡用工超过6个月的岗位须用本企业正式员工。

2. 辅助性，指为主营业务岗位提供服务的非主营业务岗位。

3. 替代性，指用工单位的劳动者因脱产学习、休假等原因无法工作的一定期间内，可以由其他劳动者替代工作的岗位。

（三）派遣单位和用工单位的义务与责任

首先明确劳务派遣单位设立的条件：劳务派遣单位应当具备注册资本不得少于200万元，有与开展业务相适应的固定的经营场所和设施，有符合法律、行政法规规定的劳务派遣管理制度等条件。经营劳务派遣业务还应当向劳动行政部门申请行政许可，经许可后才能办理相应的公司登记。

派遣单位和用工单位的义务与责任具体体现为：

1. 长期雇佣。劳务派遣单位应当与被派遣劳动者订立2年以上的固定期限劳动合同，按月支付劳动报酬；被派遣劳动者在无工作期间，劳务派遣单位应当按照所在地政府规定的最低工资标准，向其按月支付报酬。

2. 禁止分割。用工单位应当根据工作岗位的实际需要与劳务派遣单位确定派遣期限，不得将连续用工期限分割订立数个短期劳务派遣协议。

3. 告知与禁止克扣。劳务派遣单位应当将劳务派遣协议的内容告知被派遣劳动者。被派遣劳动者有知情权。

劳务派遣单位不得克扣用工单位按照劳务派遣协议支付给被派遣劳动者的劳动报酬。劳务派遣单位和用工单位不得向被派遣劳动者收取费用。

4. 禁止"转派"。用工单位不得将被派遣劳动者再派遣到其他用人单位。

5. 禁止"自我派遣"。用人单位不得设立劳务派遣单位，向本单位或者所属单位派遣劳动者。

6. 连带责任。用工单位违反《劳动合同法》规定，给被派遣劳动者造成损害的，劳务派遣单位与用工单位承担连带赔偿责任。

劳务派遣期间，被派遣的工作人员因执行工作任务造成他人损害的，由接受劳务派遣的用工单位承担侵权责任；劳务派遣单位有过错的，承担相应的补充责任。

劳务派遣单位或者用工单位与劳动者发生劳动争议的，劳务派遣单位和用工单位为共同当事人。

（四）被派遣劳动者的权利

1. 被派遣劳动者有权在劳务派遣单位或者用工单位依法参加或者组织工会，维护自身的合法权益。

2. 赋予被派遣劳动者解除劳动合同的权利，被派遣劳动者可以依照《劳动合同法》与用人单位协商一致解除劳动合同，在用人单位有违法、违约情形时，被派遣劳动者有权与劳务派遣单位单方解除劳动合同。

3. 享有与用工单位的劳动者同工同酬的权利，用工单位应当按照同工同酬原则，对被派遣劳动者与本单位同类岗位的劳动者实行相同的劳动报酬分配办法。

八、非全日制用工

（一）含义

非全日制用工是指以小时计酬为主，一般情况下，劳动者在同一用人单位平均每日工作时间不超过4小时，每周工作时间累计不超过24小时的用工形式。

（二）特征（区别于全日制用工）

1. 非全日制用工双方当事人可以订立口头协议。从事非全日制用工的劳动者可以与一个或者一个以上用人单位订立劳动合同，但是，后订立的劳动合同不得影响先订立的劳动合同的履行。

2. 非全日制用工双方当事人不得约定试用期。

3. 非全日制用工双方当事人任何一方都可以随时通知对方终止用工。终止用工的，用人单位不向劳动者支付经济补偿。

4. 非全日制用工小时计的最低小时工资标准不得低于用人单位所在地人民政府规定的最低小时工资标准。非全日制用工劳动报酬结算支付周期最长不得超过 15 日。

关于非全日制用工的说法，下列哪一选项不符合《劳动合同法》规定？[①]

A. 从事非全日制用工的劳动者与多个用人单位订立劳动合同的，后订立的合同不得影响先订立合同的履行

B. 非全日制用工合同不得约定试用期

C. 非全日制用工终止时，用人单位应当向劳动者支付经济补偿

D. 非全日制工劳动报酬结算支付周期最长不得超过 15 日

九、劳动基准法

劳动基准就是劳动条件的最低标准。劳动基准法主要由规定劳动标准的各项法律制度所构成，包括工时标准、最低工资标准、职业安全卫生法等。

（一）工作时间

1. 标准工作时间。每日不超过 8 小时，每周不超过 40 小时，在 1 周（7 日）内工作 5 天。企业因生产特点不能实行标准工作制的，经劳动行政部门批准，可以实行其他工作和休息办法。比如不定时工作制，企业中的高级管理人员、外勤人员、推销人员、部分值班人员可以适用不定时工作制。

2. 缩短工作时间。指法律规定的在特殊情况下劳动者的工作时间长度少于标准工作时间的工时制度，即每日工作少于 8 小时。

缩短工作日适用于：

（1）从事矿山井下、高山、有毒有害、特别繁重或过度紧张等作业的劳动者；

（2）从事夜班工作的劳动者；

（3）哺乳期内的女职工。

3. 延长工作时间。指超过标准工作日的工作时间，即日工作时间超过 8 小时，每周工作时间超过 40 小时。延长工作时间必须符合法律、法规的规定。

具体情形如下：

（1）用人单位由于生产经营需要，经与工会和劳动者协商后可以延长工作时间，

---

① 答案：C。

每日不得超过 1 小时。

（2）特殊原因的，每日不得超过 3 小时，但每月不得超过 36 小时。

（3）有下列情形之一的，延长工作时间不受上述规定的限制：

①发生自然灾害、事故或者因其他原因，威胁劳动者生命健康和财产安全，需要紧急处理的；

②生产设备、交通运输线路、公共设施发生故障，影响生产和公众利益，必须及时抢修的；

③在法定节日和公休假日内工作不能间断，必须连续生产、运输或营业的；

④必须利用法定节日或公休假日的停产期间进行设备检修、保养的；

⑤为了完成国防紧急生产任务，或者完成上级在国家计划外安排的其他紧急生产任务，以及商业、供销企业在旺季完成收购、运输、加工农副产品紧急任务的；

⑥法律、行政法规规定的其他情形。

（二）法定节假日

我国每年通常有 7 个节共计 11 天假。《劳动法》规定的法定节假日有：元旦 1 月 1 日，放假 1 天；春节农历正月初一、初二、初三，放假 3 天；清明节农历清明当日，放假 1 天；端午节农历端午当日，放假 1 天；中秋节农历中秋当日，放假 1 天；劳动节 5 月 1 日，放假 1 天；国庆节 10 月 1 日、2 日、3 日，放假 3 天。

（三）加班加点的工资标准

一般加班加点，经工会和劳动者协商，以劳动者自愿为原则。安排劳动者延长工作时间的，支付不低于工资的 150% 的工资报酬；休息日安排劳动者工作又不能安排补休的，支付不低于工资 200% 的工资报酬；法定休假日安排劳动者工作的，支付不低于工资的 300% 的工资报酬，不能以安排补休作为补偿。因为这些节日对劳动者有特殊的意义。与之不同的是，休息日（周六、周日）安排劳动者工作的，可以首先安排补休，不能安排补休的，支付不低于工资的 200% 的工资报酬。

（四）年休假

劳动者连续工作 1 年以上，享受带薪年休假。职工累计工作已满 1 年不满 10 年的，年休假 5 天；已满 10 年不满 20 年的，年休假 10 天；已满 20 年的，年休假 15 天。国家法定休假日、休息日不计入年休假的假期。

（五）工资保障

1. 一般规定。工资应当以货币形式按月支付给劳动者本人，不得以实物及有价证券代替货币支付。工资一般按月支付，至少每月支付一次。不得克扣或者无故拖欠劳动者的工资。

注意：

　　劳动者在法定休假日和婚丧假期间以及依法参加社会活动期间，用人单位应当依法支付工资。

2. 最低工资。国家实行最低工资保障制度。用人单位支付劳动者的工资不得低于当地最低工资标准。在劳动者提供正常劳动的情况下，用人单位应支付给劳动者的工资在剔除下列各项以后，不得低于当地最低工资标准：

（1）延长工作时间工资；

（2）中班、夜班、高温、低温、井下、有毒有害等特殊工作环境、条件下的津贴；

（3）国家法律、法规和政策规定的劳动者保险、福利待遇；

（4）用人单位通过贴补伙食、住房等支付给劳动者的非货币性收入。

关于工资保障制度，下列哪些表述符合劳动法的规定？①

A. 按照最低工资保障制度，用人单位支付劳动者的工资不得低于当地最低工资标准

B. 乡镇企业不适用最低工资保障制度

C. 加班工资不包括在最低工资之内

D. 劳动者在婚丧假以及依法参加社会活动期间，用人单位应当依法支付工资

（六）女职工和未成年工特殊保护

1. 禁止安排女职工从事矿山井下、国家规定的第四级体力劳动强度的劳动和其他禁忌从事的劳动。

2. 不得安排女职工在经期从事高处、低温、冷水作业和国家规定的第三级体力劳动强度的劳动。

3. 不得安排女职工在怀孕期间从事国家规定的第三级体力劳动强度的劳动和孕期禁忌从事的劳动。对怀孕7个月以上的女职工，不得安排其延长工作时间和夜班劳动。

4. 不得安排未成年工从事矿山井下、有毒有害、国家规定的第四级体力劳动强度的劳动和其他禁忌从事的劳动。

5. 用人单位应当对未成年工定期进行健康检查。

① 答案：A、C、D。

劳动争议

　　劳动者和用人单位双方可能因为诸多原因而发生纠纷，这就是劳动争议。劳动争议的范围是特定的，解决途径是特殊的，体现了法律倾斜保护弱者，即劳动者利益的思想。

一、劳动争议的概念

　　劳动争议又称劳动纠纷，是指劳动关系双方当事人因执行劳动法律法规或履行劳动合同、集体合同发生的纠纷。

注意：

　　劳动争议发生在劳动者与用人单位之间，不要求已经订立劳动合同，只要存在事实劳动关系即可。

　　【提示】判断是否属于劳动争议，首先，判断劳动争议是否发生在劳动者与用人单位之间。其次，看争议是否是因为履行劳动合同而引发的争议。

二、劳动争议的范围

　　（一）根据《劳动争议调解仲裁法》，劳动争议的内容可分为：

　　1. 因确认劳动关系发生的争议；

　　2. 因订立、履行、变更、解除和终止劳动合同发生的争议；

　　3. 因除名、辞退和辞职、离职发生的争议；

　　4. 因工作时间、休息休假、社会保险、福利、培训以及劳动保护发生的争议；

　　5. 因劳动报酬、工伤医疗费、经济补偿或者赔偿金等发生的争议；

　　6. 法律、法规规定的其他劳动争议。

　　（二）下列纠纷不属于劳动争议：

　　1. 劳动者请求社会保险经办机构发放社会保险金的纠纷；

　　2. 劳动者与用人单位因住房制度改革产生的公有住房转让纠纷；

　　3. 劳动者对劳动能力鉴定委员会的伤残等级鉴定结论或者对职业病诊断鉴定委员会的职业病诊断鉴定结论的异议纠纷；

　　4. 家庭或者个人与家政服务人员之间的纠纷；

　　5. 个体工匠与帮工、学徒之间的纠纷；

　　6. 农村承包经营户与受雇人之间的纠纷。

　　下列哪些情形不属于《劳动争议处理条例》规定的劳动争议范围？①

---

　　① （1）（2）（3）都不属于劳动争议。

（1）郑某辞职后，不同意公司按存款本息购回其持有的职工股，要求做市场价评估。

（2）秦某退休后，因社会保险经办机构未及时发放社会保险金，要求公司协助解决。

（3）刘某因工伤致残后，对劳动能力鉴定委员会评定的伤残等级不服，要求重新鉴定。

三、劳动争议的解决方式及处理程序

（一）解决方式

用人单位与劳动者发生劳动争议，当事人可以依法申请调解、仲裁、提起诉讼，也可以协商解决。也就是说，我国处理劳动争议有四种方式：协商、调解、仲裁和诉讼。

发生劳动争议，当事人不愿协商、协商不成或者达成和解协议后不履行的，可以向调解组织申请调解；不愿调解、调解不成或者达成调解协议后不履行的，可以向劳动争议仲裁委员会申请仲裁；对仲裁裁决不服的，除法律另有规定的外，可以向人民法院提起诉讼。

发生劳动争议，当事人对自己提出的主张有责任提供证据。考虑到实际情况，为了公平地保护劳动者的利益，与争议事项有关的证据属于用人单位掌握管理的，用人单位应当提供；用人单位不提供的，应当承担不利的法律后果。

（二）处理程序

1. 协商。劳动争议发生后，当事人应当协商解决，协商一致后，双方可达成和解协议，但和解协议无必须履行的法律效力，而是由双方当事人自觉履行。

注意：

协商不是处理劳动争议的必经程序，当事人不愿协商或协商不成的，可以申请调解或仲裁。

2. 调解。发生劳动争议，当事人不愿协商、协商不成或者达成和解协议后不履行的，可以向调解组织申请调解。

调解委员会接到调解申请后，可依据合法、公正、及时、着重调解原则进行调解。调解委员会调解劳动争议，应当自当事人申请调解之日起 15 日内结束。到期未结束的，视为调解不成，当事人可以向当地劳动争议仲裁委员会申请仲裁。经调解达成协议的，制作调解协议书。调解协议书由双方当事人签名或者盖章，经调解员签名并加盖调解组织印章后生效，对双方当事人具有约束力，由当事人自觉履行。

注意：

（1）达成调解协议后，一方当事人在协议约定期限内不履行调解协议的，另一方当事人可以依法申请仲裁。

（2）因支付拖欠劳动报酬、工伤医疗费、经济补偿或者赔偿金事项达成调解协议，用人单位在协议约定期限内不履行的，劳动者可以持调解协议书依法向法院申请支付令。法院应当依法发出支付令。

（3）调解不是劳动争议解决的必经程序，不愿调解、调解不成或者达成调解协议后不履行的，可以向劳动争议仲裁委员会申请仲裁。

3. 仲裁。

（1）管辖。劳动争议由劳动合同履行地或者用人单位所在地的劳动争议仲裁委员会管辖。双方当事人分别向劳动合同履行地和用人单位所在地的劳动争议仲裁委员会申请仲裁的，由劳动合同履行地的劳动争议仲裁委员会管辖。

（2）仲裁的申请。劳动争议发生后，当事人任何一方都可直接向劳动争议仲裁委员会申请仲裁。

有无仲裁协议，都可以向劳动争议仲裁委员会申请仲裁。

①仲裁是处理劳动争议的必经前置程序，未经仲裁的劳动争议不得向法院提起诉讼。

②提出仲裁要求的一方应在自劳动争议发生之日（当事人知道或应知权利被侵害之日）起1年内向劳动争议仲裁委员会提出书面申请。

③上述规定的仲裁时效，因当事人一方向对方当事人主张权利，或者向有关部门请求权利救济，或者对方当事人同意履行义务而中断。从中断时起，仲裁时效期间重新计算。

④因不可抗力或者有其他正当理由，当事人不能在上述规定的仲裁时效期间申请仲裁的，仲裁时效中止。从中止时效的原因消除之日起，仲裁时效期间继续计算。

⑤劳动关系存续期间因拖欠劳动报酬发生争议的，劳动者申请仲裁不受上述规定的仲裁时效期间的限制；但是，劳动关系终止的，应当自劳动关系终止之日起1年内提出。

（3）仲裁案件当事人。

①发生劳动争议的劳动者和用人单位为劳动争议仲裁案件的双方当事人；

②劳务派遣单位或者用工单位与劳动者发生劳动争议的，劳务派遣单位和用工单位为共同当事人。

（4）仲裁裁决。

①仲裁庭在作出裁决前，应当先行调解。调解达成协议的，仲裁庭应当制作调解书。

调解书经双方当事人签收后，发生法律效力。

仲裁调解书具有法律效力，自送达之日起具有法律约束力，当事人须自觉履行，一方当事人不履行的，另一方当事人可向人民法院申请强制执行。调解不成或者调解书送达前，一方当事人反悔的，仲裁庭应当及时作出裁决。

②仲裁庭裁决劳动争议案件，应当自劳动争议仲裁委员会受理仲裁申请之日起45日内结束。案情复杂需要延期的，经劳动争议仲裁委员会主任批准，可以延期，并书面通知当事人，但是延长期限不得超过15日。逾期未作出仲裁裁决的，当事人可以就该劳动争议事项向法院提起诉讼。当事人对仲裁裁决不服的，可以自收到仲裁裁决书之日起15日内向法院提起诉讼，期满不起诉的，裁决书发生法律效力。

仲裁裁决书并非作出就生效，而是15日期满不起诉才发生法律效力。

（5）单方的一裁终局。为使劳动者的权益得到快捷的保护，加快劳动争议案件的处理时间，防止用人单位恶意拖延。下列劳动争议，仲裁裁决为终局裁决，裁决书自作出之日起发生法律效力：

①追索劳动报酬、工伤医疗费、经济补偿或者赔偿金，不超过当地月最低工资标准12个月金额的争议；

②因执行国家的劳动标准在工作时间、休息休假、社会保险等方面发生的争议。

劳动者对上述劳动争议的仲裁裁决不服的，可以自收到仲裁裁决书之日起15日内向法院提起诉讼。用人单位对一裁终局的仲裁裁决，不能再向法院起诉，也不能申请再次仲裁，但在具备法定情形时，用人单位可以向人民法院申请撤销。

用人单位有证据证明上述劳动争议的仲裁裁决有下列情形之一的，可以自收到仲裁裁决书之日起30日内向劳动争议仲裁委员会所在地的中级人民法院申请撤销裁决：

①适用法律、法规确有错误的；

②劳动争议仲裁委员会无管辖权的；

③违反法定程序的；

④裁决所根据的证据是伪造的；

⑤对方当事人隐瞒了足以影响公正裁决的证据的；

⑥仲裁员在仲裁该案时有索贿受贿、徇私舞弊、枉法裁决行为的。

法院经组成合议庭审查核实裁决有上述情形之一的，应当裁定撤销仲裁裁决。仲裁裁决被法院裁定撤销的，当事人可以自收到裁定书之日起15日内就该劳动争议事项向法院提起诉讼。

李某因追索工资与所在公司发生争议，遂向律师咨询。该律师提供的下列哪些意见是合法的？①

A. 解决该争议既可与公司协商，也可申请调解，还可直接申请仲裁

B. 应向劳动者工资关系所在地的劳动争议仲裁委提出仲裁请求

C. 如追索工资的金额未超过当地月最低工资标准12个月金额，则仲裁裁决为终局裁决，用人单位不得再起诉

D. 即使追索工资的金额未超过当地月最低工资标准12个月金额，只要李某对仲裁裁决不服，仍可向法院起诉

（6）劳动争议仲裁不收费。劳动争议仲裁委员会的经费由财政予以保障。

4. 诉讼。当事人对仲裁裁决不服的，可自收到仲裁裁决之日起15日内向法院起诉。对经过仲裁裁决，当事人向法院起诉的劳动争议案件，人民法院应当受理。人民法院审理劳动争议案件实行两审终审制。人民法院一审审理终结后，对一审判决不服的，当事人可在15日内向上一级人民法院提起上诉；对一审裁定不服的，当事人可在10日内向上一级人民法院提起上诉。经二审审理所作出的裁决是终审裁决，自送达之日起发生法律效力，当事人必须履行。

---

① 答案：A、C、D。

专题二十二　劳动争议

专题二十三
社会保险法

社会保险制度是国家和社会对因丧失劳动能力和劳动机会而不能劳动或暂时终止劳动的劳动者采取的通过给予一定物质帮助，使其至少能维持基本生活需要的制度。

一、社会保险的概念、特征

（一）概念

社会保险是与劳动风险相对应的概念。劳动者以劳动为谋生手段，当其完全或部分丧失劳动能力、暂时或永久丧失劳动机会，而完全不能劳动、不能正常劳动或暂时终止劳动的情形下，就面临失去主要生活来源的危险，此即劳动风险。为了确保劳动者的生存和劳动力的再生产，国家和社会对因丧失劳动能力和劳动机会而不能劳动或暂时终止劳动的劳动者，采取的通过给予一定物质帮助使其至少能维持基本生活需要的制度就是社会保险制度。

（二）特征

1. 社会性：社会保险的范围比较广泛，包括社会上不同层次、不同行业、不同职业的劳动者。社会保险体现的是一种社会政策，具有保障社会安定的职能。

2. 强制性：作为社会保险制度主干部分的国家基本保险，由国家立法强制实行，保险的项目、收费标准、待遇水平等内容，一般不由投保人和被保险人自主选择。

3. 福利性：社会保险以帮助劳动者摆脱生活困难为目的，属于非营利性、公益性服务事业，交纳保险费的多少不完全取决于风险发生的概率，享受保险待遇的水平也不完全取决于交纳保险费的多少，而是主要依据基本生活需要确定。国家对保险所需资金负有一定的支持责任。

二、社会保险的类型

国家建立五种社会保险制度，包括基本养老保险、基本医疗保险、工伤保险、失业保险、生育保险，保障公民在年老、疾病、工伤、失业、生育等情况下依法从国家和社会获得物质帮助的权利。

三、社会保险的保费缴纳

中华人民共和国境内的用人单位和个人依法缴纳社会保险费，有权查询缴费记录、个人权益记录，要求社会保险经办机构提供社会保险咨询等相关服务。国家通过多渠道筹集社会保险资金。县级以上人民政府对社会保险事业给予必要的经费支持。个人依法享受社会保险待遇，有权监督其单位为其缴费的情况。

曹新川讲商法·经济法

2018年国家统一法律职业资格考试专题讲座系列

四、社会保险基金

社会保险基金包括基本养老保险基金、基本医疗保险基金、工伤保险基金、失业保险基金和生育保险基金。各项社会保险基金按照社会保险险种分别建账、分账核算，执行国家统一的会计制度。

> **注意：**
> 社会保险基金专款专用，任何组织和个人不得侵占或者挪用。

基本养老保险基金逐步实行全国统筹，其他社会保险基金逐步实行省级统筹，具体时间、步骤由国务院规定。

五、社会保险的主要内容

（一）基本养老保险

1. 投保人。职工应当参加基本养老保险，由用人单位和职工共同缴纳基本养老保险费。无雇工的个体工商户、未在用人单位参加基本养老保险的非全日制从业人员以及其他灵活就业人员可以参加基本养老保险，由个人缴纳基本养老保险费。

2. 保险费。基本养老保险实行社会统筹与个人账户相结合。基本养老保险基金由用人单位和个人缴费以及政府补贴等组成。

> **注意：**
> 个人账户不得提前支取，记账利率不得低于银行定期存款利率，免征利息税。个人死亡的，个人账户余额可以继承。那就意味着单位缴纳的社会统筹账户是不可以继承的。

3. 养老金。基本养老金由统筹养老金和个人账户养老金组成。参加基本养老保险的个人，达到法定退休年龄时累计缴费满15年的，按月领取基本养老金。

参加基本养老保险的个人，达到法定退休年龄时累计缴费不足15年的，可以缴费至满15年，按月领取基本养老金；也可以转入新型农村社会养老保险或者城镇居民社会养老保险，按照国务院规定享受相应的养老保险待遇。

参加基本养老保险的个人，因病或者非因工死亡的，其遗属可以领取丧葬补助金和抚恤金；在未达到法定退休年龄时因病或者非因工致残完全丧失劳动能力的，可以领取病残津贴。所需资金从基本养老保险基金中支付。

> **注意：**
> 个人跨统筹地区就业的，其基本养老保险关系随本人转移，缴费年限累计计算。个人达到法定退休年龄时，基本养老金分段计算、统一支付。

4. 新型农村社会养老保险制度。新型农村社会养老保险实行个人缴费、集体补助和政府补贴相结合的缴费方式。新型农村社会养老保险待遇由基础养老金和个人账户养老金组成。参加新型农村社会养老保险的农村居民，符合国家规定条件的，按月领取新型农村社会养老保险金。

关于基本养老保险的个人账户，下列哪些选项是正确的？①

---

① 答案：A、C、D。

A. 职工个人缴纳的基本养老保险费全部记入个人账户

B. 用人单位缴纳的基本养老保险费按规定比例记入个人账户

C. 个人死亡的，个人账户余额可以继承

D. 个人账户不得提前支取

（二）基本医疗保险

1. 投保人。职工应当参加职工基本医疗保险，由用人单位和职工按照国家规定共同缴纳基本医疗保险费。无雇工的个体工商户、未在用人单位参加职工基本医疗保险的非全日制从业人员以及其他灵活就业人员可以参加职工基本医疗保险，由个人按照国家规定缴纳基本医疗保险费。

> **注意：**
> 享受最低生活保障的人、丧失劳动能力的残疾人、低收入家庭60周岁以上的老年人和未成年人等所需个人缴费部分，由政府给予补贴。

2. 医疗保险基金支付。符合基本医疗保险药品目录、诊疗项目、医疗服务设施标准以及急诊、抢救的医疗费用，按照国家规定从基本医疗保险基金中支付。下列医疗费用不纳入基本医疗保险基金支付范围：

（1）应当从工伤保险基金中支付的；

（2）应当由第三人负担的；

（3）应当由公共卫生负担的；

（4）在境外就医的。

医疗费用依法应当由第三人负担，第三人不支付或者无法确定第三人的，由基本医疗保险基金先行支付。基本医疗保险基金先行支付后，有权向第三人追偿。

个人跨统筹地区就业的，其基本医疗保险关系随本人转移，缴费年限累计计算。

（三）工伤保险

1. 投保人。职工应当参加工伤保险，由用人单位缴纳工伤保险费，职工不缴纳工伤保险费。

2. 工伤认定。职工因工作原因受到事故伤害或者患职业病，且经工伤认定的，享受工伤保险待遇；其中，经劳动能力鉴定丧失劳动能力的，享受伤残待遇。职工因下列情形之一导致本人在工作中伤亡的，不认定为工伤：（1）故意犯罪；（2）醉酒或者吸毒；（3）自残或者自杀；（4）法律、行政法规规定的其他情形。

3. 工伤保险基金支付。

（1）因工伤发生的下列费用，按照国家规定从工伤保险基金中支付：

①治疗工伤的医疗费用和康复费用；

②住院伙食补助费；

③到统筹地区以外就医的交通食宿费；

④安装配置伤残辅助器具所需费用；

⑤生活不能自理的，经劳动能力鉴定委员会确认的生活护理费；

⑥一次性伤残补助金和一至四级伤残职工按月领取的伤残津贴；

⑦终止或者解除劳动合同时，应当享受的一次性医疗补助金；

⑧因工死亡的，其遗属领取的丧葬补助金、供养亲属抚恤金和因工死亡补助金；

⑨劳动能力鉴定费。

（2）因工伤发生的下列费用，按照国家规定由用人单位支付：

①治疗工伤期间的工资福利；

②五级、六级伤残职工按月领取的伤残津贴；

③终止或者解除劳动合同时，应当享受的一次性伤残就业补助金。

（3）职工所在用人单位未依法缴纳工伤保险费，发生工伤事故的，由用人单位支付工伤保险待遇。用人单位不支付的，从工伤保险基金中先行支付。从工伤保险基金中先行支付的工伤保险待遇应当由用人单位偿还。用人单位不偿还的，社会保险经办机构可以追偿。

（4）由于第三人的原因造成工伤，第三人不支付工伤医疗费用或者无法确定第三人的，由工伤保险基金先行支付。工伤保险基金先行支付后，有权向第三人追偿。

4. 工伤保险待遇的停止。工伤职工有下列情形之一的，停止享受工伤保险待遇：

（1）丧失享受待遇条件的；

（2）拒不接受劳动能力鉴定的；

（3）拒绝治疗的。

（四）失业保险

1. 投保人。职工应当参加失业保险，由用人单位和职工按照国家规定共同缴纳失业保险费。

2. 失业保险金的领取。失业人员符合下列条件的，从失业保险基金中领取失业保险金：

（1）失业前用人单位和本人已经缴纳失业保险费满1年的；

（2）非因本人意愿中断就业的；

（3）已经进行失业登记，并有求职要求的。

失业人员失业前用人单位和本人累计缴费满1年不足5年的，领取失业保险金的期限最长为12个月；累计缴费满5年不足10年的，领取失业保险金的期限最长为18个月；累计缴费10年以上的，领取失业保险金的期限最长为24个月。

注意：

重新就业后，再次失业的，缴费时间重新计算，领取失业保险金的期限与前次失业应当领取而尚未领取的失业保险金的期限合并计算，最长不超过24个月。

失业保险金的标准由省、自治区、直辖市人民政府确定，不得低于城市居民最低生活保障标准。职工跨统筹地区就业的，其失业保险关系随本人转移，缴费年限累计计算。

3. 失业保险基金的特殊支付。

（1）失业人员在领取失业保险金期间，参加职工基本医疗保险，享受基本医疗保险待遇。失业人员应当缴纳的基本医疗保险费从失业保险基金中支付，个人不缴纳基本医疗保险费。

（2）失业人员在领取失业保险金期间死亡的，参照当地对在职职工死亡的规定，向其遗属发给一次性丧葬补助金和抚恤金。所需资金从失业保险基金中支付。个人死亡同时符合领取基本养老保险丧葬补助金、工伤保险丧葬补助金和失业保险丧葬补助金条件的，其遗属只能选择领取其中的一项。

4. 停止领取失业保险金。失业人员在领取失业保险金期间有下列情形之一的，停止领取失业保险金，并同时停止享受其他失业保险待遇：

（1）重新就业的；

（2）应征服兵役的；

（3）移居境外的；

（4）享受基本养老保险待遇的；

（5）无正当理由，拒不接受当地人民政府指定部门或者机构介绍的适当工作或者提供的培训的。

（五）生育保险

1. 投保人。职工应当参加生育保险，由用人单位按照国家规定缴纳生育保险费，职工不缴纳生育保险费。

【总结】在五种社会保险中需要企业和个人共同缴纳的有养老保险、医疗保险和失业保险三种；只需要企业缴纳而个人不需要缴纳的有工伤保险和失业保险。

用人单位已经缴纳生育保险费的，其职工享受生育保险待遇；职工未就业的，其配偶按照国家规定享受生育医疗费用待遇。所需资金从生育保险基金中支付。

生育保险待遇包括生育医疗费用和生育津贴。

2. 生育医疗费用。生育医疗费用包括下列各项：

（1）生育的医疗费用。

（2）计划生育的医疗费用。

（3）法律、法规规定的其他项目费用。

3. 享受生育津贴的条件。职工有下列情形之一的，可以按照国家规定享受生育津贴：

（1）女职工生育享受产假。

（2）享受计划生育手术休假。

（3）法律、法规规定的其他情形。

生育津贴按照职工所在用人单位上年度职工月平均工资计发。

专题二十四
反垄断法

合理、完善的市场应该是一个充满竞争的市场，但如果经营者利用自己的市场支配地位或者通过联合串通行为霸占市场导致无法竞争，那么法律就要对这种"一潭死水""竞争不足"的局面进行干涉。在我国相关的立法是《反垄断法》，其中的"垄断行为"包括：（1）经营者达成垄断协议；（2）经营者滥用市场支配地位；（3）具有或者可能具有排除、限制竞争效果的经营者集中；（4）行政垄断。

反垄断法抑制垄断并不消灭垄断。它承认并保护经营者的经济自由权，允许经营者通过公平竞争、自愿联合，依法实施集中，扩大经营规模，提高市场竞争能力。

《反垄断法》具有域外效力，中国境内经济活动中的垄断行为适用《反垄断法》；中国境外的垄断行为，对境内市场竞争产生排除、限制影响的，也适用该法。

一、反垄断执法

（一）反垄断主管机关

国务院设立反垄断委员会，负责组织、协调、指导反垄断工作，履行下列职责：

（1）研究拟订有关竞争政策；

（2）组织调查、评估市场总体竞争状况，发布评估报告；

（3）制定、发布反垄断指南；

（4）协调反垄断行政执法工作；

（5）国务院规定的其他职责。

（二）反垄断执法机构

国务院反垄断执法机构依法负责反垄断执法工作。《反垄断法》第10条规定：国务院反垄断执法机构根据工作需要，可以授权省、自治区、直辖市人民政府相应的机构，依照《反垄断法》规定负责有关反垄断执法工作。

> **注意：**
>
> 1. 反垄断委员会只负责组织、协调、指导反垄断工作，并不从事具体的执法业务，具体执法工作由反垄断执法机构负责。
>
> 2. 反垄断执法机构最低授权到省级，省级以下的相关部门不能从事反垄断执法工作。

我国的反垄断执法机构并不统一，主要由三家单位分工配合。商务部主管"经营者集中"；发展和改革委员会主管"价格垄断"；工商总局主管其他的垄断行为。

对于国务院反垄断委员会的机构定位和工作职责，下列哪一选项是正确的？[①]

---

① 答案：B。

A. 是承担反垄断执法职责的法定机构

B. 应当履行协调反垄断行政执法工作的职责

C. 可以授权国务院相关部门负责反垄断执法工作

D. 可以授权省、自治区、直辖市政府的相应机构负责反垄断执法工作

二、垄断协议

(一) 垄断协议概述

1. 垄断协议的界定。垄断协议,也即联合限制竞争行为,是指两个或两个以上的经营者排除、限制竞争的协议、决定或者其他协同行为。对于垄断协议,判断其合理及合法性的标准在于其是否排除、限制及损害了竞争。

2. 垄断协议的构成要件。

(1) 协议或者协同行为由多个独立主体构成:它们在业务上具有竞争关系。这种竞争关系,主要是同一生产、流通环节中卖者之间或者买者之间的竞争关系,这样的竞争者之间达成垄断协议是横向限制竞争行为,对竞争的危害比较大;也可能是互有交易或存在潜在交易可能的买者与卖者之间的竞争关系,这是一种纵向限制竞争行为,对竞争造成危害的可能性相对较小。

(2) 经营者之间存在通谋或协同一致的行为。

(二) 垄断协议的种类

1. 横向垄断协议。横向垄断协议的主要特征是当事人处于同一生产或流通环节,或同为生产者,或同为销售者,或同为购买者。

(1) 固定或者变更商品价格,指处于同一生产或流通环节的经营者通过明示或默示的协议,将其产品价格固定在或变更到统一的水平上。

(2) 限制商品的生产数量或者销售数量。限制数量的协议,是指由参与企业通过控制或限制相关市场上产销的供给量,进而限制价格的协议。主要包括:①限制产量协议;②限制销售数量协议。

(3) 分割销售市场或者原材料采购市场,即各竞争者之间达成协议,就销售市场或原材料采购市场等进行划分以消除彼此间在市场上的竞争。

(4) 限制购买新技术、新设备或者限制开发新技术、新产品的协议。这是指具有竞争关系的经营者之间限制购买新技术、新设备或者限制开发新技术、新产品等的限制竞争行为。

(5) 联合抵制交易,也称集体拒绝交易,是指一部分经营者共同拒绝与另一个或另一部分经营者交易的限制竞争行为。个别经营者拒绝交易属于契约自由,不违反法律。但是,联合拒绝交易一般都是集体"排外",会导致对方完全丧失交易机会,被排挤出市场,所以被法律禁止。

举证责任的承担:2012年最高人民法院《关于审理因垄断行为引发的民事纠纷案件应用法律若干问题的规定》第7条规定:被诉垄断行为属于《反垄断法》第13条第1款规定的第(1)~(5)项规定的垄断协议的,被告应对该协议不具有排除、限制竞争的效果承担举证责任。

2. 纵向垄断协议。纵向垄断协议的特点是当事人处于不同生产、流通环节,由于相互间的竞争程度较低,对竞争造成损害的可能性也比较小。我国《反垄断法》在此主要规定了"纵向价格约束"行为。其表现有如下两种:

（1）固定向第三人转售商品的价格；

（2）限定向第三人转售商品的最低价格。

下列协议中，哪些属于具有竞争关系的经营者之间达成的垄断协议？①

A. 限制商品的生产数量或者销售数量　　B. 限制开发新技术、新产品

C. 固定向第三人转售商品的价格　　　　D. 限定向第三人转售商品的最低价格

3. 垄断协议的适用除外。垄断行为限制了竞争，但不一定都有害。如经营者之间的协议不具备排除、限制竞争的效果，就不违反该法。《反垄断法》在概括地禁止垄断行为的同时，为了优先保护公共利益，也允许乃至鼓励某些垄断行为的存在，从而形成《反垄断法》上的适用除外制度。《反垄断法》规定的除外行为包括：

（1）为改进技术、研究开发新产品的；

（2）为提高产品质量、降低成本、增进效率，统一产品规格、标准或者实行专业化分工的；

（3）为提高中小经营者经营效率，增强中小经营者竞争力的；

（4）为实现节约能源、保护环境、救灾救助等社会公共利益的；

（5）因经济不景气，为缓解销售量严重下降或者生产明显过剩的；

（6）为保障对外贸易和对外经济合作中的正当利益的；

（7）农业生产者及农村经济组织在农产品生产、加工、销售、运输、储存等经营活动中实施的联合或者协同行为；

但是对于第（1）~（5）项情形，经营者还应当证明"所达成的协议不会严重限制相关市场的竞争，并且能够使消费者分享由此产生的利益"，才可免除法律责任。

（8）经营者依照有关知识产权的法律、行政法规规定行使知识产权的行为。

4. 行业协会限制竞争行为。行业协会应该是由单一行业的经营者组成，具有非营利性和中介性，维护成员利益并代表本行业利益从事活动的社团法人。行业协会的限制竞争行为，是指行业协会在其运作过程中，以行业协会决议等方式实施的排除、限制及损害竞争的行为。

1. 根据《反垄断法》规定，下列哪些选项不构成垄断协议？②

A. 某行业协会组织本行业的企业就防止进口原料时的恶性竞争达成保护性协议

B. 三家大型房地产公司的代表聚会，就商品房价格达成共识，随后一致采取涨价行动

C. 某品牌的奶粉含有毒物质的事实被公布后，数家大型零售公司联合声明拒绝销售该产品

D. 数家大型煤炭企业就采用一种新型矿山安全生产技术达成一致意见

2. 某景区多家旅行社、饭店、商店和客运公司共同签订《关于加强服务协同提高服务水平的决定》，约定了统一的收费方式、服务标准和收入分配方案。有人认为此举

---

① 答案：A、B。

② 答案：A、C、D。

构成横向垄断协议。根据《反垄断法》，下列哪一说法是正确的？①

A. 只要在一个竞争性市场中的经营者达成协调市场行为的协议，就违反该法
B. 只要经营者之间的协议涉及商品或服务的价格、标准等问题，就违反该法
C. 如经营者之间的协议有利于提高行业服务质量和经济效益，就不违反该法
D. 如经营者之间的协议不具备排除、限制竞争的效果，就不违反该法

（三）垄断协议的法律责任

我国《反垄断法》明文规定垄断协议的法律责任包括民事责任、行政责任。

1. 民事责任：根据《反垄断法》第50条规定：经营者实施垄断行为，给他人造成损失的，依法承担民事责任。

2. 行政责任：《反垄断法》第46条规定：

（1）一般规定：经营者违反本法规定，达成并实施垄断协议的，由反垄断执法机构责令停止违法行为，没收违法所得．并处上一年度销售额1%以上10%以下的罚款；尚未实施所达成的垄断协议的，可以处50万元以下的罚款。

（2）宽容条款：经营者主动向反垄断执法机构报告达成垄断协议的有关情况并提供重要证据的，反垄断执法机构可以酌情减轻或者免除对该经营者的处罚。

（3）行业协会责任：行业协会违反本法规定，组织本行业的经营者达成垄断协议的，反垄断执法机构可以处50万元以下的罚款；情节严重的，社会团体登记管理机关可以依法撤销登记。

三、滥用市场支配地位

（一）滥用市场支配地位概述

滥用市场支配地位是指具有市场支配地位的企业，利用其市场支配地位危害竞争、损害竞争对手和社会公共利益及其他私人利益的行为。

1. 主体：滥用市场支配地位的行为人是一个法律上或经济上独立的主体。

2. 行为要件：具有市场支配地位本身并不违法，也不必然被反垄断法禁止或制裁。具有市场支配地位的主体有滥用其支配地位的行为，才可能对竞争造成损害。

3. 结果要件：滥用行为必须造成了排除、限制及损害竞争的后果。

（二）市场支配地位的具体界定

1. 市场支配地位的含义。市场支配地位是指经营者在相关市场内具有能够控制商品价格、数量或者其他交易条件，或者能够阻碍、影响其他经营者进入相关市场能力的市场地位。

所谓经营者，是指从事商品生产、经营或者提供服务的自然人、法人和其他组织。所谓相关市场，是指经营者在一定时期内就特定商品或者服务（以下统称商品）进行竞争的商品范围和地域范围。

> **注意：**
>
> 市场支配地位本身不必然被《反垄断法》禁止或制裁。只有当具有市场支配地位的企业利用其市场支配地位危害竞争，损害公共利益和私人利益时，《反垄断法》才予以处理。

① 答案：D。

曹新川讲商法·经济法

2018年国家统一法律职业资格考试专题讲座系列

2. 认定具有市场支配地位的方法。认定经营者具有市场支配地位，应当依据下列因素：

（1）该经营者在相关市场的市场份额以及相关市场的竞争状况。有下列情形之一的，可以推定经营者具有市场支配地位：

①一个经营者在相关市场的市场份额达到 1/2 的；

②二个经营者在相关市场的市场份额合计达到 2/3 的；

③三个经营者在相关市场的市场份额合计达到 3/4 的。

有上述第②项、第③项规定的情形，其中有的经营者市场份额不足 1/10 的，不应当推定该经营者具有市场支配地位。被推定具有市场支配地位的经营者，有证据证明不具有市场支配地位的，不应当认定其具有市场支配地位。

（2）该经营者控制销售市场或者原材料采购市场的能力。

（3）该经营者的财力和技术条件。

（4）其他经营者对该经营者在交易上的依赖程度。

（5）其他经营者进入相关市场的难易程度。

（6）与认定该经营者市场支配地位有关的其他因素。

关于市场支配地位，下列哪些说法是正确的？[①]

A. 有市场支配地位而无滥用该地位的行为者，不为《反垄断法》所禁止

B. 市场支配地位的认定，只考虑经营者在相关市场的市场份额

C. 其他经营者进入相关市场的难易程度，不影响市场支配地位的认定

D. 一个经营者在相关市场的市场份额达到 1/2 的，推定为有市场支配地位

（三）滥用市场支配地位的表现形式

禁止具有市场支配地位的经营者从事下列滥用市场支配地位的行为：

1. 以不公平的高价销售商品或者以不公平的低价购买商品。以不公平高价销售商品在我国是比较常见的。以不公平的低价购买商品则是销售企业的一种霸道行为，例如，某拥有市场地位的超市利用一些非知名商品的商家想要在其超市货架上提高自己商品知名度的心理，要求这些商家低于成本价将商品销售给自己的行为。

2. 没有正当理由，以低于成本的价格销售商品。企业是营利性组织，低于成本的定价若无正当理由，其实质是打击竞争对手，争夺市场和顾客。如果为了避免鲜活产品腐烂、推销过季产品、清偿到期债务等，以尽可能减少损失或缓解经营中遇到的特殊困难等，被认为是正常经营的需要，即使低于成本价销售，也不构成掠夺性定价。

3. 没有正当理由，拒绝与交易相对人进行交易。一般企业拒绝交易属于契约自由，完全合法。这种行为禁止一般是针对公用服务行业的，它们负有强制缔约义务。主要是指公用企业（如供水、供电等企业）实施的拒绝交易行为。

注意：

公用企业并不当然具有对当地市场的支配地位。

4. 没有正当理由，限定交易相对人只能与其进行交易或者只能与其指定的经营者

① 答案：A、D。

进行交易。《反垄断法》第 17 条规定了两种情况：一是具有市场支配地位的经营者限定他人与自己交易；二是具有市场支配地位的经营者限定他人与自己指定的第三者进行交易。

5. 没有正当理由搭售商品，或者在交易时附加其他不合理的交易条件。搭售现象侵犯了消费者的自主选择权。

> **注意：**
>
> 在交易时附加其他不合理的交易条件也属于滥用市场支配地位。

6. 没有正当理由，对条件相同的交易相对人在交易价格等交易条件上实行差别待遇。此处经营者实施的差别待遇有可能对竞争产生损害。

【法理辨析】经营者对不同的交易相对人采取不同的交易条件，是其选择交易对象的一种权利，也是一种常见的营销策略。但当具有市场支配地位的经营者实施差别待遇时，有可能对竞争产生损害。特别是当交易对象"条件相同"时对之实行差别待遇，因为缺乏合理性而受到反垄断法的禁止。

四、经营者集中

（一）经营者集中的基本界定

1. 经营者合并；

2. 经营者通过取得股权或者资产的方式取得对其他经营者的控制权；

3. 经营者通过合同等方式取得对其他经营者的控制权或者能够对其他经营者施加决定性影响。

上述三种情形，第 1 种是形式上的合并。第 2、3 种情形是在实质上取得控制权，因此，经营者集中不仅包括合并，还包括通过取得股权和债权进行控制。

（二）经营者集中的事先申报

事先申报制度是防止出现违反法律禁止性规定的经营者集中的预防性措施。它的主要内容有：

1. 申报的时间和标准。经营者集中达到国务院规定的申报标准的，经营者应当事先向国务院反垄断执法机构申报，未申报的不得实施集中，至于是否申报标准以营业额为准。

【总结】符合规定的只能事先申报，不能事后补报。

2. 申报的免除。经营者集中有下列情形之一的，可以不向国务院反垄断执法机构申报：

（1）参与集中的一个经营者拥有其他每个经营者 50% 以上有表决权的股份或者资产的；

（2）参与集中的每个经营者 50% 以上有表决权的股份或者资产被同一个未参与集中的经营者拥有的。

> **注意：**
>
> 这两种情况对企业的市场控制状态未造成实质变化，自然无须审查。

（三）经营者集中的审查

1. 审查内容。国务院反垄断执法机构在审查经营者集中时，应当考虑下列因素：

（1）参与集中的经营者在相关市场的市场份额及其对市场的控制力。

（2）相关市场的市场集中度。

（3）经营者集中对市场进入、技术进步的影响。

（4）经营者集中对消费者和其他有关经营者的影响。

（5）经营者集中对国民经济发展的影响。

2. 审查程序。

（1）初步审查。国务院反垄断执法机构应当自收到经营者提交的符合规定的文件、资料之日起 30 日内，对申报的经营者集中进行初步审查，作出是否实施进一步审查的决定，并书面通知经营者。国务院反垄断执法机构作出决定前，经营者不得实施集中。国务院反垄断执法机构作出不实施进一步审查的决定或者逾期未作出决定的，经营者可以实施集中。

由此可知，初步审查的决定分为两种：一是通过审查，可以实施集中；二是实施进一步审查的决定。若国务院反垄断执法机构逾期未作出决定的，视为通过审查，经营者可以实施集中。但是在国务院反垄断执法机构作出决定以前，法定期限又未到的，经营者不得实施集中。

（2）实质审查，是指国务院反垄断执法机构对没有通过初步审查的经营者集中进行的第二次审查。

国务院反垄断执法机构决定实施进一步审查的，应当自决定之日起 90 日内审查完毕，作出是否禁止经营者集中的决定，并书面通知经营者。作出禁止经营者集中的决定，应当说明理由。审查期间，经营者不得实施集中。

国务院反垄断执法机构逾期未作出决定的，经营者可以实施集中。

3. 审查决定。国务院反垄断执法机构应当将禁止经营者集中的决定或者对经营者集中附加限制性条件的决定，及时向社会公布。

4. 外资并购中的安全审查。对外资并购境内企业或者以其他方式参与经营者集中，涉及国家安全的，除依照《反垄断法》规定进行经营者集中审查外，还应当按照国家有关规定进行国家安全审查。

5. 除外规定。经营者能够证明该集中对竞争产生的有利影响明显大于不利影响，或者符合社会公共利益的，国务院反垄断执法机构可以作出对经营者集中不予禁止的决定，并可以决定附加减少集中对竞争产生不利影响的限制性条件。

根据《反垄断法》规定，关于经营者集中的说法，下列哪些选项是正确的？①

A. 经营者集中就是指企业合并

B. 经营者集中实行事前申报制，但允许在实施集中后补充申报

C. 经营者集中被审查时，参与集中者的市场份额及其市场控制力是一个重要的考虑因素

D. 经营者集中如被确定为可能具有限制竞争的效果，将会被禁止

五、行政垄断

行政垄断就是行政机关和法律、法规授权的具有管理公共事务职能的组织滥用行

---

① 答案：C、D。

政权力排除、限制竞争。

（一）禁止限定交易

行政机关和法律、法规授权的具有管理公共事务职能的组织不得滥用行政权力，限定或者变相限定单位或者个人经营、购买、使用其指定的经营者提供的商品。

（二）禁止地区封锁

行政机关和法律、法规授权的具有管理公共事务职能的组织不得滥用行政权力，实施下列行为：

1. 对外地商品设定歧视性收费项目、实行歧视性收费标准，或者规定歧视性价格；

2. 对外地商品规定与本地同类商品不同的技术要求、检验标准，或者对外地商品采取重复检验、重复认证等歧视性技术措施，限制外地商品进入本地市场；

3. 采取专门针对外地商品的行政许可，限制外地商品进入本地市场；

4. 设置关卡或者采取其他手段，阻碍外地商品进入或者本地商品运出；

5. 以设定歧视性资质要求、评审标准或者不依法发布信息等方式，排斥或者限制外地经营者参加本地的招标投标活动；

6. 采取与本地经营者不平等待遇等方式，排斥或者限制外地经营者在本地投资或者设立分支机构。

（三）制定含有限制竞争内容的行政法规、行政命令等

指行政机关利用行政权力通过制定行政法规、规章或者发布具有普遍约束力的决定、命令，将具有限制竞争性质的条款或内容包含其中，要求相对人执行以达到限制竞争之目的。

（四）法律后果

行政机关和法律、法规授权的具有管理公共事务职能的组织滥用行政权力，实施排除、限制竞争行为的，由上级机关责令改正；对直接负责的主管人员和其他直接责任人员依法给予处分。反垄断执法机构可以向有关上级机关提出依法处理的建议。

滥用行政权力排除、限制竞争的行为，是我国《反垄断法》规制的垄断行为之一。关于这种行为，判断下列说法的正误？①

（1）实施这种行为的主体，不限于行政机关。

（2）《反垄断法》对这种行为的规制，限定在商品流通和招投标领域。

（3）《反垄断法》对这种行为的规制，主要采用行政责任的方式。

---

① （1）（3）说法正确，（2）说法错误。

六、对涉嫌垄断行为的调查

（一）调查措施

反垄断执法机构调查涉嫌垄断行为，可以采取下列措施：

1. 进入被调查的经营者的营业场所或者其他有关场所进行检查；

2. 询问被调查的经营者、利害关系人或者其他有关单位或者个人，要求其说明有关情况；

3. 查阅、复制被调查的经营者、利害关系人或者其他有关单位或者个人的有关单证、协议、会计账簿、业务函电、电子数据等文件、资料；

4. 查封、扣押相关证据；

5. 查询经营者的银行账户。

反垄断执法机构在采取以上的调查措施时必须严格依照有关的程序性规则：首先，采取调查措施应由反垄断执法机构的主要负责人书面批准；其次，调查涉嫌垄断行为，执法人员不得少于两人，并应当出示执法证件；再次，执法人员进行询问和调查，应当制作笔录，并由被询问人或者被调查人签字；最后，执法人员在调查过程中还应该奉行回避的制度，以保证执法过程的公正进行。

（二）中止调查

对反垄断执法机构调查的涉嫌垄断行为，被调查的经营者承诺在反垄断执法机构认可的期限内采取具体措施消除该行为后果的，反垄断执法机构可以决定中止调查。中止调查的决定应当载明被调查的经营者承诺的具体内容。

反垄断执法机构决定中止调查的，应当对经营者履行承诺的情况进行监督。经营者履行承诺的，反垄断执法机构可以决定终止调查。

> **注意：**
>
> 区分中止调查和终止调查。

（三）恢复调查

有下列情形之一的，反垄断执法机构应当恢复调查：

1. 经营者未履行承诺的；

2. 作出中止调查决定所依据的事实发生重大变化的；

3. 中止调查的决定是基于经营者提供的不完整或者不真实的信息作出的。

> **注意：**
>
> 中止调查之后还有可能恢复调查。

（四）调查者与被调查者的义务

1. 调查者的义务。

（1）调查者对执法过程中知悉的商业秘密负有保密的义务。

（2）调查者负有义务，保障被调查的经营者和利害关系人依法能够充分行使参与调查程序的权利。被调查的经营者在反垄断调查的过程中应当享有知悉权、陈述权、申辩权和申请权等基本的程序性权利，以维护自己的合法权益。

（3）调查者负有向社会公布相关处理决定的义务。

2. 被调查者的义务。被调查的经营者、利害关系人或者其他有关单位或者个人应当配合反垄断执法机构依法履行职责，不得拒绝、阻碍反垄断执法机构的调查。

七、滥用知识产权限制竞争

经营者依照有关知识产权的法律、行政法规规定行使知识产权的行为，不适用《反垄断法》。但是，经营者滥用知识产权，排除、限制竞争的行为，适用《反垄断法》。

曹新川讲商法·经济法　2018年国家统一法律职业资格考试专题讲座系列

专题二十五

反不正当竞争行为

合理、完善的市场应该是一个充满竞争的市场，但过犹不及，如果市场主体不顾职业道德、不择手段搞竞争则会破坏市场正常秩序，这种竞争过度的行为就是不正当竞争行为。我国通过《反不正当竞争法》对其进行规制，制止不正当竞争行为，保护经营者和消费者的合法权益、鼓励和保护公平竞争、保障社会主义市场经济的健康发展。

需要说明的是，1993 年制定的《反垄断法》规定了四种限制竞争行为和七种不正当竞争行为。2008 年修订后的《反垄断法》所规范的限制竞争行为与《反不正当竞争法》中的限制竞争行为有明显的交叉，但是并没有完全替代。这一问题需要通过立法机构对《反不正当竞争法》予以修改来解决。

一、限制竞争行为

限制竞争行为是指妨碍甚至完全阻止、排除市场主体进行竞争的协议和行为。在我国，限制行为有四类。

（一）公用企业限制竞争行为

关于公用企业限制竞争的行为，《反不正当竞争法》第 6 条规定：公用企业或者其他依法具有独占地位的经营者，不得限定他人购买其指定的经营者的商品，以排挤其他经营者的公平竞争。对比《反垄断法》第 32 条规定：行政机关和法律、法规授权的具有管理公共事务职能的组织不得滥用行政权力，限定或者变相限定单位或者个人经营、购买、使用其指定的经营者提供的商品。我们发现，《反垄断法》中对此的规定和《反不正当竞争方法》有以下区别：

1. 主体不同。《反垄断法》中将行政垄断行为扩展到了"行政机关和法律、法规授权的具有管理公共事务职能的组织"。

2. 行为方式。《反垄断法》将调整范围从"他人"扩大到了"单位或者个人"；同时将行为方式从"购买"扩大到了"经营、购买和使用"。

（二）政府限制经营行为

《反不正当竞争法》第 7 条的行为方式为"限制商品流通"。而《反垄断法》第 32~35 条将行为方式扩展到"限制商品的地区间的自由流通""排斥或限制外地经营者参加本地的招投标活动""排斥或限制外地投资或设立分支机构"。

（三）禁止搭售行为

《反不正当竞争法》第 12 条规定：经营者销售商品，不得违背购买者的意愿搭售商品或者附加其他不合理的条件。注意和《反垄断法》第 17 条第（5）项比较学习即"没有正当理由搭售商品，或者在交易时附加其他不合理的交易条件"。

（四）禁止串通投标行为

《反不正当竞争法》第15条规定：投标者不得串通投标，抬高标价或者压低标价。投标者和招标者不得相互勾结，以排挤竞争对手的公平竞争。

二、不正当竞争行为

不正当竞争是经营者之间的行为，即指经营者在市场竞争中，采取非法的或者有悖于公认的商业道德的手段和方式与其他经营者相竞争，损害其他经营者的合法权益，扰乱社会经济秩序的行为。《反不正当竞争法》规定了七种不正当竞争行为。

（一）欺骗性交易行为

欺骗性交易行为又称混淆行为，是指经营者在市场经营活动中，采用假冒、仿冒或者其他虚假手段，对自己的商品或服务作虚假的表示、说明或承诺，从而获得交易机会，损害同业竞争者利益及消费者利益的行为，具体有以下几类：

1. 假冒他人的注册商标。假冒他人的注册商标是指采用虚假或其他不诚实的手段，侵犯他人注册商标权的行为。假冒他人的注册商标既违反了《反不正当竞争法》，又违反了《商标法》。因此，在法律责任上，《反不正当竞争法》规定对此种行为依据《商标法》处罚。若不能适用《商标法》制裁，而行为人确实对他人注册商标造成损害的，可依据《反不正当竞争法》追究其法律责任。

2. 与知名商品相混淆。擅自使用知名商品特有的名称、包装、装潢，或者使用与知名商品近似的名称、包装、装潢，造成和他人的知名商品相混淆，使购买者误认为是该知名商品，即是与知名商品相混淆的行为。

（1）所谓知名商品，指在市场上具有一定的知名度，为相关公众所悉知的商品。

（2）客观行为既可以表现为对知名商品的名称、包装、装潢直接使用，也可以是模仿（近似）。

（3）条件是足以使购买者误认。

注意：

这里的购买者是指一般的社会公众，判断是否足以引起误认，应当以一般社会公众的知识、经验为标准。

（4）所谓"装潢"，是指由经营者营业场所的装饰、营业用具的式样、营业人员的服饰等构成的具有独特风格的整体营业形象。

某县"大队长酒楼"自创品牌后声名渐隆，妇孺皆知。同县的"牛记酒楼"经暗访发现，"大队长酒楼"经营特色是，服务员统一着上世纪60年代服装，播放该年代歌曲，店堂装修、菜名等也具有时代印记。"牛记酒楼"遂改名为"老社长酒楼"，服装、歌曲、装修、菜名等一应照搬。根据《反不正当竞争法》的规定，"牛记酒楼"的行为属于哪一种行为？混淆行为。

3. 擅自使用他人的企业名称或者姓名，引人误认为是他人的商品。本项的保护对象为他人的企业名称或姓名。企业名称、经营者的姓名是受法律保护的人格权中的重要组成部分，在一些情况下，也具有财产属性。企业名称和经营者的姓名是区分商品生产者、经营者或服务提供者来源的重要标志，它能够反映出该企业或该生产经营者

曹新川讲商法·经济法　2018年国家统一法律职业资格考试专题讲座系列

的商品声誉及商业信誉。

4. 在商品上伪造或者冒用认证标志、名优标志等质量标志、伪造产地。

认证标志是指经营者的产品质量经质量认证机构审查检验，认为质量合格，准许在产品或包装上使用的质量标志。

名优标志指经国际、国内有关机关或者具有权威性的社会组织等评定为名优产品，向经营者颁发的一种产品质量的荣誉标志，是经营者享有的荣誉权。

一般认为，产地包括产地名称和产地标志。产地名称是表示某项产品来源于某个国家或地区的说明性标志。一般是由于历史原因、地理气候等因素的影响，使某些地区的某种产品逐渐形成传统优势，反映了产品的质量。如吐鲁番的葡萄。产地标志一般只是表示了该产品的出处，即具体是由哪里生产的。混淆行为构成要件：

（1）该行为的主体是从事市场交易活动的经营者。

（2）经营者在市场经营活动中客观上实施了上述四种不正当竞争行为。

（3）经营者的欺骗性行为已经或足以使用户或消费者误认。

（二）商业贿赂行为

商业贿赂行为指经营者采用财物或其他手段进行贿赂，暗中给予交易相对人或其有关人员好处以获得交易机会，或暗中接受回扣的行为。在该行为的认定上，要注意以下问题：

1. 行为的主体是经营者和受经营者指使的人（包括其职工）；其他主体可能构成贿赂行为，但不是商业贿赂。

2. 行为的目的是争取市场交易机会，而非其他目的。

3. 有私下暗中给予他人财物和其他好处的情节，且达到一定数额。

4. 该行为由行贿与受贿两方面构成。一方行贿，另一方不接受，不构成商业贿赂；一方索贿，另一方不给付，也不构成商业贿赂。

5. 折扣和佣金并不是绝对禁止的，但是如果给予或接受折扣、佣金等，双方都应当如实入账。商业贿赂行为强调的是"账外暗中"。

（三）虚假宣传行为

虚假宣传行为指经营者在宣传活动中，利用广告或者其他宣传方法，对商品或服务（商品的质量、制作成分、性能、用途、生产者、有效期限、产地等）作出与实际情况不符的公开宣传，引起或者足以引起其交易相对人对商品或服务产生错误认识的行为。

1. 构成条件。

（1）行为的主体是广告主（即经营者）、广告代理制作者（通常是指广告公司）、广告发布者（通常是新闻媒体）和广告代言人。

（2）上述主体实施了虚假宣传行为。

（3）虚假宣传达到引人误解的程度。经营者不得利用广告或者其他方法，对商品的质量、制作成分、性能、用途、生产者、有效期限、产地等作引人误解的虚假宣传。这里误解的判断标准仍然是以一般公众的认识为标准，也就意味着，明显夸张不会引起一般公众误解的虚假宣传并不属于本行为。还要指出，即使字面表述真实，只要会引起一般公众误解的仍属于虚假宣传。

（4）主观方面，广告制作者和发布者在明知或应知情况下，才对虚假广告负法律责任；对广告主，则不论其主观上处于何种状态，均必须对虚假广告承担法律责任。

2. 法律责任。《广告法》第56条规定：违反本法规定，发布虚假广告，欺骗、误导消费者，使购买商品或者接受服务的消费者的合法权益受到损害的，由广告主依法承担民事责任。广告经营者、广告发布者不能提供广告主的真实名称、地址和有效联系方式的，消费者可以要求广告经营者、广告发布者先行赔偿。

关系消费者生命健康的商品或者服务的虚假广告，造成消费者损害的，其广告经营者、广告发布者、广告代言人应当与广告主承担连带责任。

前款规定以外的商品或者服务的虚假广告，造成消费者损害的，其广告经营者、广告发布者、广告代言人，明知或者应知广告虚假仍设计、制作、代理、发布或者作推荐、证明的，应当与广告主承担连带责任。

（四）侵犯商业秘密行为

侵犯商业秘密的行为是指经营者采用非法手段获取、披露或使用（包括允许他人使用）他人商业秘密的行为。

1. 商业秘密的概念。商业秘密，是指不为公众所知悉、能为权利人带来经济利益、具有实用性并经权利人采取保密措施的技术信息和经营信息。商业秘密的构成要件可以分为四项：（1）秘密性；（2）价值性；（3）实用性；（4）保密性。商业秘密既包括技术信息（如产品配方、制作工艺等），也包括经营信息（如客户名单、经营战略或产品价格表等）。

2. 侵犯商业秘密的行为要件。

（1）主观上明知或应知。即必须是故意。

（2）客观上行为主体实施了侵犯他人商业秘密的行为。侵犯商业秘密行为的客观表现：

①以盗窃、利诱、胁迫或者其他不正当手段获取权利人的商业秘密。

②披露、使用或者允许他人使用以前项手段获取的权利人的商业秘密。

③违反约定或者违反权利人有关保守商业秘密的要求，披露、使用或者允许他人使用其所掌握的商业秘密。

（3）行为主体可以是经营者，也可以是其他人。

【总结】商业秘密保护和专利权保护的区别：

1. 商业秘密权是权利人拥有的一种无形财产权，商业秘密不同于专利，它可以为多个权利主体同时拥有和使用，只要获得及使用手段合法。实务中，企业对其核心技术采取商业秘密还是专利权保护是各有利弊的。

2. 采用商业秘密保护的优点在于其可以无期限的一直使用该商业秘密，其他人无

曹新川讲商法·经济法

2018年国家统一法律职业资格考试专题讲座系列

法获取其技术方案，但是弊端在于如果其他经营者通过反向工程破解了该商业秘密并不构成侵权。

3. 采用专利权保护的优点在于权利人享有独占实施权，他人未经许可不得使用该专利技术，否则构成侵权，但是弊端在于专利权的保护有期限，且在专利权申请之时，其技术方案就可以公之于众，也就意味着，在专利权保护期限之后别人可以无偿使用技术方案，此时不构成侵权。

（五）低价倾销行为

低价倾销行为也称为不当低价销售行为或掠夺性定价行为，指经营者以排挤竞争对手为目的，以低于成本的价格销售商品。认定不当低价销售行为应当把握以下要件：

1. 行为主体只能是处于卖方地位的经营者，并拥有一定的市场支配地位。

2. 经营者客观上实施了低于成本的价格销售商品的行为。

注意：

（1）在判断是否构成不正当低价销售时，必须有行为人客观上已经实施了低于成本销售的行为。

（2）不具有市场支配地位的经营者进行低价倾销，无法达到排挤竞争对手的目的，因此，其所为的行为无需将其认定为反不正当竞争法上的低价倾销。

如某商场搞促销，谎称自己的销售价是"跳楼价"，此种行为由于其客观上并不存在低于成本价进行销售的行为，因此不构成低价倾销行为，而应构成虚假宣传行为。

3. 行为人主观上存在故意，并具有排挤竞争对手的目的。并非一时就某一种商品低于成本价格销售，而是在较长时间以较大的市场投放量低价倾销。

正是这个要件的存在，《反不正当竞争法》排除了如下四类不属于不正当竞争行为的情形（被称为合理降价行为）：

（1）销售鲜活商品；

（2）处理有效期限即将到期的商品或者其他积压的商品；

（3）季节性降价；

（4）因清偿债务、转产、歇业降价销售商品。

这四类主观上并没有以排挤竞争对手为目的。

（六）不正当有奖销售行为

不正当有奖销售是指经营者在销售商品或提供服务时，以提供奖励为名，实际上采取欺骗或者其他不当手段损害用户、消费者的利益，或者损害其他经营者合法权益的行为。经营者实施不正当有奖销售，目的在于争夺顾客、扩大市场份额、排挤竞争对手。

有奖销售的方式可分为两种：一种是奖励给所有购买者的附赠式有奖销售；另一种是奖励部分购买者的抽奖式有奖销售。法律并不禁止所有的有奖销售行为，而仅仅对可能造成不良后果、破坏竞争规则的有奖销售加以禁止。不正当有奖销售的构成要件有：

1. 行为主体是出售商品或提供服务的经营者。如果是经政府或有关部门批准进行的彩票发售等活动，则不属于《反不正当竞争法》规制的范围。即使是非法从事彩票发售行为，也应当属于其他法律禁止，而不是《反不正当竞争法》规制的范围。

2. 经营者实施了法律禁止的不正当有奖销售行为。

（1）采用谎称有奖或者故意让内定人员中奖的欺骗方式进行有奖销售。

（2）利用有奖销售的手段推销质次价高的商品。这里的"质次"并不一定是不合格的商品，强调的是质量和价格不相符。

（3）抽奖式的有奖销售，最高奖的金额超过 5000 元。

注意：

在抽奖式有奖销售分多次开奖的时候，合计最高奖项也不得超过 5000 元。可见这种最高奖项的最高限额规定针对的是中奖的可能性，而不考虑中奖的现实性。

有的时候，有奖销售只是转让奖品的使用权而非所有权，如免费使用汽车 1 年等。此时，不管使用时间的长短，直接将奖品折价，商品价值超过 5000 元仍然违法。

3. 经营者的目的在于争夺顾客，扩大市场份额，排挤竞争对手。

根据《反不正当竞争法》规定，下列哪些行为属于不正当竞争行为？①

A. 甲企业将所产袋装牛奶标注的生产日期延后了 2 天

B. 乙企业举办抽奖式有奖销售，最高奖为 5000 元购物券，并规定用购物券购物满 1000 元的可再获一次抽奖机会

C. 丙企业规定，销售一台电脑给中间人 5% 佣金，可不入账

D. 丁企业为清偿债务，按低于成本的价格销售商品

（七）诋毁他人商誉行为

诋毁他人商誉行为是指经营者为了获得竞争利益，捏造、散布虚假事实，损害他人商誉、侵犯他人商誉权的行为。构成要件如下：

1. 行为人是具有对抗性竞争关系的经营者。经营者通过两种途径实施此行为：

（1）经营者亲自实施；

（2）经营者通过他人或者利用他人实施。

注意：

其他非经营者实施的侵害他人商誉的行为，不构成不正当竞争行为，但可构成共同侵权。例如，新闻单位被利用和唆使侵害他人商誉，由于没有对抗性竞争关系，因此仅构成一般的侵害他人名誉权行为，而非不正当竞争行为。

2. 行为手段是捏造、散布虚假事实。

（1）侵权者一般具有捏造事实，并散布所捏造的事实的行为。捏造散布行为应当为第三人所知晓，否则不能认定为损害，至于第三人的范围有多大，则并不影响定性。如甲厂为了争夺客户，捏造乙厂偷工减料的事实，只告诉了几家客户。虽然甲厂只在有限范围内传播，但已经为第三人所知晓，并针对乙厂的商誉，因此可以构成不正当竞争行为。

（2）散布的事实必须是虚假的。如果是真实的事实，那就不是此行为。例如，甲厂曾经因产品质量问题受到工商局的查处，后来乙厂在拓展业务时一直向客户提起这件事情，甲厂表示抗议，但是该行为却不能构成不正当竞争行为。

---

① 答案：A、C。

曹新川讲商法·经济法

2018 年国家统一法律职业资格考试专题讲座系列

3. 诋毁他人商誉行为一般是<u>针对一个或者多个特定竞争对手</u>。如果捏造、散布的虚假事实不能与特定的经营者相联系，则不能认为侵犯了他人商誉。虽然没有明确指名，但<u>公众可以推知的</u>，也构成侵害特定商誉。

注意：

在某些情况下，即使所针对的主体不特定也可以构成诋毁他人商誉的行为，最典型的是"对比性广告"，将自己的产品与不特定的产品相比，并说明其他不特定的产品都是有质量问题的，这同样损害了其他竞争者的利益，也属于诋毁。

4. 行为人出于主观故意，目的是为了损害竞争对手的商业信誉、商品声誉。这里注意诋毁他人商誉行为的主观状态是故意，过失不可能构成本行为。因为其具有目的性，过失行为不可能具有目的性。

（八）法律责任

1. 民事赔偿责任。经营者从事不正当竞争行为，给被侵害的经营者造成损害的，应当承担损害赔偿责任。赔偿数额采用以下方法确定：

（1）赔偿额为被侵害的经营者因此而受到的<u>损失</u>；

（2）被侵害的经营者的损失难以计算的，赔偿额为侵权人在侵权期间因侵权<u>所获得的利润</u>；

（3）应当承担被侵害的经营者因调查该经营者侵害其合法权益的不正当竞争行为所支付的合理费用。

2. 行政责任。各级工商行政管理部门是反不正当竞争法规定的监督检查部门，具有行政执法职能。反不正当竞争法几乎对每一种不正当竞争行为都规定了制裁措施。这些行政制裁措施归纳起来有：

（1）责令停止违法行为，消除影响；

（2）没收违法所得；

（3）罚款；

（4）吊销营业执照；

（5）责令改正；

（6）给予行政处分。

注意：

政府及其主管部门违法从事本法禁止的垄断行为的，仅由上级机关责令改正；情节严重的，由同级或者上级机关对直接责任人给予行政处分。

专题二十六
消费者法

　　本专题包括《消费者权益保护法》、《产品质量法》和《食品安全法》。在当今社会，消费者和经营者构成了两大对立群体。由于消费者处于相对弱者地位，为了追求实质公平，法律采取诸多措施对其进行倾斜保护。一方面，强化消费者的权利和经营者的义务；另一方面，严格追究经营者的产品质量责任，包括合同责任与侵权责任。食品是一种关乎公民健康的特殊产品，《食品安全法》对其作出了很多特殊规定。

一、消费者权益保护法

　　（一）法律的适用范围

　　1.《消费者权益保护法》适用于为生活消费需要购买、使用商品或者接受服务的情形。包含两层含义：一是消费者只能是自然人。从事消费活动的社会组织、企事业单位不属于《消费者保护法》意义上的消费者；二是，只调整生活消费，不包括生产消费。

　　2. 农民购买、使用直接用于农业生产的生产资料，参照《消费者权益保护法》执行。农民购买直接用于农业生产的生产资料，虽然不是为个人生活消费，但是作为经营者的相对方，显然处于需要特别保护的弱者地位。

　　（二）消费者的权利和经营者的义务

　　1. 消费者的权利。

　　（1）安全保障权。消费者在购买、使用商品和接受服务时享有人身、财产安全不受损害的权利。消费者有权要求经营者提供的商品和服务，符合保障人身、财产安全的要求。

　　最高人民法院《关于审理人身损害赔偿案件适用法律若干问题的解释》第6条规定：从事住宿、餐饮、娱乐等经营活动或者其他社会活动的自然人、法人、其他组织，未尽合理限度范围内的安全保障义务致使他人遭受人身损害，权利人请求其承担相应赔偿责任的，人民法院应予支持。因第三人侵权导致损害结果发生的，由实施侵权行为的第三人承担赔偿责任。安全保障义务人有过错的，应当在其能够防止或者制止损害的范围内承担相应的补充赔偿责任。安全保障义务人承担责任后，可以向第三人追偿。

　　郭某与10岁的儿子到饭馆用餐，用餐前去洗手间，如厕时将手提包留在座位上叮嘱儿子看管，回来后发现手提包丢失。郭某要求饭馆赔偿被拒绝，遂提起民事诉讼。本案中，饭馆应保证其提供的饮食服务符合保障人身、财产安全的要求，但并不承担对顾客随身物品的保管义务，也不承担顾客随身物品遗失的风险，因此饭店无需承担责任。

（2）知悉权。消费者享有知悉其购买、使用的商品或者接受的服务的真实情况的权利。消费者有权根据商品或者服务的不同情况，要求经营者提供商品的价格、产地、生产者、用途、性能、规格、等级、主要成分、生产日期、有效期限、检验合格证明、使用方法说明书、售后服务，或者服务的内容、规格、费用等有关情况。

（3）自主选择权。消费者享有自主选择商品或者服务的权利。消费者有权自主选择提供商品或者服务的经营者，自主选择商品品种或者服务方式、自主决定购买或者不购买任何一种商品、接受或者不接受任何一项服务。消费者在自主选择商品或者服务时，有权进行比较、鉴别和挑选。

（4）公平交易权。消费者享有公平交易的权利。消费者在购买商品或者接受服务时，有权获得质量保障、价格合理、计量正确等公平交易的条件，有权拒绝经营者的强制交易行为。

【总结】公平交易权包括两层含义：一是交易条件公平；二是不得强制交易。

（5）获取赔偿权。消费者因购买、使用商品或者接受服务受到人身、财产损害的，享有依法获得赔偿的权利。

（6）结社权。消费者享有依法成立维护自身合法权益的社会组织的权利。

（7）获知权。消费者享有获得有关消费和消费者权益保护方面的知识的权利。消费者应当努力掌握所需商品或者服务的知识和使用技能，正确使用商品，提高自我保护意识。

注意：

区别知悉权与获知权。知悉权也称作知情权，知道商品的价格、产地、颜色、外观等。获知权是获得知识的权利，有的将其称作受教育权。即获得如何使用商品知识的权利。

（8）受尊重权。消费者在购买、使用商品和接受服务时，享有人格尊严、民族风俗习惯得到尊重的权利，享有个人信息依法得到保护的权利。

（9）监督批评权。消费者享有对商品和服务以及保护消费者权益工作进行监督的权利。消费者有权检举、控告侵害消费者权益的行为和国家机关及其工作人员在保护消费者权益工作中的违法失职行为，有权对保护消费者权益工作提出批评和建议。

（10）个人信息权。又称消费者隐私权，指消费者的姓名、性别、职业、学历、住所、联系方式、婚姻状况、亲属关系、财产状况、血型、病史、消费习惯等所有私人信息不被非法收集和非法披露的权利。

2. 经营者的义务。

（1）履行法定义务及约定义务：经营者向消费者提供商品和服务，应依照法律、法规的规定履行义务。双方有约定的，应按照约定履行义务，但双方的约定不得违法。

（2）接受监督的义务：经营者应当听取消费者对其提供的商品或服务的意见，接受消费者的监督。

（3）安全保障义务：

①说明警示义务。经营者应当保证其提供的商品或者服务符合保障人身、财产安全的要求。对可能危及人身、财产安全的商品和服务，应当向消费者作出真实的说明

和明确的警示，并说明和标明正确使用商品或者接受服务的方法以及防止危害发生的方法。

注意：

宾馆、商场、餐馆、银行、机场、车站、港口、影剧院等经营场所的经营者，应当对消费者尽到安全保障义务。

上述规定是《消费者权益保护法》修订时增加的内容，主要是考虑和《侵权责任法》第 37 条第 1 款的衔接。该条规定：宾馆、商场、银行、车站、娱乐场所等公共场所的管理人或者群众性活动的组织者，未尽到安全保障义务，造成他人损害的，应当承担侵权责任。同时该法第 37 条第 2 款还对经营者与第三人的共同侵权进行了明确，即因第三人的行为造成他人损害的，由第三人承担侵权责任；管理人或者组织者未尽到安全保障义务的，承担相应的补充责任。

②缺陷报告义务。经营者发现其提供的商品或者服务存在缺陷，有危及人身、财产安全危险的，应当立即向有关行政部门报告和告知消费者，并采取停止销售、警示、召回、无害化处理、销毁、停止生产或者服务等措施。采取召回措施的，经营者应当承担消费者因商品被召回支出的必要费用。

注意：

说明警示义务和缺陷报告义务两者所针对的对象是不同的。前者针对的是合格产品，只是该产品本身具有危险性，如游乐场的危险性游戏；后者针对的是缺陷产品，典型的如汽车产品召回制度，汽车厂商发现汽车有缺陷，即报告有关部门、告知消费者，并为消费者免费进行修理。

（4）提供真实信息的义务：经营者向消费者提供有关商品或者服务的质量、性能、用途、有效期限等信息，应当真实、全面，不得作虚假或者引人误解的宣传。经营者对消费者就其提供的商品或者服务的质量和使用方法等问题提出的询问，应当作出真实、明确的答复。经营者提供商品或者服务应当明码标价。

（5）标明真实的名称和标记的义务：经营者应当标明其真实名称和标记。租赁他人柜台或者场地的经营者，应当标明其真实名称和标记。

注意：

其主要功能是区别商品和服务的来源。如果名称和标记不实，就会使消费者误认，无法正确选择喜欢或信任的经营者。在发生纠纷时无法准确地确定求偿主体。

（6）出具凭证或单据的义务：经营者提供商品或者服务，应当按照国家有关规定或者商业惯例向消费者出具发票等购货凭证或者服务单据。

注意：

消费者索要发票等购货凭证或者服务单据的，经营者必须出具。

（7）保证质量的义务：经营者应当保证在正常使用商品或者接受服务的情况下其提供的商品或者服务应当具有的质量、性能、用途和有效期限；但消费者在购买该商品或者接受该服务前已经知道其存在瑕疵，且存在该瑕疵不违反法律强制性规定的除外。

经营者以广告、产品说明、实物样品或者其他方式表明商品或者服务的质量状况

曹新川讲商法·经济法

2018年国家统一法律职业资格考试专题讲座系列

的，应当保证其提供的商品或者服务的实际质量与表明的质量状况相符。

经营者提供的机动车、计算机、电视机、电冰箱、空调器、洗衣机等耐用商品或者装饰装修等服务，消费者自接受商品或者服务之日起6个月内发现瑕疵，因此发生争议的，由经营者承担有关瑕疵的举证责任。

（8）履行退货、更换、修理的义务：经营者提供的商品或者服务不符合质量要求的，消费者可以依照国家规定、当事人约定退货，或者要求经营者履行更换、修理等义务。没有国家规定和当事人约定的，消费者可以自收到商品之日起7日内退货；7日后符合法定解除合同条件的，消费者可以及时退货；不符合法定解除合同条件的，可以要求经营者履行更换、修理等义务。依照上述规定进行退货、更换、修理的，经营者应当承担运输等必要费用。

> **注意：**
>
> 因为产品的瑕疵导致的退货、修理、更换的，经营者应当承担运输等必要费用。

特别注意无理由退货义务：经营者采用网络、电视、电话、邮购等方式销售商品，消费者有权自收到商品之日起7日内退货，且无需说明理由。

> **注意：**
>
> （1）无论经营者提供的商品有无质量问题，只要是采用网络、电视、电话、邮购等方式销售的，消费者都有权自收到商品之日起7日内退货，且无需说明理由。
>
> （2）之所以这样规定的原因在于，网络、电视等远程购物方式消费者没有接触到商品的实物，无法直观的感观和验货，因此风险较高，所以法律赋予了消费者反悔权，只是在这个反悔权之上加上了一个期限即7天内。

但下列商品除外：①消费者定做的；②鲜活易腐的；③在线下载或者消费者拆封的音像制品、计算机软件等数字化商品；④交付的报纸、期刊。

除上述所列商品外，其他根据商品性质并经消费者在购买时确认不宜退货的商品，不适用无理由退货。

消费者退货的商品应当完好。经营者应当自收到退回商品之日起7日内返还消费者支付的商品价款。退回商品的运费由消费者承担；经营者和消费者另有约定的，按照约定。

 张某从某网店购买一套汽车坐垫。货到拆封后，张某因不喜欢其花色款式，多次与网店交涉要求退货。网店的下列哪些回答是违法的？①

A. 客户下单时网店曾提示"一经拆封，概不退货"，故对已拆封商品不予退货

B. 该商品无质量问题，花色款式也是客户自选，故退货理由不成立，不予退货

C. 如网店同意退货，客户应承担退货的运费

D. 如网店同意退货，货款只能在一个月后退还

（9）正确使用格式条款的义务：经营者在经营活动中使用格式条款的，应当以显著方式提醒消费者注意商品或者服务的数量和质量、价款或者费用、履行期限和方式、

---

① 答案：A、B、D。

安全注意事项和风险警示、售后服务、民事责任等与消费者有重大利害关系的内容，并按照消费者的要求予以说明。

经营者不得以格式条款、通知、声明、店堂告示等方式，作出排除或者限制消费者权利、减轻或者免除经营者责任、加重消费者责任等对消费者不公平、不合理的规定，不得利用格式条款并借助技术手段强制交易。格式条款、通知、声明、店堂告示等含有上述所列内容的，其内容无效。

（10）提供信息义务：采用网络、电视、电话、邮购等方式提供商品或者服务的经营者，以及提供证券、保险、银行等金融服务的经营者，应当向消费者提供经营地址、联系方式、商品或者服务的数量和质量、价款或者费用、履行期限和方式、安全注意事项和风险警示、售后服务、民事责任等信息。

（11）合法收集、使用信息义务：经营者收集、使用消费者个人信息，应当遵循合法、正当、必要的原则，明示收集、使用信息的目的、方式和范围，并经消费者同意。经营者收集、使用消费者个人信息，应当公开其收集、使用规则，不得违反法律、法规的规定和双方的约定收集、使用信息。

经营者及其工作人员对收集的消费者个人信息必须严格保密，不得泄露、出售或者非法向他人提供。经营者应当采取技术措施和其他必要措施确保信息安全，防止消费者个人信息泄露、丢失。在发生或者可能发生信息泄露、丢失的情况时，应当立即采取补救措施。

> **注意：**
> 经营者未经消费者同意或者请求，或者消费者明确表示拒绝的，不得向其发送商业性信息。

（12）不得侵犯消费者人格权的义务：经营者不得对消费者进行侮辱、诽谤，不得搜查消费者的身体及其携带的物品，不得侵犯消费者的人身自由。

（三）争议的解决

1. 争议的解决途径：

（1）与经营者协商和解；

（2）请求消费者协会或者依法成立的其他调解组织调解；

（3）向有关行政部门投诉；

（4）根据与经营者达成的仲裁协议提请仲裁机构仲裁；

（5）向人民法院提起诉讼。

2. 争议解决的几项特定规则。

（1）产品的合同责任与侵权责任：

①合同责任：消费者在购买、使用商品时，其合法权益受到损害的，可以向销售者要求赔偿。销售者赔偿后，属于生产者的责任或者属于向销售者提供商品的其他销售者的责任的，销售者有权向生产者或者其他销售者追偿。

②侵权责任：消费者或者其他受害人因商品缺陷造成人身、财产损害的，可以向销售者要求赔偿，也可以向生产者要求赔偿。属于生产者责任的，销售者赔偿后，有权向生产者追偿。属于销售者责任的，生产者赔偿后，有权向销售者追偿。

【总结】如果是因为商品缺陷导致人身、财产损害的，就会产生侵权和合同责任的竞合。此时受害人既可以向销售者索赔也可以向生产者索赔；但是，消费者除了商品缺陷以外的合法权益受到损害的，则需要按照合同的相对性原理可以要求销售者先行赔付。

（2）企业变更：消费者在购买、使用商品或者接受服务时，其合法权益受到损害，因原企业分立、合并的，可以向变更后承受其权利义务的企业要求赔偿。

（3）营业执照持有人与租借人的赔偿责任：使用他人营业执照的违法经营者提供商品或者服务，损害消费者合法权益，消费者可以向其要求赔偿，也可以向营业执照的持有人要求赔偿。

（4）展销会举办者、柜台出租者的特殊责任：消费者在展销会、租赁柜台购买商品或者接受服务，其合法权益受到损害的，可以向销售者或者服务者要求赔偿；展销会结束或者柜台租赁期满后，也可以向展销会的举办者、柜台的出租者要求赔偿；展销会的举办者、柜台的出租者赔偿后，有权向销售者或者服务者追偿。

注意：

　　场地提供者是不承担责任的。

（5）网络交易平台提供者的责任：消费者通过网络交易平台购买商品或者接受服务，其合法权益受到损害的，可以向销售者或者服务者要求赔偿。网络交易平台提供者不能提供销售者或者服务者的真实名称、地址和有效联系方式的，消费者也可以向网络交易平台提供者要求赔偿；网络交易平台提供者作出更有利于消费者的承诺的，应当履行承诺。网络交易平台提供者赔偿后，有权向销售者或者服务者追偿。

网络交易平台提供者明知或者应知销售者或者服务者利用其平台侵害消费者合法权益，未采取必要措施的，依法与该销售者或者服务者承担连带责任。

（6）虚假广告的广告主与广告经营者的责任：消费者因经营者利用虚假广告或者其他虚假宣传方式提供商品或者服务，其合法权益受到损害的，可以向经营者要求赔偿。广告经营者、发布者发布虚假广告的，消费者可以请求行政主管部门予以惩处。广告经营者、发布者不能提供经营者的真实名称、地址和有效联系方式的，应当承担赔偿责任。

广告经营者、发布者设计、制作、发布关系消费者生命健康商品或者服务的虚假广告，造成消费者损害的，应当与提供该商品或者服务的经营者承担连带责任。

社会团体或者其他组织、个人在关系消费者生命健康商品或者服务的虚假广告或者其他虚假宣传中向消费者推荐商品或者服务，造成消费者损害的，应当与提供该商品或者服务的经营者承担连带责任。

3. 消费者组织。消费者协会和其他消费者组织是依法成立的、对商品和服务进行社会监督的、保护消费者合法权益的社会组织。

（1）消费者组织不能进行以下行为：消费者组织不得从事商品经营和营利性服务，不得以收取费用或者其他牟取利益的方式向消费者推荐商品和服务。

（2）消费者组织履行下列公益性职责：

①向消费者提供消费信息和咨询服务，提高消费者维护自身合法权益的能力，引导文明、健康、节约资源和保护环境的消费方式；

②参与制定有关消费者权益的法律、法规、规章和强制性标准；

③参与有关行政部门对商品和服务的监督、检查；

④就有关消费者合法权益的问题，向有关部门反映、查询，提出建议；

⑤受理消费者的投诉，并对投诉事项进行调查、调解；

⑥投诉事项涉及商品和服务质量问题的，可以委托具备资格的鉴定人鉴定，鉴定人应当告知鉴定意见；

⑦就损害消费者合法权益的行为，支持受损害的消费者提起诉讼或者依照本法提起诉讼。

【总结】

（1）公益诉讼针对的是群体性消费事件，单一消费事件消费者只能自行提起民事诉讼。

（2）消费者协会必须是省级以上的协会才有权提起公益诉讼。

（3）对损害消费者合法权益的行为，通过大众传播媒介予以揭露、批评。

4. 几种特殊的法律责任。

（1）"三包"责任。按照国家规定或者经营者与消费者约定包修、包换、包退的商品，经营者应当负责修理、更换或者退货。要注意两个问题：

①在保修期内经两次修理仍不能正常使用的，经营者应当负责更换或者退货；

②对于包修、包换、包退的大件商品，消费者要求经营者修理、更换、退货的，经营者应当承担运输等合理费用。

（2）预收款方式提供商品或服务的责任。经营者以预收款方式提供商品或服务的，应当按照约定提供；未按照约定提供的，应依照消费者的要求履行约定或者退回预付款；并应当承担预付款的利息、消费者必须支付的合理费用。

（3）法定退货责任。依法经有关行政部门认定为不合格的商品，消费者要求退货的，经营者应当负责退货。不得以修理、更换或者其他借口延迟或者拒绝消费者的退货要求。也就是说对不合格商品，只要消费者要求退货，经营者即应负责办理，不得以修理、更换或者其他借口延迟或者拒绝消费者的退货要求。

（4）对欺诈行为的惩罚性规定。经营者提供商品或者服务有欺诈行为的，应当按照消费者的要求增加赔偿其受到的损失，增加赔偿的金额为消费者购买商品的价款或者接受服务的费用的3倍；增加赔偿的金额不足500元的，为500元。法律另有规定的，依照其规定。

注意：

此处为"退一赔三"。

（5）故意侵权的加重责任。经营者明知商品或者服务存在缺陷，仍然向消费者提供，造成消费者或者其他受害人死亡或者健康严重损害的，受害人有权要求经营者依法承担人身伤害赔偿和精神损害赔偿，并有权要求所受损失2倍以下的惩罚性赔偿。

注意：

在主张经营者承担侵权责任的前提下，此处消费者可以同时主张侵权赔偿、精神损害赔偿和所受损失2倍以下的惩罚性赔偿。

（6）民事赔偿优先。经营者违反本法规定，应当承担民事赔偿责任和缴纳罚款、罚金，其财产不足以同时支付的，先承担民事赔偿责任。

二、产品质量法

（一）法律的适用范围

《产品质量法》中所指的产品是经过加工、制作，用于销售的产品。天然的物品、非用于销售的物品，不属于该法所说的产品。

曹新川讲商法·经济法
2018年国家统一法律职业资格考试专题讲座系列

不包括初级农产品和不动产。建设工程不适用该法规定。但是，建设工程所使用的建筑材料、建筑构或配件和设备适用于该法规定。该法也不涉及军工产品。

违禁品不受该法保护，药品、食品和计量器具作为特殊产品优先适用特别法，即《药品管理法》《食品安全法》和《计量法》。

（二）经营者的产品质量义务

1. 质量保证义务。

（1）默示担保义务。默示担保义务是指法律、法规对产品质量所做的强制性要求，即使当事人之间有合同的约定，也不能免除和限制这种义务。违反该项义务的一般表现为不具备产品应当具备的使用性能而事先未作说明。

违反该义务，无论是否造成了消费者的损失，均应承担产品质量责任。

（2）明示担保义务。明示担保义务是指生产者、销售者以各种公开的方式，就产品质量向消费者所作的说明或陈述。违反该项义务一般表现为产品不符合在产品或者其包装上注明采用的产品标准，或不符合以产品说明、实物样品等方式表明的质量状况。如果产品质量不符合承诺的标准，必须承担相应的法律责任。

（3）产品安全标准。可能危及人体健康和人身、财产安全的工业产品，必须符合保障人体健康和人身、财产安全的国家标准、行业标准；未制定国家标准、行业标准的，必须符合保障人体健康和人身、财产安全的要求。

2. 产品包装、标识义务。产品或者其包装上的标识必须真实，并符合下列要求：

（1）应有产品质量检验的合格证明。

（2）有中文标明的产品名称、生产厂的厂名和厂址。

（3）根据需要标明产品规格、等级、主要成分（中文）。

（4）限期使用的产品，应标明生产日期和安全使用期或者失效日期。

（5）产品本身易坏或者可能危及人身、财产安全的，应有警示标志或者中文警示说明。

裸装的食品和其他根据产品的特点难以附加标识的裸装产品，可以不附加产品标识。

（6）特殊产品（如易碎、易燃、易爆的物品，有毒、有腐蚀性、有放射性的物品，其他危险物品，储运中不能倒置和有其他特殊要求的产品）其标识、包装质量必须符合相应的要求，依照国家有关规定作出警示标志或者中文警示说明。

（三）产品质量责任

《消费者权益保护法》和《产品质量法》将产品质量责任区分为产品瑕疵和产品缺陷。前者属于合同责任、违约责任，后者属于侵权责任。

如何区分侵权和违约责任：看损害结果。如果是侵权责任，损害后果还包括别人，指不仅产品本身有故障，还导致本人、其他人人身伤害或是别的财产损失的损害结果；如果是违约责任，损害后果是害自己，没有波及别人，也没有波及其他财产和人身的伤害。

1. 产品瑕疵担保责任——合同责任。产品瑕疵是指产品质量不合格，或者不符合法定标准，或者不符合约定标准，但是不具有危害人身和他人财产安全的不合理危险，致使购买者的合法权益受到损害，应当承担的责任。当然，对于明示的瑕疵销售者是可以免责的。

（1）售出的产品违反了质量保证义务具有瑕疵的，销售者应当负责修理、更换、退货。给购买产品的消费者造成损失的，销售者应当赔偿损失。

（2）销售者负责修理、更换、退货、赔偿损失后，属于生产者的责任或者属于向销售者提供产品的其他销售者（供货者）的责任的，销售者有权向生产者、供货者追偿。体现了合同的相对性原理。

（3）生产者之间，销售者之间，生产者与销售者之间订立的买卖合同、承揽合同有不同约定的，合同当事人按照合同约定执行。

2. 产品缺陷责任——侵权责任。

（1）缺陷的概念。缺陷，是指产品存在危及人身、他人财产安全的不合理的危险；产品有保障人体健康和人身、财产安全的国家标准、行业标准的，是指不符合该标准。

（2）产品缺陷责任的前提。因产品存在缺陷造成人身、缺陷产品以外的其他财产（以下简称他人财产）损害。

（3）产品缺陷责任的权利主体。因产品缺陷遭受人身或他人财产损害的受害人，包括产品的购买者、使用者和第三人。

（4）生产者的责任。因产品存在缺陷造成他人财产损害的，生产者应当承担严格责任（亦可谓无过错责任）。

（5）生产者的免责事由。生产者能够证明有下列情形之一的，不承担赔偿责任：

①未将产品投入流通的；

②产品投入流通时，引起损害的缺陷尚不存在的；

③将产品投入流通时的科学技术水平尚不能发现缺陷的存在的。

（6）销售者的责任。由于销售者的过错使产品存在缺陷，造成人身、他人财产损害的，销售者应当承担赔偿责任。销售者不能指明缺陷产品的生产者、也不能指明缺陷产品的供货者的，销售者应当承担赔偿责任，即销售者承担过错推定责任，销售者负有举证责任，否则不能免除赔偿责任。

（7）生产者和销售者的连带责任：

①因产品存在缺陷造成人身、他人财产损害的，受害人可以向产品的生产者要求赔偿，也可以向产品的销售者要求赔偿。

②属于产品的生产者责任的，产品的销售者赔偿后，有权向产品的生产者追偿。属于产品的销售者责任的，产品的生产者赔偿后，有权向产品的销售者追偿。

（8）诉讼时效与请求权最长期间：

①诉讼时效。因产品缺陷造成损害要求赔偿的诉讼时效期间为2年，自当事人知道或者应当知道其权益受到损害时起计算。

②请求权最长期间。因产品存在缺陷造成损害要求赔偿的请求权，在造成损害的缺陷产品交付最初消费者满10年丧失；但是，尚未超过明示的安全使用期的除外。

联系加害给付的情形，加害给付是指债务人履行给付不符合债务本旨，除发生债务不履行的损害之外，还发生履行利益之外损害，债务人应当承担履行利益之外的损害赔偿责任的制度。

曹新川讲商法·经济法 2018年国家统一法律职业资格考试专题讲座系列

川川从商场买回一台冰箱，使用过程中冰箱爆炸导致毁容，商场的销售行为就属于"加害给付"。在"加害给付"的情况下，受害人向法院起诉时，只能提起侵权或者违约之诉，二者只能选择其一。

孙某从某超市买回的跑步机在使用中出现故障并致其受伤。经查询得知，该型号跑步机数年前已被认定为不合格产品，超市从总经销商煌煌商贸公司依正规渠道进货。下列哪些选项是正确的？①

    A. 孙某有权向该跑步机生产商索赔

    B. 孙某有权向煌煌商贸公司、超市索赔

    C. 超市向孙某赔偿后，有权向该跑步机生产商索赔

    D. 超市向孙某赔偿后，有权向煌煌商贸公司索赔

3. 质监部门、社会团体、社会中介机构的法律责任：

（1）产品质量监督部门在产品质量监督抽查中超过规定的数量索取样品或者向被检查人收取检验费用的，由上级产品质量监督部门或者监察机关责令退还；情节严重的，对直接负责的主管人员和其他直接责任人员依法给予行政处分。

注意：

    质检部门抽查样品不得向被检查人收取检验费用。

（2）产品质量认证机构的连带责任：产品质量认证机构对不符合认证标准而使用认证标志的产品，未依法要求其改正或者取消其使用认证标志资格的，对因产品不符合认证标准给消费者造成的损失，与产品的生产者、销售者承担连带责任；情节严重的，撤销其认证资格。

（3）社会团体、社会中介机构的承诺、保证责任：社会团体、社会中介机构对产品质量作出承诺、保证，而该产品又不符合其承诺、保证的质量要求，给消费者造成损失的，与产品的生产者、销售者承担连带责任。

三、食品安全法

（一）适用范围和监管机构

1. 适用范围。

（1）食品生产和加工（以下称食品生产），食品流通和餐饮服务（以下称食品经营）；

（2）食品添加剂的生产经营；

（3）用于食品的包装材料、容器、洗涤剂、消毒剂和用于食品生产经营的工具、设备的生产经营；

（4）食品生产经营者使用食品添加剂、食品相关产品；

（5）对食品、食品添加剂和食品相关产品的安全管理。

---

① 答案：A、B、C、D。

　　只要从事食品生产、加工、运输、销售等各类活动，及食品添加剂或者食品相关产品的活动，不管是否以营利为目的，是否具有市场主体身份（如机关和学校的食堂），都必须遵守《食品安全法》，并承担因违反该法而产生的责任。

　　供食用的源于农业的初级产品（食用农产品）的质量安全管理，遵守《农产品质量安全法》的规定。但是，制定有关食用农产品的质量安全标准、公布食用农产品安全有关信息，应当遵守本法的有关规定。

　　食品生产经营者是食品安全第一责任人，对其生产经营活动承担管理责任，对其生产经营的食品承担安全责任，对其生产经营的食品造成的人身、财产或者其他损害承担赔偿责任，对社会造成严重危害的，依法承担其他法律责任。

　　2. 监管机构。

　　（1）国务院设立食品安全委员会，其工作职责由国务院规定；

　　（2）国务院食品药品监督管理部门依照本法和国务院规定的职责，负责对食品生产经营活动实施监督管理，并承担国务院食品安全委员会的日常工作。

　　国务院卫生行政部门依照本法和国务院规定的职责，组织开展食品安全风险监测与风险评估，制定并公布食品安全国家标准。

　　（二）食品安全风险监测和评估

　　1. 安全风险监测。

　　（1）对象。国家建立食品安全风险监测制度，对食源性疾病、食品污染以及食品中的有害因素进行监测。

　　（2）计划的制定和实施。国务院卫生行政部门会同国务院食品药品监督管理、质量监督等部门，制定、实施国家食品安全风险监测计划。

　　国务院食品药品监督管理部门和其他有关部门获知有关食品安全风险信息后，应当立即核实并向国务院卫生行政部门通报。对有关部门通报的食品安全风险信息以及医疗机构报告的食源性疾病等有关疾病信息，国务院卫生行政部门应当会同国务院有关部门分析研究，认为必要的，及时调整国家食品安全风险监测计划。

　　省、自治区、直辖市人民政府卫生行政部门会同同级食品药品监督管理、质量监督等部门，根据国家食品安全风险监测计划，结合本行政区域的具体情况，制定、调整本行政区域的食品安全风险监测方案，报国务院卫生行政部门备案并实施。

　　2. 安全风险评估。

　　（1）对象。国家建立食品安全风险评估制度，运用科学方法，根据食品安全风险监测信息、科学数据以及有关信息，对食品、食品添加剂、食品相关产品中生物性、化学性和物理性危害因素进行风险评估。

　　（2）风险评估机构。国务院卫生行政部门负责组织食品安全风险评估工作，成立由医学、农业、食品、营养、生物、环境等方面的专家组成的食品安全风险评估专家委员会进行食品安全风险评估。食品安全风险评估结果由国务院卫生行政部门公布。

　　（3）应当评估的情形：有下列情形之一的，应当进行食品安全风险评估：

　　①通过食品安全风险监测或者接到举报发现食品、食品添加剂、食品相关产品可能存在安全隐患的；

　　②为制定或者修订食品安全国家标准提供科学依据需要进行风险评估的；

③为确定监督管理的重点领域、重点品种需要进行风险评估的；

④发现新的可能危害食品安全因素的；

⑤需要判断某一因素是否构成食品安全隐患的。

（4）作用。食品安全风险评估结果是制定、修订食品安全标准和对食品安全实施监督管理的科学依据。

经食品安全风险评估，得出食品、食品添加剂、食品相关产品不安全结论的，国务院食品药品监督管理、质量监督等部门应当依据各自职责立即向社会公告，告知消费者停止食用或者使用，并采取相应措施，确保该食品、食品添加剂、食品相关产品停止生产经营；需要制定、修订相关食品安全国家标准的，国务院卫生行政部门应当会同国务院食品药品监督管理部门立即制定、修订。

（三）食品安全标准

1. 效力。食品安全标准是强制执行的标准。除食品安全标准外，不得制定其他的食品强制性标准。

> **注意：**
>
> 食品安全标准是食品标准中唯一的强制性标准。

2. 分类。

（1）国家标准。食品安全国家标准由国务院卫生行政部门会同国务院食品药品监督管理部门制定、公布，国务院标准化行政部门提供国家标准编号。

食品安全国家标准应当经国务院卫生行政部门组织的食品安全国家标准审评委员会审查通过。

（2）地方标准。对地方特色食品，没有食品安全国家标准的，省、自治区、直辖市人民政府卫生行政部门可以制定并公布食品安全地方标准，报国务院卫生行政部门备案。食品安全国家标准制定后，该地方标准即行废止。

> **注意：**
>
> ①只有在没有食品安全国家标准的情况下，才可以制定食品安全地方标准，并报国务院卫生行政部门备案。
>
> ②食品安全国家标准制定后，该地方标准即行废止。

（3）企业标准。国家鼓励食品生产企业制定严于食品安全国家标准或者地方标准的企业标准，在本企业适用，并报省、自治区、直辖市人民政府卫生行政部门备案。

> **注意：**
>
> 企业标准一定要严于国家标准或者地方标准，并报省级政府卫生行政部门备案。

3. 内容。食品安全标准应当包括下列内容：

（1）食品、食品添加剂、食品相关产品中的致病性微生物，农药残留、兽药残留、生物毒素、重金属等污染物质以及其他危害人体健康物质的限量规定；

（2）食品添加剂的品种、使用范围、用量；

（3）专供婴幼儿和其他特定人群的主辅食品的营养成分要求；

（4）对与卫生、营养等食品安全要求有关的标签、标志、说明书的要求；

（5）食品生产经营过程的卫生要求；

（6）与食品安全有关的质量要求；

（7）与食品安全有关的食品检验方法与规程；

（8）其他需要制定为食品安全标准的内容。

（四）食品生产经营

1. 食品生产经营实行许可制度。国家对食品生产经营实行许可制度。从事食品生产、食品销售、餐饮服务，应当依法取得许可。但是，销售食用农产品，不需要取得许可。

2. 食品添加剂生产许可制度。

（1）国家对食品添加剂生产实行许可制度。从事食品添加剂生产，应当具有与所生产食品添加剂品种相适应的场所、生产设备或者设施、专业技术人员和管理制度，并取得食品添加剂生产许可。生产食品添加剂应当符合法律、法规和食品安全国家标准。

（2）食品生产经营者应当按照食品安全国家标准使用食品添加剂。

（3）食品和食品添加剂与其标签、说明书的内容不符的，不得上市销售。

3. 召回制度。食品召回制度是指按照《食品安全法》的规定，由食品生产者自己主动、或者经国家有关部门责令，对已经上市销售的不符合食品安全标准的食品，由生产者公开回收并采取相应措施，及时消除或减少食品安全危害的制度。

（1）主动召回。国家建立食品召回制度。食品生产者发现其生产的食品不符合食品安全标准或者有证据证明可能危害人体健康的，应当立即停止生产，召回已经上市销售的食品，通知相关生产经营者和消费者，并记录召回和通知情况。

食品经营者发现其经营的食品有前款规定情形的，应当立即停止经营，通知相关生产经营者和消费者，并记录停止经营和通知情况。食品生产者认为应当召回的，应当立即召回。由于食品经营者的原因造成其经营的食品有前款规定情形的，食品经营者应当召回。

【总结】一般情况下由食品生产者实行召回制度，经营者发现有需要召回的应当停止经营，并通知生产者召回；但是如果召回的原因是因为经营者造成的，经营者也应当主动召回。

红星超市发现其经营的"荷叶牌"速冻水饺不符合食品安全标准，拟采取的下列哪一措施是错误的？①

A. 立即停止经营该品牌水饺　　　　B. 通知该品牌水饺生产商和消费者

C. 召回已销售的该品牌水饺　　　　D. 记录停止经营和通知情况

（2）强制召回。食品生产经营者未依照本条规定召回或者停止经营的，县级以上人民政府食品药品监督管理部门可以责令其召回或者停止经营。

（3）对食品召回的处理。食品生产经营者应当对召回的食品采取无害化处理、销毁等措施，防止其再次流入市场。但是，对因标签、标志或者说明书不符合食品安全标准而被召回的食品，在采取补救措施且能保证食品安全的情况下可以继续销售。

（五）食品安全事故处置

1. 预案。国务院组织制定国家食品安全事故应急预案。

---

① 答案：C。

曹新川讲商法·经济法

2018年国家统一法律职业资格考试专题讲座系列

县级以上地方人民政府应当根据有关法律、法规的规定和上级人民政府的食品安全事故应急预案以及本行政区域的实际情况，制定本行政区域的食品安全事故应急预案，并报上一级人民政府备案。

2. 报告。发生食品安全事故的单位应当立即采取措施，防止事故扩大。事故单位和接收病人进行治疗的单位应当及时向事故发生地县级人民政府食品药品监督管理、卫生行政部门报告。

县级以上人民政府质量监督、农业行政等部门在日常监督管理中发现食品安全事故或者接到事故举报，应当立即向同级食品药品监督管理部门通报。

发生食品安全事故，接到报告的县级人民政府食品药品监督管理部门应当按照应急预案的规定向本级人民政府和上级人民政府食品药品监督管理部门报告。县级人民政府和上级人民政府食品药品监督管理部门应当按照应急预案的规定上报。

3. 处置。县级以上人民政府食品药品监督管理部门接到食品安全事故的报告后，应当立即会同同级卫生行政、质量监督、农业行政等部门进行调查处理，并采取下列措施，防止或者减轻社会危害：

（1）开展应急救援工作，组织救治因食品安全事故导致人身伤害的人员；

（2）封存可能导致食品安全事故的食品及其原料，并立即进行检验；对确认属于被污染的食品及其原料，责令食品生产经营者依照本法第63条的规定召回或者停止经营；

（3）封存被污染的食品相关产品，并责令进行清洗消毒；

（4）做好信息发布工作，依法对食品安全事故及其处理情况进行发布，并对可能产生的危害加以解释、说明。

发生食品安全事故需要启动应急预案的，县级以上人民政府应当立即成立事故处置指挥机构，启动应急预案，依照前款和应急预案的规定进行处置。

4. 信息发布。国家建立统一的食品安全信息平台，实行食品安全信息统一公布制度。国家食品安全总体情况、食品安全风险警示信息、重大食品安全事故及其调查处理信息和国务院确定需要统一公布的其他信息由国务院食品药品监督管理部门统一公布。食品安全风险警示信息和重大食品安全事故及其调查处理信息的影响限于特定区域的，也可以由有关省、自治区、直辖市人民政府食品药品监督管理部门公布。

注意：

未经授权不得发布上述信息。

（六）法律责任

1. 市场禁入。被吊销许可证的食品生产经营者及其法定代表人、直接负责的主管人员和其他直接责任人员自处罚决定作出之日起5年内不得申请食品生产经营许可，或者从事食品生产经营管理工作、担任食品生产经营企业食品安全管理人员。

因食品安全犯罪被判处有期徒刑以上刑罚的，终身不得从事食品生产经营管理工作，也不得担任食品生产经营企业食品安全管理人员。

食品生产经营者聘用人员违反前两款规定的，由县级以上人民政府食品药品监督管理部门吊销许可证。

违反本法规定，受到开除处分的食品检验机构人员，自处分决定作出之日起10年内不得从事食品检验工作；因食品安全违法行为受到刑事处罚或者因出具虚假检验报告导致发生重大食品安全事故受到开除处分的食品检验机构人员，终身不得从事食品检验工作。食品检验机构聘用不得从事食品检验工作的人员的，由授予其资质的主管部门或者机构撤销该食品检验机构的检验资质。

2. 入场经营。集中交易市场的开办者、柜台出租者和展销会举办者，应当依法审查入场食品经营者的许可证，明确其食品安全管理责任，定期对其经营环境和条件进行检查，发现其有违反本法规定行为的，应当及时制止并立即报告所在地县级人民政府食品药品监督管理部门。违反上述规定，使消费者的合法权益受到损害的，应当与食品经营者承担连带责任。

3. 网络交易平台。网络食品交易第三方平台提供者应当对入网食品经营者进行实名登记，明确其食品安全管理责任；依法应当取得许可证的，还应当审查其许可证。

网络食品交易第三方平台提供者发现入网食品经营者有违反本法规定行为的，应当及时制止并立即报告所在地县级人民政府食品药品监督管理部门；发现严重违法行为的，应当立即停止提供网络交易平台服务。

消费者通过网络食品交易第三方平台购买食品，其合法权益受到损害的，可以向入网食品经营者或者食品生产者要求赔偿。网络食品交易第三方平台提供者不能提供入网食品经营者的真实名称、地址和有效联系方式的，由网络食品交易第三方平台提供者赔偿。网络食品交易第三方平台提供者赔偿后，有权向入网食品经营者或者食品生产者追偿。网络食品交易第三方平台提供者作出更有利于消费者承诺的，应当履行其承诺。

违反上述规定，使消费者的合法权益受到损害的，应当与食品经营者承担连带责任。

4. 虚假广告。食品广告的内容应当真实合法，不得含有虚假内容，不得涉及疾病预防、治疗功能。食品生产经营者对食品广告内容的真实性、合法性负责。

保健食品广告还应当声明"本品不能代替药物"。

广告经营者、发布者设计、制作、发布虚假食品广告，使消费者的合法权益受到损害的，应当与食品生产经营者承担连带责任。

社会团体或者其他组织、个人在虚假广告或者其他虚假宣传中向消费者推荐食品，使消费者的合法权益受到损害的，应当与食品生产经营者承担连带责任。

5. 惩罚性赔偿。消费者因不符合食品安全标准的食品受到损害的，可以向经营者要求赔偿损失，也可以向生产者要求赔偿损失。接到消费者赔偿要求的生产经营者，应当实行首负责任制，先行赔付，不得推诿；属于生产者责任的，经营者赔偿后有权向生产者追偿；属于经营者责任的，生产者赔偿后有权向经营者追偿。

3 倍的赔偿金；增加赔偿的金额不足 1000 元的，为 1000 元。但是，食品的标签、说明书存在不影响食品安全且不会对消费者造成误导的瑕疵的除外。

6. 民事赔偿优先。违反本法规定，造成人身、财产或者其他损害的，依法承担赔偿责任。生产经营者财产不足以同时承担民事赔偿责任和缴纳罚款、罚金时，先承担民事赔偿责任。

某企业明知其产品不符合食品安全标准，仍予以销售，造成消费者损害。关于该企业应承担的法律责任，判断下列说法的正误？①

（1）除按消费者请求赔偿实际损失外，并按消费者要求支付所购食品价款 10 倍的赔偿金。

（2）应当承担民事赔偿责任和缴纳罚款、罚金的，优先支付罚款、罚金。

附：最高人民法院《关于审理食品药品纠纷案件适用法律若干问题的规定》

第 3 条　因食品、药品质量问题发生纠纷，购买者向生产者、销售者主张权利，生产者、销售者以购买者明知食品、药品存在质量问题而仍然购买为由进行抗辩的，人民法院不予支持。

【提示】"知假买假"不影响主张消费者权利。

超市以李某"知假买假"为由进行抗辩的，法院不予支持，该说法正确吗？正确。

第 4 条　食品、药品生产者、销售者提供给消费者的食品或者药品的赠品发生质量安全问题，造成消费者损害，消费者主张权利，生产者、销售者以消费者未对赠品支付对价为由进行免责抗辩的，人民法院不予支持。

【提示】商家对赠品安全同样要承担责任。

第 13 条　食品认证机构故意出具虚假认证，造成消费者损害，消费者请求其承担连带责任的，人民法院应予支持。

食品认证机构因过失出具不实认证，造成消费者损害，消费者请求其承担相应责任的，人民法院应予支持。

【提示】明确了食品认证机构故意出具虚假认证的承担连带责任。

第 14 条　生产、销售的食品、药品存在质量问题，生产者与销售者需同时承担民事责任、行政责任和刑事责任，其财产不足以支付，当事人依照侵权责任法等有关法律规定，请求食品、药品的生产者、销售者首先承担民事责任的，人民法院应予支持。

【提示】进一步明确了民事责任优先原则。

第 17 条　消费者与化妆品、保健品等产品的生产者、销售者、广告经营者、广告发布者、推荐者、检验机构等主体之间的纠纷，参照适用本规定。

消费者协会依法提起公益诉讼的，参照适用本规定。

【提示】确定了消费者协会是提起公益诉讼的主体。

---

① （1）说法正确；（2）说法错误，民事责任优先获得清偿。

专题二十七　商业银行及其监管

商业银行是以经营工商业存、贷款为主要业务，并以获取利润为目的的货币经营企业。商业银行在现代经济活动中有信用中介、支付中介、金融服务、信用创造和调节经济等职能。商业银行的业务活动对全社会的货币供给有重要影响，并成为国家实施宏观经济政策的重要基础。在业务经营上，商业银行通常都遵循盈利性、流动性和安全性原则。盈利性原则是指商业银行作为一个经营企业，追求最大限度的盈利；流动性原则是指商业银行能够随时应对客户提现和满足客户借贷的能力；安全性原则是指银行的资产、收益、信誉以及所有经营生存发展的条件免遭损失的可靠程度。安全性的反面就是风险性，商业银行的经营安全性原则就是尽可能地避免和减少风险。在我国，主要是通过银行业监督管理机构监管商业银行，防止产生过高风险。

《商业银行法》于 2015 年进行了修订，但是只是修改了两个条文：第一，删除了第 39 条第 1 款第（2）项"贷款余额与存款余额的比例不得超过 75%"；第二，删去了第 75 条第（3）项中的"存贷比例"。因此，此次修订的范围非常小，考生只需要了解即可。

一、商业银行的基本制度

（一）法律地位和组织形式

商业银行是指依照《商业银行法》和《公司法》设立的吸收公众存款、发放贷款、办理结算等业务的企业法人，其组织形式、组织机构、分立、合并，适用《公司法》的规定。商业银行的设立、变更（包括分立、合并）和终止都需要经过国务院银行业监督管理机构的批准。

（二）商业银行与中国人民银行和银监会的关系

1. 接受中国人民银行的业务指导。商业银行依法向主管的人民银行分支机构报送资产负债表等报表和其他资料，接受主管人民银行的业务指导和检查监督。商业银行办理存款业务，须遵循中国人民银行规定的利率幅度确定存款利率，向人民银行交存存款准备金，以及遵循中国人民银行关于资产负债比例管理的规定，保持合理的资产种类和资产期限结构。

2. 商业银行接受中国银监会的行政监督管理。商业银行的设立、变更和终止，须经银监会批准；商业银行的资产负债比例管理制度和平时的业务接受中国银监会的行政监管。

（三）设立商业银行的条件

1. 注册资本。设立全国性商业银行的注册资本最低限额为 10 亿元人民币。设立城市商业银行的注册资本最低限额为 1 亿元人民币，设立农村商业银行的注册资本最低限额为 5000 万元人民币。此处的注册资本应当是实缴资本。

曹新川讲商法·经济法

2018 年国家统一法律职业资格考试专题讲座系列

注意：

（1）国务院银行业监督管理机构根据审慎监管的要求可以调整注册资本最低限额，但不得少于上述规定的限额。

（2）《公司法》已经取消了注册资本的最低限额要求，并从实缴登记制改为认缴登记制，但是《商业银行法》的规定不受影响，仍然有效。

2. 投资商业银行的限制。下列投资须事先经中国银监会批准：任何单位和个人购买商业银行股份总额 **5%以上** 的；地方财政部门以财政结余资金向金融机构投资的；工商银行、农业银行、建设银行和中国银行向其他金融机构投资的。

根据《商业银行法》，关于商业银行的设立和变更，判断下列说法的正误？①

（1）国务院银行业监督管理机构可以根据审慎监管的要求，在法定标准的基础上提高商业银行设立的注册资本最低限额。

（2）商业银行的组织形式、组织机构不适用《公司法》。

（3）任何单位和个人购买商业银行股份总额 5%以上的，应事先经国务院银行业监督管理机构批准。

（四）分支机构的设立

1. 商业银行根据业务需要可以在中国境内外设立分支机构。设立分支机构必须 **经国务院银行业监督管理机构审查批准**。在中国境内的分支机构，**不按行政区划设立**。

2. 商业银行在中国境内设立分支机构，应当按照规定拨付与其经营规模相适应的营运资金额。拨付各分支机构营运资金额的总和，不得超过总行资本金总额的 **60%**。商业银行分支机构 **不具有法人资格**，在总行授权范围内依法开展业务，其民事责任最终 **由总行承担**。

根据《商业银行法》，关于商业银行分支机构，下列哪些说法是错误的？②

A. 在中国境内应当按行政区划设立

B. 经地方政府批准即可设立

C. 分支机构不具有法人资格

D. 拨付各分支机构营运资金额的总和，不得超过总行资本金总额的 70%

二、商业银行的业务

（一）业务的种类

商业银行的业务按照资金来源和用途可以归纳为如下三类：

1. 资产业务。商业银行利用其积聚的货币资金从事各种信用活动的业务，是商业银行取得收益的主要途径。其中，最主要的资产业务是贷款业务和投资业务。

2. 负债业务。商业银行通过一定的形式，组织资金来源的业务。其中，最主要的

---

① （1）（3）说法正确，（2）说法错误。

② 答案：A、B、D。

负债业务是吸收存款。

3. 中间业务。商业银行并不运用自己的资金代理客户承办支付和其他委托事项，并从中收取手续费的业务，如结算。

（二）管理机制

1. 资产负债比例管理。商业银行贷款，应当遵守下列资产负债比例管理的规定：

（1）资本充足率不得低于 8%；

（2）流动性资产余额与流动性负债余额的比例不得低于 25%；

（3）对同一借款人的贷款余额与商业银行资本余额的比例不得超过 10%。

> **注意：**
>
> 此处之前关于"贷款余额与存款余额的比例不得超过 75%"的规定已经在 2015 年 8 月 29 日第十二届全国人民代表大会常务委员会第十六次会议通过的关于修改《中华人民共和国商业银行法》的决定中被删除掉。

2. 投资业务的风险管理。商业银行在我国境内不得进行以下投资活动：

（1）不得从事信托投资和证券经营业务。

（2）不得投资于非自用不动产。

> **注意：**
>
> 此处是"非自用"，如果商业银行自己建办公楼等不动产，则是可以的。

（3）不得向非银行金融机构和企业投资。

> **注意：**
>
> 此处是"非银行金融机构和企业"，言下之意就是允许其向银行金融机构投资。

（4）担保的处理。借款人到期不归还担保贷款的，商业银行依法享有要求保证人归还贷款本金和利息或者就该担保物优先受偿的权利。商业银行因行使抵押权、质权而取得的不动产或者股权，应当自取得之日起 2 年内予以处分。

3. 同业拆借管理。同业拆借是指经中国人民银行批准进入全国银行间同业拆借市场的金融机构之间，通过全国统一的同业拆借网络进行的无担保的资金融通行为。所谓同业拆借也就是银行之间临时借用资金的行为。这种借贷一般均为短期行为。同业拆借应当遵守中国人民银行的下列规定：

（1）拆出资金的来源：拆出资金限于交足存款准备金、留足备付金和归还中国人民银行到期贷款之后的闲置资金。

（2）拆入资金的用途：拆入资金用于弥补票据结算、联行汇差头寸的不足和解决临时性周转资金的需要。禁止利用拆入资金发放固定资产贷款或者用于投资。

 题

某商业银行通过同业拆借获得一笔资金。关于该拆入资金的用途，下列哪一选项是违法的？①

A. 弥补票据结算的不足   B. 弥补联行汇差头寸的不足

C. 发放有担保的短期固定资产贷款   D. 解决临时性周转资金的需要

---

① 答案：C。

4. 贷款和其他业务管理。贷款是指贷款人对借款人提供的并按约定的利率和期限还本付息的货币资金。

（1）贷款审批。商业银行贷款，应当对借款人的借款用途、偿还能力、还款方式等情况进行严格审查。商业银行贷款，应当实行审贷分离、分级审批的制度。

（2）贷款种类。对于借款人是否提供担保，《商业银行法》规定了不同的情形。

商业银行贷款，借款人原则上应当提供担保（担保贷款）。但是经商业银行审查、评估，确认借款人资信良好，确能偿还贷款的，可以不提供担保（信用贷款）。例外是，商业银行不得向关系人发放信用贷款，向关系人发放担保贷款的条件不得优于其他借款人同类贷款的条件。

注意：

①对于其他资信良好的借款人可以不要求提供担保，而对于关系人，即使经商业银行审查、评估，确认借款人资信良好，确能偿还贷款的，也必须提供担保。

②商业银行不得向关系人发放信用贷款，但可以向关系人发放担保贷款。

关系人的范围包括：①商业银行的董事、监事、管理人员、信贷业务人员及其近亲属；②前项所列人员投资或者担任高级管理职务的公司、企业和其他经济组织。

（3）贷款利率。贷款人应当按照中国人民银行规定的贷款利率的上下限，确定每笔贷款利率，并在借款合同中载明。

（4）对不良贷款的监管。不良贷款是指呆账贷款、呆滞贷款和逾期贷款。其中呆账贷款是指按财政部有关规定确认为无法偿还，而列为呆账的贷款；呆滞贷款是指按财政部有关规定，逾期（含展期后到期）超过2年仍未归还的贷款，或虽未逾期或逾期不满规定年限但生产经营已经终止、项目已经停建的贷款（不含呆账贷款）；逾期贷款是指借款合同约定到期（含展期后到期）未归还的贷款（不含呆滞贷款和呆账贷款）。

关于商业银行贷款法律制度，判断下列说法的正误？[①]

（1）商业银行可以根据贷款数额以及贷款期限，自行确定贷款利率。

（2）商业银行贷款，应当遵守资本充足率不得低于8%的规定。

（3）商业银行贷款，应当对借款人的借款用途、偿还能力、还款方式等情况进行严格审查。

（5）法律责任。

①强令放贷或提供担保：任何单位和个人不得强令商业银行发放贷款或者提供担保。商业银行有权拒绝任何单位和个人强令要求其发放贷款或者提供担保。

单位或者个人强令商业银行发放贷款或者提供担保的，应当对直接负责的主管人员和其他直接责任人员或者个人给予纪律处分；造成损失的，应当承担全部或者部分赔偿责任。

商业银行的工作人员对单位或者个人强令其发放贷款或者提供担保未予拒绝的，应当给予纪律处分；造成损失的，应当承担相应的赔偿责任。

---

① （1）说法错误，（2）（3）说法正确。

根据现行银行贷款制度，关于商业银行贷款，下列哪一说法是正确的?①

A. 商业银行与借款人订立贷款合同，可采取口头、书面或其他形式

B. 借款合同到期未偿还，经展期后到期仍未偿还的贷款，为呆账贷款

C. 政府部门强令商业银行向市政建设项目发放贷款的，商业银行有权拒绝

D. 商业银行对关系人提出的贷款申请，无论是信用贷款还是担保贷款，均应予拒绝

注意：

商业银行与借款人订立的贷款合同只能采取书面的形式。

②公款私存：企业事业单位可以自主选择一家商业银行的营业场所开立一个办理日常转账结算和现金收付的基本账户，不得开立两个以上基本账户。任何单位和个人不得将单位的资金以个人名义开立账户存储。

三、商业银行的接管和终止

(一) 商业银行的接管

1. 接管的条件。在以下情形下，国务院银行业监督管理机构可以对该银行实行接管：

（1）商业银行已经发生信用危机，严重影响存款人的利益；

（2）商业银行可能发生信用危机，严重影响存款人的利益。

2. 接管目的。指中国银监会对拟被接管的商业银行采取必要的措施，以保护存款人的利益，恢复商业银行的正常经营能力。

3. 接管的实施与后果。接管自接管决定实施之日起开始，而非自接管决定作出之日起开始。自接管开始之日起，由接管组织行使商业银行的经营管理权力。

接管的直接法律效果就是终止被接管人（商业银行）的所有者和经营者对银行行使的经营管理权。

注意：

被接管人的法律主体资格并不因接管而丧失，因此，被接管的商业银行的债权债务关系不因接管而变化。

4. 接管的期限。接管的期限由国务院银行业监督管理机构决定，并在接管决定中宣布。一般为1年，可根据实际情况延长或缩短，但经国务院银行业监督管理机构延长期限后，整个接管期限最长不得超过2年。

5. 接管的终止。

（1）接管决定规定的期限届满或者国务院银行业监督管理机构决定的接管延期届满；

（2）接管期限届满前，该商业银行已恢复正常经营能力；

（3）接管期限届满前，该商业银行被合并或者被宣告破产。

(二) 商业银行的终止

商业银行的终止是指商业银行法人资格的丧失，即民事权利能力和民事行为能力

---

① 答案：C。

的丧失。商业银行因解散、被撤销和被宣告破产而终止。商业银行终止的程序及债权债务清算按不同的终止事由有不同的程序。

1. 商业银行的解散。商业银行因分立、合并或者出现公司章程规定的解散事由需要解散的，应当向国务院银行业监督管理机构提出申请，并附解散的理由和支付存款的本金和利息等债务清偿计划，经国务院银行业监督管理机构批准后解散。商业银行解散的，应当依法成立清算组。

2. 商业银行的撤销。商业银行因吊销经营许可证被撤销的，国务院银行业监督管理机构应当依法及时组织成立清算组进行清算，按照清偿计划及时偿还存款本金和利息等债务。

3. 商业银行的破产。（详见《企业破产法》部分，此处不再赘述。）

四、银行业监督管理的对象

1. 对全国银行业金融机构及其业务活动的监督管理，此处的金融机构是指在中国境内设立的商业银行、城市信用合作社、农村信用合作社等吸收公众存款的金融机构以及政策性银行。

2. 对在中国境内设立的金融资产管理公司、信托投资公司、财务公司、金融租赁公司以及经银监会批准设立的其他金融机构的监督管理，适用《银行业监督管理法》对银行业金融机构监督管理的规定。

3. 对经银监会批准在境外设立的金融机构以及前两种金融机构在境外的业务活动实施监督管理。

关于《银行业监督管理法》的适用范围，下列哪一说法是正确的？[①]
A. 信托投资公司适用本法
B. 金融租赁公司不适用本法
C. 金融资产管理公司不适用本法
D. 财务公司不适用本法

五、银行业监督管理的机构

国务院银行业监督管理机构负责对全国银行业金融机构及其业务活动监督管理的工作。这里所说的国务院银行业监督管理机构，目前称作中国银行业监督管理委员会（简称银监会）。

银监会根据履行职责的需要设立派出机构，并对派出机构实行统一领导和管理。这意味着银监会实行垂直领导体制，在地方设立的银监局直接隶属于银监会，不受地方政府的领导和管理。

六、监督管理的职责

（一）监管职责的范围
1. 制定规章。银监会依照法律、行政法规制定并发布对银行业金融机构及其业务活动监督管理的规章、规则。
2. 审批金融机构组织。银监会依照法律、行政法规规定的条件和程序，审查批准

① 答案：A。

银行业金融机构的设立、变更、终止以及业务范围。

3. 审查金融机构的股东。申请设立银行业金融机构，或者银行业金融机构变更持有资本总额或者股份总额达到规定比例以上的股东的，银监会应当对股东的资金来源、财务状况、资本补充能力和诚信状况进行审查。

4. 审查金融机构的金融产品。银行业金融机构业务范围内的业务品种，应当按照规定经银监会审查批准或者备案。需要审查批准或者备案的业务品种，由银监会依照法律、行政法规作出规定并公布。

5. 对银行业市场准入实施管制。未经银监会批准，任何单位或者个人不得设立银行业金融机构或者从事银行业金融机构的业务活动。

6. 规定金融机构高管的任职资格。银监会对银行业金融机构的董事和高级管理人员实行任职资格管理。

7. 制定业务审慎经营规则。银监会依照法律、行政法规制定银行业金融机构的审慎经营规则。审慎经营规则是银行业金融机构必须严格遵守的行为准则，包括风险管理、内部控制、资本充足率、资产质量、损失准备金、风险集中、关联交易、资产流动性等内容。

8. 对银行业自律组织的活动进行指导和监督银监会对银行业自律组织的活动进行指导和监督。银行业自律组织的章程应当报银监会备案。

9. 国际合作。银监会可以开展与银行业监督管理有关的国际交流、合作活动。

下列哪些职责属于国务院银行业监督管理机构职责范围？[①]

（1）审查批准银行业金融机构的设立、变更、终止以及业务范围。

（2）受理银行业金融机构设立申请或者资本变更申请时，审查其股东的资金来源、财务状况、诚信状况等。

（3）审查批准或者备案银行业金融机构业务范围内的业务品种。

（二）监管职责的履行

1. 审批时限规定。银监会应当在规定的期限内，对下列申请事项作出批准或者不批准的书面决定。决定不批准的，应当说明理由：

（1）银行业金融机构的设立，自收到申请文件之日起6个月内；

（2）银行业金融机构的变更、终止以及业务范围和增加业务范围内的业务品种，自收到申请文件之日起3个月内；

（3）审查董事和高级管理人员的任职资格，自收到申请文件之日起30日内。

2. 非现场监管规定。银行业监督管理机构应当对银行业金融机构的业务活动及风险状况进行非现场监管，建立银行业金融机构监督管理信息系统，分析、评价银行业金融机构的风险状况。

3. 现场检查规定。银行业监督管理机构应当对银行业金融机构的业务活动及风险状况进行现场检查。银监会应当制定现场检查程序以规范现场检查行为。

4. 并表监管规定。银监会应当对银行业金融机构实行并表监督管理。

5. 接受中国人民银行建议。银监会对中国人民银行提出的检查银行业金融机构的

① （1）（2）（3）都属于银监会的职责范围。

曹新川讲商法·经济法

2018年国家统一法律职业资格考试专题讲座系列

建议，应当自收到建议之日起 30 日内予以回复。

6. 金融监管评级体系和风险预警机制。银监会应当建立银行业金融机构监督管理评级体系和风险预警机制，根据银行业金融机构的评级情况和风险状况，确定对其现场检查的频率、范围和需要采取的其他措施。

7. 突发事件报告责任制度。银监会应当建立银行业突发事件的发现、报告岗位责任制度。银行业监督管理机构发现可能引发系统性银行业风险、严重影响社会稳定的突发事件的，应当立即向银监会负责人报告。银监会负责人认为需要向国务院报告的，应当立即向国务院报告，并告知中国人民银行、国务院财政部门等有关部门。

某省银行业监督管理局依法对某城市商业银行进行现场检查时，发现该行有巨额非法票据承兑，可能引发系统性银行业风险。根据《银行业监督管理法》的规定，应当立即向下列何人报告?①

A. 该省政府主管金融工作的负责人　　B. 国务院主管金融工作的负责人
C. 中国人民银行负责人　　　　　　　D. 国务院银行业监督管理机构负责人

8. 突发事件处置制度。银监会应当会同中国人民银行、国务院财政部门等有关部门建立银行业突发事件处置制度，制定银行业突发事件处置预案，明确处置机构和人员及其职责、处置措施和处置程序，及时、有效地处置银行业突发事件。

9. 统一的统计制度。银监会负责统一编制全国银行业金融机构的统计数据、报表，并按照国家有关规定予以公布。

七、监督管理措施

(一)《商业银行法》第 74 条

商业银行有下列情形之一，由银监会责令改正，有违法所得的，没收违法所得，违法所得 50 万元以上的，并处违法所得 1 倍以上 5 倍以下罚款；没有违法所得或者违法所得不足 50 万元的，处 50 万元以上 200 万元以下罚款；情节特别严重或者逾期不改正的，可以责令停业整顿或者吊销其经营许可证；构成犯罪的，依法追究刑事责任：

1. 未经批准设立分支机构的；
2. 未经批准分立、合并或者违反规定对变更事项不报批的；
3. 违反规定提高或者降低利率以及采用其他不正当手段，吸收存款，发放贷款的；
4. 出租、出借经营许可证的；
5. 未经批准买卖、代理买卖外汇的；
6. 未经批准买卖政府债券或者发行、买卖金融债券的；
7. 违反国家规定从事信托投资和证券经营业务、向非自用不动产投资或者向非银行金融机构和企业投资的；
8. 向关系人发放信用贷款或者发放担保贷款的条件优于其他借款人同类贷款的条件的。

(二)《商业银行法》第 75 条

商业银行有下列情形之一，由银监会责令改正，并处 20 万元以上 50 万元以下罚

---

① 答案：D。

款；情节特别严重或者逾期不改正的，可以责令停业整顿或者吊销其经营许可证；构成犯罪的，依法追究刑事责任：

1. 拒绝或者阻碍银监会检查监督的。

2. 提供虚假的或者隐瞒重要事实的财务会计报告、报表和统计报表的。

3. 未遵守资本充足率、资产流动性比例、同一借款人贷款比例和银监会有关资产负债比例管理的其他规定的。

（三）强制信息披露

1. 获取财务资料。银行业监督管理机构根据履行职责的需要，有权要求银行业金融机构按照规定报送资产负债表、利润表和其他财务会计、统计报表、经营管理资料以及注册会计师出具的审计报告。

2. 现场检查。银行业监督管理机构根据审慎监管的要求，可以采取下列措施进行现场检查：

（1）进入银行业金融机构进行检查；

（2）询问银行业金融机构的工作人员，要求其对有关检查事项作出说明；

（3）查阅、复制银行业金融机构与检查事项有关的文件、资料，对可能被转移、隐匿或者毁损的文件、资料予以封存；

（4）检查银行业金融机构运用电子计算机管理业务数据的系统。

3. 询问企业高层人员。银行业监督管理机构根据履行职责的需要，可以与银行业金融机构董事、高级管理人员进行监督管理谈话，要求银行业金融机构董事、高级管理人员就银行业金融机构的业务活动和风险管理的重大事项作出说明。

4. 向公众披露信息。银行业监督管理机构应当责令银行业金融机构按照规定，如实向社会公众披露财务会计报告、风险管理状况、董事和高级管理人员变更以及其他重大事项等信息。

（四）强制整改

1. 银行业金融机构违反审慎经营规则的，银监会或者其省一级派出机构应当责令限期改正。逾期未改正的，或者其行为严重危及该银行业金融机构的稳健运行、损害存款人和其他客户合法权益的，经银监会或者其省一级派出机构负责人批准，可以区别情形，采取下列措施：

（1）责令暂停部分业务、停止批准开办新业务；

（2）限制分配红利和其他收入；

（3）限制资产转让；

（4）责令控股股东转让股权或者限制有关股东的权利；

（5）责令调整董事、高级管理人员或者限制其权利；

（6）停止批准增设分支机构。

某商业银行违反审慎经营规则，造成资本和资产状况恶化，严重危及稳健运行，损害存款人和其他客户合法权益。对此，银行业监督管理机构对该银行依法可采取下列哪些措施？①

---

① 答案：A、C。

A. 限制分配红利和其他收入　　　　　　　B. 限制工资总额

C. 责令调整高级管理人员　　　　　　　　D. 责令减员增效

2. 银行业金融机构有下列情形之一，由国务院银行业监督管理机构责令改正，并处 20 万元以上 50 万元以下罚款；情节特别严重或者逾期不改正的，可以责令停业整顿或者吊销其经营许可证；构成犯罪的，依法追究刑事责任：

（1）未经任职资格审查任命董事、高级管理人员的；

（2）拒绝或者阻碍非现场监管或者现场检查的；

（3）提供虚假的或者隐瞒重要事实的报表、报告等文件、资料的；

（4）未按照规定进行信息披露的；

（5）严重违反审慎经营规则的；

（6）拒绝执行本法第 37 条规定的措施的。

3. 银行业金融机构违反法律、行政法规以及国家有关银行业监督管理规定的，银行业监督管理机构除依照本法第 44 条至第 47 条规定处罚外，还可以区别不同情形，采取下列措施：

（1）责令银行业金融机构对直接负责的董事、高级管理人员和其他直接责任人员给予纪律处分；

（2）银行业金融机构的行为尚不构成犯罪的，对直接负责的董事、高级管理人员和其他直接责任人员给予警告，处 5 万元以上 50 万元以下罚款；

（3）取消直接负责的董事、高级管理人员一定期限直至终身的任职资格，禁止直接负责的董事、高级管理人员和其他直接责任人员一定期限直至终身从事银行业工作。

注意：

此处关注第 3 款的规定。

（五）接管、重组与撤销

1. 接管、重组与撤销的事由。银行业金融机构已经或者可能发生信用危机，严重影响存款人和其他客户合法权益的，银监会可以依法对该银行业金融机构实行接管或者促成机构重组，接管和机构重组依照有关法律和国务院的规定执行。

银行业金融机构有违法经营、经营管理不善等情形，不予撤销将严重危害金融秩序、损害公众利益的，银监会有权予以撤销。

根据《银行业监督管理法》，国务院银行业监督管理机构有权对银行业金融机构的信用危机依法进行处置。关于处置规则，下列哪一说法是错误的？[①]

A. 该信用危机必须已经发生

B. 该信用危机必须达到严重影响存款人和其他客户合法权益的程度

C. 国务院银行业监督管理机构可以依法对该银行业金融机构实行接管

D. 国务院银行业监督管理机构也可以促成其机构重组

2. 接管、重组与撤销的措施。银行业金融机构被接管、重组或者被撤销的，银监

①　答案：A。

会有权要求该银行业金融机构的董事、高级管理人员和其他工作人员，按照银监会的要求履行职责。

在接管、机构重组或者撤销清算期间，经银监会负责人批准，对直接负责的董事、高级管理人员和其他直接责任人员，可以采取下列措施：

（1）直接负责的董事、高级管理人员和其他直接责任人员出境将对国家利益造成重大损失的，通知出境管理机关依法阻止其出境；

（2）申请司法机关禁止其转移、转让财产或者对其财产设定其他权利。

（六）冻结账户

经银监会或者其省一级派出机构负责人批准，银行业监督管理机构有权查询涉嫌金融违法的银行业金融机构及其工作人员以及关联行为人的账户；对涉嫌转移或者隐匿违法资金的，经银行业监督管理机构负责人批准，可以申请司法机关予以冻结。

（七）调查权

银行业监督管理机构依法对银行业金融机构进行检查时，经设区的市一级以上银行业监督管理机构负责人批准，可以对与涉嫌违法事项有关的单位和个人采取下列措施：

1. 询问有关单位或者个人，要求其对有关情况作出说明。

2. 查阅、复制有关财务会计、财产权登记等文件、资料。

3. 对可能被转移、隐匿、毁损或者伪造的文件、资料，予以先行登记保存。

银行业监督管理机构采取上述规定措施，调查人员不得少于2人，并应当出示合法证件和调查通知书；调查人员少于2人或者未出示合法证件和调查通知书的，有关单位或者个人有权拒绝。对依法采取的措施，有关单位和个人应当配合，如实说明有关情况并提供有关文件、资料，不得拒绝、阻碍和隐瞒。

银行业监督管理机构依法对银行业金融机构进行检查时，经设区的市一级以上银行业监督管理机构负责人批准，可以对与涉嫌违法事项有关的单位和个人采取下列哪些措施？①

A. 询问有关单位或者个人，要求其对有关情况作出说明

B. 查阅、复制有关财务会计、财产权登记等文件与资料

C. 对涉嫌转移或者隐匿违法资金的账户予以冻结

D. 对可能被转移、隐匿、毁损或者伪造的文件与资料予以先行登记保存

八、违反监管规定的法律责任

银行业监督管理机构从事监督管理工作的人员、从事银行业金融业务的非银行金融机构、银行业金融机构以及银行业金融机构的高级管理人员违反《银行业监督管理法》的，都应承担相应的行政和刑事责任。

九、中国人民银行的监督管理职权

（一）银行业监督管理实行协同原则

国务院银行业监督管理机构应当和中国人民银行、国务院其他金融监督管理机构

---

① 答案：A、B、D。

建立监督管理信息共享机制，以便它们在各自的职责范围内开展对银行业和金融市场的有效监督。国务院其他金融监督管理机构主要指保监会和证监会。

根据《银行业监督管理法》的规定，国务院银行业监督管理机构应当与下列哪些机构建立监督管理信息共享机制？①

A. 中国人民银行
B. 国家工商行政管理总局
C. 国务院证券监督管理机构
D. 国务院保险监督管理机构

（二）中国人民银行作为中央银行还拥有以下监管职权

1. 《商业银行法》第 76 条规定：商业银行有下列情形之一，由中国人民银行责令改正，有违法所得的，没收违法所得，违法所得 50 万元以上的，并处违法所得 1 倍以上 5 倍以下罚款；没有违法所得或者违法所得不足 50 万元的，处 50 万元以上 200 万元以下罚款；情节特别严重或者逾期不改正的，中国人民银行可以建议国务院银行业监督管理机构责令停业整顿或者吊销其经营许可证；构成犯罪的，依法追究刑事责任：

（1）未经批准办理结汇、售汇的；
（2）未经批准在银行间债券市场发行、买卖金融债券或者到境外借款的；
（3）违反规定同业拆借的。

2. 《商业银行法》第 77 条规定：商业银行有下列情形之一，由中国人民银行责令改正，并处 20 万元以上 50 万元以下罚款；情节特别严重或者逾期不改正的，中国人民银行可以建议国务院银行业监督管理机构责令停业整顿或者吊销其经营许可证；构成犯罪的，依法追究刑事责任：

（1）拒绝或者阻碍中国人民银行检查监督的；
（2）提供虚假的或者隐瞒重要事实的财务会计报告、报表和统计报表的；
（3）未按照中国人民银行规定的比例交存存款准备金的。

商业银行出现下列哪些行为时，中国人民银行有权建议银行业监督管理机构责令停业整顿或吊销经营许可证？②

A. 未经批准分立、合并的
B. 未经批准发行、买卖金融债券的
C. 提供虚假财务报告、报表和统计报表的
D. 违反规定同业拆借的

① 答案：A、C、D。
② 答案：C、D。

专题二十八

税法

本专题内容主要包括实体税法（个人所得税、企业所得税、增值税、消费税、营业税和车船税）和程序税法（税收征管），其中税收征管的内容属于每年必考的内容。车船税从 2011 年进入考试大纲以来从未考查过，审计法的相关内容考查得相对比较少。复习的重点应该是税收征管、企业所得税和个人所得税。

第一节　实体税法

税收是以实现国家职能为目的，基于政治权力和法律规定，由政府专门机构向居民和非居民就其财产实施的强制、非罚与不直接偿还的课征，是一种财政收入的形式。本节包括个人所得税法、企业所得税法、增值税法、消费税法、营业税法和车船税法。

一、企业所得税

（一）纳税义务人

在中国境内，企业和其他取得收入的组织为企业所得税的纳税人，依法缴纳企业所得税。个人独资企业、合伙企业不缴纳企业所得税。

> **注意：**
> 纳税义务人应当具有法人资格，非法人的个人独资企业、合伙企业缴纳的是个人所得税。

企业分为居民企业和非居民企业。居民企业，是指依法在中国境内成立，或者依照外国（地区）法律成立但实际管理机构在中国境内的企业。非居民企业，是指依照外国（地区）法律成立且实际管理机构不在中国境内，但在中国境内设立机构、场所的，或者在中国境内未设立机构、场所，但有来源于中国境内所得的企业。

居民企业应当就其来源于中国境内、境外的所得缴纳企业所得税。非居民企业在中国境内设立机构、场所的，应当就其所设机构、场所取得的来源于中国境内的所得，以及发生在中国境外但与其所设机构、场所有实际联系的所得，缴纳企业所得税。非居民企业在中国境内未设立机构、场所的，或者虽设立机构、场所，但取得的所得与其所设机构、场所没有实际联系的，应当就其来源于中国境内的所得缴纳企业所得税。

根据《企业所得税法》规定，下列哪一项是划分居民企业和非居民企业的标准？①

A. 总机构所在地　　　　　　　　　　B. 注册地

---

① 答案：C。

C. 实际管理机构所在地   D. 主要所得的来源地

（二）征税对象

企业所得税的征税对象为企业所获得的各种应税收入。企业以货币形式和非货币形式从各种来源取得的收入，为收入总额。包括：

（1）销售货物收入；

（2）提供劳务收入；

（3）转让财产收入；

（4）股息、红利等权益性投资收益；

（5）利息收入；

（6）租金收入；

（7）特许权使用费收入；

（8）接受捐赠收入；

（9）其他收入。

收入总额中的下列收入为不征税收入：

（1）财政拨款；

（2）依法收取并纳入财政管理的行政事业性收费、政府性基金；

（3）国务院规定的其他不征税收入。

（三）税率

1. 企业所得税的税率为25%。非居民企业取得特定所得（在中国境内未设立机构、场所的，或者虽设立机构、场所，但取得的所得与其所设机构、场所没有实际联系的，就其来源于中国境内的所得），适用税率为20%。

2. 符合条件的小型微利企业，减按20%的税率征收企业所得税。

3. 国家需要重点扶持的高新技术企业，减按15%的税率征收企业所得税。

注意：

"减按"的意思就是按照20%和15%来计算。

（四）税收优惠

1. 企业的下列收入为免税收入：

（1）国债利息收入；

（2）符合条件的居民、企业之间的股息、红利等权益性投资收益；

（3）在中国境内设立机构、场所的非居民企业从居民企业取得的与该机构、场所有实际联系的股息、红利等权益性投资收益；

（4）符合条件的非营利组织的收入。

2. 企业的下列所得，可以免征、减征企业所得税：

（1）从事农、林、牧、渔业项目的所得；

（2）从事国家重点扶持的公共基础设施项目投资经营的所得；

（3）从事符合条件的环境保护、节能节水项目的所得；

（4）符合条件的技术转让所得。

3. 企业的下列支出，可以在计算应纳税所得额时加计扣除：

（1）开发新技术、新产品、新工艺发生的研究开发费用；

（2）安置残疾人员及国家鼓励安置的其他就业人员所支付的工资。

某企业研发费用实际支出 100 万元，对其按照 150 万元加计扣除，这意味着剩余的应纳税所得额减少。显然这是对企业的一种鼓励和照顾，可以少缴税款。

4. 公益性捐赠。企业发生的公益性捐赠支出，在年度利润总额 12% 以内的部分，准予在计算应纳税所得额时扣除；超过年度利润总额 12% 的部分，准予结转以后三年内在计算应纳税所得额时扣除。（新增）

二、个人所得税

（一）纳税主体
1. 居民纳税人。在中国境内有住所，或者无住所而在境内居住满 1 年的个人，对其境内外所得征税。
2. 非居民纳税人。在中国境内无住所又不居住，或者无住所在境内居住不满 1 年的个人，只对其来源于境内的所得征税。

> **注意：**
>
> 此处所指 1 年为纳税年度上的 1 年，即从公历 1 月 1 日至同年 12 月 31 日。在中国境内有住所的个人，是指因户籍、家庭、经济利益关系而在中国境内习惯性居住的个人。所谓习惯性居住，不是指实际居住或在某一个特定时期内的居住地。如因学习、工作、探亲、旅游等而在中国境外居住的，在其原因消除之后，必须回到中国境内居住的个人，则中国即为该纳税人习惯性居住地。

在中国境内无住所，在一个纳税年度中在中国境内连续或者累计居住不超过 90 日的个人，其来源于中国境内的所得，由境外雇主支付并且不由该雇主在中国境内的机构、场所负担的部分，免予缴纳个人所得税。

2012 年外国人约翰来到中国，成为某合资企业经理，迄今一直居住在北京。根据《个人所得税法》，约翰获得的下列哪些收入应在我国缴纳个人所得税？[①]
A. 从该合资企业领取的薪金
B. 出租其在华期间购买的房屋获得的租金
C. 在中国某大学开设讲座获得的酬金
D. 在美国杂志上发表文章获得的稿酬

（二）个人所得税的征税对象
1. 征税项目。个人取得的应纳税所得包括现金、实物和有价证券，具体范围如下：
（1）工资、薪金所得。工资、薪金所得，是指个人因任职或者受雇而取得的工资、薪金、奖金、年终加薪、劳动分红、津贴、补贴以及与任职或者受雇有关的其他所得。
（2）个体工商户的生产、经营所得：

---

① 答案：A、B、C、D。

曹新川讲商法·经济法
2018 年国家统一法律职业资格考试专题讲座系列

①个体工商户从事工业、手工业、建筑业、交通运输业、商业、饮食业、服务业、修理业以及其他行业生产、经营取得的所得；

②个人经政府有关部门批准，取得执照，从事办学、医疗、咨询以及其他有偿服务活动取得的所得；

③其他个人从事个体工商业生产、经营取得的所得；

④上述个体工商户和个人取得的与生产、经营有关的各项应纳税所得。

（3）对企事业单位的承包经营、承租经营所得。对企事业单位的承包经营、承租经营所得，是指个人承包经营、承租经营以及转包、转租所得，包括个人按月或者按次取得的具有工资、薪金性质的所得。

（4）劳务报酬所得。劳务报酬所得是指个人从事设计、装潢、安装、制图、化验、测试、医疗、法律、会计、咨询、讲学、新闻、广播、翻译、审稿、书画、雕刻、影视、录音、录像、演出、表演、广告、展览、技术服务、介绍服务、经纪服务、代办服务以及其他劳务取得的所得。

（5）稿酬所得。稿酬所得是指个人因其作品以图书、报刊形式出版、发表而取得的所得。

（6）特许权使用费所得。特许权使用费所得是指个人提供专利权、商标权、著作权、非专利技术以及其他特许权的使用权而取得的所得；提供著作权的使用权而取得的所得，不包括稿酬所得。

（7）利息、股息、红利所得。利息、股息、红利所得是指个人拥有债权、股权而取得的利息、股息、红利所得。

（8）财产租赁所得。财产租赁所得是指个人出租建筑物、土地使用权、机器设备、车船以及其他财产取得的所得。

（9）财产转让所得。财产转让所得是指个人转让有价证券、股权、建筑物、土地使用权、机器设备、车船以及其他财产取得的所得。

（10）偶然所得。偶然所得是指个人得奖、中奖、中彩以及其他偶然性质的所得。

2. 免征额。

（1）免征额是税前扣除额，不是"起征点"。应纳税所得额有如下几种：

①工资、薪金所得，以每月收入额减除费用 3500 元后的余额，为应纳税所得额。

注意：

我国尚未实施以家庭为单位的所得税制，每个纳税人应当单独计算工资薪金收入及其免征额。

根据《个人所得税法》，关于个人所得税的征缴，夫妻双方每月取得的工资薪金所得可合并计算，减除费用 7000 元后的余额，为应纳税所得额，这个说法正确吗？错误。中国目前仍然是以个人而非家庭为单位计算应纳税所得额。

②个体工商户的生产、经营所得，以每一纳税年度的收入总额，减除成本、费用以及损失后的余额，为应纳税所得额。

③对企事业单位的承包经营、承租经营所得，以每一纳税年度的收入总额，减除必要费用后的余额，为应纳税所得额。

④劳务报酬所得、稿酬所得、特许权使用费所得、财产租赁所得，每次收入不超过4000元的，减除费用800元；4000元以上的，减除20%的费用，其余额为应纳税所得额。

⑤财产转让所得，以转让财产的收入额减除财产原值和合理费用后的余额，为应纳税所得额。

⑥利息、股息、红利所得，偶然所得和其他所得，以每次收入额为应纳税所得额。

（2）上述第④项、第⑥项所说的每次收入是指：

①劳务报酬所得，属于一次性收入的，以取得该项收入为一次；属于同一项目连续性收入的，以一个月内取得的收入为一次；

②稿酬所得，以每次出版、发表取得的收入为一次；

③特许权使用费所得，以一项特许权的一次许可使用所取得的收入为一次；

④财产租赁所得，以一个月内取得的收入为一次；

⑤利息、股息、红利所得，以支付利息、股息、红利时取得的收入为一次；

⑥偶然所得，以每次取得该项收入为一次。

600元的劳务报酬是否征税？不征。虽然劳务报酬属于征税项目，但是在800元的免征额范围内，所以不征税。

（三）个人所得税的税率

1. 稿酬所得，适用比例税率，税率为20%，并按应纳税额减征30%。

2. 劳务报酬所得，适用比例税率，税率为20%。对劳务报酬所得一次收入畸高的，可以实行加成征收。劳务报酬所得一次收入畸高是指个人一次取得劳务报酬，其应纳税所得额超过20000元。对其应纳税所得额超过20000元至50000元的部分，依照《税法》规定计算应纳税额后再按照应纳税额加征五成；超过50000元的部分，加征十成。

注意：

除了劳务报酬所得一次收入畸高的，可以实行加成征收的规定以外，《个人所得税法》并没有其他关于加成征收的规定。

3. 特许权使用费所得，利息、股息、红利所得，财产租赁所得，财产转让所得，偶然所得和其他所得，均适用比例税率，税率为20%。

4. 工资、薪金所得适用累进制税率：

（1）不超过1500元的，税率为3%；

（2）超过1500元至4500元的部分，税率为10%；

（3）超过4500元至9000元的部分，税率为20%；

（4）超过9000元至35000元的部分，税率为25%；

（5）超过35000元至55000元的部分，税率为30%；

（6）超过55000元至80000元的部分，税率为35%；

（7）超过80000元的部分，税率为45%。

5. 个体工商户的生产、经营所得和对企事业单位的承包经营、承租经营所得，适用5%～35%的超额累进税率。

注意：

根据《个人所得税法》第11条的规定，对扣缴义务人按照所扣缴的税款，付给2%的手续费。

 题

关于个人所得税，下列哪些表述是正确的？①

A. 以课税对象为划分标准，个人所得税属于动态财产税

B. 非居民纳税人是指不具有中国国籍但有来源于中国境内所得的个人

C. 居民纳税人从中国境内、境外取得的所得均应依法缴纳个人所得税

D. 劳务报酬所得适用比例税率，对劳务报酬所得一次收入畸高的，可实行加成征收

【补充内容】根据课税对象形态的不同，财产税可分为静态财产税和动态财产税两大类。动态财产税是对因无偿转移而发生所有权变动的财产按其价值所课征的财产税。如遗产税等。其特点是在财产交易时一次性征收，如遗产税是在发生遗产继承行为时一次性征收。

（四）减免税项目

1. 下列各项个人所得，免纳个人所得税：

（1）省级政府、国务院部委和中国人民解放军军以上单位，以及外国组织、国际组织颁发的科学、教育、技术、文化、卫生、体育、环境保护等方面的奖金。

（2）国债和国家发行的金融债券利息。国债利息，是指个人持有财政部发行的债券而取得的利息所得；国家发行的金融债券利息是指个人持有经国务院批准发行的金融债券而取得的利息所得。

（3）按照国家统一规定发给的补贴、津贴。按照国家统一规定发给的补贴、津贴，指按照国务院规定发给的政府特殊津贴、院士津贴、资深院士津贴，以及国务院规定免纳个人所得税的其他补贴、津贴。

（4）福利费、抚恤金、救济金。福利费，是指根据国家有关规定，从企业、事业单位、国家机关、社会团体提留的福利费或者工会经费中支付给个人的生活补助费；救济金，是指国家民政部门支付给个人的生活困难补助费。

（5）保险赔款。

（6）军人的转业费、复员费。

（7）按照国家统一规定发给干部、职工的安家费、退职费、退休工资、离休工资、离休生活补助费。

（8）依照《中国外交特权与豁免条例》和《中国领事特权与豁免条例》规定应予免税的各国驻华使馆、领事馆的外交代表、领事官员和其他人员的所得。

（9）中国政府参加的国际公约、签订的协议中规定免税的所得。

（10）经国务院财政部门批准免税的所得。

---

① 答案：C、D。

按照国家规定，单位为个人缴付和个人缴付的基本养老保险费、基本医疗保险费、失业保险费、住房公积金，从纳税义务人的应纳税所得额中扣除。

 根据《个人所得税法》规定，某大学教授在 2007 年 6 月份的下列哪些收入应缴纳个人所得税？①

A. 工资 5000 元

B. 在外兼课取得报酬 6000 元

C. 出版教材一部，获稿酬 12 万元

D. 被评为校优秀教师，获奖金 5000 元

2. 减税项目：

（1）残疾、孤老人员和烈属的所得；

（2）因严重自然灾害造成重大损失的；

（3）其他经国务院财政部门批准减税的。

（五）纳税申报

纳税义务人有下列情形之一的，应当按照规定到主管税务机关办理纳税申报：

1. 年所得 12 万元以上的。

2. 从中国境内两处或者两处以上取得工资、薪金所得的。

3. 从中国境外取得所得的。

4. 取得应纳税所得，没有扣缴义务人的。

年所得 12 万元以上的纳税义务人，应当在年度终了后 3 个月内到主管税务机关办理纳税申报。

 纳税义务人具有下列哪些情形的，应当按规定办理个人所得税纳税申报？②

A. 个人所得超过国务院规定数额的   B. 在两处以上取得工资、薪金所得的

C. 从中国境外取得所得的   D. 取得应纳税所得没有扣缴义务人的

三、增值税法

（一）纳税义务人

在中国境内销售货物或者提供加工、修理修配劳务以及进口货物的单位和个人，为增值税的纳税义务人。增值税的纳税人包括单位和个人，增值税的纳税人分为一般纳税人和小规模纳税人。

（二）增值税的税率

增值税一般纳税人税率分为基本税率（17%）、低税率（13%）和零税率（0%）。

纳税人销售或者进口货物，除适用低税率的以外，税率为 17%。

纳税人销售或者进口下列货物，税率为 13%：

---

① 答案：A、B、C、D。

② 答案：A、B、C、D。

曹新川讲商法·经济法

2018 年国家统一法律职业资格考试专题讲座系列

1. 粮食、食用植物油;

2. 自来水、暖气、冷气、热水、煤气、石油液化气、天然气、沼气、居民用煤炭制品;

3. 图书、报纸、杂志;

4. 饲料、化肥、农药、农机、农膜;

5. 国务院规定的其他货物。

纳税人出口货物,税率为0%;但是,国务院另有规定的除外。

纳税人提供加工、修理修配劳务,税率为17%。

增值税小规模纳税人销售货物或提供应税劳务,适用3%的征收率。

(三) 税收减免

下列项目免征增值税:

1. 农业生产者销售的自产农产品。

2. 避孕药品和用具。

3. 古旧图书。

4. 直接用于科学研究、科学试验和教学的进口仪器、设备。

5. 外国政府、国际组织无偿援助的进口物资和设备。

6. 由残疾人的组织直接进口供残疾人专用的物品。

7. 销售自己使用过的物品。

除上述规定外,增值税的免税、减税项目由国务院规定。任何地区、部门均不得规定免税、减税项目。

增值税起征点的适用范围只限于个人。

关于增值税的说法,下列哪一选项是错误的?[1]

A. 增值税的税基是销售货物或者提供加工、修理修配劳务以及进口货物的增值额

B. 增值税起征点的范围只限于个人

C. 农业生产者销售自产农业产品的,免征增值税

D. 进口图书、报纸、杂志的,免征增值税

四、消费税法

1. 消费税的纳税人。消费税的纳税人为在中国境内生产、委托加工和进口法律规定的消费品的单位和个人,以及国务院确定的销售本条例规定的消费品的其他单位和个人。

2. 消费税的征税对象。消费税的征税对象为应税消费品,具体包括: (1) 烟;(2) 酒及酒精;(3) 化妆品;(4) 护肤护发品;(5) 贵重首饰;(6) 鞭炮、焰火;(7) 汽油;(8) 柴油;(9) 汽车轮胎;(10) 摩托车;(11) 小汽车。

从 2006 年 4 月 1 日起,高尔夫球及球具、高档手表、游艇、木制一次性筷子、实木地板等应征收消费税,同时取消了护肤护发品税目。

3. 消费税的税基。消费税的税基为销售额或销售数量。销售额,为纳税人销售应

---

① 答案:D。

专题二十八

税法

税消费品向购买方收取的全部价款和价外费用。

4. 消费税的税率。消费税实行从价定率或者从量定额的办法计算应纳税额，按不同消费品分别采用比例税率和定额税率。

5. 消费税的税收减免。对纳税人出口应税消费品，免征消费税；国务院另有规定的除外。

五、营业税法

（一）纳税人

营业税的纳税人为在中国境内提供应税劳务、转让无形资产或者销售不动产的单位和个人。

（二）征税对象

1. 交通运输业；

2. 建筑业；

3. 金融保险业；

4. 邮电通信业；

5. 文化体育业；

6. 娱乐业；

7. 服务业；

8. 转让无形资产；

9. 销售不动产。

（三）税率

营业税除娱乐业实行幅度比例税率外，其他税目均实行固定比例税率。其具体税率为：

1. 交通运输业 3%；

2. 建筑业 3%；

3. 金融保险业 5%；

4. 邮电通信业 3%；

5. 文化体育业 3%；

6. 娱乐业 5%～20%；

7. 服务业 5%；

8. 转让无形资产 5%；9. 销售不动产 5%。

（四）税收减免

下列项目免征营业税：

1. 托儿所、幼儿园、养老院、残疾人福利机构提供的育养服务，婚姻介绍，殡葬服务；

2. 残疾人员个人提供的劳务；

3. 医院、诊所和其他医疗机构提供的医疗服务；

4. 学校和其他教育机构提供的教育劳务，学生勤工俭学提供的劳务；

5. 农业机耕、排灌、病虫害防治、植保、农牧保险以及相关技术培训业务，家禽、牲畜、水生动物的配种和疾病防治；

6. 纪念馆、博物馆、文化馆、美术馆、展览馆、书画院、图书馆、文物保护单位

曹新川讲商法·经济法

2018年国家统一法律职业资格考试专题讲座系列

举办文化活动的门票收入，宗教场所举办文化、宗教活动的门票收入；

7. 境内保险机构为出口货物提供的保险产品。

纳税人营业额未达到财政部规定的营业税起征点的，免征营业税。起征点规定仅限于个人。

六、车船税法

（一）纳税义务人

在中华人民共和国境内属于《车船税法》所附《车船税税目税额表》规定的车辆、船舶（以下简称车船）的所有人或者管理人，为车船税的纳税人，应当缴纳车船税。

（二）征税对象

车船税的征收对象包括乘用车、商用车（客车、货车）、挂车、其他车辆（专用作业车、轮式专用机械车）、摩托车和船舶（机动船舶、游艇）。

车船税的征税对象包括火车吗？不包括。

（三）税收优惠

1. 下列车船免征车船税：

（1）捕捞、养殖渔船；

（2）军队、武装警察部队专用的车船；

（3）警用车船；

（4）依照法律规定应当予以免税的外国驻华使领馆、国际组织驻华代表机构及其有关人员的车船。

2. 对节约能源、使用新能源的车船可以减征或者免征车船税；对受严重自然灾害影响，纳税困难以及有其他特殊原因确需减税、免税的，可以减征或者免征车船税。具体办法由国务院规定，并报全国人民代表大会常务委员会备案。

3. 省、自治区、直辖市人民政府根据当地实际情况，可以对公共交通车船，农村居民拥有并主要在农村地区使用的摩托车、三轮汽车和低速载货汽车定期减征或者免征车船税。

（四）车船税的申报缴纳和扣缴

车船税按年申报缴纳。车船税的纳税地点为车船的登记地或者车船税扣缴义务人所在地。依法不需要办理登记的车船，车船税的纳税地点为车船的所有人或者管理人所在地。

从事机动车第三者责任强制保险业务的保险机构为机动车车船税的扣缴义务人，应当在收取保险费时依法代收车船税，并出具代收税款凭证。

第二节　程序税法

程序税法主要涉及税收征收管理制度，它是贯彻和实现实体税法，完成税收任务的程序制度。税收程序应该合法，无论是征税机关还是纳税人都必须依法定程序行使自己的权利、履行自己的义务。本节以《税收征收管理法》为中心介绍程序税法。

一、税法渊源

税收的开征、停征以及减税、免税、退税、补税，依照法律的规定执行；法律授权国务院规定的，依照国务院制定的行政法规的规定执行。

任何机关、单位和个人不得违反法律、行政法规的规定，擅自作出税收开征、停征以及减税、免税、退税、补税和其他同税收法律、行政法规相抵触的决定。

下列哪些法律渊源是地方政府开征、停征某种税收的依据？①
A. 全国人大及其常委会制定的法律
B. 国务院依据法律授权制定的行政法规
C. 国务院有关部委制定的部门规章
D. 地方人大、地方政府发布的地方法规

二、纳税人权利

法律、行政法规规定负有纳税义务的单位和个人为纳税人。法律、行政法规规定负有代扣代缴、代收代缴税款义务的单位和个人为扣缴义务人。

1. 信息权。纳税人、扣缴义务人有权向税务机关了解国家税收法律、行政法规的规定以及与纳税程序有关的情况。

2. 秘密权。纳税人、扣缴义务人有权要求税务机关为纳税人、扣缴义务人的情况保密。税务机关应当依法为纳税人、扣缴义务人的情况保密。纳税人、扣缴义务人的税收违法行为不属于保密范围。

3. 申请减、免、退税的权利。纳税人依法享有申请减税、免税、退税的权利。

4. 陈述权、申辩权。纳税人、扣缴义务人对税务机关所作出的决定，享有陈述权和申辩权；依法享有申请行政复议、提起行政诉讼、请求国家赔偿等权利。纳税人、扣缴义务人有权控告和检举税务机关、税务人员的违法违纪行为。

5. 申请行政复议、提起行政诉讼、请求国家赔偿权。

6. 控告和检举权。纳税人、扣缴义务人有权控告和检举税务机关、税务人员的违法违纪行为。任何单位和个人都有权检举违反税收法律、行政法规的行为。收到检举的机关和负责查处的机关应当为检举人保密。

7. 奖励权。税务机关应当按照规定对检举人给予奖励。

8. 请求回避权。税务人员在核定应纳税额、调整税收定额、进行税务检查、实施税务行政处罚、办理税务行政复议时，与纳税人、扣缴义务人或者其法定代表人、直接责任人有下列关系之一的，应当回避：（1）夫妻关系；（2）直系血亲关系；（3）三代以内旁系血亲关系；（4）近姻亲关系；（5）可能影响公正执法的其他利害关系。

---

① 答案：A、B。

关于纳税人享有的权利，下列哪些选项是正确的？①

A. 向税务机关了解税收法律规定和纳税程序

B. 申请减税、免税、退税

C. 对税务机关的决定不服时，提出申辩，申请行政复议

D. 合法权益因税务机关违法行政而受侵害时，请求国家赔偿

三、税务管理

（一）税务登记

1. 开业税务登记。企业，企业在外地设立的分支机构和从事生产、经营的场所，个体工商户和从事生产、经营的事业单位自领取营业执照之日起 30 日内，持有关证件，向税务机关申报办理税务登记。税务机关应当于收到申报的当日办理登记并发给税务登记证件。

从事生产、经营的纳税人应当按照国家有关规定，持税务登记证件，在银行或者其他金融机构开立基本存款账户和其他存款账户，并将其全部账号向税务机关报告。

【总结】此处为先工商后税务。

2. 变更登记与注销登记。从事生产、经营的纳税人，税务登记内容发生变化的，自工商行政管理机关办理变更登记之日起 30 日内或者在向工商行政管理机关申请办理注销登记之前，持有关证件向税务机关申报办理变更或者注销税务登记。

纳税人税务登记内容发生变化，不需要到工商行政管理机关或者其他机关办理变更登记的，应当自发生变化之日起 30 日内，持有关证件向原税务登记机关申报办理变更税务登记。

【总结】此处为先税务后工商。

（二）账簿、凭证管理

1. 设置。从事生产、经营的纳税人应当自领取营业执照或者发生纳税义务之日起 15 日内，按照国家有关规定设置账簿。

生产、经营规模小又确无建账能力的纳税人，可以聘请经批准从事会计代理记账业务的专业机构或者经税务机关认可的财会人员代为建账和办理账务。

2. 备案。从事生产、经营的纳税人应当自领取税务登记证件之日起 15 日内，将其财务、会计制度或者财务、会计处理办法报送主管税务机关备案。

纳税人使用计算机记账的，应当在使用前将会计电算化系统的会计核算软件、使用说明书及有关资料报送主管税务机关备案。

3. 建账。纳税人、扣缴义务人会计制度健全，能够通过计算机正确、完整计算其收入和所得或者代扣代缴、代收代缴税款情况的，其计算机输出的完整的书面会计记录，可视同会计账簿。

纳税人、扣缴义务人会计制度不健全，不能通过计算机正确、完整计算其收入和所得或者代扣代缴、代收代缴税款情况的，应当建立总账及与纳税或者代扣代缴、代收代缴税款有关的其他账簿。

专题二十八

税法

---

① 答案：A、B、C、D。

4. 保存。账簿、记账凭证、报表、完税凭证、发票、出口凭证以及其他有关涉税资料应当保存 10 年。但是，法律、行政法规另有规定的除外。

根据税收征收管理法规，关于从事生产、经营的纳税人账簿，下列哪些说法是正确的？①

A. 纳税人生产、经营规模小又确无建账能力的，可聘请经税务机关认可的财会人员代为建账和办理账务

B. 纳税人使用计算机记账的，应在使用前将会计电算化系统的会计核算软件、使用说明书及有关资料报送主管税务机关备案

C. 纳税人会计制度健全，能够通过计算机正确、完整计算其收入和所得情况的，其计算机输出的完整的书面会计记录，可视同会计账簿

D. 纳税人的账簿、记账凭证、报表、完税凭证、发票、出口凭证以及其他有关涉税资料，除另有规定外，应当保存 10 年

（三）纳税申报

1. 一般要求。纳税人必须依照法律、行政法规规定或者税务机关依照法律、行政法规的规定确定的申报期限、申报内容如实办理纳税申报，报送纳税申报表、财务会计报表以及税务机关根据实际需要要求纳税人报送的其他纳税资料。

扣缴义务人必须依照法律、行政法规规定或者税务机关依照法律、行政法规的规定确定的申报期限、申报内容如实报送代扣代缴、代收代缴税款报告表以及税务机关根据实际需要要求扣缴义务人报送的其他有关资料。

2. 申报方式。纳税人、扣缴义务人可以直接到税务机关办理纳税申报或者报送代扣代缴、代收代缴税款报告表，也可以按照规定采取邮寄、数据电文办理上述申报、报送事项。

3. 延期申报。纳税人、扣缴义务人不能按期办理纳税申报或者报送代扣代缴、代收代缴税款报告表的，经税务机关核准，可以延期申报。

经核准延期办理前款规定的申报、报送事项的，应当在纳税期内按照上期实际缴纳的税额或者税务机关核定的税额预缴税款，并在核准的延期内办理税款结算。

纳税人、扣缴义务人因不可抗力，不能按期办理纳税申报或者报送代扣代缴、代收代缴税款报告表的，可以延期办理；但是，应当在不可抗力情形消除后立即向税务机关报告。税务机关应当查明事实，予以核准。

关于扣缴义务人，下列哪一说法是错误的？②

A. 是依法负有代扣代缴、代收代缴税款义务的单位和个人

B. 应当按时向税务机关报送代扣代缴、代收代缴税款报告表和其他有关资料

C. 可以向税务机关申请延期报送代扣代缴、代收代缴税款报告表和其他有关资料

D. 应当直接到税务机关报送代扣代缴、代收代缴税款报告表和其他有关资料

① 答案：A、B、C、D。
② 答案：D。

曹新川讲商法·经济法

2018年国家统一法律职业资格考试专题讲座系列

四、税款征收

(一) 缴纳期限

纳税人、扣缴义务人按照法律、行政法规规定或者税务机关依照法律、行政法规的规定确定的期限缴纳或者解缴税款。

纳税人因有特殊困难，不能按期缴纳税款的，经省、自治区、直辖市国家税务局、地方税务局批准，可以延期缴纳税款，但是最长不得超过3个月。纳税人有下列情形之一的，属于上文所称特殊困难：

1. 因不可抗力，导致纳税人发生较大损失，正常生产经营活动受到较大影响的。

2. 当期货币资金在扣除应付职工工资、社会保险费后，不足以缴纳税款的。

(二) 税收的补征

因税务机关的责任，致使纳税人、扣缴义务人未缴或者少缴税款的，税务机关在3年内可以要求纳税人、扣缴义务人补缴税款，但是不得加收滞纳金。因纳税人、扣缴义务人计算错误等失误，未缴或者少缴税款的，税务机关在3年内可以追征税款、滞纳金；有特殊情况的，追征期可以延长到5年。特殊情况，是指纳税人或者扣缴义务人因计算错误等失误，未缴或者少缴、未扣或者少扣、未收或者少收税款，累计数额在10万元以上的。对偷税、抗税、骗税的，税务机关追征其未缴或者少缴的税款、滞纳金或者所骗取的税款，则没有期限的限制。

某企业因计算错误，未缴税款累计达50万元。关于该税款的征收，下列哪些选项是正确的？[①]

A. 税务机关可追征未缴的税款
B. 税务机关可追征滞纳金
C. 追征期可延长到5年
D. 追征时不受追征期的限制

(三) 退税制度

纳税人超过应纳税额缴纳的税款，税务机关发现后应当立即退还；纳税人自结算缴纳税款之日起3年内发现的，可以向税务机关要求退还多缴的税款并加算银行同期存款利息，税务机关及时查实后应当立即退还。

(四) 核定税额

核定税额又称"估税"，是在税务机关无法进行查账征收时采取的权宜做法。纳税人有下列情形之一的，税务机关有权核定其应纳税额：

1. 依照法律、行政法规的规定可以不设置账簿的。

2. 依照法律、行政法规的规定应当设置账簿但未设置的。

3. 擅自销毁账簿或者拒不提供纳税资料的。

4. 虽设置账簿，但账目混乱或者成本资料、收入凭证、费用凭证残缺不全，难以查账的。

5. 发生纳税义务，未按照规定的期限办理纳税申报，经税务机关责令限期申报，逾期仍不申报的。

① 答案：A、B、C。

6. 纳税人申报的计税依据明显偏低，又无正当理由的。

（五）税收减免

纳税人依照法律、行政法规的规定办理减税、免税。

地方各级人民政府、各级人民政府主管部门、单位和个人违反法律、行政法规规定，擅自作出的减税、免税决定无效，税务机关不得执行，并向上级税务机关报告。

注意：

这是《税收征收管理法》2015年4月24日修改唯一所变动的地方，删去了要求纳税人提供"书面申请"和"须经审查批准机关审批"的内容，纳税人依照法律、行政法规规定的条件就可以直接办理减税、免税。

（六）税收优先

税务机关征收税款，税收优先于无担保债权，法律另有规定的除外；纳税人欠缴的税款发生在纳税人以其财产设定抵押、质押或者纳税人的财产被留置之前的，税收应当先于抵押权、质权、留置权执行。

纳税人欠缴税款，同时又被行政机关决定处以罚款、没收违法所得的，税收优先于罚款、没收违法所得。

某企业流动资金匮乏，一直拖欠缴纳税款。为恢复生产，该企业将办公楼抵押给某银行获得贷款。此后，该企业因排污超标被环保部门罚款。现银行、税务部门和环保部门均要求拍卖该办公楼以偿还欠款。关于拍卖办公楼所得价款的清偿顺序，下列哪一选项是正确的？①

A. 银行贷款优先于税款

B. 税款优先于银行贷款

C. 罚款优先于税款

D. 三种欠款同等受偿，拍卖所得不足时按比例清偿

（七）税收代位权和撤销权

欠缴税款的纳税人因怠于行使到期债权，或者放弃到期债权，或者无偿转让财产，或者以明显不合理的低价转让财产而受让人知道该情形，对国家税收造成损害的，税务机关可以依照《合同法》第73~74条的规定行使代位权、撤销权。

税务机关依照上述规定行使代位权、撤销权的，不免除欠缴税款的纳税人尚未履行的纳税义务和应承担的法律责任。

注意：

既然适用《合同法》第73条和第74条的规定，那么作为税务机关的债权人也只能采用诉讼的方式来主张债权要求纳税。

五、税收保全与强制执行措施

（一）税收保全

税务机关有根据认为从事生产、经营的纳税人有逃避纳税义务行为的，可以在规

---

① 答案：B。

定的纳税期之前，责令限期缴纳应纳税款；在限期内发现纳税人有明显的转移、隐匿其应纳税的商品、货物以及其他财产或者应纳税的收入的迹象的，税务机关可以责成纳税人提供纳税担保。如果纳税人不能提供纳税担保，经县以上税务局（分局）局长批准，税务机关可以采取下列税收保全措施：

1. 书面通知纳税人开户银行或者其他金融机构冻结纳税人的金额相当于应纳税款的存款。

2. 扣押、查封纳税人的价值相当于应纳税款的商品、货物或者其他财产。

纳税人在上述规定的限期内缴纳税款的，税务机关必须立即解除税收保全措施；限期期满仍未缴纳税款的，经县以上税务局（分局）局长批准，税务机关可以书面通知纳税人开户银行或者其他金融机构从其冻结的存款中扣缴税款，或者依法拍卖或者变卖所扣押、查封的商品、货物或者其他财产，以拍卖或者变卖所得抵缴税款。

（二）强制执行措施

从事生产、经营的纳税人、扣缴义务人未按照规定的期限缴纳或者解缴税款，纳税担保人未按照规定的期限缴纳所担保的税款，由税务机关责令限期缴纳，逾期仍未缴纳的，经县以上税务局（分局）局长批准，税务机关可以采取下列强制执行措施：

1. 书面通知其开户银行或者其他金融机构从其存款中扣缴税款。

2. 依法拍卖或者变卖其价值相当于应纳税款的商品、货物或者其他财产，以拍卖或者变卖所得抵缴税款。

税务机关采取强制执行措施时，对上述所列纳税人、扣缴义务人、纳税担保人未缴纳的滞纳金同时强制执行。

【提示】税收保全并不是税收强制执行的前置程序。

（三）人道主义原则

个人及其所扶养家属维持生活必需的住房和用品，不在税收保全和强制执行措施的范围之内。

1. 税收保全和强制执行措施中所称个人所扶养家属是指与纳税人共同居住生活的配偶、直系亲属以及无生活来源并由纳税人扶养的其他亲属。

2. 机动车辆、金银饰品、古玩字画、豪华住宅或者一处以外的住房不属于税收保全措施和强制执行措施中个人及其所扶养家属维持生活必需的住房和用品。

3. 税务机关对单价5000元以下的其他生活用品，不采取税收保全措施和强制执行措施。

六、离境清税

欠缴税款的纳税人或者其法定代表人需要出境的，应当在出境前向税务机关结清应纳税款、滞纳金或者提供担保。未结清税款、滞纳金，又不提供担保的，税务机关可以通知出境管理机关阻止其出境。

七、纳税争议和处罚争议

纳税人、扣缴义务人、纳税担保人同税务机关在纳税上发生争议时，必须先依照税务机关的纳税决定缴纳或者解缴税款及滞纳金或者提供相应的担保，然后可以依法申请行政复议；对行政复议决定不服的，可以依法向人民法院起诉，即复议程序是起诉前的必经前置程序。

当事人对税务机关的处罚决定、强制执行措施或者税收保全措施不服的，可以依法申请行政复议，也可以依法向人民法院起诉，即复议程序是起诉前的选择程序。

总结要点为：

1. 纳税争议，即对于是否纳税、缴纳的税款金额有争议的，其处理原则是：

（1）由纳税人先缴纳税款及滞纳金或提供相应的担保；

（2）向上一级税务机关申请行政复议；

（3）对该行政复议不服的，才能向法院起诉。

注意：

未经复议，法院不予受理诉讼；未经纳税或解缴税款，又不提供担保的，税务机关不受理复议申请。

2. 处罚争议，即对税务机关的处罚决定、强制执行措施、税收保全措施不服的。

处理原则是：或复议，或起诉。即当事人可以选择行政复议或者选择向法院起诉。

【总结】争议的处理（考点）。

项目	纳税争议	处罚争议
争议对象	对是否纳税、缴纳的税款金额有争议的	对税务机关的处罚决定、强制执行措施、税收保全措施不服的
处理原则	①由纳税人先缴纳税款及滞纳金或提供相应的担保 ②向上一级税务机关申请行政复议 ③对该行政复议不服的，才能向法院起诉；未经复议法院不予受理诉讼；未经纳税或解缴税款，又不提供担保的，税务机关不受理复议申请	处理原则是：或复议，或起诉。即当事人可以选择行政复议或者选择向法院起诉

专题二十九
审计法

审计是审计机关依据法律，独立检查被审计单位的会计凭证、会计账簿、会计报表以及其他财政收支、财务收支有关的资料和资产，监督财政收支、财务收支真实、合法、效益的活动。审计制度是国家财政收支的运行保障。本专题的难点是审计权有效行使与合法行使的标准和程序。

一、审计法的调整范围

国务院各部门和地方各级人民政府及其各部门的财政收支、国有的金融机构和企业事业组织的财务收支以及其他依照审计法规定应当接受审计的财政收支、财务收支，依照法律规定接受审计监督。

二、审计法的原则

审计法的基本原则包括合法性原则、客观公正原则、实事求是原则、廉洁奉公原则和保守秘密原则。

三、审计工作领导体制

国务院设立审计署，在国务院总理领导下，主管全国的审计工作。审计长是审计署的行政首长。省、自治区、直辖市、设区的市、自治州、县、自治县、不设区的市、市辖区的人民政府的审计机关，分别在省长、自治区主席、市长、州长、县长、区长和上一级审计机关的领导下，负责本行政区域内的审计工作。审计机关根据工作需要，可以在其审计管辖范围内设立派出机构。派出机构根据审计机关的授权，依法进行审计工作。地方各级审计机关负责人的任免，应当事先征求上一级审计机关的意见。

四、审计机关的职责和权限

（一）审计机关的职责

1. 审计机关对本级各部门（含直属单位）和下级政府预算的执行情况和决算以及其他财政收支情况，进行审计监督。

2. 审计署在国务院总理领导下。对中央预算执行情况和其他财政收支情况进行审计监督，向国务院总理提出审计结果报告。地方各级审计机关分别在省长、自治区主席、市长、州长、县长、区长和上一级审计机关的领导下，对本级预算执行情况和其他财政收支情况进行审计监督，向本级人民政府和上一级审计机关提出审计结果报告。

3. 审计署对中央银行的财务收支进行审计监督。审计机关对国有金融机构的资产、负债、损益，进行审计监督。

4. 审计机关对国家的事业组织和使用财政资金的其他事业组织的财务收支，进行审计监督；对国有企业的资产、负债、损益，进行审计监督；对与国计民生有重大关系的国有企业、接受财政补贴较多或者亏损数额较大的国有企业，以及国务院和本级地方人民政府指定的其他国有企业，应当有计划地定期进行审计；对政府投资和以政府投资为主的建设项目的预算执行情况和决算，进行审计监督；审计机关对政府部门管理的和其他单位受政府委托管理的社会保障基金、社会捐赠资金以及其他有关基金、资金的财务收支，进行审计监督；对国际组织和外国政府援助、贷款项目的财务收支，进行审计监督；按照国家有关规定，对国家机关和依法属于审计机关审计监督对象的其他单位的主要负责人，在任职期间对本地区、本部门或者本单位的财政收支、财务收支以及有关经济活动应负经济责任的履行情况，进行审计监督；对其他法律、行政法规规定应当由审计机关进行审计的事项，依照审计法和有关法律、行政法规的规定进行审计监督。

注意：

审计机关对政府投资和以政府投资为主的建设项目的预算执行情况和决算，进行审计监督。

5. 审计机关有权对与国家财政收支有关的特定事项，向有关地方、部门、单位进行专项审计调查，并向本级人民政府和上一级审计机关报告审计调查结果。国务院和县级以上地方人民政府应当每年向本级人民代表大会常务委员会提出审计机关对预算执行和其他财政收支的审计工作报告。

（二）审计机关的权限

1. 审计机关有权要求被审计单位按照审计机关的规定提供预算或者财务收支计划、预算执行情况、决算、财务会计报告，运用电子计算机储存、处理的财政收支、财务收支电子数据和必要的电子计算机技术文档。

2. 审计机关进行审计时，有权检查被审计单位的会计凭证、会计账簿、财务会计报告和运用电子计算机管理财政收支、财务收支电子数据的系统，以及其他与财政收支、财务收支有关的资料和资产，被审计单位不得拒绝。

3. 审计机关进行审计时，有权就审计事项的有关问题向有关单位和个人进行调查，并取得有关证明材料。审计机关经县级以上人民政府审计机关负责人批准，有权查询被审计单位在金融机构的账户。

审计机关有证据证明被审计单位以个人名义存储公款的，经县级以上人民政府审计机关主要负责人批准，有权查询被审计单位以个人名义在金融机构的存款。

4. 审计机关对被审计单位正在进行的违反国家规定的财政收支、财务收支行为，有权予以制止；制止无效的，经县级以上人民政府审计机关负责人批准，通知财政部门和有关主管部门暂停拨付与违反国家规定的财政收支、财务收支行为直接有关的款项，已经拨付的，暂停使用。审计机关采取上述措施不得影响被审计单位合法的业务活动和生产经营活动。

5. 审计机关进行审计时，被审计单位不得转移、隐匿、篡改、毁弃会计凭证、会计账簿、财务会计报告以及其他与财政收支或者财务收支有关的资料，不得转移、隐匿所持有的违反国家规定取得的资产。

审计机关对被审计单位违反前款规定的行为，有权予以制止；必要时，经县级以上人民政府审计机关负责人批准，有权封存有关资料和违反国家规定取得的资产；对其中在金融机构的有关存款需要予以冻结的，应当向人民法院提出申请。

6. 审计机关认为被审计单位所执行的上级主管部门有关财政收支、财务收支的规定与法律、行政法规相抵触的，应当建议有关主管部门纠正；有关主管部门不予纠正的。审计机关应当提请有权处理的机关依法处理。

7. 审计机关可以向政府有关部门通报或者向社会公布审计结果。

8. 审计机关履行审计监督职责。可以提请公安、监察、财政、税务、海关、价格、工商行政管理等机关予以协助。

为大力发展交通，某市出资设立了某高速公路投资公司。该市审计局欲对其实施年度审计监督。关于审计事宜，下列哪一说法是正确的？①

A. 该公司既非政府机关也非事业单位，审计局无权审计

B. 审计局应在实施审计 3 日前，向该公司送达审计通知书

C. 审计局欲查询该公司在金融机构的账户，应经局长批准并委托该市法院查询

D. 审计局欲检查该公司与财政收支有关的资料和资产，应委托该市税务局检查

（三）审计程序

1. 审计组对审计事项实施审计后，应当向审计机关提出审计组的审计报告。审计组的审计报告报送审计机关前，应当征求被审计对象的意见。被审计对象应当自接到审计组的审计报告之日起 10 日内，将其书面意见送交审计组。审计组应当将被审计对象的书面意见一并报送审计机关。

2. 上级审计机关认为下级审计机关作出的审计决定违反国家有关规定的，可以责成下级审计机关予以变更或者撤销，必要时也可以直接作出变更或者撤销的决定。

---

① 答案：B。

专题三十

土地法和房地产法

《土地管理法》主要规定了土地所有权和使用权以及建设用地管理的有关问题。我国的土地所有权只有两类：国有和集体所有。虽然土地所有权主体较为集中，但是使用权主体则是相当分散的，通过有偿或无偿的方式（出让或划拨等），土地使用权可以为各种主体享有。国有土地主要用于建设用地，而建设用地也主要使用国有土地（有例外）。通常，集体所有的土地只有被征收为国有后才能用于建设用地（土地征收制度），如果涉及农用地，还应当办理农用地转用手续。集体土地的用途主要是通过承包用于农业生产，但是在特定情形下也可以用于建设用地。

《房地产法》和《土地管理法》经常结合起来考查，所以在备考的时候需要把这二者的内容结合起来复习。近几年出题考查的角度较偏，所以大家在做真题的基础上，还需要扩大法条复习的范围。

第一节　　土地管理法

一、土地用途管制制度

国家实行土地用途管制制度。国家编制土地利用总体规划，规定土地用途，将土地分为农用地、建设用地和未利用地。

二、土地所有权

城市市区的土地属于国家所有。农村和城市郊区的土地，除由法律规定属于国家所有的以外，属于农民集体所有；宅基地和自留地、自留山，属于农民集体所有。

（一）国有土地所有权

下列土地属于国家所有：

1. 城市市区的土地。

2. 农村和城市郊区中已经国家依法没收、征收、征购为国有的土地。

3. 国家依法征收的原集体所有的土地。

4. 依法不属于集体所有的林地、草地、荒地、滩涂及其他土地。

5. 农村集体经济组织全部成员转为城镇居民的，原属于其成员集体所有的土地。

6. 因国家组织移民、自然灾害等原因，农民成建制地集体迁移后不再使用的原属于迁移农民集体所有的土地。

（二）集体土地所有权

我国集体土地所有权的主体及其代表可以分为三个层次：

1. 农民集体所有的土地依法属于村农民集体所有的，由村集体经济组织或者村民委员会作为所有者代表经营、管理。

2. 在一个村范围内存在两个以上农村集体经济组织，且农民集体所有的土地已经分别属于该两个以上组织的农民集体所有的，由村内各该农村集体经济组织或者村民小组作为所有者代表经营、管理。

3. 农民集体所有的土地，已经属于乡（镇）农民集体所有的，由乡（镇）农村集体经济组织作为所有者代表经营、管理。

三、集体土地使用权

（一）集体土地使用权的处分和收回

1. 处分。

（1）集体所有的土地的使用权可以出让、转让或者出租，但不得用于非农业建设；

（2）符合土地利用总体规划并依法取得建设用地的企业，因破产、兼并等情形致使土地使用权依法发生转移的，不受此限。

2. 收回。在特定情形下，可以收回集体土地使用权。

（1）程序。农村集体经济组织收回土地使用权必须报经原批准用地的政府批准。

（2）情形。有下列情形之一的，农村集体经济组织报经原批准用地的政府批准，可以收回土地使用权：

①为乡（镇）村公共设施和公益事业建设，需要使用土地的；

②不按照批准的用途使用土地的；

③因撤销、迁移等原因而停止使用土地的。

（3）补偿。在上述第（2）条第①种情形下依法收回集体所有的土地的，对土地使用权人应当给予适当补偿。

（二）集体土地的承包经营

集体土地承包经营是集体土地使用的一种方式。集体所有的土地依法可以承包给他人经营，取得承包经营权的主体有两类：一是本集体经济组织的成员；二是本集体经济组织以外的单位和个人。承包的主体不同，程序和内容也不相同。

1. 本集体经济组织的成员承包经营。农民集体所有的土地由本集体经济组织的成员承包经营，从事种植业、林业、畜牧业、渔业生产。

（1）取得：

①土地承包经营权通过承包方式取得。承包合同自成立之日起生效。承包方自承包合同生效时取得土地承包经营权。

②耕地的承包期为 30 年。草地的承包期为 30 年至 50 年。林地的承包期为 30 年至70 年；特殊林木的林地承包期，经国务院林业行政主管部门批准可以延长。

③承包方案应当依法经本集体经济组织成员的村民会议 2/3 以上成员或者 2/3 以上村民代表的同意。

（2）内容：

①发包方和承包方应当订立承包合同，约定双方的权利和义务；

②通过家庭承包取得的土地承包经营权可以依法采取转包、出租、互换、转让或者其他方式流转；

③承包地被依法征用、占用的，承包方有权依法获得相应的补偿；

④承包方有义务维持土地的农业用途，不得用于非农建设。

（3）收回与调整：

①收回：承包期内，发包方不得收回承包地。承包期内，承包方全家迁入小城镇落户的，应当按照承包方的意愿，保留其土地承包经营权或者允许其依法进行土地承包经营权流转。承包期内，承包方全家迁入设区的市，转为非农业户口的，应当将承包的耕地和草地交回发包方。承包方不交回的，发包方可以收回承包的耕地和草地。承包期内，承包方可以自愿将承包地交回发包方。承包方自愿交回承包地的，应当提前半年以书面形式通知发包方。承包方在承包期内交回承包地的，在承包期内不得再要求承包土地。承包期内，承包方交回承包地或者发包方依法收回承包地时，承包方对其在承包地上投入而提高土地生产能力的，有权获得相应的补偿。

②调整：承包期内，发包方不得调整承包地。承包期内，因自然灾害严重毁损承包地等特殊情形对个别农户之间承包的耕地和草地需要适当调整的，必须经村民会议2/3以上成员或者2/3以上村民代表的同意，并报乡（镇）政府和县级政府农业行政主管部门批准。

2. 本集体经济组织以外的单位和个人的承包经营。

（1）集体所有的土地可以允许本集体经济组织以外的单位和个人承包经营，从事种植业、林业、畜牧业、渔业生产；

（2）土地承包经营的期限由承包合同约定；

（3）农民集体所有的土地由本集体经济组织以外的单位或者个人承包经营的，必须经村民会议2/3以上成员或者2/3以上村民代表的同意，并报乡（镇）政府批准。

3. 其他方式的承包。

（1）适用范围。不宜采取家庭承包方式的荒山、荒沟、荒丘、荒滩等农村土地。

（2）承包方式。荒山、荒沟、荒丘、荒滩等可以直接通过招标、拍卖、公开协商等方式实行承包经营，也可以将土地承包经营权折股分给本集体经济组织成员后，再实行承包经营或者股份合作经营。

（3）流转方式。通过招标、拍卖、公开协商等方式承包农村土地，经依法登记取得土地承包经营权证或者林权证等证书的，其土地承包经营权可以依法采取转让、出租、入股、抵押或者其他方式流转。

（4）继承。土地承包经营权通过招标、拍卖、公开协商等方式取得的，该承包人死亡，其应得的承包收益，依照《继承法》的规定继承；在承包期内，其继承人可以继续承包。

（三）非农用地使用权

1. 非农经营用地使用权：投资取得。

2. 非农公益用地使用权：拨付取得。

具体来说，任何单位和个人进行建设，需要使用土地的，必须依法申请使用国有土地；但是以下情形可以使用集体土地：

（1）兴办乡镇企业，依法批准使用本集体经济组织农民集体所有的土地的；

（2）村民建设住宅，经依法批准使用本集体经济组织农民集体所有的土地的；

（3）乡（镇）村公共设施和公益事业建设，经依法批准使用农民集体所有的土地的。

3. 宅基地的管理。

（1）宅基地使用权的主体。农村集体经济组织内部成员符合建房申请宅基地条件的，依法享有宅基地使用权。非农村集体经济组织内部成员，不得申请取得宅基地使用权。

（2）农村村民宅基地使用权由村里无偿分配取得，使用上也无期限的限制。

（3）农村村民一户只能拥有一处宅基地，其宅基地的面积不得超过省、自治区、直辖市规定的标准。

（4）农村村民建住宅，应当符合乡（镇）土地利用总体规划，并尽量使用原有的宅基地和村内空闲地。

（5）农村村民出卖、出租住房后，再申请宅基地的，不予批准。

农户甲外出打工，将自己房屋及宅基地使用权一并转让给同村农户乙，5年后甲返回该村。关于甲返村后的住宅问题，下列哪些说法是错误的？[①]

A. 由于甲无一技之长，在外找不到工作，只能返乡务农。政府应再批给甲一处宅基地建房

B. 根据"一户一宅"的原则，甲作为本村村民应拥有自己的住房。政府应再批给甲一处宅基地建房

C. 由于农村土地具有保障功能，宅基地不得买卖，甲乙之间的转让合同无效。乙应返还房屋及宅基地使用权

D. 由于与乙的转让合同未经有关政府批准，转让合同无效。乙应返还房屋及宅基地使用权

注意：
集体经济组织内部成员之间宅基地使用权及地上的房屋可以转让。

（四）耕地保护

1. 耕地占用补偿制度。

（1）国家保护耕地，严格控制耕地转为非耕地。

（2）国家实行占用耕地补偿制度。非农业建设经批准占用耕地的，按照"占多少，垦多少"的原则，由占用耕地的单位负责开垦与所占用耕地的数量和质量相当的耕地；没有条件开垦或者开垦的耕地不符合要求的，应当按照省、自治区、直辖市的规定缴纳耕地开垦费，专款用于开垦新的耕地。

（3）省、自治区、直辖市政府应当制定开垦耕地计划，监督占用耕地的单位按照计划开垦耕地或者按照计划组织开垦耕地，并进行验收。

2. 建设占用耕地的保护。

（1）已经办理审批手续的非农业建设占用耕地，1年内不用而又可以耕种并收获的，应当由原耕种该幅耕地的集体或者个人恢复耕种，也可以由用地单位组织耕种。

（2）1年以上未动工建设的，应当按照省、自治区、直辖市的规定缴纳闲置费。

（3）连续2年未使用的，经原批准机关批准，由县级以上政府无偿收回用地单位的土地使用权；该幅土地原为农民集体所有的，应当交由原农村集体经济组织恢复耕种。

（4）承包经营耕地的单位或者个人连续2年弃耕抛荒的，原发包单位应当终止承

---

① 答案：A、B、C、D。

包合同，收回发包的耕地。

四、建设用地管理

建设用地是指用于建造建筑物或构筑物的土地。我国将建设用地分为国家建设用地和乡（镇）村建设用地。

（一）国家建设用地

1. 征收审批权限。征收下列土地的，由国务院批准：

（1）基本农田；

（2）基本农田以外的耕地超过 35 公顷的；

（3）其他土地超过 70 公顷的。

征收前述规定以外的土地的，由省、自治区、直辖市政府批准，并报国务院备案。

2. 土地征收补偿制度。

（1）征收土地的补偿费用的组成。征收土地的补偿费用包括土地补偿费、安置补助费以及地上附着物和青苗的补偿费。

征收耕地的土地补偿费，为该耕地被征收前 3 年平均年产值的 6~10 倍。

（2）按照前述方式支付土地补偿费和安置补助费，尚不能使需要安置的农民保持原有生活水平的，经省、自治区、直辖市政府批准，可以增加安置补助费。但是，土地补偿费和安置补助费的总和不得超过土地被征收前 3 年平均年产值的 30 倍。

3. 农用地转用手续。作为农用地和建设用地使用是土地使用的两种主要用途，但是农用地应当予以特殊保护，因此建设占用土地，涉及农用地转为建设用地的，应当办理农用地转用审批手续。

（1）适用范围。凡是涉及农用地转为建设用地，无论是国有土地还是农村集体所有的土地，均需办理转用审批手续。

（2）批准权限。农用地转用审批手续的批准权主要在省级（包括省、自治区、直辖市）政府，即一般情形下，由省级政府审批。但有例外：

①省、自治区、直辖市政府批准的道路、管线工程和大型基础设施建设项目、国务院批准的建设项目占用土地，涉及农用地转为建设用地的，由国务院批准。

②在土地利用总体规划确定的城市和村庄、集镇建设用地规模范围内，为实施该规划而将农用地转为建设用地的，按土地利用年度计划分批次由原批准土地利用总体规划的机关批准。在已批准的农用地转用范围内，具体建设项目用地可以由市、县政府批准。

（二）乡（镇）村建设用地

1. 情形：任何单位和个人进行建设，需要使用土地的，必须依法申请使用国有土地；但是以下情形可以使用集体土地：

（1）兴办乡镇企业，依法批准使用本集体经济组织农民集体所有的土地的。

（2）村民建设住宅，经依法批准使用本集体经济组织农民集体所有的土地的。

（3）乡（镇）村公共设施和公益事业建设，经依法批准使用农民集体所有的土地的。

2. 审批权限：

（1）乡村兴办企业需要使用土地的，应当持有关批准文件，向县级以上地方人民政府土地行政主管部门提出申请，按照省、自治区、直辖市规定的批准权限，由县级

曹新川讲商法·经济法

2018年国家统一法律职业资格考试专题讲座系列

以上人民政府批准；其中，涉及占用农用地的，依法办理农用地转用审批手续（投资取得）。

（2）乡村公共设施、公益事业建设，需要使用土地的，先经乡、镇人民政府审核，其他审批程序同于乡村兴办企业用地（拨付取得）。

（3）农村村民住宅用地，经乡、镇人民政府审核，由县级人民政府批准；其中，涉及占用农用地的，依法办理农用地转用审批手续。

根据《土地管理法》规定，在下列哪些情况下使用集体土地从事建设不需要经过国家征收？[①]

A．兴办乡镇企业　　　　　　　　　B．村民建设住宅

C．乡村公共设施建设　　　　　　　D．乡村公益事业建设

（三）临时建设用地

建设项目施工和地质勘查需要临时使用国有土地或者农民集体所有的土地的，属于临时建设用地。应当注意以下要点：

1．报批。临时建设用地由县级以上政府土地行政主管部门批准。其中，在城市规划区内的临时用地，在报批前，应当先经有关城市规划行政主管部门同意。

2．临时使用土地合同与临时使用土地补偿费。土地使用者应当根据土地权属，与有关土地行政主管部门或者农村集体经济组织、村民委员会签订临时使用土地合同，并按照合同的约定支付临时使用土地补偿费。

3．用途限制。使用者应当按照临时使用土地合同约定的用途使用土地，并不得修建永久性建筑物。

4．使用期限。临时使用土地期限一般不超过2年。

（四）紧急情况下使用土地

抢险救灾等急需使用土地的，可以先行使用土地。其中，属于临时用地的，灾后应当恢复原状并交还原土地使用者使用，不再办理用地审批手续；属于永久性建设用地的，建设单位应当在灾情结束后6个月内申请补办建设用地审批手续。

五、土地纠纷及其解决途径

（一）土地纠纷的分类

土地纠纷按其争议的内容不同，可分为：

1．土地确权纠纷。此类纠纷是指因不同主体间就土地所有权或土地使用权的归属或界限等问题产生异议而引发的争议纠纷。

2．土地侵权纠纷。此类纠纷是指因对他人已依法取得的土地所有权或使用权构成侵害，侵权人与被侵权人之间引发的争议纠纷。

（二）土地权属纠纷的解决

1．土地确权纠纷，由当事人协商解决；协商不成的，提请人民政府作出确权处理。未经人民政府作出确权处理，当事人直接提起诉讼的，人民法院不予受理。单位之间

---

① 答案：A、B、C、D。

的争议，由<u>县级以上人民政府</u>处理；个人之间、个人与单位之间的争议，由<u>乡级人民政府</u>或者县级以上人民政府处理。当事人对有关人民政府的处理决定不服的，可以自接到处理决定通知之日起 30 日内<u>以作出处理决定的人民政府为被告提起行政诉讼</u>。

注意：

此种诉讼为行政诉讼，行政处理决定为诉讼的前置程序，即先处理再提起诉讼。当事人对行政处理决定不服的，可以作出处理决定的人民政府为被告提起行政诉讼。

2. 土地侵权纠纷，由当事人协商解决。协商不成的，可由土地行政主管部门进行行政调处。当事人对行政调处不服的，可以以对方当事人为被告提起民事诉讼；当事人也<u>可不经行政调处直接提起民事诉讼</u>。

注意：

土地侵权纠纷中，行政主管部门的处理不是必经程序；经过处理又起诉，是民事诉讼。

根据《土地管理法》的规定，关于土地权益的纠纷，判断下列说法的正误？①

（1）村民甲与村卫生所发生土地使用权争议，协商不成可找乡政府处理，对乡政府处理决定不服还可向法院起诉。

（2）村民乙与邻居发生宅基地纠纷，应先向县土地主管部门申请行政调处，对调处决定不服的，可以土地主管部门为被告向法院提起行政诉讼。

（3）村民丁因擅自占地建房被县土地主管部门处罚，如对行政处罚决定不服可以向法院提起行政诉讼。

第二节　　城市房地产管理法

一、国有土地使用权的取得

（一）国有土地使用权的有偿取得

1. 国有土地有偿使用的方式：

（1）国有土地使用权出让；是指国家将国有土地使用权在一定年限内出让给土地使用者，由土地使用者向国家支付土地使用权出让金的行为；

（2）国有土地租赁；

（3）国有土地使用权作价出资或者入股。

2. 出让取得的方式。土地使用权出让，可以采取拍卖、招标或者双方协议的方式。<u>商业、旅游、娱乐和豪华住宅用地</u>，有条件的，必须采取拍卖、招标方式；没有条件，不能采取拍卖、招标方式的，可以采取<u>双方协议</u>的方式。

注意：

采取双方协议方式出让土地使用权的出让金不得低于按国家规定所确定的最低价。

---

① （2）说法错误，（1）（3）说法正确。

曹新川讲商法·经济法　2018年国家统一法律职业资格考试专题讲座系列

3. 出让土地使用权的年限。国有土地使用权出让的最高年限，按土地用途分为以下几种情况：

（1）居住用地70年；

（2）商业、旅游、娱乐用地40年；

（3）其他用地50年。

4. 有偿取得的国有土地使用权的处分。对于以有偿方式取得的国有土地使用权，使用权人的处分是较自由的，只要不违反法律的禁止性规定。

（二）国有土地使用权的划拨取得

土地使用权划拨是指县级以上政府依法批准，在土地使用者缴纳补偿、安置等费用后将该幅土地交付其使用，或者将土地使用权无偿交付给土地使用者使用的行为。

1. 范围。下列建设用地，经县级以上政府依法批准，可以以划拨方式取得：

（1）国家机关用地和军事用地；

（2）城市基础设施用地和公益事业用地；

（3）国家重点扶持的能源、交通、水利等基础设施用地；

（4）法律、行政法规规定的其他用地。

2. 除法律、行政法规另有规定外，没有使用期限的限制。

3. 划拨土地使用权不得直接转让、出租和抵押。

（1）以划拨方式取得土地使用权的，转让房地产时，应当按照国务院规定，报有批准权的政府审批。有批准权的政府准予转让的，有两种处理方式：

①原则上，应当由受让方办理土地使用权出让手续，并依照国家有关规定缴纳土地使用权出让金；

②有批准权的政府按照国务院规定决定可以不办理土地使用权出让手续的，转让方应当按照国务院规定将转让房地产所获收益中的土地收益上缴国家或者作其他处理。

（2）以营利为目的，房屋所有权人将以划拨方式取得使用权的国有土地上建成的房屋出租的，应当将租金中所含土地收益上缴国家。

（3）以划拨方式取得的土地使用权不得单独设定抵押，但如果该土地上有房产，以房产设定抵押时需同时抵押房屋所占用的划拨土地使用权的，由于抵押人对土地无完全收益权，故依法拍卖该房地产后，应当从拍卖所得的价款中缴纳相当于应缴的土地使用权出让金的款额后，抵押权人方可优先受偿。

题

关于以划拨方式取得土地使用权的房地产转让时适用的《房地产管理法》特殊规定，下列哪些表述是正确的？①

A. 应当按照国务院规定，报有批准权的政府审批

B. 有批准权的政府准予转让的，可以决定由受让方办理土地使用权出让手续，也可以允许其不办理土地使用权出让手续

C. 办理土地使用权出让手续的，受让方应缴纳土地使用权出让金

D. 不办理土地使用权出让手续的，受让方应缴纳土地使用权转让费，转让方应当按规定将转让房地产所获收益中的土地收益上缴国家

---

① 答案：A、B、C。

1. 出让有期限，划拨无期限。

2. 出让有偿，划拨一般是无偿的。但划拨土地并非绝对无偿，也可以低偿，只缴纳补偿费、安置费，不缴纳出让金。

3. 划拨是一种行政行为（需要经县级以上人民政府依法批准）。

二、房地产的开发与商品房预售

（一）房地产开发

1. 按用途使用。

（1）建设单位使用国有土地的，应当按照土地使用权出让等有偿使用合同的约定使用土地；

（2）确需改变该幅土地建设用途的：

①应当经有关政府土地行政主管部门同意；

②报原批准用地的政府批准；

③在城市规划区内改变土地用途的，在报批前，应当先经有关城市规划行政主管部门同意。

2. 按期限开发。以出让方式取得土地使用权进行房地产开发的，必须按照土地使用权出让合同约定的土地用途、动工开发期限开发土地。

（1）超过出让合同约定的动工开发日期满 1 年未动工开发的，可以征收相当于土地使用权出让金 20% 以下的土地闲置费；

（2）满 2 年未动工开发的，可以无偿收回土地使用权；

（3）但是，因不可抗力或者政府、政府有关部门的行为或者动工开发必需的前期工作造成动工开发迟延的除外。

3. 国有土地使用权的收回。有下列情形之一的，由有关政府土地行政主管部门报经原批准用地的政府或者有批准权的政府批准，可以收回国有土地使用权：

（1）为公共利益需要使用土地的；

（2）为实施城市规划进行旧城区改建，需要调整使用土地的；

（3）土地出让等有偿使用合同约定的使用期限届满，土地使用者未申请续期或者申请续期未获批准的；

（4）因单位撤销、迁移等原因，停止使用原划拨的国有土地的；

（5）公路、铁路、机场、矿场等经核准报废的。

注意：

依照前两项的规定收回国有土地使用权的，对土地使用权人应当给予适当补偿。

4. 国有土地使用权的延期。

（1）土地使用权出让合同届满前，土地使用者至迟需提前 1 年申请续期；

（2）使用者一经申请，出让者原则上应予以批准；

（3）唯有在为社会公共利益需要收回土地之情形下，才能不予批准；

（4）一旦批准，双方应另签国有土地使用权出让合同，此系一新合同；

（5）如果届期国家收回土地或土地使用者未申请续期的，由国家无偿收回。

（二）商品房预售

商品房预售，应当符合下列条件：

1. 已交付全部土地使用权出让金，取得土地使用权证书。

2. 持有建设工程规划许可证。

3. 按提供预售的商品房计算，投入开发建设的资金达到工程建设总投资的25%以上，并已经确定施工进度和竣工交付日期。

4. 向县级以上人民政府房产管理部门办理预售登记，取得商品房预售许可证明。

商品房预售人应当按照国家有关规定将预售合同报县级以上人民政府房产管理部门和土地管理部门登记备案。商品房预售所得款项，必须用于有关的工程建设。

【口诀】"三证一投资"。

注意：

　　登记备案是商品房预售人的法定义务，但不是合同的生效条件，该合同应受法律保护。

三、房地产交易（转让、抵押、租赁）

房地产交易包括房地产的转让、抵押和租赁。《城市房地产管理法》确立了我国不动产物权法的一个重要原则：房地一体主义。所谓房地一体主义，即房地产转让、抵押实现时，房屋所有权的权利转移效力及于该房屋占用范围的土地使用权。

（一）房地产交易的基本规则

1. 房地一体主义：房地产转让、抵押时。房屋所有权和该房屋占用范围内的土地使用权同时转让、抵押。

2. 成交价申报制度：房地产权利人转让房地产，应当向县级以上地方人民政府规定的部门如实申报成交价，不得瞒报或者作不实申报。

（二）房地产转让

1. 不得转让的房地产的范围。

（1）以出让方式取得土地使用权，不符合转让房地产条件的；

（2）司法机关和行政机关依法裁定、决定查封或者以其他形式限制房地产权利的；

（3）依法收回土地使用权的；

（4）共有房地产，未经其他共有人书面同意的；

（5）权属有争议的；

（6）未依法登记领取权属证书的；

（7）法律、法规规定禁止转让的。

2. 以出让方式取得土地使用权的，转让房地产时，应当符合下列条件：

（1）按照出让合同约定已经支付全部土地使用权出让金，并取得土地使用权证书；

（2）按照出让合同约定进行投资开发，属于房屋建设工程的，完成开发投资总额的25%以上，属于成片开发土地的，形成工业用地或者其他建设用地条件；

（3）转让房地产时房屋已经建成的，还应当持有房屋所有权证书。

【口诀】"两证一金一投资"。

3. 以划拨方式取得土地使用权的，转让房地产时，需要符合下列两个条件之一：

（1）以划拨方式取得土地使用权的，转让房地产时，应当按照国务院规定，报有批准权的人民政府审批。有批准权的人民政府准予转让的，应当由受让方办理土地使用权出让手续，并依照国家有关规定缴纳土地使用权出让金；

（2）以划拨方式取得土地使用权的，转让房地产报批时，有批准权的人民政府按照国务院规定决定可以不办理土地使用权出让手续的，转让方应当按照国务院规定将转让房地产所获收益中的土地收益上缴国家或者作其他处理。

> **注意：**
>
> 房地产的转让之所以要区分出让土地使用权的转让和划拨土地使用权的转让原因在于：出让的土地使用权是有偿取得；划拨是无偿取得；有偿取得，按照有偿方式转让比较好理解；复杂的是划拨方式，因为是无偿取得土地使用权的，欲将其转让，就必须要考虑土地出让金的问题：如果是受让方来办理手续此时需要补交出让金；如果是出让方来办理，此时将其获得的土地收益上缴国家。

4. 房地产转让的后果。

（1）房地产转让时，土地使用权出让合同载明的权利、义务随之转移。

（2）以出让取得土地使用权的，转让房地产后，其土地使用权的年限为土地使用权出让合同约定的使用年限减去原土地使用者已经使用年限后的剩余年限。

（3）以出让方式取得土地使用权的，转让房地产后，受让人改变原土地使用权出让合同约定的土地用途的，必须取得原出让方和市、县人民政府城市规划行政主管部门的同意，签订土地使用权出让合同变更协议或者重新签订土地使用权出让合同，相应调整土地使用权出让金。

> **注意：**
>
> 改变土地用途一般都要先经过规划部门同意。

（三）房地产抵押

房地产抵押是抵押人以其合法的房地产，以不转移占有的方式向抵押权人提供债务履行担保的行为。债务人不履行债务时，抵押权人有权依法以抵押的房地产拍卖所得的价款优先受偿。

1. 可抵押的房地产。根据《城市房地产管理法》规定，以下两类房地产可以设定抵押权：

（1）依法取得的房屋所有权连同该房屋所占用范围内的国有土地使用权。该类抵押权客体比较宽泛，其所指的土地使用权，包括出让、划拨等各种国有土地使用权。

（2）以出让方式取得的国有土地使用权。该类土地使用权在无地上房屋或地上房屋未建成时可单独成为抵押权客体，而划拨土地使用权则只能同地上房屋一同成为抵押权客体。

（3）划拨土地上房地产的抵押。以划拨方式取得的土地使用权不得单纯设定抵押，但如果该土地上有房产，以房产设定抵押时需同时抵押房屋所占用的划拨土地使用权。这时由于抵押人对土地无处分权，需按划拨土地使用权转让的规定，报有审批权的人民政府审批，同时由于抵押人对土地无完全收益权，故设定房地产抵押权的土地使用权是以划拨方式取得的情况下，依法拍卖该房地产后，应当从拍卖所得的价款中缴纳相当于应缴的土地使用权出让金的款额后，抵押权人方可优先受偿。

2. 新增地上物处置。房地产抵押合同签订后，土地上新增的房屋不属于抵押财产。

需要拍卖该抵押的房地产时，因新增房屋与抵押财产无法实际分割，可以依法将土地上新增的房屋与抵押财产一同拍卖，但对拍卖新增房屋所得，抵押权人无权优先受偿。

（四）划拨土地上房屋的租赁

以营利为目的，房屋所有权人将以划拨方式取得使用权的国有土地上建成的房屋出租的，应当将租金中所含土地收益上缴国家。

（五）中介服务机构

地产中介服务机构包括房地产咨询机构、房地产价格评估机构、房地产经纪机构等。

下列哪些机构属于房地产中介服务机构？[①]

A. 房地产咨询机构

B. 房地产经纪机构

C. 房地产职业培训机构

D. 房地产价格评估机构

第三节 城乡规划法

一、城乡规划的种类

城乡规划包括城镇体系规划、城市规划、镇规划、乡规划和村庄规划。城市规划、镇规划分为总体规划和详细规划。详细规划分为控制性详细规划和修建性详细规划。

二、城乡规划的制定

（一）全国城镇体系规划

国务院城乡规划主管部门会同国务院有关部门组织编制全国城镇体系规划，用于指导省域城镇体系规划、城市总体规划的编制。

注意：

全国城镇体系规划由国务院城乡规划主管部门报国务院审批。

（二）省域城镇体系规划

省、自治区政府组织编制省域城镇体系规划，报国务院审批。

（三）城市总体规划

城市政府组织编制城市总体规划。

直辖市的城市总体规划由直辖市政府报国务院审批。省、自治区政府所在地的城市以及国务院确定的城市的总体规划，由省、自治区政府审查同意后，报国务院审批。其他城市的总体规划，由城市政府报省、自治区政府审批。

（四）镇总体规划

县政府组织编制县政府所在地镇的总体规划，报上一级政府审批。其他镇的总体规划由镇政府组织编制，报上一级政府审批。

---

① 答案：A、B、D。

注意：

1. 根据《城乡规划法》第16条的规定，省、自治区人民政府组织编制的省域城镇体系规划，城市、县人民政府组织编制的总体规划，在报上一级人民政府审批前，应当先经本级人民代表大会常务委员会审议，常务委员会组成人员的审议意见交由本级人民政府研究处理。

镇人民政府组织编制的镇总体规划，在报上一级人民政府审批前，应当先经镇人民代表大会审议，代表的审议意见交由本级人民政府研究处理。

规划的组织编制机关报送审批省域城镇体系规划、城市总体规划或者镇总体规划，应当将本级人民代表大会常务委员会组成人员或者镇人民代表大会代表的审议意见和根据审议意见修改规划的情况一并报送。

2. 根据《城乡规划法》第17条的规定，规划区范围、规划区内建设用地规模、基础设施和公共服务设施用地、水源地和水系、基本农田和绿化用地、环境保护、自然与历史文化遗产保护以及防灾减灾等内容，应当作为城市总体规划、镇总体规划的强制性内容。

3. 根据《城乡规划法》第30条的规定，在城市总体规划、镇总体规划确定的建设用地范围以外，不得设立各类开发区和城市新区。

4. 根据《城乡规划法》第36条的规定，按照国家规定需要有关部门批准或者核准的建设项目，以划拨方式提供国有土地使用权的，建设单位在报送有关部门批准或者核准前，应当向城乡规划主管部门申请核发选址意见书。

前款规定以外的建设项目不需要申请选址意见书。

（五）规划期限

城市总体规划、镇总体规划的规划期限一般为20年。

（六）控制性详细规划

城市人民政府城乡规划主管部门根据城市总体规划的要求，组织编制城市的控制性详细规划，经本级人民政府批准后，报本级人大常委会和上一级人民政府备案。镇人民政府根据镇总体规划的要求，组织编制镇的控制性详细规划，报上一级人民政府审批。

（七）修建性详细规划

城市、县人民政府城乡规划主管部门和镇人民政府可以组织编制重要地块的修建性详细规划。修建性详细规划应当符合控制性详细规划。

三、城乡规划的实施

（一）优先安排

1. 城市。城市的建设和发展，应当优先安排基础设施以及公共服务设施的建设，妥善处理新区开发与旧区改建的关系，统筹兼顾进城务工人员生活和周边农村经济社会发展、村民生产与生活的需要。

2. 镇。镇的建设和发展，应当结合农村经济社会发展和产业结构调整，优先安排供水、排水、供电、供气、道路、通信、广播电视等基础设施和学校、卫生院、文化站、幼儿园、福利院等公共服务设施的建设，为周边农村提供服务。

某镇政府正在编制本镇规划。根据《城乡规划法》，下列哪些建设项目应当在规划时予以优先安排？①

A. 镇政府办公楼、招待所
B. 供水、供电、道路、通信设施
C. 商业街、工业园、公园
D. 学校、幼儿园、卫生院、文化站

3. 乡、村。乡、村庄的建设和发展，应当因地制宜、节约用地，发挥村民自治组织的作用，引导村民合理进行建设，改善农村生产、生活条件。

（二）城镇规划的实施

1. 划拨土地。城市、镇规划区内以划拨方式提供国有土地使用权的建设项目，经有关部门批准、核准、备案后，建设单位应当向城市、县政府城乡规划主管部门提出建设用地规划许可申请，由城市、县政府城乡规划主管部门依据控制性详细规划核定建设用地的位置、面积、允许建设的范围，核发建设用地规划许可证。

注意：

建设单位在取得建设用地规划许可证后，方可向县级以上地方政府土地主管部门申请用地，经县级以上政府审批后，由土地主管部门划拨土地。

2. 出让土地。在城市、镇规划区内以出让方式提供国有土地使用权的，在国有土地使用权出让前，城市、县政府城乡规划主管部门应当依据控制性详细规划，提出出让地块的位置、使用性质、开发强度等规划条件，作为国有土地使用权出让合同的组成部分。未确定规划条件的地块，不得出让国有土地使用权。

以出让方式取得国有土地使用权的建设项目，在签订国有土地使用权出让合同后，建设单位应当持建设项目的批准、核准、备案文件和国有土地使用权出让合同，向城市、县政府城乡规划主管部门领取建设用地规划许可证。

3. 临时建设。在城市、镇规划区内进行临时建设的，应当经城市、县政府城乡规划主管部门批准。临时建设影响近期建设规划或者控制性详细规划的实施以及交通、市容、安全等的，不得批准。临时建设应当在批准的使用期限内自行拆除。

建设单位或者个人有下列行为之一的，由所在地城市、县人民政府城乡规划主管部门责令限期拆除，可以并处临时建设工程造价一倍以下的罚款：（1）未经批准进行临时建设的；（2）未按照批准内容进行临时建设的；（3）临时建筑物、构筑物超过批准期限不拆除的。

 某建设项目在市中心依法使用临时用地，并修建了临时建筑物，超过批准期限后仍未拆除。对此，下列哪一机关有权责令限期拆除？②

A. 市环保行政主管部门
B. 市土地行政主管部门
C. 市城乡规划行政主管部门
D. 市建设行政主管部门

---

① 答案：B、D。
② 答案：C。

专题三十 土地法和房地产法

（三）乡村规划的实施

1. 申领许可证。在乡、村庄规划区内进行乡镇企业、乡村公共设施和公益事业建设的，建设单位或者个人应当向乡、镇政府提出申请，由乡、镇政府报城市、县政府城乡规划主管部门核发乡村建设规划许可证。建设单位或者个人在取得乡村建设规划许可证后，方可办理用地审批手续。

2. 占用农用地。在乡、村庄规划区内进行乡镇企业、乡村公共设施和公益事业建设以及农村村民住宅建设，不得占用农用地；确需占用农用地的，应当依照《土地管理法》有关规定办理农用地转用审批手续后，由城市、县政府城乡规划主管部门核发乡村建设规划许可证。

（四）变更实施

建设单位应当按照规划条件进行建设；确需变更的，必须向城市、县政府城乡规划主管部门提出申请。

村民王某创办的乡镇企业打算在村庄规划区内建设一间农产品加工厂，就有关审批手续向镇政府咨询。关于镇政府的答复，下列哪些选项符合《城乡规划法》规定？①

A. "你应当向镇政府提出申请，由镇政府报县政府城乡规划局核发乡村建设规划许可证。"

B. "你的加工厂使用的土地不能是农地。如确实需要占用农地，必须依照土地管理法的有关规定办理农地转用审批手续。"

C. "你必须先办理用地审批手续，然后才能办理乡村建设规划许可证。"

D. "你必须在规划批准后，严格按照规划条件进行建设，绝对不允许作任何变更。"

第四节　不动产登记暂行条例

一、登记对象、登记种类和登记机构

（一）登记对象

不动产登记所称的不动产，是指土地、海域以及房屋、林木等定着物。可以进入不动产登记的权利包括：

（1）集体土地所有权；

（2）房屋等建筑物、构筑物所有权；

（3）森林、林木所有权；

（4）耕地、林地、草地等土地承包经营权；

（5）建设用地使用权；

（6）宅基地使用权；

（7）海域使用权；

（8）地役权；

---

① 答案：A、B。

曹新川讲商法·经济法

2018年国家统一法律职业资格考试专题讲座系列

（9）抵押权；

（10）法律规定需要登记的其他不动产权利。

注意：

国有土地所有权不在上述登记范围之列。

（二）登记种类

不动产登记包括首次登记、变更登记、转移登记、注销登记、更正登记、异议登记、预告登记、查封登记等。

注意：

不动产权利人已经依法享有的不动产权利，不因登记机构和登记程序的改变而受到影响。

（三）登记机构

国务院国土资源主管部门负责指导、监督全国不动产登记工作。县级以上地方人民政府确定的一个部门为本行政区域的不动产登记机构，负责不动产登记工作，并接受上级人民政府不动产登记主管部门的指导、监督。不动产登记由不动产所在地的县级人民政府不动产登记机构办理；直辖市、设区的市人民政府可以确定本级不动产登记机构统一办理所属各区域的不动产登记。跨县级行政区域的不动产的登记，由所跨县级行政区域的不动产登记机构分别办理，不能分别办理的，由所跨县级行政区域的不动产登记机构协商办理；协商不成的，由共同的上一级人民政府不动产登记主管部门指定办理。

二、不动产登记簿

不动产登记簿是物权归属和内容的根据。不动产登记簿应当记载的主要事项有：不动产的坐落、界址、空间界限、面积、用途等自然状况；不动产权利的主体、类型、内容、来源、期限、权利变化等权属状况；涉及不动产权利限制、提示的事项；其他相关事项。

不动产登记簿应当采用电子介质，暂不具备条件的，可以采用纸质介质。

注意：

不动产登记簿由不动产登记机构永久保存。

三、登记程序

（一）申请登记

由买卖、设定抵押权等申请不动产登记的，应当由当事人双方共同申请。属于下列情形之一的，可以由当事人单方申请：

（1）尚未登记的不动产首次申请登记的；

（2）继承、接受遗赠取得不动产权利的；

（3）人民法院、仲裁委员会生效的法律文书或者人民政府生效的决定等设立、变更、转让、消灭不动产权利的；

（4）权利人姓名、名称或者自然状况发生变化，申请变更登记的；

（5）不动产灭失或者权利人放弃不动产权利，申请注销登记的；

（6）申请更正登记或者异议登记的；

（7）法律、行政法规规定可以由当事人单方申请的其他情形。申请登记时应当按规定提交相关材料。

（二）受理登记

不动产登记机构受理申请后，应当按规定要求进行查验，并可以在规定情形下进行实地查看。对可能存在权属争议，或者可能涉及他人利害关系的登记申请，不动产登记机构可以向申请人、利害关系人或者有关单位进行调查。

不动产登记机构应当自受理登记申请之日起 **30 个工作日**内办结不动产登记手续，法律另有规定的除外。登记事项自记载于不动产登记簿时完成登记。

登记申请有下列情形之一的，不动产登记机构应当不予登记，并书面告知申请人：违反法律、行政法规规定的；存在尚未解决的权属争议的；申请登记的不动产权利超过规定期限的；法律、行政法规规定不予登记的其他情形。

四、登记信息共享与保护

（一）信息平台

统一不动产登记信息平台是不动产统一登记工作的重要内容，为加强登记信息共享与保护，国务院国土资源主管部门牵头建立统一的不动产登记信息管理基础平台，各级登记机构的信息要纳入统一基础平台，实现信息实时共享。

（二）信息共享

首先，不动产登记有关信息与住房城乡建设、农业、林业、海洋等部门审批信息、交易信息等应当实时互通共享。不动产登记机构能够通过实时互通共享取得的信息，不得要求不动产登记申请人重复提交。其次，国土资源、公安、民政、财政、税务、工商、金融、审计、统计等部门应当加强不动产登记有关信息互通共享，同时有义务对不动产登记信息保密。

（三）信息查询

首先，权利人、利害关系人有权依法查询、复制不动产登记资料，不动产登记机构应当提供。其次，有关国家机关可以依照法律、行政法规的规定查询、复制与调查处理事项有关的不动产登记资料。

查询不动产登记资料的单位、个人应当向不动产登记机构说明查询目的，不得将查询获得的不动产登记资料用于其他目的；未经权利人同意，不得泄露查询获得的不动产登记资料。

申请不动产登记时，下列哪一情形应由当事人双方共同申请？[①]

A. 赵某放弃不动产权利，申请注销登记

B. 钱某接受不动产遗赠，申请转移登记

C. 孙某将房屋抵押给银行以获得贷款，申请抵押登记

D. 李某认为登记于周某名下的房屋为自己所有，申请更正登记

---

① 答案：C。

专题三十一
环境保护法

环境保护法是调整因保护和改善环境，合理利用自然资源，防治污染和其他公害而产生的社会关系的法律规范的总称。环境保护法的基本原则包括：协调发展的原则、预防原则、污染者负担原则和公众参与原则。环境保护法的基本制度有：环境影响评价制度、三同时制度、环境标准制度、排污收费制度和限期治理制度等。

一、基本制度

（一）环境影响评价制度

1. 含义。环境影响评价是指对规划和建设项目实施后可能造成的环境影响进行分析、预测和评估，提出预防或者减轻不良环境影响的对策和措施，进行跟踪监测的方法与制度。

2. 适用范围。在我国领域内和我国管辖的其他海域内对环境有影响的建设项目、流域开发、开发区建设、城市新区建设和旧区改建等区域性开发，编制建设规划等，都要进行环境影响评价。

> **注意：**
> 未依法进行环境影响评价的开发利用规划，不得组织实施；建设项目的环境影响评价文件未依法经审批部门审查或者审查后未予批准的，建设单位不得开工建设。

3. 建设项目的环境影响评价。国家根据建设项目对环境的影响程度，对建设项目的环境影响评价实行分类管理。

建设单位应当按照下列规定组织编制环境影响报告书、环境影响报告表或者填报环境影响登记表（以下统称环境影响评价文件）：

（1）可能造成重大环境影响的，应当编制环境影响报告书，对产生的环境影响进行全面评价；

（2）可能造成轻度环境影响的，应当编制环境影响报告表，对产生的环境影响进行分析或者专项评价；

（3）对环境影响很小、不需要进行环境影响评价的，应当填报环境影响登记表。

建设项目的环境影响评价分类管理名录，由国务院环境保护行政主管部门制定并公布。

> **注意：**
> 建设项目的环境影响评价文件经批准后，建设项目的性质、规模、地点、采用的生产工艺或者防治污染、防止生态破坏的措施发生重大变动的，建设单位应当重新报批建设项目的环境影响评价文件。

建设单位未依法报批建设项目环境影响报告书、报告表，或者未依照《环境影响评价法》第 24 条的规定重新报批或者报请重新审核环境影响报告书、报告表，擅自开工建设的，由县级以上环境保护行政主管部门责令停止建设，根据违法情节和危害后果，处建设项目总投资额百分之一以上百分之五以下的罚款，并可以责令恢复原状；对建设单位直接负责的主管人员和其他直接责任人员，依法给予行政处分。（新增）

国家对环境影响登记表实行备案管理。（新增）建设单位未依法备案建设项目环境影响登记表的，由县级以上环境保护行政主管部门责令备案，处五万元以下的罚款。（新增）

建设项目的环境影响报告书、报告表，由建设单位按照国务院的规定报有审批权的环境保护行政主管部门审批。审批部门应当自收到环境影响报告书之日起六十日内，收到环境影响报告表之日起三十日内，分别作出审批决定并书面通知建设单位。（新增）

审核、审批建设项目环境影响报告书、报告表以及备案环境影响登记表，不得收取任何费用。（新增）

对超过国家重点污染物排放总量控制指标或者未完成国家确定的环境质量目标的地区，省级以上人民政府环境保护主管部门应当暂停审批其新增重点污染物排放总量的建设项目环境影响评价文件。

4. 建设项目的环境影响评价，应当避免与规划的环境影响评价相重复。

注意：

作为一项整体建设项目的规划，按照建设项目进行环境影响评价，不进行规划的环境影响评价。

已经进行了环境影响评价的规划所包含的具体建设项目，其环境影响评价内容建设单位可以简化。

5. 评价机构。为建设项目环境影响评价提供技术服务的机构，不得与负责审批建设项目环境影响评价文件的环境保护行政主管部门或者其他有关审批部门存在任何利益关系。

注意：

环境影响评价文件中的环境影响报告书或者环境影响报告表，应当由具有相应环境影响评价资质的机构编制。

任何单位和个人不得为建设单位指定对其建设项目进行环境影响评价的机构。

环境影响评价机构、环境监测机构以及从事环境监测设备和防治污染设施维护、运营的机构，在有关环境服务活动中弄虚作假，对造成的环境污染和生态破坏负有责任的，除依照有关法律法规规定予以处罚外，还应当与造成环境污染和生态破坏的其他责任者承担连带责任。

我国对建设项目的环境影响评价实行分类管理制度。根据《环境影响评价法》的规定，下列哪些说法是正确的?①

A. 可能造成重大环境影响的建设项目，应当编制环境影响报告书，对产生的环境影响进行全面评价

B. 可能造成轻度环境影响的建设项目，应当编制环境影响报告表，对产生的环境影响进行分析或者专项评价

C. 环境影响很小的建设项目，不需要进行环境影响评价，无需填报环境影响评价文件

D. 环境影响报告书和环境影响报告表，应当由具有相应资质的机构编制

（二）"三同时"制度

1. 含义。"三同时"制度是指建设项目中的防治污染的设施，应当与主体工程同时设计、同时施工、同时投产使用的环境保护法律制度。

2. 适用范围。在我国领域和我国管辖的其他海域对环境有影响的建设项目需要配置环保设施的，必须适用该制度。

3. 实施。

（1）防治污染的设施应当符合经批准的环境影响评价文件的要求。

（2）防治污染的设施不得擅自拆除或者闲置，确有必要拆除或闲置的，必须征得所在地的环境保护行政主管部门的同意。

（三）排污收费制度

1. 含义。排污收费制度是指国家环保管理机关依法对排污者征收一定费用的法律制度。

2. 对象。超过国家或地方的排放标准排放污染源的企事业单位和个体工商户。

3. 责任。

（1）排放污染物的企业事业单位和其他生产经营者，应当按照国家有关规定缴纳排污费。排污费应当全部专项用于环境污染防治，任何单位和个人不得截留、挤占或者挪作他用。

注意：

依照法律规定征收环境保护税的，不再征收排污费。

（2）国家实行重点污染物排放总量控制制度。重点污染物排放总量控制指标由国务院下达，省、自治区、直辖市人民政府分解落实。

对超过国家重点污染物排放总量控制指标或者未完成国家确定的环境质量目标的地区，省级以上人民政府环境保护主管部门应当暂停审批其新增重点污染物排放总量的建设项目环境影响评价文件。

（3）国家依照法律规定实行排污许可管理制度。实行排污许可管理的企业事业单位和其他生产经营者应当按照排污许可证的要求排放污染物；未取得排污许可证的，不得排放污染物。

① 答案：A、B、D。

·   对排污者而言，其缴纳了排污费，并不免除其负担治理污染、赔偿污染损失和法律规定的其他义务和责任。

（四）环境标准制度

1. 分类。

（1）依据职权范围。可分为国家环境标准和地方环境标准。国家环境标准在全国范围内执行；地方环境标准只在颁布该标准的省、自治区、直辖市辖区范围内执行。

（2）依据内容。可分为环境质量标准和污染物排放标准。环境质量标准是对一定区域内的限定时间内各种污染物的最高允许浓度所作的综合规定；污染物排放标准是为了实现环境质量目标，对排入环境的有害物质或有害因素所做的控制规定。

2. 制定与执行。

（1）环境质量标准。国务院环境保护行政主管部门制定国家环境质量标准。省、自治区、直辖市人民政府对国家环境质量标准中未作规定的项目，可以制定地方环境质量标准，对国家环境质量标准中已作规定的项目，可以制定严于国家环境质量标准的地方环境质量标准。地方环境质量标准应当报国务院环境保护主管部门备案。

（2）污染物排放标准。国务院环境保护主管部门根据国家环境质量标准和国家经济、技术条件，制定国家污染物排放标准。

省、自治区、直辖市人民政府对国家污染物排放标准中未作规定的项目，可以制定地方污染物排放标准；对国家污染物排放标准中已作规定的项目，可以制定严于国家污染物排放标准的地方污染物排放标准。

注意:

地方污染物排放标准应当报国务院环境保护主管部门备案。

关于环境质量标准和污染物排放标准，下列哪些说法是正确的？①

A. 国家环境质量标准是制定国家污染物排放标准的根据之一

B. 国家污染物排放标准由国务院环境保护行政主管部门制定

C. 国家环境质量标准中未作规定的项目，省级政府可制定地方环境质量标准，并报国务院环境保护行政主管部门备案

D. 地方污染物排放标准由省级环境保护行政主管部门制定，报省级政府备案

（五）突发环境事件处理制度

1. 预警机制。县级以上人民政府应当建立环境污染公共监测预警机制，组织制定预警方案；环境受到污染，可能影响公众健康和环境安全时，依法及时公布预警信息，启动应急措施。

企业事业单位应当按照国家有关规定制定突发环境事件应急预案，报环境保护主管部门和有关部门备案。在发生或者可能发生突发环境事件时，企业事业单位应当立即采取措施处理，及时通报可能受到危害的单位和居民，并向环境保护主管部门和有

---

①   答案：A、B、C。

关部门报告。

2. 损失评估。突发环境事件应急处置工作结束后，有关人民政府应当立即组织评估事件造成的环境影响和损失，并及时将评估结果向社会公布。

（六）环境信息公开

1. 国务院环境保护主管部门统一发布国家环境质量、重点污染源监测信息及其他重大环境信息。省级以上人民政府环境保护主管部门定期发布环境状况公报。

县级以上人民政府环境保护主管部门和其他负有环境保护监督管理职责的部门，应当依法公开环境质量、环境监测、突发环境事件以及环境行政许可、行政处罚、排污费的征收和使用情况等信息。

县级以上地方人民政府环境保护主管部门和其他负有环境保护监督管理职责的部门，应当将企业事业单位和其他生产经营者的环境违法信息记入社会诚信档案，及时向社会公布违法者名单。

2. 重点排污单位应当如实向社会公开其主要污染物的名称、排放方式、排放浓度和总量、超标排放情况，以及防治污染设施的建设和运行情况，接受社会监督。

（七）环境公益诉讼

对污染环境、破坏生态，损害社会公共利益的行为，符合下列条件的社会组织提起诉讼的，人民法院应当依法受理：

1. 依法在设区的市级以上人民政府民政部门登记；

2. 专门从事环境保护公益活动连续 5 年以上且无违法记录。提起诉讼的社会组织不得通过诉讼牟取经济利益。

注意：

（1）个人不能提起环境公益诉讼。（2）根据最高人民法院《关于审理环境民事公益诉讼案件适用法律若干问题的解释》，环境公益诉讼不受地域限制，也就是说，环保社会组织可以跨地区提起环境公益诉讼。

某省天洋市滨海区一石油企业位于海边的油库爆炸，泄漏的石油严重污染了近海生态环境。下列哪一主体有权提起公益诉讼（其中所列组织均专门从事环境保护公益活动连续 5 年以上且无违法记录)?[①]

A. 受损海产养殖户推选的代表赵某

B. 依法在滨海区民政局登记的"海蓝志愿者"组织

C. 依法在邻省的省民政厅登记的环境保护基金会

D. 在国外设立但未在我国民政部门登记的"海洋之友"团体

（八）生态保护制度

国家在重点生态功能区、生态环境敏感区和脆弱区等区域划定生态保护红线，实行严格保护。

国家建立、健全生态保护补偿制度。国家加大对生态保护地区的财政转移支付力度。有关地方人民政府应当落实生态保护补偿资金，确保其用于生态保护补偿。

① 答案：C。

国家指导受益地区和生态保护地区人民政府通过协商或者按照市场规则进行生态保护补偿。

开发利用自然资源，应当合理开发，保护生物多样性，保障生态安全。依法制定有关生态保护和恢复治理方案并予以实施。

引进外来物种以及研究、开发和利用生物技术，应当采取措施，防止对生物多样性的破坏。

关于我国生态保护制度，下列哪一表述是正确的？①

A. 国家只在重点生态功能区划定生态保护红线

B. 国家应积极引进外来物种以丰富我国生物的多样性

C. 国家应加大对生态保护地区的财政转移支付力度

D. 国家应指令受益地区对生态保护地区给予生态保护补偿

二、环境民事责任

因污染环境和破坏生态造成损害的，应当依照《侵权责任法》的有关规定承担侵权责任。

（一）构成要件——无过错责任

1. 实施了致害行为。

2. 发生了损害结果。

3. 致害行为与损害结果之间有因果关系。

（二）责任处理

1. 因第三人的过错污染环境造成损害的，被侵权人可以向污染者请求赔偿，也可以向第三人请求赔偿。污染者赔偿后，有权向第三人追偿。

> **注意：**
> 合法行为（如排污达标或缴纳了排污费）只要导致了损害后果也要承担民事赔偿责任，但可以免于承担行政责任。

2. 环境行政责任。违法排放污染物的，予以罚款并责令改正。受到处罚后拒不改正的，依法作出处罚决定的行政机关可以自责令之日的次日起，按照原处罚数额按日连续处罚，上不封顶。

在环境纠纷中，环境行政调解处理既不是必经程序，也不是最终程序。环境行政调解处理决定没有强制执行力，对调解处理决定不服的，不能提起行政诉讼，而应提起以对方当事人为被告的环境民事诉讼。

【总结】当事人对环境行政处罚不服的，既可以提起复议也可以诉讼（或复议或起诉）。

三、环境民事诉讼

（一）特殊时效

环境污染损害赔偿提起诉讼的时效期间为3年，从当事人知道或者应当知道受到

---

① 答案：C。

损害时起计算。

【总结】商法、经济法中特殊的诉讼时效：保险法中，人寿保险金索赔的诉讼时效是5年。

（二）举证责任倒置

《民事诉讼法意见》第74条规定：因环境污染引起的损害赔偿诉讼，对原告提出的侵权事实，被告否认的，由被告负举证责任。可见，在环境民事诉讼中，原告只需提供被告侵权的基本事实，而被告则负主要的举证责任。

（三）因果关系推定

因污染环境发生纠纷，污染者应当就法律规定的不承担责任或者减轻责任的情形及其行为与损害之间不存在因果关系承担举证责任。换言之，被告不能证明自己与环境污染危害无关，就推定因果关系存在。

【法理辨析】之所以设定因果关系推定规则的原因在于：环境侵害是以环境为媒介，而不是直接作用于受害人，且很多污染后果是多种因素共同作用的结果。所以，难以要求原告证明侵权行为与损害结果之间的因果关系。

　　由于某化工厂长期排污，该厂周边方圆一公里内的庄稼蔬菜生长不良、有害物质含量超标，河塘鱼类无法繁衍，该地域内三个村庄几年来多人患有罕见的严重疾病。根据《环境保护法》的规定，下列哪一选项是错误的？①

　　A. 受害的三个村的村委会和受害村民有权对该厂提起民事诉讼

　　B. 因环境污染引起的民事诉讼的时效为3年

　　C. 环境污染民事责任的归责原则实行公平责任原则

　　D. 环境污染致害的因果关系证明，受害方不负举证责任

―――――――――――――――――――――――――――――――――――――

① 答案：C。

知识产权法

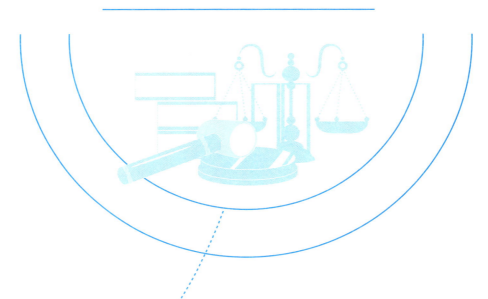

专题三十二
著作权与邻接权

2010 年 2 月 26 日十一届全国人大常委会第十三次会议修正的《著作权法》共 6 章，计 61 条；2002 年 8 月 2 日国务院公布的《著作权法实施条例》共 38 条；2002 年 10 月 12 日通过的最高人民法院《关于审理著作权民事纠纷案件适用法律若干问题的解释》共 32 条，以上三个文件是我国现行著作权法律制度的主要立法文件，主要规定了以下几个基本制度：（1）著作权客体；（2）著作权主体；（3）著作权内容；（4）著作权的限制、保护期限；（5）邻接权；（6）著作权、邻接权的保护。

其中，著作权客体包括作品和作品的种类、著作权法不予保护的对象；著作权主体包括一般意义上的著作权主体和特殊类型的著作权主体；著作权内容包括著作人身权和著作财产权；著作权的限制主要指合理使用和法定许可。邻接权是指作品传播者对在作品传播过程中产生的劳动成果依法享有的专有权利，通常指出版者、表演者、录音录像制作者、广播电视组织在传播作品的活动方面因劳动和投资而享有的权利。邻接权的特征：

（1）邻接权的主体是作品的传播者；

（2）邻接权的客体是作品传播过程中的劳动成果和投资成果；

（3）邻接权除表演者具有一定的人身权利外，其他主体的权利中一般没有人身权的内容；

（4）邻接权的保护期为 50 年。在本专题中，考试的命题重点多集中在著作权内容方面，如自然人作者享有的发表权、署名权等人身权利，作者等著作权人的财产权及其保护期限，特别是复制权、出租权、展览权、表演权和信息网络传播权都是考查的重点。此外，对作品的类型应给予适当注意，作品既是产生著作权的基础，又决定着著作权的内容和期限，有关作品的知识点往往和著作权的内容结合在一起进行命题。重点关注几类特殊类型的著作权的主体，比如演绎作品、合作作品、汇编作品、委托作品、原件所有权转移的作品著作权的归属。著作权的行使和限制（合理使用、法定许可）等也都是命题热点。从另一个角度看，著作权侵权行为的认定和法律责任是关于权利内容的反面解说，也是命题热点，考生应掌握哪些行为构成了著作权的侵权行为。除此之外，邻接权的内容和保护也是命题的重点，希望引起注意。

一、作品

（一）受《著作权法》保护的作品

作品是指文学、艺术、科学领域内具有独创性并能以某种有形形式复制的智力成果，包括：

1. 文字作品，指以文字符号表现的作品。例如，小说、诗词、散文、论文等。

2. 口述作品，指即兴的演说、授课、法庭辩论等以口头语言创作、未以任何物质载体固定的作品。

3. 音乐、戏剧、曲艺、舞蹈、杂技艺术作品。

4. 美术、建筑作品。美术作品，是指绘画、书法、雕塑等以线条、色彩或者其他方式构成的有审美意义的平面或者立体的造型艺术作品。建筑作品，是指以建筑物或者构筑物形式表现的有审美意义的作品。

注意：

字体具有一定的独创性，可以被认定为美术作品。

5. 摄影作品，指借助器械在感光材料或者其他介质上记录客观物体形象的艺术作品。这类作品只要在拍摄选定对象的构图、取景上表现出原创性，即可作为艺术作品受到《著作权法》保护。

6. 电影作品和以类似摄制电影的方法创作的作品。

7. 工程设计图、产品设计图、地图、示意图等图形作品和模型作品。

8. 计算机软件，指计算机程序及其文档。

9. 民间文学艺术作品。民间文学艺术作品受《著作权法》保护是《伯尔尼公约》的规定，这类作品的实例有民间故事、民歌、民乐或民间舞蹈等。

依照《计算机网络著作权解释》第 2 条的规定，受《著作权法》保护的作品，包括《著作权法》第 3 条规定的各类作品的数字化形式。作品的构成要件如下：

1. 属于文学、艺术和科学领域内的人的智力创造活动所产生的成果。这句话体现了两层含义：

（1）只有在文学、艺术和科学范畴内的表现形式才是作品；

（2）作品是思想、情感的表现形式，不是思想、情感本身。

注意：

《著作权法》保护作品的表达形式，不保护作品所包含的思想或主题。

2. 具有独创性。这里的独创性是指形式上的独创，不是指思想或观点上的创新。独创性条件取决于两个方面：

（1）作品来源于作者的独立创作完成，其内容和形式不是复制、抄袭、剽窃他人作品产生的。

（2）作品必须体现作者的个人特性。具有不同于他人的表现风格。

注意：

由不同作者就同一题材创作的作品，只要作品的表达系独立完成并且具有创造性，应当认定作者各自享有独立的著作权。

甲公司在报纸上向社会征集广告用语，声明被采用的应征者将获得奖金 2000 元。乙设计的独特广告语应征后被选中，获得 2000 元奖金。甲公司使用该广告语 3 年以后，乙对广告语的著作权提出主张，要求甲公司停止使用。该广告语是否受《著作权法》保护？该广告语设计独特，具有独创性，是受《著作权法》保护的。

3. 可复制性。即作品必须可以通过某种有形形式复制，从而被他人所感知。至于该作品是否真的被复制，是否被人所感知则在所不问。

曹新川讲商法·经济法

2018 年国家统一法律职业资格考试专题讲座系列

（二）不受《著作权法》保护的作品

1. 官方文件。即法律、法规、国家机关的决议、决定、命令和其他具有立法、行政、司法性质的文件及其官方正式译文。官方文件具有独创性，属于作品范畴，对官方文件的考虑，首先是促使其自由传播和复制，以便人们能够充分的了解和掌握，并有效地贯彻实施，如果使用这些作品的单位和个人还要获得作者的许可，并支付报酬，这就违背了法律制定的初衷。

2. 时事新闻。它指的是通过报纸、期刊、广播电台、电视台等媒体报道的单纯事实消息。它的基本特征是时间性，其功能是传递信息；在表达方式上不以独创性为条件，而是求真求快。同时，在新闻传播中，居于首位的是保障社会成员获得新闻的权利，故时事新闻不享有著作权。但传播报道他人采编的时事新闻，应当注明出处。

3. 历法、通用数表、通用表格及公式。此类智力成果大部分都是前人创造的，本身就已经是公共领域的财富，在表达方式上具有"唯一性"，不存在独创性表现的可能性，无法满足作品的条件，不宜被垄断使用，故不给予著作权保护。

二、著作权的取得及内容

（一）取得

1. 中国公民、法人或其他组织的作品，自作品创作完成之日起产生著作权，不论其发表与否，也不需要履行任何手续，体现的是自动取得的原则。

注意：

创作行为是一个事实行为，不要求有行为能力，精神病人，无民事、限制民事行为能力者均可以取得著作权。

作家贾忠于2016年2月写成小说《雨声》一书的初稿，5月修改定稿，7月由出版社正式出版，9月经版权登记。贾忠从何时起取得正式出版的《雨声》一书的著作权？①

A. 2月   B. 5月   C. 7月   D. 9月

注意：

既有初稿，又有定稿的情况下，以定稿时间为创作完成的时间。

2. 继受。继受著作权人包括继承人、受赠人、受遗赠人、受让人、作品原件的合法持有人和国家。

应当注意的是继受著作权人只能成为著作财产权的继受主体，而不能成为著作人身权的继受主体，因为著作人身权是不可以转移的。

3. 外国人和无国籍人：

（1）首先在中国境内出版的外国人、无国籍人的作品，其著作权自在中国境内首次出版之日起受保护（《著作权法实施条例》第7条）。

外国人、无国籍人的作品在中国境外首先出版后，30日内在中国境内出版的，视为该作品同时在中国境内出版（《著作权法实施条例》第8条）。

（2）外国人、无国籍人的作品，根据作者所属国或经常居住地国与中国签订的协

---

① 答案：B

议或共同参加的国际条约享有的著作权，受中国法保护。

（3）未与中国签订协议或共同参加国际条约的国家的作者以及无国籍人的作品，首次在中国参加的国际条约的成员国出版的，或在成员国、非成员国同时出版的，也受中国法保护（《著作权法》第2条第2款、第4款）。

（二）内容

1. 著作权中的人身权。著作权是著作权人基于作品的创作依法享有的以人格利益为内容的权利。它与作者的人身不可分离，一般不能继承、转让，也不能被非法剥夺或成为强制执行中的执行标的。包括：署名权、发表权、修改权及保护作品完整权，重点掌握发表权和署名权。

（1）发表权，是指决定作品是否公之于众的权利。

注意：
①发表权是一次性权利。作品一旦发表，发表权即行使完毕。以后再次使用作品与发表权无关。
②"公之于众"，是指著作权人自行或者经著作权人许可将作品向不特定的人公开，但不以公众知晓为条件。

作品是否发表，以及何时、何地、通过何种方式发表，应由作者本人判断和选择，不宜他人代为行使；如果因作品而产生的权利涉及第三人的，发表权往往还受到第三人权利的制约。比如，人物肖像作品，要发表这类作品，通常应取得肖像权人的许可。

（2）署名权，是指表明作者身份，在作品上署名的权利。在作品上署名是著作权法规定的作者的权利。具体内容包括：决定是否在作品上署名；决定署名的方式，如署真名、笔名；决定署名的顺序。

注意：
①禁止未参加创作的人在作品上署名；禁止他人假冒署名。
②不署姓名也是行使署名权的方式之一，并不是放弃了署名权。

（3）修改权，即自己修改或者授权他人修改作品的权利。下列两种事前未经著作权人同意的修改并不侵犯修改权：
①著作权人许可他人将作品摄制成电影和电视剧的，视为已同意对其作品进行必要的改动，但这种改动不得歪曲篡改原作品；
②报社、期刊社在不影响作品内容的情况下，可以不经作者同意对作品做文字性修改、删节，但对内容的修改，应当经作者许可。

注意：
图书出版者未经作者许可，不能对作品进行修改、删节。哪怕是文字性的修改也不行。

（4）保护作品完整权，是指保护作品不受歪曲、篡改的权利。作品是作者思想和情感的反映，也是作者人格的延伸。歪曲、篡改作品不仅损害作品的价值，而且直接影响作者的声誉，因而法律禁止任何人以任何方式歪曲和篡改作品。

胡戈把陈凯歌先生的《无极》电影恶搞了一把，做成了短片《一个馒头引发的血

曹新川讲商法·经济法

2018年国家统一法律职业资格考试专题讲座系列

案》，陈凯歌先生愤怒地把胡戈告上了法庭，案由就是侵犯了修改权、保护作品完整权，有网友为胡戈出主意，可以以《宪法》的言论表达自由来抗辩。这个案子并没有判决，双方庭下和解了。这种行为在美国被称为戏谑性地使用他人作品，一般不属于侵权行为，理由引用的是《宪法》中的言论表达自由。

2. 财产权。包括复制权等 12 项权利，参见《著作权法》第 10 条第（5）～（17）项所列的权利。需要掌握以下权利：

（1）复制权，即以印刷、复印、拓印、录音、录像、翻录、翻拍等方式将作品制作一份或者多份的权利。

（2）发行权，即以出售或者赠与方式向公众提供作品的原件或者复制件的权利。行使发行权时可以向公众提供作品的原件，也可以提供复制件。

（3）出租权，即有偿许可他人临时使用电影作品和以类似摄制电影的方法创作的作品、计算机软件的权利，计算机软件不是出租的主要标的的除外。

理解出租权时应注意：只有四种人享有出租权。他们是电影作品的著作权人；以类似摄制电影方法创作的作品（主要指电视剧、有独创性的 MTV 等）的著作权人；计算机软件的著作权人；录音、录像制品的制作者。

注意：

这四种人之外的著作权人均不享有出租权。

比如未经著作权人许可出租图书不是侵权行为，而未经制作者同意，出租录音、录像制品则是一种侵犯著作权的行为。

（4）展览权，即公开陈列美术作品、摄影作品的原件或者复制件的权利。

注意：

展览权的客体限于美术作品、摄影作品，原件或者复制件都可以成为展览权的对象。

如果美术作品或摄影作品的内容涉及第三人的肖像，著作权人行使展览权还要受到肖像权人权利上的限制。如果作品内容涉及第三人隐私，在行使展览权时，不得侵犯他人的隐私权。

（5）表演权，即公开表演作品，以及用各种手段公开播送作品的表演的权利。公开表演作品被称为现场表演或直接表演；用各种手段公开播送作品的表演被称为机械表演或间接表演，如酒店、咖啡馆等经营性单位未经许可播放背景音乐就可能侵犯音乐作品著作权人的机械表演权。

注意：

只有"著作权人"（作者自己）才享有表演权；表演权所控制的表演包括"活表演"与"机械表演"两类；表演权只能控制营利性表演，免费表演已经发表的作品，属于合理使用；表演权只能控制公开的表演。此处命题的重点是考查机械表演权。

（6）放映权，即通过放映机、幻灯机等技术设备公开再现美术、摄影、电影和以类似摄制电影的方法创作的作品等的权利。

（7）广播权，即以无线方式公开广播或者传播作品，以有线传播或者转播的方式向公众传播广播的作品，以及通过扩音器或者其他传送符号、声音、图像的类似工具向公众传播广播的作品的权利。

（8）信息网络传播权，即以有线或者无线方式向公众提供作品，使公众可以在其个人选定的时间和地点获得作品的权利。信息网络传播权体现的是作者对于自己的作品是否允许他人上传到网上的控制权。

注意：

拥有信息网络传播权的主体应该是著作权人、表演者、录音录像制作者。

（9）摄制权，即以摄制电影或者类似摄制电影的方法将作品固定在载体上的权利。

（10）改编权，即改编作品，创作出具有独创性的新作品的权利。

（11）翻译权，即将作品从一种语言文字转换成另一种语言文字的权利。

（12）汇编权。即将作品或作品的片段通过选择或者编排，汇集成新作品的权利。

（13）应当由著作权人享有的使用作品的其他权利。

甲、乙、丙、丁相约勤工俭学。下列未经著作权人同意使用他人受保护作品的哪一行为没有侵犯著作权？①

A. 甲临摹知名绘画作品后廉价出售给路人

B. 乙收购一批旧书后廉价出租给同学

C. 丙购买一批正版录音制品后廉价出租给同学

D. 丁购买正版音乐 CD 后在自己开设的小餐馆播放

注意：

临摹属于技艺性的复制，如果用于个人欣赏，属于合理使用，不构成侵权；如果用于销售，则侵犯了作者的商业利益，属于侵权。

三、著作权人与作者的关系

（一）著作权人

依《著作权法》第 9 条的规定，著作权人除包括作者外，还指依法享有著作权的公民、法人或其他组织。原因在于：在作者死亡（作者为公民）或终止（作者为法人、其他组织）时，其著作权中的财产权是可以继承或移转的。这样，继承人或承受人就成为了享有著作权的人。另外，著作权中的财产权也可以赠与、遗赠和转让，此时也同样会引发作者与著作权人并不统一的现象。当然，著作权中的人身权具有专属性，与作者的人身不可分离，一般不能继承、转让，只能由作者本人享有。

注意：

1. 作者生前未发表的作品，如果作者未明确表示不发表，作者死亡后 50 年内，其发表权可由继承人或受遗赠人行使；没有继承人又无人受遗赠的，由作品原件的所有人行使。（《著作权法实施条例》第 17 条）。

2. 此处有严格的顺序要求。

① 答案：B。

曹新川讲商法·经济法　2018 年国家统一法律职业资格考试专题讲座系列

甲生前曾多次表示要将自己尚未发表的书稿赠送给乙，但一直未交付。后甲立遗嘱由丙继承全部遗产，但甲临终前又将该书稿赠与丁并立即交付。该书稿的发表权应由谁行使？丙。丙作为继承人，行使权利的顺序在先。

（二）作者

1. 只要是创作作品的人都可以依法成为作者。中国公民、法人或其他组织的作品，自作品创作完成之日起产生著作权，不论其发表与否。

2. 创作的含义是指直接产生文学、艺术及科学作品的智力活动，以下辅助性行为均不视为创作（《著作权法实施条例》第 3 条）：

（1）为他人创作进行组织工作；

（2）提供咨询意见；

（3）提供物质条件；

（4）进行其他辅助工作。

甲教授完成一本学术专著，现有以下人员主张自己也是该书的作者。其中谁的理由符合《著作权法》的规定？①

A. 乙主任："我曾经为该课题申请经费进行了组织协调，并主持过这个课题的研讨会"

B. 丙研究生："我曾经为甲教授的这项研究查找资料，还帮他抄写过一部分手稿"

C. 丁讲师："我曾经撰写过该书的两章，尽管甲教授后来对这两章作了较大的修改，但基本保持了原稿的结构和内容"

D. 戊教授："甲教授在研究这个课题时，曾多次与我讨论有关的学术问题，我提出的一些意见已被他采纳"

3. 创作是一种事实行为，而非法律行为，不受自然人行为能力状况的限制，但创作成果必须符合作品的条件，创作主体才能取得作者身份。

4. 作者并不仅限于公民，一部作品同时符合下列条件时，法人、其他组织视为作者（拟制）：

（1）由法人、其他组织主持；

（2）代表法人、其他组织意志创作；

（3）由法人、其他组织承担责任（《著作权法》第 11 条）。

5. 作者推定。如无相反证明，在作品上署名的公民、法人或其他组织即为作者。

四、几类具体作品的著作权人

（一）演绎作品（《著作权法》第 12 条）

1. 改编、翻译、注释、整理已有作品而产生的作品，著作权归改编、翻译、注释、整理人享有。

---

① 答案：C。

2. 对作品进行演绎创作应得到原作者的同意。

3. 演绎作品著作权人行使著作权时，不得侵犯原作品的著作权，包括尊重原作者的署名权，尊重原作品的内容，不得歪曲篡改原作品等。

4. 演绎者享有的著作权仅限于演绎作品，而不延及原作品。

5. 第三人使用演绎作品应征得原作品著作权人和演绎作品著作权人的双重许可。

居住在 A 国的我国公民甲创作一部英文小说，乙经许可将该小说翻译成中文小说，丙经许可将该翻译的中文小说改编成电影文学剧本，并向丁杂志社投稿。丁杂志社如要使用丙的作品应当分别征得甲、乙、丙的同意和付费。

（二）合作作品（《著作权法》第 13 条）

两人以上合作创作的作品为合作作品，这里的合作是指直接产生智力成果的创作活动。判断某一作品是否是合作作品，本质上就是判定是否存在共同创作行为，其构成要件是：作者之间有共同创作的主观合意；有共同创作作品的行为，即各方都为作品的完成作出了直接的、实质性的贡献。

> **注意：**
>
> 既要有客观上进行共同创作的行为，又要有主观上共同创作的意愿。

具体来讲，可以从以下四个方面来理解：

1. 两人以上合作创作的作品，著作权由合作作者共同享有。没有参加创作的人，不能成为合作作者。

2. 合作作品可分割使用的，作者分别对其创作部分单独享有著作权，但行使时不得侵犯合作作品整体的著作权。

3. 不可分割使用的，由合作作者通过协商一致行使；协商不成，无正当理由的，任何一方不得阻止他方行使除转让以外的权利，但所得收益应合理分配给所有合作者（《著作权法实施条例》第 9 条）。

4. 合作作者之一死亡后，其著作权中的财产权无人继承又无人受遗赠的，由其他合作者享有（《著作权法实施条例》第 14 条）

甲、乙、丙合作创作一首歌曲。甲欲将该作品交某音乐期刊发表。乙以该期刊发表过批评其作品的文章为由表示反对。丙未置可否。下列有关该事件的表述中正确的是：[①]

A. 如果乙坚持反对则甲不能将作品交该期刊发表

B. 甲有权不顾乙的反对而将作品交该期刊发表

C. 在丙同意的情况下，甲可以不顾乙的反对而将作品交该期刊发表

D. 如果丙以同样的理由表示反对，则甲不能将作品交该期刊发表

---

① 答案：B。

曹新川讲商法·经济法 2018 年国家统一法律职业资格考试专题讲座系列

（三）汇编作品（《著作权法》第 14 条）

1. 汇编作品，指汇编若干作品、作品片段、不构成作品的数据及其他材料，对其内容选择、编排体现独创性的作品。

2. 汇编作品作为一个整体由汇编者享有著作权。

3. 汇编人行使著作权时不得侵犯原作品的著作权。汇编作品中具体作品的著作权仍归其作者享有。

4. 对第三人而言，使用汇编作品须获得汇编者和原作者的双重许可并付费。

（四）影视作品（《著作权法》第 15 条）

影视作品是指电影作品和以类似摄制电影的方法创作的作品。

1. 著作权归制片者享有。

2. 编剧、导演、摄影、作词以及作曲等作者在电影作品中享有两项权利：

（1）署名权；

（2）获得报酬权。

3. 影视作品中的剧本、音乐等可单独使用的作品，其作者可单独行使其著作权。

（五）职务作品（《著作权法》第 16 条）

职务作品是指公民为完成法人或者其他组织的工作任务所创作的作品。其特征是：

1. 创作作品的公民与所在法人或其他组织之间存在劳动或聘用关系。

2. 创作完成作品是公民的工作任务，即属于公民在该单位中应当履行的职责。

职务作品的认定与公民创作作品是否利用上班时间没有必然联系。职务作品分为三类：

（1）单位作品，是指由单位主持，代表单位意志创作并由单位承担责任的作品，单位被视为作者，行使完整的著作权。

（2）一般职务作品，公民为完成法人、其他组织工作任务（即公民在该单位中应当履行的职责，并未主要利用单位的物质技术条件）而创作的作品，著作权归作者本人享有。单位有下列权利：

①在业务范围内享有优先使用权，期限为 2 年；

②作品完成 2 年内，未经单位同意，作者不得许可第三人以与单位使用的相同方式使用该作品；

③作品完成 2 年内，经单位同意，作者许可第三人以与单位使用的相同方式使用作品所获报酬，由作者与单位按约定比例分配。

（3）特殊职务作品。根据《著作权法》第 16 条第 2 款的规定，有下列情形之一的职务作品，著作权归单位享有，作者仅享有两项权利，即署名权和获得奖励权。其情形是：

①主要利用单位的物质技术条件（即单位为公民完成创作专门提供的资金、设备和资料）创作的，且由单位承担责任的工程设计图、产品设计图、地图、计算机软件等职务作品；

②法律、行政法规规定或合同约定著作权归单位享有的职务作品。

（六）委托作品（《著作权法》第17条）

委托作品是作者基于他人委托而创作的作品。委托作品的特点是创作活动须受他人支配，作品必须反映委托人的意志和实现委托人的使用目的，而创作者不能完全自由地表达。其主要内容包括：

1. 委托作品的著作权归属，由当事人约定；

2. 无约定或约定不明的，属受托人；

3. 双方没有约定使用作品范围的，委托人可以在委托创作的特定目的范围内免费使用该作品。

（七）原件所有权转移的作品（《著作权法》第18条）

美术等作品原件所有权的转移，不视为作品著作权的转移，但美术作品原件的展览权由原件所有人享有。美术作品主要包括绘画、书法、雕塑等形式，其权利内容体现在：

1. 美术作品原件所有权的转移，不视为作品著作权的转移。

2. 原件所有人享有作品原件的展览权。

3. 作品原件购买人可以对美术作品欣赏、展览或再出售，但不得从事修改、复制等侵犯作品版权的行为。

注意：

此处需要明白著作权人对自己的作品既有财产属性又有人身属性的特点。

 题

甲受乙的委托，为乙画了一幅肖像。双方未就这幅画的版权归属作出约定。乙去世后，其继承人丙将这幅画卖给丁。丁未经任何人同意，将这幅画复制出售。对丁的这一行为应当如何认定？①

A. 丁的行为是合法行使权利的行为　　　B. 丁侵犯了甲的著作权

C. 丁侵犯了乙的著作权　　　　　　　　D. 丁侵犯了丙的著作权

（八）自传体作品和领导讲话

依据最高人民法院《关于审理著作权民事纠纷案件适用法律若干问题的解释》第14条规定，当事人合意以特定人物经历为题材完成的自传体作品，当事人对著作权权属有约定的，依其约定；没有约定的，著作权归该特定人物享有，执笔人或整理人对作品完成付出劳动的，著作权人可以向其支付适当的报酬。因此，自传体作品的著作权原则上归传主所享有。

由他人执笔，本人审阅定稿并以本人名义发表的报告、讲话等作品，根据最高人民法院《关于审理著作权民事纠纷案件适用法律若干问题的解释》第13条规定，著作

---

① 答案：B。

权归报告人或者讲话人享有。著作权人可以支付执笔人适当的报酬。

 例
　　国画大师李某欲将自己的传奇人生记录下来，遂请作家王某执笔，其助手张某整理素材。王某以李某的人生经历为素材完成了自传体小说《我的艺术人生》。李某向王某支付了5万元，但未约定著作权的归属。该小说的著作权应当归谁所有？李某。

　　（九）作者身份不明的作品（《著作权法实施条例》第13条）
　　作者身份不明的作品是指从通常途径不能了解作者身份的作品。如果一件作品未署名，或署了鲜为人知的笔名，但作品原件持有人或收稿单位确知作者的真实身份，不属于作者身份不明的作品。作者身份不明的作品：
　　1. 由作品原件所有人行使除署名权之外的著作权。
　　2. 作者身份确定后，由作者或其继承人行使著作权。

五、保护期

　　（一）发表权以外的人身权
　　1. 署名权、修改权和保护作品完整权，此三项权利保护期不受限制。
　　2. 作者死亡后，上述三项权利由作者的继承人、受遗赠人保护。
　　3. 著作权无人继承又无人受遗赠的，上述三项权利由著作权行政管理部门保护。
　　（二）发表权
　　1. 作者生前未发表的作品，若作者未明确表示不发表的，作者死亡后50年内，其发表权由继承人、受遗赠人行使；无继承人及受遗赠人的，由作品原件所有人行使（《著作权法实施条例》第17条）。

注意：
　　此处的原件所有人指的是著作财产权的受让人。

　　2. 公民的作品发表权，保护期为作者终生及其死亡后50年，截止于作者死亡后第50年的12月31日。合作作品的，截止于最后死亡作者死亡后的第50年的12月31日。
　　3. 单位作品及单位享有著作权（除署名权外）的职务作品，其发表权的保护期为50年，截止于首次发表后的第50年的12月31日；但作品创作后50年内未发表的，此权利将不再受保护。
　　4. 电影作品和以类似摄制电影的方法创作的作品、摄影作品的发表权保护期为50年，截止于首次发表后第50年的12月31日；但作品自创作完成后50年内未发表的，此权利将不再受保护。
　　5. 作者身份不明的作品，其使用权的保护期截止于作品发表后第50年的12月31日。作者身份确定后适用《著作权法》第21条的规定，按不同作品类型分别确定保护期（《著作权法实施条例》第18条）。
　　财产权的保护期，适用上述关于发表权保护期内容的第2~4项规则。

注意：
　　著作财产权的保护期届满，著作权人便丧失了该项著作财产权，作品进入公有领域，人们对于该作品的使用可以不再经过著作权人许可，并且可以无偿使用该作品。

六、著作权许可使用、转让、转移

（一）合同形式

> **注意：**
> 著作权转让限定在财产权范围之内。

1. 著作权转让合同为要式合同。可以转让使用权中的一项或多项或全部权利。著作财产权一经转让，出让人便丧失了该项权利。

2. 著作权人享有的著作财产权可以自己行使，也可以授权他人行使。许可他人行使著作财产权的法律形式为许可使用合同，具体有出版合同、表演合同、改编合同、播放合同等。著作权许可使用合同中的专有使用权许可合同为要式合同，但报社、期刊社刊登作品除外（《著作权法实施条例》第23条）。被许可人对作品的使用，不能超出合同约定的范围，被许可人也不能将该项权利转移给第三人。

小说《一言难尽》的作者甲与话剧团乙签订一份著作权许可使用合同，约定乙在自合同生效之日起3年内享有专有改编权。在约定期限内，甲可否再许可第三人使用该小说？可以。

> **注意：**
> 其他的著作财产权著作权人仍然可以许可他人使用。

（二）权利内容

1. 许可使用合同、转让合同中著作权人未明确许可、转让的权利，未经著作权人同意，另一方当事人不得行使；

2. 除合同另有约定外，被许可人许可第三人行使同一权利的，须征得著作权人的许可；

（三）著作权转移权

著作权转移包括继承和继受。著作权属于公民的，公民死亡后，其著作财产权依照《继承法》的规定转移。著作权中的署名权、修改权和保护作品完整权由作者的继承人或受遗赠人保护。著作权属于法人或者其他组织的，法人或者其他组织变更、终止后，其著作财产权由承受其权利义务的法人或者其他组织享有；没有承受其权利义务的法人或者其他组织的，由国家享有。

七、出版者的权利、义务与责任

（一）权利

1. 专有出版权。图书出版者依其与著作权人订立的出版合同，享有专有出版权，他人不得出版该作品。当然，出版者在享有专有出版权期间，只能自己出版，不得许可他人出版。著作权人也不得将出版者享有专有出版权的作品一稿多投。

报社、杂志社对著作权人的投稿作品在一定期限内享有先载权。但著作权人自稿件发出之日起15日内未收到报社通知决定刊登的，或者自稿件发出之日起在30日内未收到期刊社通知决定刊登的，可以将同一作品向其他报社、期刊社投稿。

2. 修改、删节权。图书出版者经作者许可，可对作品修改、删节；报社、期刊社可对作品做文字性修改、删节，但对内容的修改，应经作者许可。

3. 版式设计专有权。出版者有权许可、禁止他人使用其出版的图书、期刊的版式设计。

该权利保护期为 10 年，截止于该图书、期刊首次出版后第 10 年的 12 月 31 日（《著作权法》第 36 条）。

（二）义务、责任

1. 付酬义务。图书出版者以及转载、刊登作品的报社、期刊社对著作权人负有付酬的义务。

2. 依约定出版义务。按照合同约定的出版质量、期限出版图书，图书出版者不依合同约定期限出版物，应承担违约责任。

3. 通知义务。图书出版者重印、再版作品的，应通知著作权人并付酬。图书脱销后，出版者拒绝重印、再版的，著作权人有权终止合同（《著作权法》第 32 条第 3 款）。前项脱销，是指著作权人寄给图书出版者的两份订单在 6 个月内未能履行（《著作权法实施条例》第 29 条）。

八、表演者的权利、义务

依《著作权法》第 38 条之规定，表演者对表演有下列权利：

（一）人身权利

1. 表明表演者身份权。

2. 保护表演形象不受歪曲权。以上权利的保护期不受限制

（二）财产权利

1. 许可他人现场直播，公开传送其现场表演并获报酬。

2. 许可他人录音录像，并获报酬。

3. 许可他人复制、发行录有其表演的录音、录像制品并获报酬。

4. 许可他人通过信息网络向公众传播其表演并获报酬。

以上权利的保护期为 50 年，截止于该表演发生后第 50 年的 12 月 31 日。

（三）表演者的义务

使用他人作品演出，表演者应当取得著作权人许可，并支付报酬。演出组织者组织演出，由该组织者取得著作权人许可，并支付报酬。使用改编、翻译、注释、整理已有作品而产生的作品进行演出，应当取得改编、翻译、注释、整理作品的著作权人和原作品的著作权人许可，并支付报酬。

【总结】表演权与表演者权的区别：

1. 法律性质不同：前者属于著作权，后者属于邻接权。表演权是指著作权人依法享有的对其作品公开表演的权利，对于作品是否允许别人表演以及通过何种方式表演，作者享有最终的控制权；表演者权是表演者基于对作品的表演而产生的权利，是表演者获得作者授权表演作品之后才产生的权利，是由作者的表演权派生出来的权利。

2. 权利主体不同：前者为作者，后者为表演者。

3. 权利内容不同：前者为财产权，后者既包括财产权也包括人身权。表演权属于著作权中的财产权，权利内容主要体现为无论作品是否发表，表演者使用他人作品进行营利性演出，必须取得著作权人的许可并支付报酬。可见，表演权对作者而言是权利，对表演者而言是义务。

九、录音录像制作者的权利、义务

录制者权的客体是录音制品和录像制品。

（一）权利

录音录像制作者对其制作的录音录像制品，享有许可他人复制、发行、出租、通过信息网络向公众传播并获得报酬的权利。该权利的保护期为 50 年，截止于该制品首次制作完成后第 50 年的 12 月 31 日（《著作权法》第 42 条）。

（二）义务

1. 录音录像制作者使用他人作品制作录音录像制品，应当取得著作权人的许可，并支付报酬。

录音录像制作者使用改编、翻译、注释、整理已有作品而产生的作品，应当取得改编、翻译、注释、整理作品的著作权人和原作品著作权人许可，并支付报酬。

录音制作者使用他人已经合法录制为录音制品的音乐作品制作录音制品，可以不经著作权人许可，但应当按照规定支付报酬；著作权人声明不许使用的不得使用（《著作权法》第 40 条）。此种行为就是所谓的翻唱行为。

2. 录音录像制作者制作录音录像制品，应同表演者订立合同，并付酬（《著作权法》第 41 条）。

注意：

被许可人复制、发行、通过信息网络向公众传播录音录像制品，还应当取得著作权人、表演者许可，并支付报酬（《著作权法》第 42 条）。

 甲网站与乙唱片公司签订录音制品的信息网络传播权许可使用合同，按约定支付报酬后，即开展了网上原版音乐下载业务。甲网站的行为是否构成侵权？其使用行为应当怎样做才是合法的？甲网站的行为构成侵权，其使用行为还需要取得著作权人和表演者的许可并支付报酬才是合法的。

【图示】

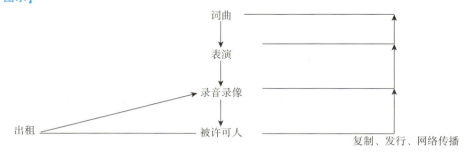

十、广播电台、电视台的权利和义务

（一）广播电台、电视台的权利（《著作权法》第 45 条）

有权禁止未经其许可的下列行为：

1. 将其播放的广播、电视转播；

2. 将其播放的广播、电视录制在音像载体上以及复制音像载体。

曹新川讲商法·经济法　2018 年国家统一法律职业资格考试专题讲座系列

（二）广播电台、电视台的义务（《著作权法》第43～44条、第46条）

广播电台、电视台播放他人未发表的作品，应当取得著作权人许可，并支付报酬；播放已发表的作品或已出版的录音制品，可以不经著作权人许可，但应按规定支付报酬；电视台播放他人的电影作品和以类似摄制电影的方法创作的作品、录像制品，应当取得制片者或录像制作者许可，并支付报酬；播放录像制品，还应当取得著作权人的许可，并支付报酬。

甲电视台获得2006年德国世界杯足球赛A队与B队比赛的现场直播权。乙电视台未经许可将甲电视台播放的比赛实况予以转播，丙电视台未经许可将乙电视台转播的实况比赛录制在音像载体上以备将来播放，丁某未经许可将丙电视台录制的该节目复制一份供其儿子观看。判断下列说法的正误？①

（1）乙电视台侵犯了A队和B队的表演者权。
（2）甲电视台有权禁止乙电视台的转播行为。
（3）丙电视台的录制行为没有侵犯甲电视台的权利。

十一、计算机软件著作权

（一）软件著作权的主体和客体

1. 软件著作权的主体。软件著作权自软件开发完成之日起产生。除法律另有规定外，软件著作权属于软件开发者，即实际组织开发、直接进行开发，并对开发完成的软件承担责任的法人或者其他组织；或者依靠自己具有的条件独立完成软件开发，并对软件承担责任的自然人。如无相反证据，在软件上署名的自然人、法人或者其他组织为开发者。

委托开发、合作开发软件著作权的归属及行使原则与一般作品著作权归属及行使原则一样，但职务计算机软件的著作权归属有一定的特殊性。自然人在法人或者其他组织中任职期间所开发的软件有下列情形之一的，该软件著作权由该法人或者其他组织享有，该法人或者其他组织可以对开发软件的自然人进行奖励：

（1）针对本职工作中明确指定的开发目标所开发的软件；
（2）开发的软件是从事本职工作活动所预见的结果或者自然的结果；
（3）主要使用了法人或者其他组织的资金、专用设备、未公开的专门信息等物质技术条件所开发并由法人或者其他组织承担责任的软件。

2. 软件著作权的客体。软件著作权的客体，是指计算机软件，即计算机程序及其有关文档。对软件著作权的保护不延及开发软件所用的思想、处理过程、操作方法或者数学概念等。

（二）软件著作权的内容

1. 软件著作人身权。
（1）发表权，即决定软件是否公之于众的权利；
（2）署名权，即表明开发者身份，在软件上署名的权利；
（3）修改权，即对软件进行增补、删节，或者改变指令、语句顺序的权利。

---

① （2）说法正确，（1）（3）说法错误。需要注意的是，运动员在进行竞技比赛，他们并不是《著作权法》意义上的表演者。

2. 软件著作财产权。

（1）专有使用权。其具体包括：

①复制权，即将软件制作一份或者多份的权利；

②发行权，即以出售或者赠与方式向公众提供软件的原件或者复制件的权利；

③出租权，即有偿许可他人临时使用软件的权利，但是软件不是出租的主要标的的除外；

④信息网络传播权，即以有线或者无线方式向公众提供软件，使公众可以在其个人选定的时间和地点获得软件的权利；

⑤翻译权，即将原软件从一种自然语言文字转换成另一种自然语言文字的权利；

⑥应当由软件著作权人享有的其他专有使用权。

（2）许可使用权，即软件著作权人享有的许可他人行使其软件著作权并获得报酬的权利。许可他人行使软件著作权的，应当订立许可使用合同。

（3）转让权，即软件著作权人享有的全部或者部分转让其软件著作权并获得报酬的权利。转让软件著作权的，当事人应当订立书面合同。

（三）软件著作权的期限和限制

1. 软件著作权的期限。自然人的软件著作权，保护期为自然人终生及其死亡后50年，截止于自然人死亡后第50年的12月31日；软件是合作开发的，截止于最后死亡的自然人死亡后第50年的12月31日。法人或者其他组织的软件著作权，保护期为50年，截止于软件首次发表后第50年的12月31日，但软件自开发完成之日起50年内未发表的，不再受保护。

2. 软件著作权的限制。为了维护社会公众利益，保障软件的正常使用，促进软件开发技术的发展，《计算机软件保护条例》规定了软件著作权的限制。

（1）合理使用。为了学习和研究软件内含的设计思想和原理，通过安装、显示、传输或者存储软件等方式使用软件的，可以不经软件著作权人许可，不向其支付报酬。

（2）用户的权利。软件的合法复制品所有人享有下列权利：根据使用的需要把该软件装入计算机等具有信息处理能力的装置内；为了防止复制品损坏而制作备份复制品。这些备份复制品不得通过任何方式提供给他人使用，并在所有人丧失该合法复制品的所有权时，负责将备份复制品销毁；为了把该软件用于实际的计算机应用环境或者改进其功能、性能而进行必要的修改；但是，除合同另有约定外，未经该软件著作权人许可，不得向任何第三方提供修改后的软件。

（3）相似的开发。软件开发者开发的软件，由于可供选用的表达方式有限而与已经存在的软件相似的，不构成对已经存在的软件的著作权的侵犯。

（四）侵犯软件著作权行为及法律责任

1. 承担民事责任的侵权行为。除法律、行政法规另有规定外，有下列侵权行为的，应当根据情况，承担停止侵害、消除影响、赔礼道歉、赔偿损失等民事责任：

（1）未经软件著作权人许可，发表或者登记其软件的；

（2）将他人软件作为自己的软件发表或者登记的；

（3）未经合作者许可，将与他人合作开发的软件作为自己单独完成的软件发表或者登记的；

（4）在他人软件上署名或者更改他人软件上的署名的；

（5）未经软件著作权人许可，修改、翻译其软件的；

曹新川讲商法·经济法　2018年国家统一法律职业资格考试专题讲座系列

（6）其他侵犯软件著作权的行为。

2. 承担综合法律责任的侵权行为。除法律、行政法规另有规定外，未经软件著作权人许可，有下列侵权行为的，应当根据情况，承担停止侵害、消除影响、赔礼道歉、赔偿损失等民事责任；同时损害社会公共利益的，由著作权行政管理部门责令停止侵权行为，没收违法所得，没收、销毁侵权复制品，可以并处罚款；情节严重的，著作权行政管理部门并可以没收主要用于制作侵权复制品的材料、工具、设备等；触犯刑律的，依照《刑法》关于侵犯著作权罪、销售侵权复制品罪的规定，依法追究刑事责任：

（1）复制或者部分复制著作权人的软件的；

（2）向公众发行、出租、通过信息网络传播著作权人的软件的；

（3）故意避开或者破坏著作权人为保护其软件著作权而采取的技术措施的；

（4）故意删除或者改变软件权利管理电子信息的；

（5）转让或者许可他人行使著作权人的软件著作权的。

3. 软件复制品有关主体的法律责任。软件复制品的出版者、制作者不能证明其出版、制作有合法授权的，或者软件复制品的发行者、出租者不能证明其发行、出租的复制品有合法来源的，应当承担法律责任。

软件的复制品持有人不知道也没有合理理由应当知道该软件是侵权复制品的，不承担赔偿责任；但是，应当停止使用、销毁该侵权复制品。如果停止使用并销毁该侵权复制品将给复制品使用人造成重大损失的，复制品使用人可以在向软件著作权人支付合理费用后继续使用。该规定起到了禁止用户持有和使用侵权软件复制品的作用，加大了软件著作权的保护力度。

十二、邻接权行使与原作品著作权的保护

依《著作权法》第 29 条的规定，出版者、表演者、录音录像制作者、广播电台、电视台等依本法使用他人作品的，不得侵犯作者的署名权、修改权、保护作品完整权和获得报酬的权利。综合《著作权法》及《著作权法实施条例》的规定，就是否事先征得许可及支付报酬与否，本书将邻接权行使与原作品著作权保护之间的关系总结为四种模式。

（一）可不经许可，也不支付报酬

主要指《著作权法》第 22 条第 1 款所列的 12 种"合理使用"方式。合理使用是指根据法律的明文规定，不必征得著作权人同意而无偿使用他人已发表作品的行为。

共同特征：（1）不必征得著作权人同意；（2）无偿使用。

共同条件：（1）已发表作品；（2）指明作者姓名、作品名称；（3）非营利目的或者说非商业目的。

注意：

只要是处于著作权保护期内的作品，只要不属于《著作权法》规定的合理使用的情形，从法律上讲就应该缴费才可以使用，至于在实践中到底收不收，那是要根据社会的反应而灵活决定的事情。

1. 构成要件。

（1）一般只针对已经发表的作品，使用他人未发表的作品必须征得著作权人同意；

（2）必须基于法律的明文规定；

（3）不必征得著作权人许可而无偿使用他人作品；

（4）合理使用一般只限于为个人消费、欣赏或公益性使用等目的的少量使用他人作品的行为，但应当指明作者姓名、作品名称，并且不得侵犯著作权人依照本法享有的其他权利。

2. 具体情形。参见"专题三十五——不视为侵权或不承担赔偿责任的具体形态"里著作权合理使用部分的解释。

（二）可不经许可，但应付酬

即法定许可使用，是指依照法律的明文规定，不经著作权人同意有偿使用他人已经发表作品的行为。法定许可使用的共同特点是不经著作权人许可，应当支付报酬。共同条件：（1）主体是传播者；（2）已经发表；（3）没有著作权人提出保留。

法定许可使用包括以下情形：

1. 报社、期刊社转载、摘编已刊登的作品，可不经许可，但应付酬（《著作权法》第33条第2款）。

国家版权局2015年4月17日《关于规范网络转载版权秩序的通知》第2条规定：报刊单位之间相互转载已经刊登的作品，适用《著作权法》第33条第2款的规定，即作品刊登后，除著作权人声明不得转载、摘编的外，其他报刊可以转载或者作为文摘、资料刊登，但应当按照规定向著作权人支付报酬。

报刊单位与互联网媒体、互联网媒体之间相互转载已经发表的作品，不适用前款规定，应当经过著作权人许可并支付报酬。

也就意味着：已在报刊上刊登或者网络上传播的作品，除著作权人声明或者上载该作品的网络服务提供者受著作权人的委托声明不得转载、摘编的以外，网站可以转载、摘编，但需要经过著作权人的许可加付费。

> **注意：**
>
> 涉及网站的转载摘编行为都需要经过著作权人的许可加付费。

2. 录音（不包括录像）制作者使用他人已合法录制为录音制品的音乐作品、制作录音制品，可不经著作权人许可，但应付酬；著作权人声明不许使用的除外（《著作权法》第40条第3款）。

> **注意：**
>
> 此种行为属于翻唱，翻唱行为与词曲作者、表演者无关，只需要向著作权人付费就好了。

3. 广播电台、电视台播放他人已发表作品，可不经著作权人许可，但应付酬（《著作权法》第43条第2款）。

广播电台、电视台播放已经出版的录音制品，可不经著作权人许可，但应付酬（《著作权法》第44条）。

4. 为实施九年制义务教育和国家教育规划而编写出版教科书，除作者事先声明不许使用的外，可以不经著作权人许可，在教科书中汇编已经发表的作品片段或者短小的文字作品、音乐作品或者单幅的美术作品、摄影作品，但应当按照规定支付报酬，指明作者姓名、作品名称，并且不得侵犯著作权人依照《著作权法》享有的其他权利（《著作权法》第23条）。

曹新川讲商法·经济法 2018年国家统一法律职业资格考试专题讲座系列

此处所指的教科书指的是课堂教学所用的正式教材，而不是各种参考书、辅导书。

合理使用和法定许可的共同之处在于：

（1）都是基于法律的明文规定；

（2）都只能针对已经发表的作品；

（3）都不必征得著作权人的同意；

（4）都应当指明作者姓名、作品名称，并不得侵犯著作权人依法享有的其他权利。

两者的区别在于：

（1）法定许可主要是针对作品传播者的使用行为，而合理使用不受此限；

（2）著作权人事先声明不许使用的，一般不适用法定许可制度，但合理使用除著作权人提出保留的情形外一般不受此限；

（3）法定许可是有偿使用，使用人必须按规定支付报酬，而合理使用是无偿使用。

（三）应经许可，并付酬

1. 图书出版者出版图书及报刊刊登作品，应经著作权人许可并付酬（《著作权法》第30条）；

2. 使用他人作品演出，表演者或演出组织者应取得著作权人许可并付酬（《著作权法》第37条第1款）；

叶某创作《星光灿烂》词曲并发表于音乐杂志，郝某在个人举办的赈灾义演中演唱该歌曲，南极熊唱片公司录制并发行郝某的演唱会唱片，星星电台购买该唱片并播放了该歌曲。请回答下列问题：①

（1）郝某演唱《星光灿烂》应征得谁的同意并支付报酬？

（2）南极熊唱片公司录制该歌曲应当征得谁的同意并支付报酬？

3. 录音录像制作者使用他人作品制作录音录像制品，应取得著作权人许可并付酬（《著作权法》第40条第1款）；

4. 广播电台、电视台播放他人未发表作品，应取得著作权人许可并付酬（《著作权法》第43条第1款）；

5. 电视台播放他人影视作品，应取得制片者许可并付酬（《著作权法》第46条）。

（四）应经双份许可并付双份报酬

这里的双份，是指邻接权人使用演绎作品等特殊作品的，要分别取得演绎作品著作权人及原作品著作权人的许可，并对上述两著作权人分别付酬。具体情形有：

1. 出版演绎作品的，出版者应取得演绎作品著作权人及原作品的著作权人许可并付酬（《著作权法》第35条）。

2. 使用演绎作品进行表演，表演者或演出组织者应取得演绎作品的著作权人及原作品的著作权人许可并付酬（《著作权法》第37条第2款）。

3. 录音录像制作者使用演绎作品的，应取得演绎作品的著作权人及原作品的著作

① （1）应征得词曲作者叶某的同意并支付报酬；（2）应征得词曲作者叶某和表演者郝某的同意并支付报酬。

权人许可并付酬（《著作权法》第 40 条第 2 款）。

4. 复制、发行、通过信息网络向公众传播他人制作的录音录像制品的，应经录音录像制作者及著作权人、表演者许可并付酬，如果只是出租录音录像制品，则只需要经过录音录像制作者许可并付酬，与其他主体均无关，因其他主体没有出租权（《著作权法》第 42 条第 2 款）。

5. 电视台播放他人的录像制品，应取得录像制作者及著作权人许可并付酬（《著作权法》第 46 条）。

专题三十三

专利权

2008 年 12 月 27 日第十一届全国人大常委会第 6 次会议第 3 次修正的《专利法》共 8 章，计 76 条。2010 年 2 月 1 日开始施行修订后的《专利法实施细则》共 11 章，计 123 条。两个立法文件的主要内容可分为六个部分：（1）专利权主体；（2）专利权客体；（3）授予专利权的条件；（4）申请与授予专利权的程序；（5）专利权的内容及限制；（6）专利权的保护。

第（6）部分的内容，本书将在"专题三十五——知识产权侵权及救济"中与商标权、版权的保护一并分析，故本专题着重分析第（1）～（5）部分的内容。本部分考查的知识点通常分布在专利权所保护的对象，专利权的取得，包括授予专利的实质性条件和程序性条件，专利权的内容及其限制（不视为侵犯专利权的行为），专利侵权行为的形态等方面。

一、专利权主体

（一）发明人或设计人

发明人或设计人，是指对发明创造的实质性特点作出了创造性贡献的人。在完成发明创造过程中，只负责组织工作的人、为物质技术条件的利用提供方便的人或者从事其他辅助性工作的人，均不是发明人或设计人。

> **注意：**
> 发明创造活动是一种事实行为，不受民事行为能力的限制，无论从事发明创造的人是否具备完全民事行为能力，只要完成了发明创造，就应认定为发明人或设计人。

（二）发明人或设计人的单位

此处针对职务发明创造，是指执行本单位的任务或者主要是利用本单位的物质技术条件所完成的发明创造。分为两类：

1. 执行本单位任务所完成的发明创造。包括三种情况：

（1）在本职工作中作出的发明创造；

（2）履行本单位交付的本职工作之外的任务所作出的发明创造；

（3）退休、调离原单位后或者劳动、人事关系终止后 1 年内作出的，与其在原单位承担的本职工作或者原单位分配的任务有关的发明创造。

例

甲公司聘请乙专职从事汽车发动机节油技术开发。因开发进度没有达到甲公司的要求，甲公司减少了给乙的开发经费。乙于 2007 年 3 月辞职到丙公司，获得了更高的薪酬和更多的开发经费。2008 年 1 月，乙成功开发了一种新型汽车节油装置技术。那么该技术专利申请权归属于甲公司。原因在于乙于 2007 年 3 月从甲公司辞职到丙公司工作，在 2008 年 1 月成功开发出新型汽车节油装置技术，前后时间加在一起并没有超过 1 年，根据《专利法》第 6 条第 1 款和《专利法实施细则》第 12 条第 1 款的规定，乙从甲公司辞职后在丙公司开发出的新型汽车节油装置技术仍然属于职务发明创造，申请专利的权利还是属于甲公司，在专利申请被批准以后，甲公司为专利权人。

2. 主要利用本单位的物质技术条件所完成的发明创造。"本单位的物质技术条件"，是指本单位的资金、设备、零部件、原材料或者不对外公开的技术资料等。

这里需要着重理解何为主要利用本单位的物质技术条件。具体来讲，如果在发明创造过程中，全部或者大部分利用了单位的资金、设备、零部件、原料以及不对外公开的技术资料，这种利用对发明创造的完成起着必不可少的决定性作用，就可以认定为主要利用本单位物质技术条件。如果仅仅是少量利用了本单位的物质技术条件，且这种物质条件的利用对发明创造的完成无关紧要，则不能因此认定是职务发明创造。

职务发明创造的专利申请权和取得的专利权归发明人或设计人所在的单位。发明人或设计人享有署名权和获得奖金、报酬的权利。即发明人和设计人有权在专利申请文件及有关专利文献中写明自己是发明人或设计人；被授予专利权的单位应当按规定对职务发明创造的发明人或者设计人发给奖金；在发明创造专利实施后，单位应根据其推广应用的范围和取得的经济效益，对发明人或者设计人给予合理的报酬。

（三）委托发明的归属

所谓委托发明，即以合同方式委托他人完成的发明创造。委托开发完成的发明创造，除当事人另有约定的外，申请专利的权利属于研究开发人。显然法律在这里作出了对受托人更为有利的规定。研究开发人取得专利权的，委托人可以免费实施该专利。研究开发人转让专利申请权的，委托人享有以同等条件优先受让的权利。

（四）合作发明

合作开发完成的发明创造，除当事人另有约定的外，申请专利的权利属于合作开发的当事人共有。当事人一方转让其共有的专利申请权的，其他各方享有以同等条件优先受让的权利。合作开发的当事人一方声明放弃其共有的专利申请权的，可以由另一方单独申请或者由其他各方共同申请。申请人取得专利权的，放弃专利申请权的一方可以免费实施该专利。

> **注意：**
> 合作开发的当事人一方不同意申请专利的，另一方或者其他各方不得申请专利。此处规定与《著作权法》中合作作品的使用规则完全不同。

甲、乙、丙三人合作开发一项技术，合同中未约定权利归属。该项技术开发完成后，甲、丙想要申请专利，而乙主张通过商业秘密来保护。甲、丙可否单独申请专利呢？甲、丙不得申请专利。

二、专利权客体

（一）发明

发明是指对产品、方法或者其改进所提出的新的技术方案。发明有以下几个特点：发明应当包含创新；发明必须利用自然规律或自然现象，是发明人将自然规律在特定

曹新川讲商法·经济法 2018 年国家统一法律职业资格考试专题讲座系列

技术领域进行运用和结合的结果，而不是自然规律本身。违背自然规律的创造也不是发明。

发明分为产品发明、方法发明和改进发明三种。

产品发明是关于新产品或新物质的发明，这些产品是自然界从未有过的，靠发明人的创造性劳动才得以出现。

方法发明是指为解决某特定技术问题而采用的手段和步骤的发明。能够申请专利的方法通常包括制造方法和操作使用方法两大类。

改进发明是对已有的产品发明或方法发明所作出的实质性革新的技术方案。

（二）实用新型

实用新型是指对产品的形状、构造或者其组合所提出的新的技术方案。实用新型这种发明创造限定在下述范围之内：

1. 实用新型是针对产品而言的，任何方法都不属于实用新型的范围。

2. 作为实用新型对象的产品只能是具有立体形状、构造的产品，气态、液态、粉末状、颗粒状的产品因为没有三维立体形态而不能适用实用新型。

3. 实用新型技术方案设计的产品形状和构造必须具备实用功能，能产生技术效果并能在工业上应用。

注意：

实用新型是针对产品而言的，任何方法都不属于实用新型的范围。

（三）外观设计

外观设计是指对产品的形状、图案、色彩或其组合作出的富有美感并适用于工业应用的新设计。

外观设计的特点是：外观设计必须以产品为依托，一个单纯的美术设计，如果未依附于产品，它只能是一件艺术品，可成为著作权的客体；一旦与产品相结合，成为产品的外部装饰性设计，就可成为《专利法》意义上的外观设计。

三、授予专利权的条件

（一）发明、实用新型的授权条件

1. 新颖性。是指该发明或者实用新型不属于现有技术；也没有任何单位或者个人就同样的发明或者实用新型在申请日以前向国务院专利行政部门提出过申请，并记载在申请日以后公布的专利申请文件或者公告的专利文件中。即在申请日前同时符合以下两个条件，方为新颖性：

（1）不属于现有技术，即不属于申请日以前在国内外为公众所知的技术；

（2）不存在抵触申请，即没有任何单位或者个人就同样的发明或者实用新型在申请日以前向国务院专利行政部门提出过申请，并记载在申请日以后公布的专利申请文件或者公告的专利文件中。先申请被称为后申请的抵触申请。抵触申请会破坏后申请的新颖性，此规定是为了防止专利重复授权。

可见新颖性的判断实际上就是判断一项技术在某一特定时间之前是否已经公开。发明创造在申请日以前6个月内，有下列情形之一的，并不丧失新颖性：

①在中国政府主办或承认的国际展览会上首次展出的；

②在规定的学术会议、技术会议上首次发表的；

③他人未经申请人同意而泄露其内容的。

注意：

对于这三种情况，虽然不丧失新颖性，但其效力却非常有限，只是针对申请人自身而言，并不能排除第三人在该时间段内的申请。

2. 创造性。比之申请日前已有的技术：

（1）发明——具有突出的实质性特点和显著进步；

（2）实用新型——具有实质性特点和进步。

3. 实用性。实用性是指该发明或者实用新型能够制造或者使用，并且要求该发明创造可以重复实施，能够产生积极效果。

（二）外观设计

1. 新颖性。

（1）不属于现有设计，即不属于申请日以前在国内外为公众所知的设计；

（2）不存在抵触申请，即没有任何单位或者个人就同样的外观设计在申请日以前向国务院专利行政部门提出过申请，并记载在申请日以后公告的专利文件中。

2. 实用性。授予专利权的外观设计必须适于工业应用。这要求外观设计本身以及作为载体的产品能够以工业的方法重复再现，即能够在工业上批量生产。

3. 富于美感。授予专利权的外观设计必须富于美感。美感是指该外观设计从视觉感知上的愉悦感受，与产品功能是否先进没有必然联系。

4. 不侵权。不侵权指不与他人在先取得的合法权利冲突。

注意：

这里的在先权利包括了著作权、商标权、企业名称权、肖像权、知名商品特有包装或者装潢使用权等。"在先取得"是指在外观设计的申请日或者优先权日之前取得。

四、申请、授予专利权的程序

（一）申请

1. 申请日确定。以专利局收到专利申请文件之日为申请日（《专利法实施细则》第 4 条第 1 款）。详言之：

（1）申请文件为邮寄的，以寄出的邮戳日为申请日；

（2）邮戳日不清的，除当事人能证明外，以专利局收到之日为申请日；

（3）直接递交申请文件的，以专利局收到之日为申请日。

2. 先申请原则。

（1）两个以上申请人就同样发明分别申请专利的，专利权授予最先申请人。

（2）同日申请的，收到专利局通知后自行协商以确定申请人。协商不成的，均予以驳回。

注意：

同一申请人同日对同样的发明创造既申请实用新型专利又申请发明专利，先获得的实用新型专利权尚未终止，但申请人声明放弃该实用新型专利权的，可以授予发明专利权。

曹新川讲商法·经济法

2018年国家统一法律职业资格考试专题讲座系列

需要理解：虽然申请人同日可以对同样的发明创造既申请实用新型专利又申请发明专利，但由于实用新型专利授权的条件较低，审查程序简单，在实践中先获得的一定是实用新型专利，申请人之所以这样做，是为了防止自己在改进技术的时候被其他申请人先就该技术申请发明专利。

3. 单一性原则。是指一件发明或者实用新型专利申请应当限于一项发明或实用新型。属于一个总的发明构思的两项以上的发明或者实用新型，可以作为一件申请提出。

一件外观设计专利申请应当限于一种产品所使用的一项外观设计。同一产品两项以上的相似外观设计，或者用于同一类别并且成套出售或者使用的产品的两项以上外观设计，可以作为一件申请提出。

4. 优先权原则。优先权是指专利申请人第一次提出专利申请后，在法定期限内，又就相同主题的发明创造提出专利申请的，该在后申请被视为是在第一次提出申请的日期提出的。申请人的这一权利为优先权，首次提出专利申请的日期为优先权日。

（1）申请人就发明、实用新型（不包括外观设计）在外国首次提出专利申请之日起12个月内，或外观设计在外国首次提出专利申请之日起6个月内，又在中国就相同主题提出专利申请，依该外国与中国之相互协议或共同参加的国际条约，可主张优先权，此为国际优先权。

（2）申请人自发明或实用新型（不包括外观设计）在中国第一次提出专利申请之日起12个月内，又向中国专利局就相同主题提出专利申请的，亦可主张优先权，此为国内优先权。此处在中国就一个技术提出两项申请，原因是第二次申请的技术比第一次申请的技术水平要高，对第一次申请的技术进行了改进，值得提出第二次申请。

注意：

外观设计只有国际优先权，没有国内优先权。

（3）优先权是指以前述首次申请日为后申请之申请日。

注意：

要求优先权必须具备一定的条件：
①主体合格，即提出优先权请求的人必须是享有优先权的人；
②首次专利申请必须是正式的申请；
③要求优先权的发明创造必须与首次申请属于同一内容；
④必须在《巴黎公约》的成员国提出优先权请求。

（二）涉外申请之特别规定

1. 在国内没有经常居所或营业场所的外国个人、单位（包括港澳台地区）向中国申请专利的，应当委托依法设立的专利代理机构办理（即强制代理制）；但中国单位、个人在国内申请专利，可以委托代理机构办理也可以自己办理（《专利法》第19条）。

2. 任何单位或者个人将在中国完成的发明或者实用新型向外国申请专利的，应当事先报经国务院专利行政部门进行保密审查（《专利法》第20条第1款）。这样做是为了防止本国的关键技术被对外泄漏。

（三）申请的撤回与修改

1. 被授予专利前，申请人可以随时撤回；

2. 也可随时修改，但修改范围不得超出原说明书、权利要求书记载的范围（发明与实用新型），或原图片、照片表示的范围（外观设计）。

（四）受理

专利局收到合格的专利申请后，即为受理。

（五）初步审查

1. 初步审查的对象是发明、实用新型、外观设计；

2. 对实用新型、外观设计初步审查后未发现驳回理由的，即可作出授权决定，发给相应的专利证书，同时予以登记和公告。实用新型专利权和外观设计专利权自公告之日起生效。

注意：

实用新型和外观设计都是不进行实质审查的。

3. 但对发明初步审查后认为符合要求的，自申请日起满18个月即行公布。此后还须实质审查这一特有程序。

（六）实质审查

1. 实质审查的对象只能是发明专利申请；

2. 自申请日起3年内，申请人随时可要求进行实质审查；

3. 申请人无正当理由逾期不请求的，视为撤回申请；

4. 专利局认为必要时，也可依职权主动进行；

5. "早期公开"阶段的临时保护：发明专利申请公布后至专利局公告授权之前，还没有取得专利权，申请人可以要求实施其发明的单位或者个人支付适当的费用。

注意：

由于此时申请人还没有获得专利权，这种费用的支付应当由对方自愿履行。公告授权后，就可以强制要求对方履行，否则，可以告对方"早期公开"阶段的不当得利，并追究其侵权责任。在早期公开以前，他人使用该专利，申请人可追究其侵犯商业秘密的责任。

（七）授予专利权

1. 发明专利申请经实质审查，实用新型、外观设计经初步审查，未发现驳回理由的，由国家专利局作出授予专利权之决定。

2. 自公告之日起，专利权生效。

3. 授予原则：一件发明或者实用新型专利申请应当限于一项发明或者实用新型。

（八）复审与诉讼

1. 国家知识产权局设立专利复审委员会。专利申请人对专利局驳回申请不服的，可在收到通知之日起3个月内，请求专利复审委员会复审；

注意：

专利局负责专利的申请、审查和授权，专利复审委员会负责专利争议的处理。

2. 对复审决定不服的，可以自收到通知之日起3个月内以专利复审委员会为被告，向北京市第一中级人民法院提起行政诉讼。这是目前法律的规定。在实践当中北京知识产权法院已经在负责处理此类案件。

五、无效宣告

自国务院专利行政部门公告授予专利权之日起，任何单位或个人认为该专利权的

曹新川讲商法·经济法 2018年国家统一法律职业资格考试专题讲座系列

授予不符合《专利法》有关规定的，可以向专利复审委员会提出宣告该专利权无效的请求，专利复审委员会对这一请求进行审查，作出维持专利权或者宣告专利权无效的决定。

对专利复审委员会宣告专利权无效或者维持专利权的决定不服的，可以自收到通知之日起3个月内向人民法院起诉。人民法院应当通知无效宣告请求程序的对方当事人作为第三人参加诉讼。

> **注意：**
>
> 在诉讼期间，被告申请原告的专利权无效的，如果涉及发明专利的纠纷，法院可以不中止审理。

宣告无效的专利权视为自始不存在。详言之：

1. 对宣告专利权无效前人民法院作出并已执行的专利侵权的判决、裁定，已经履行或者强制执行的专利侵权纠纷处理决定，以及已经履行的专利实施许可合同和专利权转让合同，不具有追溯力；

2. 但因专利权人恶意致人损失的，应予赔偿；

3. 依第1项规则，不返还专利使用费、专利权转让费，明显违反公平原则的，应当全部或者部分返还。

六、专利权终止

（一）法定终止（《专利法》第42条）

发明专利权期限为20年，实用新型、外观设计专利权期限为10年，均自申请日起算；期限届满，自然终止。

甲公司于2000年5月10日申请一项饮料配方的发明，2004年6月1日获得专利权，2006年5月11日与乙公司签订一份专利独占实施许可合同。则该专利独占实施许可合同的有效期最多是多少年？14年。

（二）提前终止（《专利法》第44条）

1. 未依规定缴纳年费的（专利权人应自被授权的当年开始交费）；

2. 专利权人书面声明弃权的。

七、专利权人的独占实施权（《专利法》第11条）

除法律另有规定外，未经专利权人许可，任何他人不得实施其专利。详言之：

（一）对发明与实用新型专利而言

即任何他人不得为生产经营目的制造、使用、许诺销售、销售、进口专利权人之专利产品。

1. 制造权：不得为生产经营目的制造专利产品；

2. 使用权：不得为生产经营目的使用专利方法、专利产品及依专利方法直接获得的产品；

3. 许诺销售权：不得为生产经营目的许诺销售专利产品、依专利方法直接获得的产品；

4. 销售权：不得为生产经营目的销售专利产品、依专利方法直接获得的产品；

5. 进口权：不得为生产经营目的进口专利产品、依专利方法直接获得的产品。

注意：
　　此处针对的是专利产品售出去之前专利权人的权利范围。

（二）对外观设计专利而言

外观设计专利权被授予后，任何单位或者个人未经专利权人许可，都不得实施其专利，即不得为生产经营目的**制造、许诺销售、销售、进口**其外观设计专利产品。

注意：
　　对于外观设计专利产品的使用是不侵权的。

（三）对专利方法而言

不得为生产经营目的，使用专利方法以及**使用、许诺销售、销售、进口**依照该专利方法直接获得的产品。不包括制造行为。

甲公司 2000 年获得一项外观设计专利。乙公司未经甲公司许可，以生产经营为目的制造该专利产品。丙公司未经甲公司许可以生产经营为目的实施了四种行为，请分别回答以下四个问题：①

（1）丙公司使用乙公司制造的该专利产品是否构成侵权？

（2）丙公司销售乙公司制造的该专利产品是否构成侵权？

（3）丙公司许诺销售乙公司制造的该专利产品是否构成侵权？

（4）丙公司使用甲公司制造的该专利产品是否构成侵权？

八、实施许可权

（一）一般含义

专利权人可以许可他人实施其专利技术并收取专利使用费。任何单位或者个人实施他人专利的，应当与专利权人订立实施许可合同，向专利权人支付专利使用费。

注意：
　　被许可人只能自己使用，被许可人无权允许合同规定以外的任何单位或者个人实施该专利。

（二）强制实施许可

1. 含义。它是指国务院专利行政部门依照法律规定，**不经专利权人的同意，直接许可**具备实施条件的申请者实施发明或实用新型专利的一种行政措施。其目的是为了促进获得专利的发明创造得以实施，防止专利权人滥用专利权，维护国家利益和社会公共利益。这是基于社会公共利益要求而对个人权利的必要限制。

2. 适用情形。

（1）有下列情形之一的，国务院专利行政部门根据具备实施条件的单位或者个人的申请，可以给予实施**发明专利或者实用新型专利**的强制许可：

①专利权人自专利权被授予之日起满 3 年，且自提出专利申请之日起满 4 年，无

---

① （1）不构成；（2）构成；（3）构成；（4）不构成。

正当理由未实施或者未充分实施其专利的；

②专利权人行使专利权的行为被依法认定为垄断行为，为消除或者减少该行为对竞争产生的不利影响的（《专利法》第48条）。

（2）在国家出现紧急状态或者非常情况时，或者为了公共利益的目的，国务院专利行政部门可以给予实施发明专利或者实用新型专利的强制许可（《专利法》第49条）。

（3）为了公共健康目的，对取得专利权的药品，国务院专利行政部门可以给予制造并将其出口到符合中华人民共和国参加的有关国际条约规定的国家或者地区的强制许可（《专利法》第50条）。

（4）一项取得专利权的发明或者实用新型比前一已经取得专利权的发明或者实用新型具有显著经济意义的重大技术进步，其实施又有赖于前一发明或者实用新型的实施的，国务院专利行政部门根据后一专利权人的申请，可以给予实施前一发明或者实用新型的强制许可。在依照前述规定给予实施强制许可的情形下，国务院专利行政部门根据前一专利权人的申请，也可以给予实施后一发明或者实用新型的强制许可（《专利法》第51条）。

甲拥有一节能热水器的发明专利权，乙对此加以改进后获得重大技术进步，并取得新的专利权，但是专利之实施有赖于甲的专利之实施，双方又未能达成实施许可协议。那么甲可以申请实施乙之专利的强制许可，乙也可以申请实施甲之专利的强制许可，只是双方在取得实施强制许可后，都需要给付对方使用费。

（5）强制许可涉及的发明创造为半导体技术的，其实施限于公共利益的目的和为消除或者减少垄断行为对竞争产生的不利影响的情形。

3．程序。

（1）强制许可的实施应当主要是为了供应国内市场；

（2）申请人应该提供事先未能得到许可的证明；

（3）专利局作出决定后，应及时通知专利权人，并予以登记、公告；

（4）强制许可理由消除后，应专利权人请求，专利局审查后应作出终止强制许可实施的决定；

（5）强制许可涉及的专利权对象不包括外观设计专利。

4．效力。

（1）被受许可人无独占实施权。

（2）被受许可人无权允许第三人实施。

（3）被受许可人应付给专利权人合理使用费：①数额由双方协商；②协商不成的，由专利局裁决。

关于专利实施强制许可制度的以下判断中，哪一项是不正确的？①

A．强制许可制度只适用于发明专利和实用新型专利

---

① 答案：B。

B. 取得强制许可的单位或个人享有独占的实施权，并且有权允许他人实施

C. 取得强制许可的单位或个人应当付给专利权人合理的使用费

D. 专利权人对专利局关于强制许可的决定不服的，可以在接到通知之日起 3 个月向北京市第一中级人民法院提起诉讼

九、转让权

专利权可以转让。当事人转让专利权的，应当订立书面合同，并向国务院专利行政部门登记，由国务院专利行政部门予以公告。专利申请权或者专利权的转让自登记之日起生效。

甲研究院研制出一种新药技术，向我国有关部门申请专利后，与乙制药公司签订了专利申请权转让合同，并依法向国务院专利行政主管部门办理了登记手续。下列说法是否正确？①

（1）专利申请权的转让合同自向国务院专利行政主管部门登记之日起生效。

（2）如该专利申请因缺乏新颖性被驳回，乙公司可以不能实现合同目的为由请求解除专利申请权转让合同。

十、不授予专利权的情形

1. 违反国家法律。比如说伪造货币的方法，就是由于违背了国家法律，而不能被授予专利权。对违反法律、行政法规的规定获取或者利用遗传资源，并依赖该遗传资源完成的发明创造，不授予专利权。

注意：

发明创造并没有违反国家法律，但是由于其被滥用而违反国家法律的，则不属此列。

2. 违反社会公德。

3. 妨害公共利益。

4. 科学发现：它是指对自然界中客观存在的物质、现象、变化过程及其特性和规律的揭示。

5. 智力活动的规则和方法：没有利用自然规律，也没有解决技术问题和产生技术效果，自然也就不是专利法意义上的发明创造，比如各种游戏、娱乐的规则和方法是不能授予专利权的。

6. 疾病的诊断和治疗方法：之所以不能被授予专利权，原因在于：本身没有利用自然规律；疾病的诊断和治疗过程充满了人为的主观因素；授予专利权不利于治病救人，可能会造成看病费用的上涨。但是药品或医疗器械可以申请专利。

7. 动物和植物品种：

（1）我国对于动物和植物品种不授予专利权，但对于动物和植物品种的生产方法，

---

① 专利申请权的转让合同自签字之日起即生效，专利申请权或者专利权的转让自登记之日起生效，故（1）的说法错误；专利申请权受让人最终未申请专利成功，该风险应该由受让人自己承担才公平，不能以未实现合同目的为由请求解除专利申请权转让合同，故（2）的说法也错误。

可以授予专利权；

（2）植物新品种可申请植物新品种权的保护。虽然我国对植物新品种不给予专利权的保护，但另有《植物新品种保护条例》给予专门的保护。

8. 用原子核变换方法获得的物质。用原子核变换方法所获得的物质，关系到国家的经济、国防、科研和公共生活的重大利益，不宜为单位或私人垄断，因此不能被授予专利权。

9. 对平面印刷品的图案、色彩或者二者的结合作出的主要起标识作用的设计。这种设计更多是采用《商标法》的相关规定来保护。

1. 范某的下列有关骨科病预防与治疗方面研究成果中，哪些可在我国申请专利？①

A. 发现了导致骨癌的特殊遗传基因

B. 发明了一套帮助骨折病人尽快康复的理疗器械

C. 发明了如何精确诊断股骨头坏死的方法

D. 发明了一种高效治疗软骨病的中药制品

2. 关于下列成果可否获得专利权的判断，说法是否正确？②

（1）乙设计的新型医用心脏起博器，能迅速使心脏重新跳动，该起博器不能被授予专利权。

（2）丙通过转基因方法合成一种新细菌，可过滤汽油的杂质，该细菌属动物新品种，不能被授予专利权。

（3）丁设计的儿童水杯，其新颖而独特的造型既富美感，又能防止杯子滑落，该水杯既可申请实用新型专利权，也可申请外观设计专利权。

附：最高人民法院《关于审理侵犯专利权利纠纷案件应用法律若干问题的解释（二）》（以下简称《专利法解释（二）》）的重要问题。

第2条 权利人在专利侵权诉讼中主张的权利要求被专利复审委员会宣告无效的，审理侵犯专利权纠纷案件的人民法院可以裁定驳回权利人基于该无效权利要求的起诉。

有证据证明宣告上述权利要求无效的决定被生效的行政判决撤销的，权利人可以另行起诉。

专利权人另行起诉的，诉讼时效期间从本条第2款所称行政判决书送达之日起计算。

【解析】 此为提高专利侵权诉讼的审理效率。在专利复审委员会作出宣告专利权无效的决定后，审理专利侵权纠纷案件的法院可以裁定"驳回起诉"，无需等待行政诉讼的最终结果，并通过"另行起诉"给权利人以司法救济途径。之所以采用从程序上裁定驳回起诉，而非实体上判决驳回诉讼请求，主要是考虑若无效决定被行政裁判推翻，则权利人仍可另行起诉。

第21条 明知有关产品系专门用于实施专利的材料、设备、零部件、中间物等，未经专利权人许可，为生产经营目的将该产品提供给他人实施了侵犯专利权的行为，权利人主张该提供者的行为属于侵权责任法第九条规定的帮助他人实施侵权行为的，

---

① 答案：B、D。

② （1）（2）说法错误，（3）说法正确。

人民法院应予支持。

明知有关产品、方法被授予专利权，未经专利权人许可，为生产经营目的积极诱导他人实施了侵犯专利权的行为，权利人主张该诱导者的行为属于侵权责任法第九条规定的教唆他人实施侵权行为的，人民法院应予支持。

【解析】间接侵权人明知其提供的零部件等能用于生产侵犯专利权的产品，仍然提供给侵权人实施。间接侵权人具有明显的恶意，故将其纳入侵权责任法第九条规制的范围。

第 25 条 为生产经营目的使用、许诺销售或者销售不知道是未经专利权人许可而制造并售出的专利侵权产品，且举证证明该产品合法来源的，对于权利人请求停止上述使用、许诺销售、销售行为的主张，人民法院应予支持，但被诉侵权产品的使用者举证证明其已支付该产品的合理对价的除外。

本条第一款所称不知道，是指实际不知道且不应当知道。本条第一款所称合法来源，是指通过合法的销售渠道、通常的买卖合同等正常商业方

式取得产品。对于合法来源，使用者、许诺销售者或者销售者应当提供符合交易习惯的相关证据。

【解析】实践中，侵权产品的使用者通常不知道也不应当知道其购买的是侵权产品，因使用者在侵权行为链条的末端，容易被权利人发现，故权利人往往选择起诉使用者。即使制造者、销售者和使用者均为共同被告，若依照《专利法》第 70 条，使用者仅免除赔偿损失，其仍应承担停止使用的侵权责任。若不停止使用，则需支付专利使用费，作为不停止使用的替代，这样更为公平。

曹新川讲商法·经济法 2018年国家统一法律职业资格考试专题讲座系列

专题三十四
商标专用权

2013 年 8 月 30 日修正后的《商标法》共 8 章，计 73 条。2014 年 4 月 29 日中华人民共和国国务院令第 651 号修订《商标法实施条例》，共 10 章，计 98 条。以上两个立法文件主要规定的问题有：（1）商标的种类及构成；（2）商标注册的申请、审查、核准程序；（3）注册商标的续展；（4）注册商标的转让、许可使用；（5）注册商标的注销和撤销；（6）商标使用的管理；（7）注册商标专用权的保护。

难点是商标构成要件、商标侵权行为的表现形式和驰名商标的保护，要注意比较著作权、专利权、商标权的异同。

本专题分析上述第（1）～（6）个问题，第（7）个问题放在"专题三十五——知识产权侵权及救济"中阐述。

一、商标的种类

商标是指经营者在商品或服务项目上使用的，将自己经营的商品或提供的服务与其他经营者经营的商品或提供的服务区别开来的一种商业识别标志。自然人、法人或者其他组织在生产经营活动中，对其商品或者服务需要取得商标专用权的，应当向商标局申请商标注册。可分为：

（一）商品商标

商品商标指生产经营者在生产、制造、加工、拣选或经销的有形商品上使用的标记，用来区别不同生产者和经营者，又分为制造商标、销售商标等。

（二）服务商标

1. 服务商标，是用以标示和区别无形商品，即服务、劳务的商标，使用者多为从事餐饮、宾馆、娱乐、旅游、广告等服务的经营者。例如，某理发店为了宣传的需要，注册了"一剪梅"商标，该商标就属于服务商标。

2. 若无特别规定，商标法关于商品商标的规定，适用于服务商标。

（三）集体商标

1. 定义。集体商标是以团体、协会、其他组织（下称"注册人"）名义注册，供该组织成员在商事活动中使用，以表明其组织成员资格的标志。

注意：

集体商标表明使用该商标的经营者或服务的提供者属于同一组织，如铁路、银行、电信的标志就属于集体商标。

2. 相关规定。地理标志是指标示某商品来源于某地区，该商品的特定质量、信誉或者其他特征，主要由该地区的自然因素或者人文因素所决定的标志。原则上，商标中有商品的地理标志而该商品并非源于该标志所标志的地区、误导公众的，不予注册并禁止使用。但是，已经善意注册的继续有效。

以地理标志作为集体商标注册的，其商品符合使用该地理标志条件的自然人、法人或者其他组织，可以要求参加以该地理标志作为集体商标注册的团体、协会或者其他组织，该团体、协会或者其他组织应当依据其章程接纳为会员；不要求参加以该地理标志作为集体商标注册的团体、协会或者其他组织的，也可以正当使用该地理标志，该团体、协会或者其他组织无权禁止。

（四）证明商标

1. 定义。证明商标是由对某商品、服务具有监督能力的组织所控制，而由该组织以外的人使用于其商品、服务上，用以证明该商品、服务的特定品质的标志。如绿色食品标志、真皮标志、安全认证标志等就是证明商标。显然在证明商标中，商标注册者和使用者没有隶属关系。

2. 相关规定。以地理标志作为证明商标注册的，其商品符合使用该地理标志条件的自然人、法人或者其他组织可以要求使用该证明商标，控制该证明商标的组织应当允许。

花果山市出产的鸭梨营养丰富，口感独特，远近闻名，当地有关单位拟对其采取保护措施，请回答下列问题：①

（1）可否将"花果山"申请注册为集体商标，使用于鸭梨上？

（2）可否将"花果山"申请注册为证明商标，使用于鸭梨上？

注意：

以上两种情况注册的主体是不一样的。

（五）立体商标

立体商标是由产品的容器、包装、外形以及其他具有立体外观的三维标志构成的商标。

注意：

以立体商标作为商标与我们通常所见的一个平面上的商标图案不一样，它是以一个立体的形态出现，这种形态可以出现在商品的外形上，也可以表现在商品容器上或其他地方。比如可口可乐的玻璃瓶形状其实就是可口可乐的立体商标。

（六）驰名商标

1. 定义。驰名商标是指在一定地域范围内享有较高声誉，具有较高知名度并为相关公众知晓的商标。认定驰名商标应当考虑下列因素：（1）相关公众对该商标的知晓程度；（2）该商标使用的持续时间；（3）该商标的任何宣传工作的持续时间、程度和地理范围；（4）该商标作为驰名商标受保护的记录；（5）该商标驰名的其他因素。

2. 相关规定。《商标法》对驰名商标进行特殊保护，其措施如下：

（1）就相同、类似商品申请注册的商标是复制、摹仿、翻译他人未在中国注册的驰名商标，容易导致混淆的，不予注册并禁止使用（《商标法》第13条第2款）。

---

① （1）可以；（2）可以。

未在中国注册的驰名商标，亦受保护，是同类保护。

（2）就不相同、不相类似商品申请注册的商标是复制、摹仿、翻译他人已经在中国注册的驰名商标，误导公众，致使该驰名商标注册人的利益可能受到损害的，不予注册并禁止使用（《商标法》第 13 条第 3 款）。

对已在中国注册的驰名商标实行全方位保护，范围及于不相同、不相类似者。

（3）已经注册的商标，违反本法第 13 条第 2 款和第 3 款、第 15 条、第 16 条第 1 款、第 30 条、第 31 条、第 32 条规定的，自商标注册之日起 5 年内，在先权利人或者利害关系人可以请求商标评审委员会宣告该注册商标无效。对恶意注册的，驰名商标所有人不受 5 年的时间限制（《商标法》第 45 条第 1 款）。

（1）该规定是对驰名商标的特别保护，即对恶意抢注等行为，驰名商标所有人宣告无效的权利行使无期间限制。（2）将与他人注册商标相同或者相近似的文字注册为域名，并且通过该域名进行相关商品交易的电子商务，容易使相关公众产生误认的，这种行为也是侵犯他人注册商标专用权的行为，同样的情况还包括不可以将与他人注册商标相同或者相近似的文字注册为企业的商号（最高人民法院《关于审理商标民事纠纷案件适用法律若干问题的解释》第 1 条）。

H 市的甲公司生产啤酒，申请注册的"向阳花"文字商标被国家有关部门认定为驰名商标。那么其他公司就不可以将"向阳花"作为自己的商号登记使用，也不可以将"向阳花"注册为域名，同样也不可以在自己生产的农药产品上使用"向阳花"商标。

（1）未注册商标也保护，但只针对驰名商标；（2）未注册驰名商标是同类保护，注册的驰名商标是跨类保护；（3）侵犯未注册的驰名商标的，后果是停止实施，不要求赔偿责任。侵犯注册的驰名商标，后果不仅要停止实施，还要求赔偿损失。

特殊规定：生产、经营者不得将"驰名商标"字样用于商品、商品包装或者容器上，或者用于广告宣传、展览以及其他商业活动中。

（七）注册商标、未注册商标

注册商标是指经国家商标主管机关核准注册而使用的商标。未注册商标，是指未经国家商标主管机关核准注册而自行使用的商标。

1.《商标法》对商标注册的要求原则上采取自愿原则，商标使用人可自行决定其使用的商标是否申请注册。但《商标法》原则上只保护注册商标，对未注册而使用的商标原则上不保护（但《商标法》第 32 条例外）。

未注册商标的所有人可以随时改变其商标；未注册商标的所有人可以完全按照自己的意愿自由处分其拥有的商标。

2. 未注册的商标已经使用并有一定的影响，被他人以不正当手段抢先注册，未注册商标所有人才可依据《商标法》第 32 条、第 45 条的规定对抗抢注者。

3. 对法律、行政法规规定必须使用注册商标的商品，实行强制注册原则，未经核准注册的，不得在市场上销售。

4. 目前，实行强制注册的商品，主要指烟草制品。其他商品既可以使用注册商标，也可以使用未注册商标，此类商品仍然是可以销售的。

注意:

注册商标所有人可以排除他人在同一种商品或类似商品上注册相同或近似的商标；而未注册商标使用上则无权排除他人在同一种商品或类似商品上注册相同或近似的商标。若其不申请注册，就可能被他人在没有恶意的情况下抢先注册。

二、作为商标的标志

包括文字、图形、字母、数字、三维标志、颜色组合和声音，以及上述要素的组合，均可以作为商标申请注册。

注意:

2013 年《商标法》的修改，增加了声音也可以被注册为商标，这个变化要引起重视。

（一）作为商标标志的条件

任何可将自己的商品与他人商品区别开的标志，只要符合以下条件，均可作为商标申请注册:

（1）显著性；

（2）便于识别；

（3）不得与他人在先取得的合法权利相冲突。

在先权利如外观设计专利权、著作权、姓名权、肖像权、商号权、特殊标志专用权、奥林匹克标志专有权、知名商品特有名称、包装、装潢专用权等。

（二）不得作为商标使用或注册的标志

《商标法》区别了不能作为商标使用的标志和不能作为商标注册的标志。

1. 不能作为商标使用的标志。

（1）《商标法》第 10 条第 1 款所列八项标志:

①同中华人民共和国的国家名称、国旗、国徽、国歌、军旗、军徽、军歌、勋章等相同或者近似的，以及同中央国家机关的名称、标志、所在地特定地点的名称或者标志性建筑物的名称、图形相同的。

②同外国的国家名称、国旗、国徽、军旗相同或者近似的，但该国政府同意的除外。这一规定体现了我国对外国国家和军队的尊重。

③同政府间国际组织的名称、旗帜、徽记相同或者近似的，但经该组织同意或者不易误导公众的除外。这一规定体现了我国对政府间国际组织的尊重。

④与表明实施控制、予以保证的官方标志、检验印记相同或者近似的，但经授权的除外。例如，卫生检疫部门在肉类上面使用的蓝色检验检疫标记；专门用于纯金制品上的"纯金标志"等。

⑤同"红十字""红新月"的名称、标志相同或者近似的。

⑥带有民族歧视性的。

⑦带有欺骗性，容易使公众对商品的质量等特点或者产地产生误认的。这种行为最主要的是违背了民法所确立的诚实、信用原则，同时也违背了良好的商业道德和习惯。例如，某保健品上使用了"百病消"商标，这种做法是夸大宣传，带有欺骗性，不符合法律规定，该商标也是不可以继续使用的。

⑧有害于社会主义道德风尚或者有其他不良影响的。例如，色情的文字、图形。

（2）县级以上行政区划的地名或公众知晓的外国地名，但有以下例外：

①地名具有其他含义或作为集体商标、证明商标组成部分的。比如"长安"汽车。

②已经注册使用地名的商标继续有效。比如"青岛"啤酒。

③商标中有商品的地理标志，而该商品并非来源于该标志所标示的地区，误导公众的，不予注册并禁止使用。

河川县盛产荔枝，远近闻名。该县成立了河川县荔枝协会，申请注册了"河川"商标，核定使用在荔枝商品上，许可本协会成员使用。加入该荔枝协会的农户将有"河川"商标包装的荔枝批发给盛联超市销售。判断下列说法的正误？①

（1）"河川"商标是集体商标。

（2）"河川"商标是证明商标。

（3）"河川"商标使用了县级以上行政区划名称，应被宣告无效。

2. 不能作为商标注册的标志。即原则上不得注册，但经过使用取得显著特征，并便于识别的，可以作为商标注册。

注意：

该标志作为非注册商标使用不受法律禁止。

（1）仅有本商品的通用名称、图形、符号的。将通用名称、图形、符号作为商标使用可能损害同行业其他从业者的利益，有悖于公平竞争原则，同时这些标志本身也不具有区别不同经营者的功能。

（2）仅直接表示商品的质量、数量、重量、功能、用途、主要原料及其他特点的。

注意：

法律所禁止的仅仅是直接表示商品的质量、主要原料、功能、用途、重量、数量及其他特点，而不是间接表示。

（3）缺乏显著特征的。过于简单的图案，不具有识别性，不能注册为商标。

上述（1）～（3）项的标志，经过使用取得显著特征，便于识别的，可作为商标注册（《商标法》第11条第2款）。

（4）以三维标志申请注册商标的，仅由商品自身的性质产生的形状、为获得技术效果而需有的商品形状或者使商品具有实质性价值的形状，不得注册。因为这三种情况都伤害了同行业经营者的利益。

① （1）说法正确，（2）（3）说法错误。

三、商标注册的申请、审查、核准程序

（一）申请

1. 申请人。自然人、法人、其他组织（包括个体工商户、合伙企业等）均可。两个以上的自然人、法人或者其他组织共同向商标局申请注册同一商标，申请被核准后，共同申请人共同享有和行使该商标权。

2. 申请代理。

（1）中国单位和个人在中国申请商标注册或者办理其他商标事宜，可以自行办理，也可以委托依法设立的商标代理机构办理。外国人在中国申请商标注册的，应当委托国家认可的具有商标代理资格的组织代理。

> **注意：**
> 对于外国人在中国申请商标注册实行强制代理。

商标代理机构知道或者应当知道委托人申请注册的商标属于《商标法》第15条和第32条规定情形的，不得接受其委托。商标代理机构除对其代理服务申请商标注册外，不得申请注册其他商标。

> **注意：**
> 商标代理机构只能替别人申请商标，不能为自己注册。

（2）未经授权，代理人、代表人以自己名义将被代理人、被代表人的商标进行注册，后者提出异议的，不予注册并禁止使用（第15条）。

申请商标注册不得损害他人现有的在先权利，也不得以不正当手段抢先注册他人已经使用并有一定影响的商标（第32条）。

就同一种商品或者类似商品申请注册的商标与他人在先使用的未注册商标相同或者近似，申请人与该他人具有前款规定以外的合同、业务往来关系或者其他关系而明知该他人商标存在，该他人提出异议的，不予注册。

3. 申请规则（《商标法》第22~24条、第41条）。

（1）申请在先原则。两个或者两个以上的申请人，在同一种商品或者类似商品上，分别以相同或者近似的商标在同一天申请注册的，各申请人应当自收到商标局通知之日起30日内提交其申请注册前在先使用该商标的证据。同日使用或者均未使用的，各申请人可以自收到商标局通知之日起30日内自行协商，并将书面协议报送商标局；不愿协商或者协商不成的，商标局通知各申请人以抽签的方式确定一个申请人，驳回其他人的注册申请。商标局已经通知但申请人未参加抽签的，视为放弃申请，商标局应当书面通知未参加抽签的申请人。总结两个以上申请人申请同一种商标的具体解决原则：

①初步审定并公告申请在先者（申请在先原则）；

②同一天申请的，初步审定并公告使用在先者（使用在先原则）；

③同日使用或均未使用的，在收到通知之日起30日内由当事人协商，并报书面协议给商标局；

④协商不成的，以抽签方式确定一个申请人；已经通知但未参加抽签的，视为放弃申请。

曹新川讲商法·经济法 2018年国家统一法律职业资格考试专题讲座系列

（2）自愿注册原则。商标使用人是否申请商标注册取决于自己的意愿。商标注册人申请商标注册前，他人已经在同一种商品或者类似商品上先于商标注册人使用与注册商标相同或者近似并有一定影响的商标的，注册商标专用权人无权禁止该使用人在原使用范围内继续使用该商标，但可以要求其附加适当区别标识。

（3）商标注册申请人应当按规定的商品分类表填报使用商标的商品类别和商品名称，提出注册申请。

（4）商标注册申请人可以通过一份申请就多个类别的商品申请注册同一商标。

（5）注册商标需要在核定使用范围之外的商品上取得商标专用权的，应当另行提出注册申请。

（6）需改变注册人名义、地址及其他注册事项的，应提出变更申请。

（7）需改变其标志的，应重新提出注册申请。

（8）禁止抢注：不得损害他人现有的在先权利，不得以不正当手段抢注他人已经使用并有一定影响的商标（《商标法》第32条）。

甲公司是《保护工业产权巴黎公约》成员国A国的企业，于2012年8月1日向A国在牛奶产品上申请注册"白雪"商标被受理后，又于2013年5月30日向我国商标局申请注册"白雪"商标，核定使用在牛奶、糕点和食品容器这三类商品上。判断下列说法的正误？①

（1）甲公司应委托依法设立的商标代理机构代理申请商标注册。

（2）甲公司必须提出三份注册申请，分别在三类商品上申请注册同一商标。

（3）如商标局在异议程序中认定"白雪"商标为驰名商标，甲公司可在其牛奶包装上使用"驰名商标"字样。

4. 申请日（《商标法实施条例》第18条）。商标注册的申请日期，以商标局收到申请文件的日期为准。

当事人向商标局或者商标评审委员会提交文件或者材料的日期，直接递交的，以递交日为准；邮寄的，以寄出的邮戳日为准；邮戳日不清晰或者没有邮戳的，以商标局或者商标评审委员会实际收到日为准，但是当事人能够提出实际邮戳日证据的除外。

5. 优先权（《商标法》第25~26条）。

（1）商标注册申请人自其商标在外国第一次提出商标注册申请之日起6个月内，又在中国就相同商品以同一商标提出商标注册申请的，依照该外国同中国签订的协议或者共同参加的国际条约，或者按照相互承认优先权的原则，可以享有优先权。

---

① （1）说法正确，（2）（3）说法错误。

商标注册申请人自其在某外国第一次提出商标注册申请之日起 6 个月内，又在中国就相同商品以同一商标提出注册申请的，依据下列哪些情形可享有优先权？①

　　A. 该外国同中国签订的协议　　　　　　B. 该外国同中国共同参加的国际条约
　　C. 该外国同中国相互承认优先权　　　　D. 该外国同中国有外交关系

　　（2）商标在中国政府主办的或者承认的国际展览会展出的商品上首次使用的，自该商品展出之日起 6 个月内，该商标的注册申请人可以享有优先权。

　　（3）要求优先权的，应在申请时书面声明，且在 3 个月内提交相关证据；未提出书面声明或逾期未提交证明文件的，视为未要求优先权。

> **注意：**
>
> 　　优先权原则的主要作用在于使商标所有人在第一次提出申请后有充足的时间考虑还需要在哪些成员国提出申请，他无须担心在这段时间内别人以同样的商标在他国抢先进行商标注册。

　　（二）初审
　　商标局对受理的商标注册申请，依法应当在收到申请文件之日起 9 个月内审查完毕。对符合商标法规定的，予以初步审定公告。

　　（三）权利救济
　　1. 针对驳回申请、不予公告的决定的救济。
　　（1）凡对商标局作出的驳回申请、不予公告的决定不服者，以及对商标局就异议作出的裁定不服者，均可在收到通知 15 日内申请商标评审委员会复审，商标评审委员会应当自收到申请之日起 9 个月内做出决定，并书面通知申请人。有特殊情况需要延长的，经国务院工商行政管理部门批准，可以延长 3 个月。
　　（2）凡对上述复审裁定不服者，均可自收到通知之日起 30 日内向法院提起行政诉讼；
　　（3）异议当事人一方提起诉讼的，对方当事人作为第三人参加诉讼。
　　2. 对初步审定公告的商标提出异议的救济。
　　（1）商标局应当听取异议人和被异议人陈述事实和理由，经调查核实后，自公告期满之日起 12 个月内做出是否准予注册的决定，并书面通知异议人和被异议人。有特殊情况需要延长的，经国务院工商行政管理部门批准，可以延长 6 个月。
　　（2）商标局做出准予注册决定的，发给商标注册证，并予公告。异议人不服的，可以依照《商标法》第 44~45 条的规定向商标评审委员会请求宣告该注册商标无效。
　　（3）商标局做出不予注册决定，被异议人不服的，可以自收到通知之日起 15 日内向商标评审委员会申请复审。商标评审委员会应当自收到申请之日起 12 个月内做出复审决定，并书面通知异议人和被异议人。有特殊情况需要延长的，经国务院工商行政管理部门批准，可以延长 6 个月。被异议人对商标评审委员会的决定不服的，可以自收到通知之日起 30 日内向人民法院起诉。人民法院应当通知异议人作为第三人参加诉讼。

---

　　① 答案：A、B、C。

曹新川讲商法·经济法

2018 年国家统一法律职业资格考试专题讲座系列

（四）核准并公告

法定期限届满，当事人对商标局做出的驳回申请决定、不予注册决定不申请复审或者对商标评审委员会做出的复审决定不向人民法院起诉的，驳回申请决定、不予注册决定或者复审决定生效。

1. 凡属下列情形之一者，商标局要予以核准注册，发给商标注册证：

（1）初审后公告 3 个月，期满无异议的；

（2）有异议，但（商标局、商标评审委员会或人民法院）生效裁定认定异议不成立的。

2. 凡予以核准注册的，要予以公告。

3. 商标注册申请人取得商标专用权的日期是自核准注册之日起计算；但经裁定异议不成立而核准注册的，应自初审公告 3 个月期满之日起计算。

4. 自该商标公告期满之日起至准予注册决定做出前，对他人在同一种或者类似商品上使用与该商标相同或者近似的标志的行为不具有追溯力；但是，因该使用人的恶意给商标注册人造成的损失，应当给予赔偿。

四、商标专用权期限

（一）有效期间

注册商标的有效期为 10 年，自核准注册之日起计算。

（二）续展

1. 每次续展注册的有效期为 10 年。但期满后商标所有人需要继续使用该商标并维持专用权的，可以通过续展注册延长商标权的保护期限。

2. 续展期为每次期满前 12 个月以及期满后 6 个月。续展注册应当在有效期届满前 12 个月内办理；在此期间未能提出申请的，有 6 个月的宽展期。宽展期仍未提出申请的，注销其注册商标。

注意：

　　宽展期内商标未被注销，商标权就依然存在。

3. 续展注册没有次数的限制。

注意：

　　商标权是一个相对永久权，不同于著作权和专利权。

4. 第 2 项期间未提出申请者，注销其注册商标。

5. 注销之日起 1 年内，商标局对与该商标相同、近似的申请，仍不予核准，这样做是为了保护原商标权人的利益。

注意：

　　（1）只有商标能续展，次数没有限制，专利权、著作权不能续展。

　　（2）提出续展申请的时间是每次期满前 12 个月以及期满后 6 个月。

　　（3）续展不管何时通过，下一个 10 年的续展，自上次期满的次日起算。

【图示】

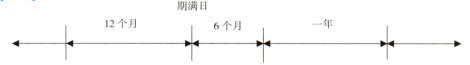

6. 商标注册人死亡、终止的，商标专用权可依法移转给其继承人。但在死亡、终止之日起1年内未办理移转手续的，任何人可申请注销该注册商标。一经注销，该注册商标专用权自注册人死亡、终止之日起终止。

五、注册商标的转让、移转、许可使用

（一）转让转让权是指注册商标所有人将其注册商标转移给他人所有的权利。

1. 双方应订立书面转让协议。

2. 双方应共同向商标局提交转让申请书。

3. 转让注册商标申请手续应当由转让人和受让人共同办理。

4. 经商标局核准后，予以公告，受让人自公告之日起享有专用权。

5. 注册人对其在同一种或者类似商品上注册的相同或者近似的商标，应一并转让，未一并转让的，由商标局通知其限期改正；期满未改正的，视为放弃转让该注册商标的申请，商标局应当书面通知申请人。对容易导致混淆或者有其他不良影响的转让，商标局不予核准，书面通知申请人并说明理由。否则，商标局通知其限期改正，期满不改的，视为放弃转让申请。

6. 转让后，受让人应保证使用该注册商标的商品质量。

7. 注册商标的转让不影响转让前已经生效的商标使用许可合同的效力，但商标使用许可合同另有约定的除外。

> **注意：**
> 转让商标一般是有偿的，也可以是无偿的，无论有偿还是无偿都需要履行法定的手续。

（二）移转

因转让以外的原因（如赠与、继承等）发生移转的，受让当事人应办理相关移转手续；专用权人在同一种或者类似商品上注册的相同或者近似的商标，应一并移转；否则，商标局通知其限期改正，期满不改的，视为放弃移转申请。

（三）许可使用

1. 许可权是注册商标所有人许可他人使用其注册商标的权利。许可他人使用商标，并没有转让商标的所有权，商标注册人可以通过签订商标使用许可合同，许可他人使用其商标。

> **注意：**
> 只有注册商标才可以许可使用。

商标使用许可合同包括三类：普通使用许可；排他使用许可；独占使用许可。商标许可使用三种形式之间的区别：

（1）普通使用许可：即商标注册人许可他人在合同范围内使用其注册商标，并可自行使用和许可他人使用该注册商标。

（2）排他使用许可：即商标注册人将该注册商标仅许可一个被许可人使用，并可自行使用，但不得另行许可他人使用该注册商标。

（3）独占使用许可：即商标注册人将该商标仅许可一个被许可人使用，不得自行使用也不得另行许可他人使用。

2. 在发生商标权被侵害时，独占使用许可合同的被许可人可以以自己的名义向法

院起诉或者向工商管理机关投诉；排他使用许可合同的被许可人可以和商标注册人共同起诉，也可以在商标注册人不起诉的情况下，自行提起诉讼；普通许可合同的被许可人经商标注册人明确授权，可以提起诉讼。从程序上来讲，需要：

（1）双方应签订书面合同。

（2）许可人应在该合同签订之日起 3 个月内将合同副本送商标局备案。

注意：

未经备案的，不影响该许可合同的效力，但不得对抗善意第三人。也就是说，备案不是合同的生效要件，而是对抗要件。

3. 双方对外的权利义务：许可人应监督被许可人使用其注册商标的商品质量（在转让合同中，转让人无此义务）；被许可人应保证使用该注册商标的商品质量，被许可人还应当在使用该注册商标的商品上标明自己的名称和商品产地。

A 市甲厂是某种饮料的商标注册人，在与 B 市乙厂签订的该商标使用许可合同中，特别约定乙厂使用甲厂商标的饮料全部使用甲厂的包装瓶，该包装瓶仅标注甲厂的名称和产地。该合同未报商标局备案即付诸履行。请回答下列问题：①

（1）该商标使用许可合同是否无效？

（2）该特别约定是否有效？

（3）乙厂使用甲厂包装瓶的行为是否侵犯了甲厂的企业名称权？

（4）乙厂使用甲厂的包装瓶是否侵犯了消费者的知情权？

六、注册商标的注销、撤销

（一）注册商标的注销

注册商标的注销是商标主管机关基于某些原因取消注册商标的一种管理措施，是商标权的正常消灭情况。包括下列情况：

1. 注册商标法定期限届满，未续展和续展未获批准的；

2. 商标注册人申请注销其注册商标或者注销其商标在部分指定商品上的注册；

3. 商标注册人死亡或者终止，自死亡或者终止之日起 1 年期满，该注册商标没有办理转移手续的，任何人可以向商标局申请注销该注册商标。

（二）注册商标的撤销

注册商标的撤销是商标局对违法使用商标的注册人依法强制取消已经注册的商标的一种强制性法律措施，也是违法者应当承担的行政法律责任，可以依法申请复审，依法提起行政诉讼。详言之，商标注册人有下列行为之一的，由商标局责令限期改正或者撤销其注册商标：

1. 自行改变注册商标的。

2. 自行改变注册商标的注册人名义、地址或者其他注册事项的。

3. 注册商标成为其核定使用的商品的通用名称或者没有正当理由连续 3 年不使用的，任何单位或者个人可以向商标局申请撤销该注册商标。

商标局应当自收到申请之日起 9 个月内做出决定。有特殊情况需要延长的，经国

---

① （1）有效；（2）无效；（3）没有；（4）是的。

务院工商行政管理部门批准，可以延长3个月。

对商标局撤销注册商标的决定，当事人不服的，可以自收到通知之日起15日内向商标评审委员会申请复审，由商标评审委员会在9个月内作出决定，并书面通知申请人。有特殊情况需要延长的，经国务院工商行政管理部门批准，可以延长3个月。当事人对商标评审委员会的决定不服的，可以自收到通知之日起30内向人民法院起诉。

（三）注册商标的无效宣告

无效宣告程序与注册商标的撤销程序均可能导致注册商标不再有商标权的结果，但无效宣告程序通常是导致商标权自始无效，注册商标的撤销则是导致被撤销的注册商标从撤销之日起丧失商标权。

1. 注册商标不涉及侵害他人民事权益情形下的无效宣告。已经注册的商标，违反《商标法》第10~12条规定的，或者是以欺骗手段或者其他不正当手段取得注册的，由商标局宣告该注册商标无效；其他单位或者个人可以请求商标评审委员会宣告该注册商标无效。

2. 注册商标侵害他人民事权益情形下的无效宣告。已经注册的商标。违反《商标法》第13条第2款和第3款、第15条、第16条第1款、第30~32条规定的，自商标注册之日起5年内，在先权利人或者利害关系人可以请求商标评审委员会宣告该注册商标无效。对恶意注册的，驰名商标所有人不受5年的时间限制。

韦某开设了"韦老四"煎饼店，在当地颇有名气。经营汽车配件的个体户肖某从外地路过，吃过后赞不绝口。当发现韦某尚未注册商标时，肖某就餐饮服务注册了"韦老四"商标。肖某的商标注册恶意侵犯韦某的在先权利，韦某可否随时请求宣告该注册商标无效？不可以。必须在商标注册之日起5年之内提起。

3. 注册商标宣告无效的法律后果。注册商标被宣告无效的，其商标权视为自始不存在。有关宣告注册商标无效的决定或者裁定，对在无效前人民法院作出并已执行的商标侵权案件的判决、裁定、调解书，工商行政管理部门作出并已执行的商标侵权案件的处理决定，以及已经履行的商标转让或者使用许可合同，不具有追溯力；但是，因商标注册人恶意给他人造成的损失，应当给予赔偿。依照前述规定不返还商标侵权赔偿金、商标转让费、商标使用费明显违反公平原则的，应当全部或者部分返还。

上述规定既有效地避免了过多地纠缠历史旧账，又有效地防止了恶意给他人造成损失者钻法律的空子。

注意：

依照前款规定不返还商标侵权赔偿金、商标转让费、商标使用费，明显违反公平原则的，应当全部或者部分返还。

已经执行完备的才不具有溯及力，如果只是作出判决，没有执行、履行的则具有溯及力。

甲公司为其牛奶产品注册了"润语"商标后，通过签订排他许可合同许可乙公司

曹新川讲商法·经济法
2018年国家统一法律职业资格考试专题讲座系列

使用。丙公司在其酸奶产品上使用"润雨"商标，甲公司遂起诉丙公司停止侵害并赔偿损失，人民法院判决支持了甲公司的请求。在该判决执行完毕后，"润语"注册商标因侵犯丁公司的著作权被依法撤销。[①]

（1）甲公司与乙公司的许可合同应当认定为无效合同，乙公司应当申请返还许可费，该说法是否正确？

（2）甲公司和乙公司可以作为共同原告起诉丙公司吗？

七、商标使用的管理

（一）注册商标的使用管理

1. 注册商标所有人可以排除他人在同一种商品或类似商品上注册相同或近似的商标；

2. 注册商标被他人假冒使用，构成商标侵权，商标权人可以请求非法使用人承担法律责任。违法经营额5万元以上的，可以处违法经营额20%以下的罚款，没有违法经营额或者违法经营额不足5万元的，可以处1万元以下的罚款。

3. 注册商标中含有本商品的通用名称、图形、型号，或者直接标示商品的质量、主要原料、功能、用途、重量、数量及其他特点或者含有地名，注册商标专用权人无权禁止他人正当使用。

（二）未注册商标的使用管理

有下列情形之一的，由地方工商局予以制止、限期改正、通报、罚款：

1. 冒充注册商标的；

2. 违反《商标法》第10条规定的；

3. 粗制滥造，以次充好，欺骗消费者的。

（三）权利救济

1. 对商标局作出的撤销或不予撤销注册商标决定不服的，可在收到通知之日起15日内申请商标评审委员会复审，商标评审委员会应当自收到申请之日起9个月内做出决定，并书面通知当事人。有特殊情况需要延长的，经国务院工商行政管理部门批准，可以延长3个月。

2. 对复审决定不服的，可在收到通知之日起30日内向法院提起行政诉讼。

---

① （1）不正确。（2）可以。

专题三十五

知识产权侵权及救济

《著作权法》《专利法》《商标法》及其实施条例（细则）关于著作权、专利权、商标权受侵害及其权利救济的规定十分相似，有些规定基本上都是完全相同的，所以本书将三者关于知识产权保护的规定放在一个专题里面加以比较讨论，主要问题包括：（1）各自的侵权形态；（2）不视为侵权的具体形态；（3）侵权赔偿额的确定方式；（4）权利救济方式及其关系；（5）诉讼保全措施。

一、概述

商标权、专利权又被统称为工业产权，对工业产权以及非专利技术（即技术秘密，属于商业秘密的一种）的侵犯，常常可能又构成了不正当竞争行为。比如，《反不正当竞争法》第 5 条所规定的不正当竞争行为，即为假冒、擅自使用注册商标、知名商品的名称、企业名称或他人姓名的行为。再比如，最高人民法院《关于审理不正当竞争民事案件应用法律若干问题的解释》第 17 条第 1 款规定：确定《反不正当竞争法》第 10 条规定的侵犯商业秘密行为的损害赔偿额，可以参照确定侵犯专利权的损害赔偿额的方法进行；确定《反不正当竞争法》第 5 条、第 9 条、第 14 条规定的不正当竞争行为的损害赔偿额，可以参照确定侵犯注册商标专用权的损害赔偿额的方法进行。可见，对不正当竞争行为的赔偿数额的确定，是可以比照专利、商标侵权而定的。实际上，许多注册商标与企业商号、知名商品的名称也是一致的，这更加强了《商标法》与《反不正当竞争法》的联系。同时，商标权人对于作为注册商标的文字也是可以主张著作权的。这告诉我们，在广义的知识产权侵权行为的认定问题上，一定要将《著作权法》《专利法》《商标法》《反不正当竞争法》以及《合同法》中关于技术合同的规定联系起来，作为一个有机体系来整体把握。

某杂志社的期刊名称设计新颖，具有独特的含义，并且产生了广泛而良好的社会声誉，请问可以通过哪些法律规定来最大限度地保护当事人的利益？《著作权法》《商标法》《反不正当竞争法》。

【提示】 期刊名称设计新颖可以受到《著作权法》的保护；期刊名称使用在期刊上，可以申请注册商标；期刊名称作为知名商品的名称，可以受到《反不正当竞争法》的保护。

二、具体侵权形态

（一）著作权

1.《著作权法》第 47 条罗列了 11 种侵权行为，侵权人只负民事侵权责任。这 11

种行为只要是未经著作权人许可即侵害了著作权人的人身权利、财产权利。民事责任形式包括停止侵害、消除影响、赔礼道歉、赔偿损失等。具体包括：

（1）未经著作权人许可，发表其作品的。这种行为主要是侵犯了作者对作品的发表权。

（2）未经合作作者许可，将与他人合作创作的作品当作自己单独创作的作品发表的。该行为不仅侵犯了其他合作作者的发表权，还侵犯了署名权，侵吞了他人的创作成果。

（3）没有参加创作，为谋取个人名利，在他人作品上署名，不论是作者同意还是被迫的，都违反了公平和诚实信用原则，都是对作者署名权的侵犯。

（4）歪曲、篡改他人作品的。该行为侵犯了作者的保护作品完整权，即未经作者许可，任何人无权修改其作品。

（5）剽窃他人作品的，是指将他人创作的作品冒充为自己的作品加以使用的行为，常见的手法有两种：一是原封不动地把别人的作品当做自己创作的作品使用；另一种是改头换面，把别人的作品当做自己创作的作品使用。这两种情况，都没有创造性的劳动。这种行为一般都侵犯了著作权人的署名权、修改权、复制权，还有可能侵犯著作权人的信息网络传播权、发行权等其他权利。

（6）未经著作权人许可，以展览、摄制电影和以类似摄制电影的方法使用作品，或者以改编、翻译、注释等方式使用作品的，《著作权法》另有规定的除外。

（7）使用他人作品，应当支付报酬而未支付的，主要是指在法定许可的情形下，应当支付报酬而未支付的。

（8）未经电影作品和以类似摄制电影的方法创作的作品、计算机软件、录音录像制品的著作权人或者与著作权有关的权利人许可，出租其作品或者录音录像制品的，《著作权法》另有规定的除外。

（9）未经出版者许可，使用其出版的图书、期刊的版式设计的。图书、期刊的版式设计通常属于美术作品的范畴，其著作权可能属于设计者，也可能属于出版者。

（10）未经表演者许可，从现场直播或者公开传送其现场表演，或者录制其表演的。表演者对自己的表演享有控制、利用和支配的权利，如果未经许可，则构成对著作权人和表演者权利的侵犯。

（11）其他侵犯著作权以及邻接权的行为。

2. 《著作权法》第48条罗列了8种严重的侵害著作权行为。这8种行为的实施人原则上承担民事责任；但同时损害公共利益的或情节严重的，应承担行政责任；构成犯罪的，追究刑事责任（参见《刑法》第217~218条）。

（1）未经著作权人许可，复制、发行、表演、放映、广播、汇编、通过信息网络向公众传播其表演的，《著作权法》另有规定的除外。

（2）出版他人享有专有出版权的图书的，该行为既是对该出版者权利的侵害，也是对出版产业市场秩序的破坏，所以除民事责任外，还需承担行政法律责任。

（3）未经表演者许可，复制、发行录有其表演的录音录像制品，或者通过信息网络向公众传播其表演，《著作权法》另有规定的除外。

（4）未经录音录像制作者许可，复制、发行或者通过信息网络向公众传播其录音录像制品，《著作权法》另有规定的除外。特别注意录音录像制作者享有复制、发行、出租或者通过信息网络向公众传播其录音录像制品的权利。

（5）未经许可，播放或者复制广播、电视的，《著作权法》另有规定的除外。这里强调的是广播电台、电视台对自己制作的广播、电视节目享有的控制权。

（6）未经著作权人或者邻接权人许可，故意避开或者破坏权利人为其作品、录音录像制品等采取的保护著作权或者邻接权的技术措施的，法律、行政法规另有规定的除外。

（7）未经著作权人或者邻接权人许可，故意删除或者改变作品、录音录像制品的权利管理电子信息的，法律、行政法规另有规定的除外。这主要是针对在电子环境下可能出现的问题的规定，把这种保护手段置于《著作权法》中，旨在维护各类作品的出版市场秩序。

注意：

（6）（7）两项是近几年考试的热点。

（8）制作、出售假冒他人署名的作品的。制作、出售假冒他人署名的作品，其表现形式主要有两种：

①把自己制作的作品署他人的姓名，假冒他人的作品出售；

②将第三人的作品署他人的姓名，假冒他人的作品出售。制作、出售假冒他人署名的作品的行为属侵权行为。

3. 这里要着重分析的是最高人民法院《计算机网络著作权解释》中关于审理涉及计算机网络著作权纠纷案件适用法律的若干主要问题：

（1）管辖地：网络著作权侵权纠纷案件由侵权行为地或者被告住所地人民法院管辖。侵权行为地包括实施被诉侵权行为的网络服务器、计算机终端等设备所在地。对难以确定侵权行为地和被告住所地的，原告发现侵权内容的计算机终端等设备所在地可以视为侵权行为地（第1条）。

（2）两个共同侵权责任（第3~4条）：

①网络服务提供者通过网络参与他人侵犯著作权行为，或者通过网络教唆、帮助他人实施侵犯著作权行为的，追究其与其他行为人或者直接实施侵权行为人的共同侵权责任；

②提供内容服务的网络服务提供者，明知网络用户通过网络实施侵犯他人著作权的行为，或者经著作权人提出确有证据的警告，但仍不采取移除侵权内容等措施以消除侵权后果的，追究其与该网络用户的共同侵权责任。

（3）两个一般侵权责任（第5~6条）：

①提供内容服务的网络服务提供者，对著作权人要求其提供侵权行为人在其网络的注册资料以追究行为人的侵权责任，无正当理由拒绝提供的，追究其相应的侵权责任；

②网络服务提供者明知是专门用于故意避开或者破坏他人著作权技术保护措施的方法、设备或者材料，而上载、传播、提供的，依照《著作权法》第47条第（6）项的规定，追究网络服务提供者的民事侵权责任。

4. 《信息网络传播权保护条例》中关于侵权责任举证责任的规定。

（1）对提供信息存储空间或者提供搜索、链接服务的网络服务提供者，权利人认为其服务所涉及的作品、表演、录音录像制品，侵犯自己的信息网络传播权或者被删除、改变了自己的权利管理电子信息的，可以向该网络服务提供者提交书面通知，要

曹新川讲商法·经济法

2018年国家统一法律职业资格考试专题讲座系列

求网络服务提供者删除该作品、表演、录音录像制品，或者断开与该作品、表演、录音录像制品的链接。通知书应当包含下列内容：

①权利人的姓名（名称）、联系方式和地址；

②要求删除或者断开链接的侵权作品、表演、录音录像制品的名称和网络地址；

③构成侵权的初步证明材料。权利人应当对通知书的真实性负责。

（2）服务对象接到网络服务提供者转送的通知书后，认为其提供的作品、表演、录音录像制品未侵犯他人权利的，可以向网络服务提供者提交书面说明，要求恢复被删除的作品、表演、录音录像制品，或者恢复与被断开的作品、表演、录音录像制品的链接。书面说明应当包含下列内容：

①服务对象的姓名（名称）、联系方式和地址；

②要求恢复的作品、表演、录音录像制品的名称和网络地址；

③不构成侵权的初步证明材料。服务对象应当对书面说明的真实性负责。

（3）网络服务提供者接到服务对象的书面说明后，应当立即恢复被删除的作品、表演、录音录像制品，或者可以恢复与被断开的作品、表演、录音录像制品的链接，同时将服务对象的书面说明转送权利人。权利人不得再通知网络服务提供者删除该作品、表演、录音录像制品，或者断开与该作品、表演、录音录像制品的链接。

（4）网络用户利用网络服务实施侵权行为的，被侵权人有权通知网络服务提供者采取删除、屏蔽、断开链接等必要措施。网络服务提供者接到通知后未及时采取必要措施的，对损害的扩大部分与该网络用户承担连带责任。

（二）专利权

专利侵权行为是指在专利权有效期限内，行为人未经专利权人许可又无法律依据，以营利为目的实施他人专利的行为。

欲理解专利权侵权的具体形态，必先综合理解《专利法》第11条、第59~60条的规定。需注意的问题有：

1. 侵犯专利权是指未经专利权人许可而实施了其专利。它具有以下特征：

（1）侵害的对象是有效的专利。专利侵权必须以存在有效的专利为前提，实施专利授权以前的技术、已经被宣告无效、被专利权人放弃的专利或者专利权期限届满的技术，不构成侵权行为。《专利法》规定了临时保护制度，发明专利申请公布后至专利权授予前，此时专利申请人并未获得专利权，但专利申请人可以要求使用该发明的第三人支付适当的使用费，此为自愿付费。对于在发明专利申请公布后至专利权授予前使用发明而未支付适当费用的纠纷，专利权人应当在专利权被授予之后，请求管理专利工作的部门调解，或直接向人民法院起诉。

（2）必须有侵害行为，即行为人在客观上实施了侵害他人专利的行为。

（3）以生产经营为目的，非以生产经营为目的的实施，不构成侵权。

（4）违反了法律的规定，即行为人实施专利的行为未经专利权人的许可，又无法律依据。

2. 专利权人的专利权受保护范围具体是（《专利法》第59条）：

（1）发明、实用新型以其权利要求的内容为准，说明书及附图可用于解释权利要求；

（2）外观设计以表示在图片、照片中的该外观设计专利产品为准，简要说明可以用于解释图片或者照片所表示的该产品的外观设计。

外观设计专利的保护范围应当根据什么确定？[1]

A. 说明书   B. 图片或照片
C. 实物模型或样品   D. 说明书加图片或照片

3. 专利权人的专利权包括《专利法》第 11 条所列的制造权、使用权、许诺销售权、销售权、进口权等。对以上具体权利的侵害，均属侵害专利权的行为。具体包括：

（1）直接侵权行为，是指直接由行为人实施的侵犯他人专利权的行为。其表现形式包括：

①制造发明、实用新型、外观设计专利产品的行为；

②使用发明、实用新型专利产品的行为；

③许诺销售发明、实用新型专利产品的行为；

④销售发明、实用新型或外观设计专利产品的行为；

⑤进口发明、实用新型、外观设计专利产品的行为；

⑥使用专利方法以及使用、许诺销售、销售、进口依照该专利方法直接获得的产品的行为；

⑦假冒他人专利的行为。

（2）间接侵权行为，这是指行为人本身的行为并不直接构成对专利权的侵害，但实施了诱导、怂恿、教唆、帮助他人侵害专利权的行为。通常将间接侵权行为认定为共同侵权。

（三）商标权

依《商标法》第 57 条及《商标法实施条例》第 75 条规定，下列行为为侵权行为：

1. 未经许可，在同一种、类似商品上使用与其注册商标相同、近似商标的。可以具体分解为以下四种：

（1）在同一种商品上使用与他人注册商标相同的商标；

（2）在同一种商品上使用与他人注册商标相近似的商标，容易导致混淆的；

（3）在类似商品上使用与注册商标相同的商标，容易导致混淆的；

（4）在类似商品上使用与他人注册商标相近似的商标，容易导致混淆的。

注意：

第一种行为是假冒行为，其余三种是仿冒行为。

2. 销售侵犯注册商标专用权的商品的。不管行为人主观上是否有过错，只要实施了销售侵犯注册商标专用权的商品的行为，都构成侵权。只是在行为人主观上是善意时，可以免除其赔偿责任。

3. 伪造、擅自制造他人注册商标标识，或销售伪造、擅自制造的注册商标标识的。

4. 未经商标注册人同意，更换其注册商标并将该更换商标的商品又投入市场的，这种行为又称为反向假冒行为。此为反向假冒。它的表现形式是在别人的著名商品上使用自己不出名的商标，借助他人商品的优良品质来宣传自己的商品。

5. 故意为侵犯他人商标专用权行为提供仓储、运输、邮寄、印制、隐匿、经营场

---

[1] 答案：B。

所、网络商品交易平台等便利条件，<u>帮助他人实施</u>侵犯商标专用权行为的。

> **注意：**
>
> 此处行为人主观上的故意是考试的重点。

6. 将他人注册商标、未注册的驰名商标作为企业名称中的<u>字号</u>使用，误导公众，构成不正当竞争行为的，依照《反不正当竞争法》处理。

7. 将与他人注册商标相同或者相近似的文字注册为<u>域名</u>，并且通过该域名进行相关商品交易的电子商务。

8. <u>在同一种、类似商品上，将与他人注册商标相同、近似标志作为商品名称、装潢使用，误导公众的。</u>

<u>此外，《反不正当竞争法》第 5 条及《刑法》第 213～215 条，均有类似规定。</u>

甲公司为其生产的啤酒申请注册了"冬雨之恋"商标，但在使用商标时没有在商标标识上加注"注册商标"字样或注册标记。下列哪一行为未侵犯甲公司的商标权？①

A. 乙公司误认为该商标属于未注册商标，故在自己生产的啤酒产品上也使用"冬雨之恋"商标

B. 丙公司不知某公司假冒"冬雨之恋"啤酒而予以运输

C. 丁饭店将购买的甲公司"冬雨之恋"啤酒倒入自制啤酒桶，自制"侠客"牌散装啤酒出售

D. 戊公司明知某企业生产假冒"冬雨之恋"啤酒而向其出租仓库

三、不视为侵权或不承担赔偿责任的具体形态

（一）著作权

不视为侵犯著作权的行为，即《著作权法》第 22 条规定的 12 种合理使用方式。所谓合理使用，是指在一定情形下，使用人使用他人作品，可以不经著作权人许可，也不向其支付报酬，只需指明作者姓名、作品名称即可。合理使用的情形：

1. 为<u>个人</u>学习、研究或者欣赏，使用他人已经发表的作品。

> **注意：**
>
> （1）仅限于学习、研究和欣赏；（2）限于满足<u>个人</u>目的；（3）限于<u>已经发表过</u>的作品。

2. 为介绍、评论某一作品或者说明某一问题，在作品中适当引用他人已经发表的作品。

> **注意：**
>
> （1）引用的比例要适当；（2）被引用的作品必须是已经发表的作品；（3）应当指明作者的姓名、作品的名称。

3. 为报道时事新闻，在报纸、期刊、广播电台、电视台等媒体中不可避免地再现或者引用已经发表的作品。应当明确使用的目的仅限于报道时事新闻；被使用的作品必须是已经发表的；符合引用的数量和比例的限制；在报道中应当注明被引用作品的

---

① 答案：B。

出处。

4. 报纸、期刊、广播电台、电视台等媒体刊登或者播放其他报纸、期刊、广播电台、电视台等媒体已经发表的关于政治、经济、宗教问题的时事性文章，但作者声明不许刊登、播放的除外。在这里，使用可以是部分使用，也可以是全部使用。

5. 报纸、期刊、广播电台、电视台等媒体刊登或者播放在公众集会上发表的讲话，但作者声明不许刊登、播放的除外。也就是说只要作者没有不许刊登、播放的明确意思表示，法律允许进行使用。

6. 为学校课堂教学或者科学研究，翻译或者少量复制已经发表的作品，供教学或者科研人员使用，但不得出版发行。

注意：

这里的课堂教学专指面授教学，同时也不得用于学生的学习使用，少量复制是指不超出课堂教学和研究的需要，不能对于作者的经济利益造成损害，也需要注明出处。

7. 国家机关为执行公务在合理范围内使用已经发表的作品。

注意：

对于国家机关的范围不得做扩大的解释；使用的方式也仅限于执行公务，不得随意扩大使用范围。

8. 图书馆、档案馆、纪念馆、博物馆、美术馆等为陈列或者保存版本的需要，复制本馆收藏的作品。

注意：

无论作品是否发表，均可以做此种复制；复制的目的仅限于陈列或者保存版本的需要，不得用于借阅、出售和出租。

9. 免费表演已经发表的作品，该表演未向公众收取费用，也未向表演者支付报酬。

注意：

区分免费表演与义演的不同，合理使用中的免费表演是"双免"，既不向演员支付报酬，也不收观众门票。但实践中的义演不能认为是合理使用，因为义演不是"双免"，义演仅是不向演员支付报酬，但还是要向观众出售门票或收取捐赠。

10. 对设置或者陈列在室外公共场所的艺术作品进行临摹、绘画、摄影、录像。

注意：

使用的方式不得直接接触这些艺术作品。对临摹、绘画、摄影、录像之后产生的制品再次使用不侵权。

11. 将中国公民、法人或者其他组织已经发表的以汉语言文字创作的作品翻译成少数民族语言文字作品在国内出版发行。

注意：

这里要记住"中国人""已发表""汉字""少数民族文字""国内"等要件，缺一不可。

12. 将已经发表的作品改成盲文出版。这是出于人道主义考虑。

以上情形，重点掌握第（3）～（5）项、第（9）～（12）项。

下列行为中，哪些是不属于侵犯著作权的行为？①

A. 某电视台为了报道油画展览的盛况，在电视新闻中播放了展览的油画

B. 李教授在世纪论坛上的演讲词被电台全文报道

C. 法院为了查证将张某发表的文章复制了三篇

D. 出版社将蒙文发表的作品翻译成汉文在国内出版发行

另外，依《著作权法》第53条规定，复制品的出版者、制作者不能证明其出版、制作有合法授权的，复制品的发行者或电影作品、计算机软件、录音录像制品的复制品的出租者不能证明其发行、出租的复制品有合法来源的，视为构成侵权行为，应当依法承担责任。

甲创作的一篇杂文，发表后引起较大轰动。该杂文被多家报刊、网站无偿转载。乙将该杂文译成法文，丙将之译成维文，均在国内出版，未征得甲的同意，也未支付报酬。下列哪一观点是正确的？②

A. 报刊和网站转载该杂文的行为不构成侵权

B. 乙和丙的行为均不构成侵权

C. 乙的行为不构成侵权，丙的行为构成侵权

D. 乙的行为构成侵权，丙的行为不构成侵权

（二）专利权

依《专利法》第69条的规定，下列5种行为不视为侵权：

1. 专利权用尽。专利产品或者依照专利方法直接获得的产品，由专利权人或者经其许可的单位、个人售出后，使用、许诺销售、销售、进口该产品的，不再需要经过专利权人的许可，不构成侵犯专利权。

注意：

这样规定的原因是因为专利权人已经通过专利产品的售出而从中获得利益，权利已经实现，权利人不能就同一产品重复获利。

2. 先用权人的实施。在专利申请日前已经制造相同产品、使用相同方法或者已经做好制造、使用的必要准备，并且仅在原有范围内继续制造、使用的，实施者的这种权利称为先用权。行使先用权的行为，不视为侵犯专利权。此处针对的是商业秘密被破解的行为，又称为反向工程行为。

3. 临时过境。临时通过中国领陆、领水、领空的外国运输工具，依照其所属国同

---

① 答案：A、B、C。

② 答案：D。

中国签订的协议或者共同参加的国际条约，或者依照互惠原则，为运输工具自身需要而在其装置和设备中使用有关专利的，无须得到我国专利权人的许可，不构成专利侵权。

4. 为科学研究而合理使用的。专为科学研究和实验目的，使用专利产品或者专利方法的，不构成专利侵权。此种情况并没有以营利为目的。如果用自己制造的他人专利产品进行科学研究也构成专利侵权。

5. 为提供行政审批所需要的信息，制造、使用、进口专利药品或者专利医疗器械的，以及专门为其制造、进口专利药品或者专利医疗器械的。此处主要针对的是制造仿制药品和医疗器械的情形。

此外，根据《专利法》第70条的规定，为生产经营目的使用、许诺销售或者销售不知是未经专利权人许可而制造并售出的专利产品或依专利方法直接获得的产品，并能证明其产品合法来源的，构成侵权；但基于侵权人的主观无恶意考虑，故不需承担赔偿责任。

《专利法解释（二）》第25条第1款规定：为生产经营目的的使用、许诺销售或者销售不知道是未经专利权人许可而制造并售出的专利侵权产品，且举证证明该产品合法来源的，对于权利人请求停止上述使用、许诺销售、销售行为的主张，人民法院应予支持，但被诉侵权产品的使用者举证证明其已支付该产品的合理对价的除外。即使用者在已支付对价的情况下可以继续使用而不构成侵权。

注意：

善意侵权仍是侵权，只是不承担赔偿责任，其他责任仍要承担。

题

1. 甲公司获得了某医用镊子的实用新型专利，不久后乙公司制造出相同的镊子，并通过丙公司销售给丁医院使用。乙、丙、丁都不知道甲已经获得该专利。下列哪一选项是正确的？①

A. 乙的制造行为不构成侵权

B. 丙的销售行为不构成侵权

C. 丁的使用行为不构成侵权

D. 丙和丁能证明其产品的合法来源，不承担赔偿责任

2. 下列哪些出租行为构成对知识产权的侵犯②？

（1）甲购买正版畅销图书用于出租。

（2）乙购买正版杀毒软件用于出租。

（3）丙购买正版唱片用于出租。

（4）丁购买正宗专利产品用于出租。

在专利侵权纠纷中，被控侵权人有证据证明其实施的技术或者设计属于现有技术或现有设计的，不构成侵犯专利权。

---

① 答案：D。

② （1）不侵权；（2）侵权；（3）侵权；（4）不侵权。

曹新川讲商法·经济法 2018年国家统一法律职业资格考试专题讲座系列

题

甲公司开发了一种汽车节能环保技术，并依法获得了实用新型专利证书。乙公司拟与甲公司签订独占实施许可合同引进该技术，但在与甲公司协商谈判过程中，发现该技术在专利申请日前已经属于现有技术。乙公司的下列做法是否正确？①

（1）在该专利技术基础上继续开发新技术。

（2）诉请法院判决该专利无效。

（3）请求专利复审委员会宣告该专利无效。

（三）商标权

1. 注册商标专用权人请求赔偿，被控侵权人以注册商标专用权人未使用注册商标提出抗辩的，人民法院可以要求注册商标专用权人提供此前 3 年内实际使用该注册商标的证据。注册商标专用权人不能证明此前 3 年内实际使用过该注册商标，也不能证明因侵权行为受到其他损失的，被控侵权人不承担赔偿责任（《商标法》第 64 条第 1 款）。

2. 销售不知是侵犯注册商标专用权的商品，并能证明该商品是自己合法取得的，且说明提供者的，仍然属于商标侵权行为，但不承担赔偿责任（《商标法》第 64 条第 2 款）。

四、侵权赔偿额的确定

依《著作权法》第 49 条、《专利法》第 65 条、《商标法》第 63 条的规定，三者关于侵犯著作权、专利权、商标权的赔偿数额确定方式的规定是：

（1）依权利人的实际损失赔偿。

（2）实际损失难以计算的，依侵权人的违法所得给予赔偿。

（3）实际损失、违法所得均不能确定的，对于著作权侵权，法院依侵权行为情节判决 50 万元以下的赔偿。

专利权实际损失或违法所得难以确定的，参照该专利许可使用费的倍数合理确定；权利人的损失、侵权人获得的利益和专利许可使用费均难以确定的，人民法院可以根据专利权的类型、侵权行为的性质和情节等因素，确定给予 1 万元以上 100 万元以下的赔偿。

商标权利人的损失或者侵权人获得的利益难以确定的，参照该商标许可使用费的倍数合理确定；对恶意侵犯商标专用权，情节严重的，可以在按照上述方法确定数额的 1 倍以上 3 倍以下确定赔偿数额。权利人因被侵权所受到的实际损失、侵权人因侵权所获得的利益、注册商标许可使用费难以确定的，由人民法院根据侵权行为的情节判决给予 300 万元以下的赔偿。

上述赔偿数额应包括权利人为制止侵权行为所支付的合理开支。

注意：

此处在计算赔偿数额时有严格的顺序限制。

① （2）错误，（1）（3）正确。

专题三十五　知识产权侵权及救济

例

甲是某产品的专利权人，乙于 2008 年 3 月 1 日开始制造和销售该专利产品。甲于 2009 年 3 月 1 日对乙提起侵权之诉。经查，甲和乙销售每件专利产品分别获利为 2 万元和 1 万元，甲因乙的侵权行为少销售 100 台，乙共销售侵权产品 300 台。请问乙应对甲赔偿的额度是多少？200 万元。

五、侵权诉讼时效

（一）著作权

关于著作权侵权诉讼时效有具体的规定。最高人民法院《关于审理著作权民事纠纷案件适用法律若干问题的解释》第 28 条规定：侵犯著作权的诉讼时效为 2 年，自著作权人知道或者应当知道侵权行为之日起计算。权利人超过 2 年起诉的，如果侵权行为在起诉时仍在继续，在该著作权保护期内，人民法院应当判决被告停止侵权行为；侵权损害赔偿数额应当自权利人向人民法院起诉之日起向前推算 2 年计算。

（二）专利权

根据《专利法》第 68 条的规定，侵犯专利权的诉讼时效为 2 年，自专利权人或者利害关系人得知或者应当得知侵权行为之日起计算。

发明专利申请公布后至专利权授予前使用该发明未支付适当使用费的，专利权人要求支付使用费的诉讼时效为 2 年，自专利权人得知或者应当得知他人使用其发明之日起计算。但是，专利权人于专利权授予之日前即已得知或者应当得知的，自专利权授予之日起计算。

最高人民法院《关于审理专利纠纷案件适用法律问题的若干规定》第 11 条规定：人民法院受理的侵犯发明专利权纠纷案件或者经专利复审委员会审查维持专利权的侵犯实用新型、外观设计专利权纠纷案件，被告在答辩期间内请求宣告该项专利权无效的，人民法院可以不中止诉讼。

（三）商标权

依据最高人民法院《关于审理商标民事纠纷案件适用法律若干问题的解释》第 18 条的规定，侵犯注册商标专用权的诉讼时效为 2 年，自商标注册人或者利害权利人知道或者应当知道侵权行为之日起计算。商标注册人或者利害关系人超过 2 年起诉的，如果侵权行为在起诉时仍在持续，在该注册商标专用权有效期限内，人民法院应当判决被告停止侵权行为，侵权损害赔偿数额应当自权利人向人民法院起诉之日起向前推算 2 年计算。由此可知，著作权、专利权和商标权诉讼时效的计算办法基本是一致的。

六、知识产权民事诉讼特殊程序

（一）管辖

专利纠纷第一审案件，由省、自治区、直辖市人民政府所在地的中级人民法院和最高人民法院指定的中级人民法院管辖，最高人民法院根据实际情况，可以指定基层人民法院管辖第一审专利纠纷案件。著作权民事纠纷案件，由中级以上人民法院管辖；各高级人民法院根据本地区的实际情况，可以确定若干基层人民法院管辖第一审民事纠纷案件。商标权民事纠纷案件，由中级以上人民法院管辖；各高级人民法院根据本地区的实际情况，经最高人民法院批准，可以在较大城市确定 1~2 个基层人民法院受

曹新川讲商法·经济法 2018 年国家统一法律职业资格考试专题讲座系列

理第一审民事纠纷案件。侵犯商业秘密的不正当竞争民事第一审案件，一般由中级人民法院管辖；各高级人民法院根据本辖区的实际情况，经最高人民法院批准，可以确定若干基层人民法院受理不正当竞争民事第一审案件。

（二）举证责任

专利侵权纠纷涉及新产品制造方法的发明专利的，制造同样产品的单位或者个人应当提供其产品制造方法不同于专利方法的证明。其他情况遵循"谁主张，谁举证"的举证原则。